Михаэль Лайтман

Последнее Поколение

серия
КАББАЛА. ТАЙНОЕ УЧЕНИЕ

НПФ «Древо Жизни»
Издательская группа **kabbalah.info**
Москва 2004

ББК 87.2
УДК 141.33.0
Л18

Лайтман Михаэль
Серия «КАББАЛА. ТАЙНОЕ УЧЕНИЕ»

Л18 **ПОСЛЕДНЕЕ ПОКОЛЕНИЕ.** –
М.: НПФ «Древо Жизни»,
Издательская группа kabbalah.info, 2023. - 496 с.

Laitman Michael
Series of «KABBALAH. THE HIDDEN WISDOM»

POSLEDNIE POKOLENIE. –
M.: NPF «Tree of Life»,
Publishing Group kabbalah.info, 2023. — 496 pages.

ISBN 978-5-902172-12-3

Работы Михаэля Лайтмана, автора более 30 книг серии «КАББАЛА. ТАЙНОЕ УЧЕНИЕ», переведены на 19 языков мира (www.kab1.com). М.Лайтман является крупнейшим практикующим каббалистом нашего времени.

Учение Михаэля Лайтмана, основанное на исследованиях самых выдающихся каббалистов за всю историю человечества и на собственном опыте Пути, приобрело огромную международную популярность. Более 150 отделений школы М.Лайтмана работают по всему миру.

Книга «Последнее поколение» включает в себя наиболее актуальные для нашего времени статьи и беседы М.Лайтмана и знаменитого каббалиста 20 века Бааль Сулама (Й.Ашлаг), показывающие последние этапы развития человечества, пути выхода из цивилизационного тупика и основы общества будущего.

ББК 87.2

ISBN 5-902172-12-8

© М.Лайтман, 2004.
© НПФ «Древо Жизни»,
издательская группа
kabbalah.info, 2004.

ОГЛАВЛЕНИЕ

К читателю 4
Язык Каббалы 6
Введение 9
Плоды мудрости 91
Последнее поколение 229
   Предисловие 231
   Становление последнего поколения 235
   Кругооборот идей и общество справедливости ... 243
   Государство Каббалы 250
Дарование Торы 265
   Замечание 267
   Дарование Торы 268
   Поручительство 280
   Сущность религии и ее цель 291
   Сущность науки Каббала 301
   Мир 311
   Свобода воли 329
   Статья к завершению книги «Зоар» 360
Избранные отрывки из писем 375
Раскрыть добро 417

К ЧИТАТЕЛЮ

Известно, что Каббала является тайным учением. Именно ее скрытность, тайность послужила поводом для возникновения вокруг Каббалы множества легенд, фальсификаций, профанаций, досужих разговоров, слухов, невежественных рассуждений и выводов. Лишь в конце XX столетия получено разрешение на открытие знаний науки Каббалы всем и даже на распространение их по миру. И потому в начале этой книги я вынужден в этом обращении к читателю сорвать вековые наслоения с древней общечеловеческой науки Каббала.

Наука Каббала никак не связана с религией. То есть связана в той же самой степени, что, скажем, физика, химия, математика, но не более. Каббала – не религия, и это легко обнаружить хотя бы из того факта, что никто из религиозных людей не знает ее и не понимает в ней ни одного слова. Глубочайшие знания основ мироздания, его Законов, методику познания мира, достижение Цели творения Каббала скрывала в первую очередь от религиозных масс. Ибо ждала времени, когда разовьется основная часть человечества до такого уровня, что сможет принять каббалистические Знания и правильно использовать их. Каббала – это наука управления судьбой, это Знание, которое передано всему человечеству, для всех народов земли.

Каббала – это наука о скрытом от глаз человека, от наших пяти органов чувств. Она оперирует только духовными понятиями, т.е. тем, что происходит неощутимо для наших пяти чувств, что находится вне их, как мы говорим, в Высшем мире. Но названия каббалистических обозначений и терминов взяты Каббалой из нашего земного языка. Это значит, что хотя предметом изучения науки Каббала являются высшие, духовные миры, но объяснения, выводы исследователь-каббалист выражает названиями, словами нашего мира. Знакомые слова обманывают человека, представляя ему якобы земную картину, хотя Каббала описывает происходящее в Высшем мире. Использование знакомых слов-понятий приводит к недоразумениям, к неправильным представлениям, неверным измышлениям, воображениям. Поэтому сама же Каббала запрещает представлять себе какую-либо связь между предметами, взятыми из нашего мира, и их духовными корнями. Это является самой грубой ошибкой в Каббале.

И потому Каббала была запрещена столько лет, вплоть до нашего времени: развитие человека было недостаточным для того, чтобы перестал он представлять себе всяких духов, ведьм, ангелов и прочую чертовщину там, где говорится совершенно о другом.

Только с 90-х годов XX века разрешено и рекомендуется распространение науки Каббала. Почему? Потому что люди уже более не связаны с религией, стали выше примитивных представлений о силах природы как о человекоподобных существах, русалках, кентаврах и пр. Люди готовы представить себе Высший мир как мир сил, силовых полей, мир выше материи. Вот этим-то миром сил, мыслей и оперирует наука Каббала.

С пожеланием успеха в открытии Высшего мира,
Михаэль Лайтман

ЯЗЫК КАББАЛЫ*

Когда необходимо описать высший мир, неощущаемое пространство, каббалисты используют для описания слова нашего мира. Потому что в высшем мире нет названий. Но поскольку оттуда, как из корня ветви, нисходят силы, рождающие в нашем мире объекты и действия, то для отображения корней, объектов и сил высшего мира, применяются названия ветвей, их следствий, объектов и действий нашего мира. Такой язык называется «язык ветвей». На нем написаны Пятикнижие, Пророки, Святые писания – вся Библия и многие другие книги. Все они описывают высший мир, а не историю еврейского народа, как может показаться из буквального понимания текста.

Все святые книги говорят о законах высшего мира. Законы высшего мира называются Заповедями. Их всего 613. В мере выполнения этих законов, человек входит в ощущение высшего мира, ощущение вечности и совершенства, достигает уровня Творца. Выполнение достигается использованием высшей силы, называемой Высшим светом или Торой. Все книги говорят о обретении веры, под этим в Каббале подразумевается не существование в потемках, а именно явное ощущение Творца.

Желающему войти в ощущение высшего мира ни в коем случае нельзя понимать тексты буквально, а только пользуясь языком ветвей. Иначе он останется в своем понимании на уровне этого мира.

Принятые у религиозных евреев ритуалы, в обиходе также называются заповедями и описываются тем же языком, что и духовные действия и процессы. Ритуалы были введены в народ для оформления границ поведения, позволявших сохранять народ в изгнании.

---

* см. также: «Учение Десяти Сфирот», Вступление.

Кроме истинной, духовной трактовки понятия Заповедь, начинающему необходима адаптация к духовной интерпретации слов: поцелуй, гой, объятие, Израиль, беременность, иудей, роды, изгнание, народы мира, освобождение, половой акт, вскармливание и пр. Время постепенно рождает в человеке новые определения и сквозь них начинает ощущаться высший, вечный мир.

Введение

краткий курс

ОГЛАВЛЕНИЕ

Лекция 1 11
Лекция 2 23
Лекция 3 30
Лекция 4 38
Лекция 5 43
Лекция 6 48
Лекция 7 54
Лекция 8 59
Лекция 9 64
Лекция 10 69
Язык духовных миров 72

ЛЕКЦИЯ 1

Этот краткий обзор даст вам минимальные сведения о науке Каббала с тем, чтобы затем вы могли двигаться далее самостоятельно. А тот, кто пожелает продолжать свои духовные постижения и практически войти в духовный мир, он присоединится к занятиям уже в нашей основной группе. Я коротко и как можно более сжато объясню процессы, происходящие в духовных мирах.

Все, что нам известно о высшем мире, мы узнаем от людей, лично постигших ощущение духовного мира и описавших его устройство и структуру в своих книгах, а также разработавших методы его постижения. Благодаря их методике, мы с вами, живя в этом мире, можем так же, как они, выйти в духовный мир и находясь одновременно в двух мирах, достичь полного знания, полного ощущения совершенства, понимания цели творения, самопознания.

Наш курс базируется на трех источниках: книге Зоар рабби Шимона, написанной в 4-м веке нашей эры, книгах АР"И, каббалиста, жившего в Цфате в 16-м веке, и сочинениях рава Йегуды Ашлага (Бааль Сулам), жившего в середине 20-го века. У этих трех каббалистов была одна душа, которая поэтапно переселялась из одного тела в другое, чтобы дать каждый раз новую методику овладения высшим миром, облегчить изучение Каббалы последующим поколениям.

Самого большого, самого великого постижения эта душа достигла, воплотившись в последний раз в жизни рабби Йегуды Ашлага, Бааль Сулама. В этот раз душа, спустившись в наш мир, достигла таких постижений, что ею было полностью объяснено устройство духовных миров, начиная с самого высшего их состояния, от зарождения самого первого творения и до окончательного исправления мироздания.

Рабби Йегуда Ашлаг объясняет, что «из Творца вышел свет» — так называется желание создать и насладить творения. Это стадия называется нулевой (шореш) или кетэр.

Далее этот исходящий от Творца свет создает сосуд, абсолютно соответствующий ему своим желанием насладиться, и полностью заполняет, наслаждает его. Эта стадия называется первой (алеф), или **хохма**.

Свойство света — отдавать, наслаждать, свойство сосуда — получать, наслаждаться. Но когда свет входит в сосуд, он начинает передавать ему свои свойства, и сосуд получает желание отдавать вместо прежнего желания получать. Стадия, когда сосуд, желая быть подобным свету, отдавать, отказывается от получения — ведь отдавать-то ему нечего — называется второй стадией (бет), или **бина**.

Опустошенный сосуд далее начинает ощущать, что целью творения было создать и насладить его. А наслаждаться он может только тогда, когда получает какую-то долю света. Поэтому возникает следующая стадия — желание получить, скажем, 10% света, наслаждения, но получить ради Творца, а в остальном остаться не получающим. Такая смешанная стадия называется третьей (гимел), или **зэир анпин** (маленькое лицо).

Находясь в таком состоянии, состоящем из двух противоположных, сосуд — желание обнаруживает, что для него естественней получать, чем отдавать (т.е. не получать). И в нем вновь возрождается его первородное свойство получать и наслаждаться. Свет хасадим, заполняя лишь 10 % объема сосуда, не может передать ему свои свойства отдавать, поэтому первоначальное свойство получать преобладает над внешними изменениями исконного желания наслаждаться.

Вследствие этого сосуд решает наполниться наслаждением на все 100%, получить весь свет. Эта стадия называется четвертой (далет), или **малхут**. Такой, целиком наполненный светом сосуд, называется настоящим, истинным творением, потому что его желания исходят от него самого, в отличие от сосуда в стадии алеф, который, не имея собственных стремлений, был наполнен светом по желанию самого света, Творца.

Только в четвертой стадии происходит истинный выбор самого творения получить свет — то, что исходит из самого Творца. Это первое желание получать наслаждение от света возникает теперь изнутри самого творения.

Стадии **хохма, бина, зэир анпин и малхут** называются четырьмя стадиями распространения прямого света, исходящего из Творца для создания желания получить, или настоящего творения.

Лекция 1

Кроме желания Творца насладить и желания творения получить, насладиться — нет в мире ничего. Все подчинено этому. Все, что бы мы ни сказали о творении, на всех стадиях его развития: неживой, растительной, животной и человеческой — все желает получить какую-то частичку света, желает насладиться.

Творец создал творение для того, чтобы оно, получив свет, наслаждалось не просто эгоистически, а в абсолютном совершенстве: бесконечным и ничем не ограниченным наслаждением. Мы не представляем себе, что это значит. Если свет входит в сосуд и наполняет его полностью, то сосуд уже больше ничего не хочет получать, свет убивает желание, а с исчезновением желания исчезает наслаждение.

Получать неограниченно можно лишь в том случае, если принимаешь не ради себя, т.е. наслаждаешься ради дающего. Тогда свет, входящий в сосуд, не аннулирует желания насладиться. Мы все знаем из собственного опыта, что даже будучи очень голодными и начав кушать, мы через некоторое время утоляем голод и не желаем более ничего, какой бы вкусной ни была пища.

Наслаждение практически испытывается только на грани между самим наслаждением и желанием насладиться. Но как только наслаждение входит в желание и начинает наполнять его, желание насладиться постепенно исчезает. А если наслаждение больше самого желания, то оно вызывает еще и отвращение.

Как же сделать наслаждение совершенным и неограниченным? Для этого Творцом задумана особая модель. Заключается она в том, что если испытываешь наслаждение не от получения для себя, а от того, что даешь наслаждение другому, оно становится неограниченным, потому что зависит от того, сколько и кому ты еще можешь дать, и чем большему количеству людей ты даешь наслаждение, тем больше наслаждаешься сам. Такое состояние порождает вечное существование, совершенство и относится уже к свойствам Творца. Именно к этому состоянию Творец желает привести постепенно все творения.

Если творение желает только получить, естественно, оно находится в замкнутом состоянии и ощущает только то, что находится внутри него самого. А если бы оно ощущало еще и то, как Творец наслаждается тем, что творение получает удовольствие, то оно наслаждалось бы бесконечно, подобно наслаждению матери, отдающей своему ребенку.

Самая оптимальная модель — это совершенство. Свет несет в себе не просто удовольствие. Это наслаждение неограниченным познанием, бесконечным существованием, самопостижением, самоанализом. Это ощущение вечности, совершенства и наслаждения во всех координатах. Идеальная модель заключается в том, что Творец отдает творению свет. Творение ставит условием то, что согласно получать свет, но при этом будет давать наслаждение Творцу. Такая модель называется обратным, отраженным светом в отличие от прямого света Творца.

Для реализации такой модели, прежде всего, должно быть желание, притягивающее прямой свет к творению. Затем на пути этого света творение ставит экран, препятствующий проникновению наслаждения ради самого себя, и как бы говорит, что может принять внутрь себя наслаждение, но только эквивалентное отдаче, т.е. получить ради Творца. Тогда творение становится полностью подобным Создателю. То есть получается своего рода обмен: Творец дает наслаждение творению, оно соглашается его принять, но только в том случае, если этим доставит наслаждение Ему.

Бааль Сулам приводит очень простой и вечный пример о том, как приходит гость к хозяину. Хозяин ставит перед ним на стол угощение и приглашает к столу. Гость садится за стол, но стесняется есть, во-первых, не желая чувствовать себя получающим, во-вторых, не зная точно, насколько искренне хозяин хочет угостить его. У гостя возникает стыд, оттого что он — получающий, а хозяин — дающий. И гость отказывается от угощения вообще, чтобы узнать истинное желание хозяина.

Если хозяин начинает настаивать, прося гостя отведать угощение и этим доставить ему удовольствие, чем проявляет искреннее желание его угостить, то после нескольких отказов гость, будучи уже на сто процентов уверен, что приносит хозяину удовольствие, начинает есть, чувствуя себя уже не получающим, а дающим наслаждение хозяину.

Таким образом, они меняются местами. Несмотря на то что хозяин приготовил все угощение и расставил на своем столе в своем доме, он понимает, что его желание насладить зависит только от самого гостя, который держит в своих руках успех дела, и потому может управлять положением.

Творец специально создал творение так, что оно под влиянием света начинает испытывать чувство стыда от получения и, пользуясь правом выбора, свободой воли, само приходит к такому состоянию, когда хочет получать наслаждение не ради себя, а потому, что желает доставить радость Творцу. В этом случае творение становится на уровень Создателя, малхут поднимается на уровень кетер и приобретает свойства Творца.

Эти свойства, качества, ощущения даже невозможно описать, мы этого не можем понять. Выход в духовный мир лишь на одну ступень сходства с Творцом уже равен вечности, абсолютному наслаждению и постижению, а о последней ступени в нашем мире и на нашем языке мы ничего сказать не можем.

Наука Каббала и изучает постепенное развитие творения. Каббала говорит о том, какой путь должен пройти наш и все миры, все мироздание, постепенно исправляясь, чтобы дойти до уровня Творца, до вечного и совершенного состояния. И все это мы должны совершить, находясь в нашем мире, в нашем теле, в нашем сегодняшнем мирском бытие.

До этого совершенного состояния дошли каббалисты, описав его нам, и до него должны дойти абсолютно все души, каждая в свое время. И пока последняя душа не пройдет этот путь, не прекратится кругооборот душ, спуск, нисхождение в наш мир, в котором только и возможно исправление, для дальнейшего выхода в духовный мир и достижения в конечном счете нулевой стадии кетер.

Был вопрос, возможно ли достичь всего этого в течение одной жизни? Нет, невозможно. При рождении человека в него вселяется душа, которая уже побывала в этом мире, прошла какие-то свои стадии исправления, у нее есть уже определенный опыт. Поэтому люди, рождающиеся сегодня, намного умней, опытней. Они более готовы к сегодняшним условиям технического и культурного прогресса, всевозможным изменениям в обществе.

В нашем поколении желание изучать Каббалу приобретает все более массовый характер. Души уже набрались такого опыта из предыдущих жизней, таких постижений, что уже в двадцать — двадцать пять лет человек не может жить без постижения духовного. В то время, как раньше только единицы из миллионов ощущали лишь смутную потребность приобщиться к духовному.

Пройдет еще немного лет, и уже в течение одной жизни, и даже не всей, можно будет достичь духовного состояния. Это является целью творения и задано изначально. Все мы частички одной и той же малхут и имеем строго определенное свойство и назначение в этом мире. Изменяя свои свойство под влиянием различных факторов нашего мира и по определенной системе изучения Каббалы, каждая такая частичка достигает своего исправления и тем самым приходит к я наивысшему состоянию.

Путь любой частички задан свыше, он предопределен. Все мы рождаемся с определенной душой, с определенными свойствами. Никто из нас заранее не выбирал себе душу. Естественно, и путь каждого определен заранее. Что же остается нам? В чем свобода выбора? Почему мы все же являемся разумными существами, а не просто механическими объектами, над которыми производятся какие-то действия? В чем же Творец по отношению к нам немного отступил и оставил нам возможность проявить себя? Только в одном, но самом главном: человек должен сам захотеть идти по пути исправления и возвышения и самому себя подталкивать с той скоростью, с которой он сам в себе вызывает эту силу желания.

Каждый из нас обязан прийти от самой начальной точки, в которой мы находимся, и до самой конечной. В этом у нас нет никакой свободы воли. Мы обязаны пройти этот путь по всем его стадиям и ощущениям, включить их все постепенно в себя, прожить и прочувствовать пройденное.

Свобода заключается в том, чтобы согласиться со всем происходящим в пути, оправдать каждый этап и выбрать максимальную скорость прохождения процесса исправления и слияния с Творцом. Это, и только это, зависит от самого человека, и в этом проявляется суть творения — самостоятельно пожелать поскорее избавиться от состояния, в котором оно находилось в момент создания его Творцом, качественно исправиться и в конечной точке слиться с Творцом.

В той мере, в которой проявляется в человеке это желание, в той мере он может называться человеком, а иначе это безликое существо. Каббала — это единственная наука, развивающая в человеке самостоятельную, индивидуальную, свободную личность.

Четыре стадии образования кли отличаются между собой желанием насладиться (его авиютом — грубостью, толщиной). В нулевой стадии и стадии алеф этого желания вообще нет. Чем больше творение удаляется от Творца, тем больше в нем желание насладиться, тем оно грубее, эгоистичнее, тем более оно желает получать.

Четвертая стадия, малхут, полностью эгоистическая, и это желание исходит из ее решения. Каждая из четырех последующих стадий находится одна в другой: кетер находится в хохме, оба они — в бине, все три — в зэир анпине, а в малхут включены все четыре стадии. Каждая предыдущая поддерживает последующую и обеспечивает ее существование.

Четвертая стадия получила весь свет, который целиком наполнил ее. А мы знаем, что когда свет наполняет сосуд наслаждением (тем более, что сосуд сам желает этого и просто втягивает свет), то постепенно получает от него и его свойство отдавать. И тогда малхут начинает ощущать, что ее свойство полностью противоположно свойству света. Она ощущает свой эгоизм по сравнению с дающим, и это развивает в ней такое чувство стыда, что она прекращает получать свет и остается пустой.

Исторжение света из малхут называется первым сокращением (цимцум алеф). Оставшись пустой, малхут как бы вступает в стадию равновесия с дающим: оба они ничего не получают и ничего не отдают, не доставляя друг другу никакого наслаждения. Но как же все-таки сделать малхут равной Творцу?

Точно так же, как это было в примере гостя с хозяином. Малхут отталкивает весь приходящий к ней свет, т.к. не хочет чувствовать себя получающей, а затем ставит условие, что примет какую-то часть света внутрь, но уже не ради своего наслаждения, а потому что хочет насладить Творца, зная, что он желает ее наслаждения. Поэтому такой способ получения уже эквивалентен отдаче, и малхут из получающей превращается в дающую.

Мы видим, что для появления истинного желания свет должен пройти четыре стадии. Аналогичное действие происходит и с любым нашим желанием. До проявления в нас оно проходит все стадии развития света, который вышел из Творца, пока, наконец, мы его не ощущаем. Без света не может возникнуть желания. Свет первичен, а желание вторично.

Рассмотрим структуру творения (Рис. 1), которое создалось в четвертой стадии. Свет, выходящий из Творца, называется прямым (ор яшар), свет, который отталкивает малхут, называется отраженным (ор хозер), свет, частично входящий в сосуд, называется внутренним (ор пними).

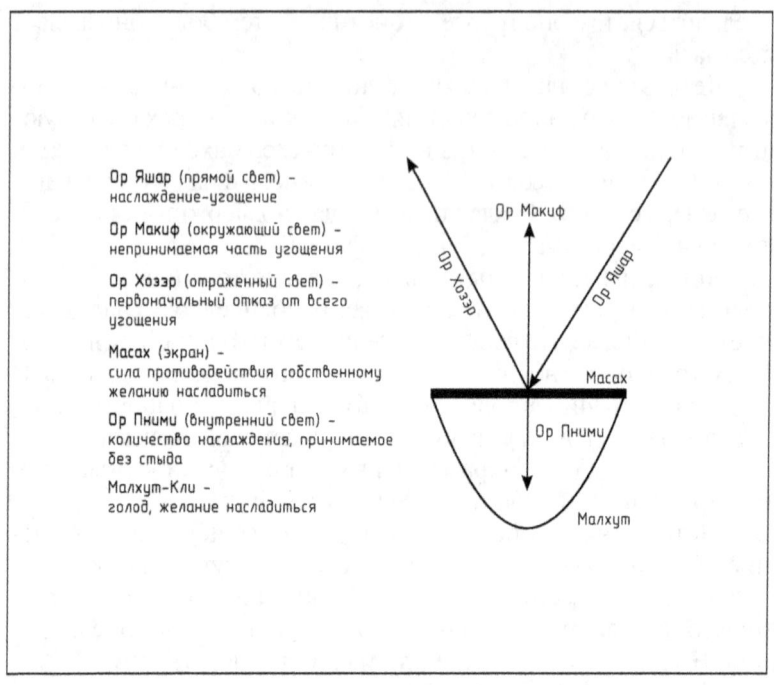

Рис. 1

Гость, сидящий перед столом с угощением и хозяином, отказавшись от всего угощения, решает потом съесть немного, но уже ради хозяина, хотя глазами готов поглотить все. То есть ему нужно использовать свои эгоистические желания, но с альтруистическими намерениями. Когда гость начинает все взвешивать, то понимает, что не может ради хозяина принять весь этот обед, а только его маленькую часть.

Поэтому творение после сокращения может альтруистически принять только небольшой процент света, допустим, 20%, а остальные 80% отталкивает. Та часть творения, где решается, сколько света войдет внутрь ради Творца, называется головой (рош). Часть творения, которая получает свет, называется внутренней частью (гуф), а та часть творения, которая остается пустой, называется конечной (соф), там творение делает ограничение, конец на получение света.

Как мы видим, наименование частям творения дается по аналогии с частями нашего тела. В духовном мире не существует никаких названий, цифр, обозначений. Пользоваться словами проще. Каббалисты выбрали для себя очень простой язык: поскольку все, что существует в нашем мире, исходит из духовного мира по прямым связям сверху вниз, от каждого духовного объекта к каждому объекту нашего мира, а все, что в нашем мире, имеет свое имя, то мы берем имя объекта нашего мира и называем его именем духовный объект, который его порождает.

Допустим, в нашем мире есть камень, значит в духовном мире есть сила, которая этот камень порождает, и ее мы тоже назовем камнем. Разница лишь в том, что духовный «камень» — это духовный корень с определенными свойствами, которому в нашем материальном мире соответствует ветвь под названием «камень».

Таким образом создан духовный язык, на котором мы, называя имена, объекты, действия нашего мира, подразумеваем объекты и действия мира духовного. Этим языком написаны все святые книги. Ни в Торе, ни в Талмуде, ни в других подобных книгах ни одного слова не говорится о мире материальном, хотя все они написаны языком нашего мира. Под каждым объектом нашего мира там подразумевается соответствующий объект мира духовного.

Поэтому ту часть в духовном, которая ответственна за анализ, расчет, мы назовем головой — рош (Рис. 2), а та часть экрана, которая стоит над малхут и пропускает свет внутрь, называется рот — пэ. Часть, в которую входит свет, носит название внутренней — гуф. Линия, ограничивающая получение света в гуф, именуется пуп — табур. Конечная часть, остающаяся без света, называется сиюм, окончание. А весь этот объект полностью — это творение, душа, малхут.

Итак, получив в тох 20% света, парцуф начал испытывать давление снаружи от окружающего света, ор макиф, который как бы говорит, что так приятно принять часть света, а сколько еще есть наслаждений снаружи, попробуй, прими еще. Мы все знаем, что лучше вообще не испытывать наслаждения, чем испытать немного. Оно начинает давить и изнутри, и снаружи, и устоять намного трудней.

Пока парцуф ничего не принимал, он мог долго находиться в таком состоянии, а теперь и внутреннее, и внешнее наслаждения давят на него. Если он еще примет внутрь свет, то уже ради собственного наслаждения, т.к. сила противостояния эгоизму равна только 20%. На такое парцуф не согласен. Не для этого он делал первое сокращение. Так что подобный путь он сразу отметает. Остается только один вариант: исторгнуть из себя свет и вернуться в первоначальное состояние до следующего получения света. Что он и делает.

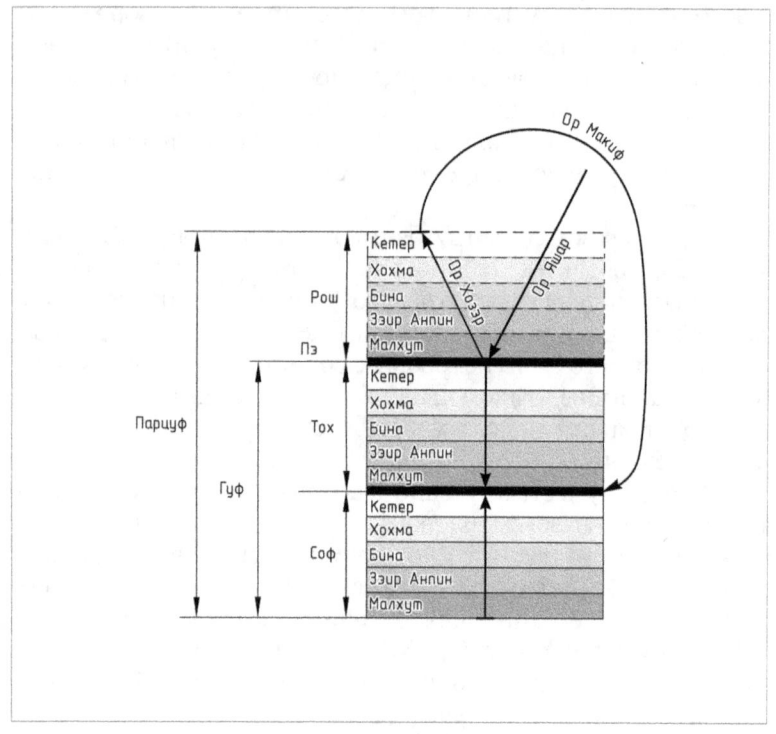

Рис. 2

Одновременное давление ор пними и ор макиф на табур называется «битуш (удар) пним у макиф». Как происходит вхождение света (в данном случае 20%) в гуф? Это значит, что экран, который первоначально стоял в пэ де-рош (частичка «дэ» означает принадлежность, например, пэ дэ рош означает рот головы), спускается под давлением света на 20% ниже пэ в гуф до линии табур.

Когда же происходит исторжение света из гуф, то экран снизу постепенно поднимается от табур снова в пэ де-рош, как бы выталкивая свет из гуф. Парцуф до получения света в гуф имел в рош (в голове) информацию об этом свете, какое наслаждение есть в нем, каково желание парцуфа, какова сила сопротивления самонаслаждению.

Согласно информации, которая осталась от состояния, когда он полностью был наполнен светом до сокращения желания в мире Эйн Соф, и от состояния после его сокращения, в парцуфе накапливается память о прошлом, своеобразная запись, которая называется решимо.

Что вообще существует в духовном? Ничего, кроме желания насладиться и наслаждения, которое его может наполнить. Желание характеризуется авиютом (информация об этом желании в парцуфе), а наслаждение (итлабшут) — это информация о свете, который как бы одевается на кли. Или можно сказать, что существует лишь Творец и творение.

От предыдущего состояния всегда остается решимо от итлабшут и решимо от авиют. Вполне достаточно этих двух параметров для характеристики прошлого состояния парцуфа. Любой парцуф после исторжения света точно знает, что с ним было во время нахождения света в его гуф, у него уже есть опыт, как поступать дальше, какой расчет делать.

Теперь парцуф (Рис. 3) понимает, что 20% света он удержать не в состоянии, он решает попробовать 15% — тоже ради Творца. Для этого он должен спуститься ниже, т.е. уровень его головы и его пэ будет ниже уровня предыдущего парцуфа. Свет, ударяющий в экран, отталкивается, а внутрь входит только, допустим, 15% света.

Как мы обозначаем итлабшут и авиют? Отсчет идет от мира Эйн Соф, когда малхут (авиют далет) была целиком наполнена всеми видами соответствующего ей света (итлабшут далет), т.е. характеристика этой наполненной светом малхут — далет де-далет (малхут дэ малхут).

Следующий парцуф уже имеет информацию о том, что может наполнить своим светом только желание с авиютом гимел. И так далее: каждый последующий парцуф все более и более снижает возможности наполнять светом свой гуф ради Творца. Всего таких парцуфим сверху вниз — 25. И когда выйдет последний из них, то его нижняя часть пересечет разделительную линию — шлагбаум (махсом) — между духовным миром и нашим и будет светить в нашем мире. Наш мир является таким состоянием малхут, при котором она совсем не имеет над собой антиэгоистического экрана.

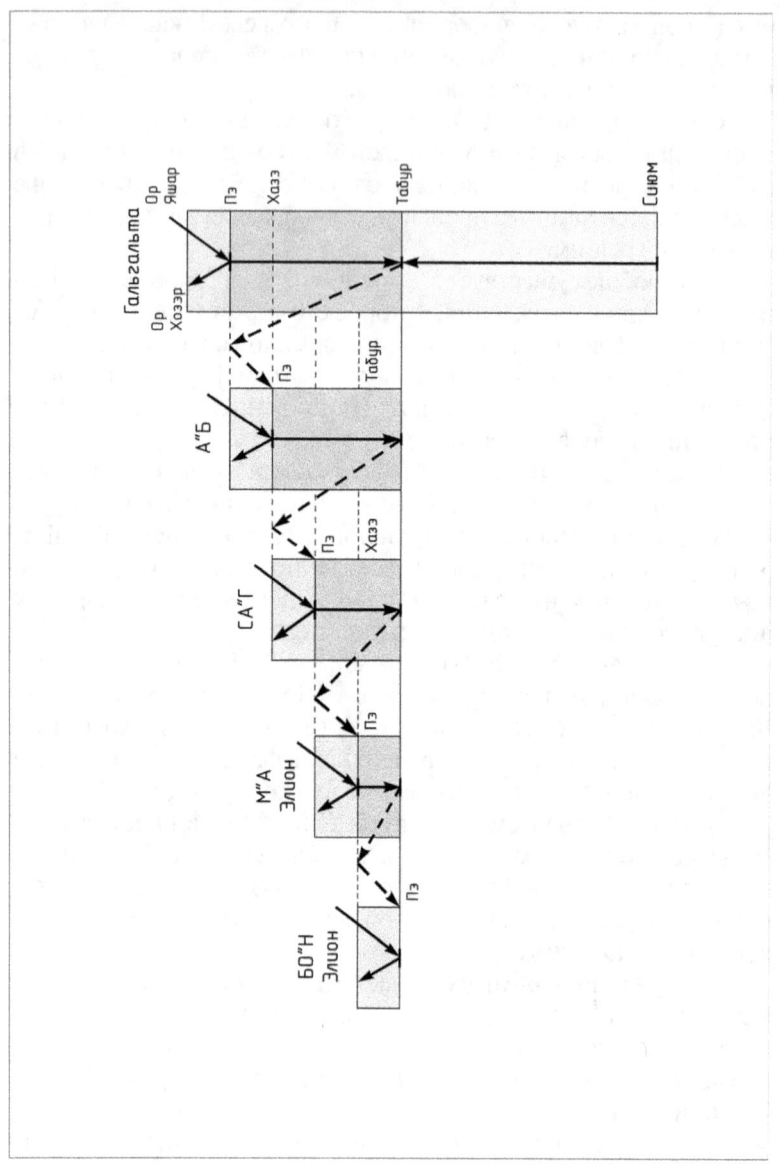

Рис. 3

ЛЕКЦИЯ 2

Вопрос: *Как можно воспользоваться знаниями по Каббале, чтобы влиять на свою жизнь?*

Сначала надо понять, что такое ваша жизнь, какой она имеет смысл, для чего дана, с чего начинается и чем кончается. А затем связать ее с Каббалой. Каббала говорит о том, что Творец создал все миры одновременно, включая и наш мир. Каббала дается для того, чтобы человек использовал ее в этом мире.

Творец создал человека для получения бесконечного и абсолютного наслаждения. Чтобы достичь такого состояния, человек должен знать, как функционирует вся система миров. Законы этого мира исходят из духовного, где мы находимся до нашего рождения здесь и после ухода отсюда. Для нас важен только тот отрезок жизни, который проходит в нашем физическом теле. А как его прожить, может обучить Каббала. Каббала говорит, как максимально использовать в этой жизни все, что происходит с нами, потому что для духовного восхождения человек должен все знать и использовать абсолютно все открывающиеся ему возможности.

Нужно понимать природу нашего мира: неживую, растительную, животную и человеческую, понимать ту душу, которая спускается, и законы, по которым она развивается. В этой жизни человек должен по закону развития духовных ступеней постичь наивысшую ступень. Ему будет даваться много шансов: не сейчас, так в следующий раз, и еще много раз. Пока он не достигнет нужного состояния.

Каббала помогает ускорить этот путь. Творец создал очень интересную формулу: либо вы сами, не дожидаясь страданий, начинаете однажды спрашивать себя, для чего вы живете на этом свете, либо Он дает вам такие страдания, после которых вы вынуждены будете задать себе этот вопрос. Иными словами, вы все равно двигаетесь к цели — либо добровольно, либо принудительно. Каббала предлагает нам добровольный путь, самый оптимальный, чтобы мы двигались по нему, наслаждаясь.

Может ли помочь Каббала выплачивать ссуды за квартиру, успеху в бизнесе, семейном счастье и т.д.? Однозначно на этот вопрос нельзя дать ответа. Каббала учит тому, как наиболее оптимально применить весь этот мир для той цели, к которой нас всеми этими проблемами и неприятностями толкает Творец. Каббала объясняет, с каким духовным багажом должен выйти человек из этой жизни: не то, как решить свои проблемы, а как достичь ступени, ради достижения которой все эти житейские проблемы посылаются нам. Страдания даются именно для того, чтобы они привели нас к духовному возвышению.

Когда человек постигает все законы духовных миров, он знает, что и для чего на него нисходит свыше, каким образом максимально использовать то, что послал ему Творец, как правильно поступать. Мы же, в принципе, не понимаем, что делать, куда бежать, к кому обращаться, если на нас что-то сваливается. Решая свои житейские проблемы так, как мы их привыкли решать — «в лоб», мы как бы убегаем от неприятностей, но поскольку не идем к цели, получаем новые проблемы. Ведь они исчезнут только тогда, когда исполнят свою роль: подтолкнут нас к цели жизни.

Обладая знанием духовных законов, мы видим все причины и следствия, смотрим как бы сверху на происходящее, видим все связи. Тогда каждый наш поступок становится осмысленным, и жизнь наполняется совсем другим свойством, не выглядит так безысходно. Мы соединяем воедино наши состояния до появления в этой жизни, земной период существования и уход из него. Это совсем иной уровень существования.

В наше время у очень многих возникает вопрос о смысле жизни, о том, что находится над нами. Причиной этого вопроса является предыдущий опыт, накопленный душами в процессе их нисхождения в наш мир.

Творец создал страдания, чтобы человек задумался о смысле этих страданий, о том, откуда они нисходят. Таким образом, он как бы мысленно обращается к Творцу, еще не понимая этого. Творец ждет от нас желания связаться с Ним. Но когда человек берет в руки книгу, он может, не дожидаясь подталкивания страданиями сзади, с помощью учебы тянуться вперед сам.

И тогда эти же страдания он воспринимает как наслаждения, двигаясь быстрее их и понимая, для чего они и откуда. А

Творец из источника страданий превращается в источник наслаждений. От нас зависит та скорость, с которой мы можем двигаться вперед. В этом и есть право выбора, свобода воли.

Творец создал для нас наслаждение, но чтобы мы правильно им воспользовались, Он нас подгоняет. Тяга к наслаждениям, которых нет, доставляет нам страдания. Мы готовы для достижения желаемого бежать куда угодно. Другими словами, страданием называется отсутствие наполнения. Но никакая погоня за наслаждениями ни к чему нас не приводит, потому что как только мы достигаем чего-либо, наслаждение перестает быть нам интересным, и мы снова ищем уже другое.

Наслаждение при его получении исчезает. Никогда в нашем мире страдание не наполнится наслаждением. Удовольствие ощущается лишь на границе между страданием и наслаждением, только при первом ощущении. А при дальнейшем наполнении человек постепенно убивает наслаждение.

Такой метод наполнения порочен и непригоден. Чтобы наслаждение было вечным, нужно научится отдавать другому. Зная, что Творец хочет нашего наслаждения, мы должны принять его только для того, чтобы доставить ему радость, а не потому, что хотим самонасладиться.

Сейчас об этом тяжело и невозможно говорить — нет слов объяснить. Понимание приходит только тогда, когда Создатель открывается человеку. Он начинает ощущать Творца после прохождения через махсом между нашим миром и духовным, т.е. еще за 6000 ступеней до окончательного исправления — гмар тикун. Каждая духовная ступень — это какая-то мера раскрытия Творца. Гмар тикун наступает тогда, когда человек полностью исправляет свои желания.

Первая стадия изучения Каббалы заключается в том, чтобы как можно больше читать, пропуская через себя материал. Следующим этапом является работа в группе, когда ученик свои желания соединяет с желаниями всей группы. Его сосуд становится во столько раз больше, сколько человек находится в группе.

Человек начинает ощущать то, что выходит за грани личных интересов, в данном случае — это группа, которая тоже является Творцом, потому что все, что вне меня — это Творец. А кроме Творца и меня ничего не существует. В основном, вся работа начинается и заканчивается в группе.

Во все времена у всех каббалистов были группы. Только с ее помощью и на взаимоотношениях внутри группы они постигали духовный мир. Гмар тикун — это когда все человечество становится одной каббалистической группой. Но до этого еще много надо пройти, хотя это становится все более реально. Во всяком случае, на высшем уровне к этому подготовлены все корни, все силы.

Мы изучаем два этапа: нисхождение творения сверху вниз, как оно развивается от своей идеи, от состояния, в котором задумал его Творец, до нашего мира. А второй этап — подъем человека нашего мира вверх до самой высшей ступени. Он поднимается вверх не физически (тело остается в этом мире), а своими постижениями и духовным развитием.

Итак, о парцуфе, который мы изучали, нам известны два состояния: когда он получает свет и наслаждается — такое кли называется хохма, и когда кли желает отдать и тоже наслаждается — тогда оно называется бина. Эти оба кли совершенно противоположны друг другу.

Есть еще и третье состояние, промежуточное, когда кли немного получает ради Творца, а в большей части остается пустой. Такое состояние называется Зэир анпин, или малое лицо, т.к. там есть всего 10% света хохма и 90% света хасадим.

Если в кли есть свет хохма, то такое состояние называется лицо, а большое оно или маленькое — зависит от количества ор хохма. Ну, а последняя стадия — малхут — называется настоящим творением, потому что сама страстно желает получать свет хохма. Свет поэтому полностью наполняет малхут. Это ее состояние называется мир Эйн Соф — мир бесконечного, т.е. неограниченного получения.

Затем малхут, по-прежнему желая получать свет, решает не использовать это желание, т.к. понимает, что желание получать ради себя отдаляет ее от Творца, и делает первое сокращение, исторгает свет и остается пустой. Отдавая свет, малхут как бы становится подобной Творцу по свойствам.

Наслаждение от отдачи ощущается как абсолютное и полное. Оно не исчезает, потому что, отдавая, все время ощущаешь объект, которому отдаешь, и этим наслаждаешь его. При этом есть возможность ощущать наслаждение бесконечно — по количеству и качеству.

Конечно, Творец, создавая кли, заранее предусмотрел, что кли, наполненное светом, получит свойства отдавать, чтобы в конечном итоге стать таким же, как свет.

Лекция 2

Как же теперь малхут может стать подобной свету и получать наслаждение? Мы говорили, что она ставит над собой антиэгоистический экран на все свое желание. Перед ней находится 100% света-наслаждения, соответственно желанию малхут, скажем, в 100 кг. С помощью экрана в 100 кг — силы противодействия своему желанию насладиться — она отталкивает все наслаждение и решает, что принимать сможет столько света, насколько доставит этим наслаждение Творцу, а не себе. Такое получение света равносильно отдаче.

Свет, который приходит к малхут, называется ор яшар (прямой свет), весь отраженный ею свет называется ор хозер, а 20% света, которые она принимает внутрь, называется ор пними (внутренний свет). Большая часть света, которая осталась снаружи, называется ор макиф (окружающий свет). В нижней части малхут, куда не вошел ор хохма, есть ор хасадим.

От состояния малхут в мире Эйн Соф осталось решимо далет де-итлабшут (информация о количестве и качестве света) и далет де-авиют (информация о силе желания). Расчет в голове на получение первых 20% света ради Творца малхут сделала на основании решимо далет де-итлабшут и далет де-авиют.

Чтобы ощутить духовный стыд от получения, необходимо прежде всего ощутить Творца, ощутить Его свойства, почувствовать в нем Дающего, увидеть Его величие. Тогда сравнение свойств Творца с собственными эгоистическими свойствами вызовет чувство стыда.

Но для ощущения этого нужно очень много познать. По мере постижения величия Творца возникнет желание делать что-то ради Него. Отдача высшему равносильна получению. Это мы можем наблюдать и в нашем мире: если человеку предоставляется возможность сделать что-нибудь ради какого-то большого человека, он делает это с удовольствием и наслаждается при этом.

Вся наша работа заключается в том, чтобы Творец раскрылся нам, показал свое величие, могущество — тогда увиденное послужит источником энергии для того, чтобы сделать что-то ради Создателя. Раскрытие же Творца наступает тогда, когда у человека уже есть твердое желание, чтобы оно служило только альтруистическим целям, т.е. приобретению альтруистических свойств.

Первый парцуф, получивший порцию света, называется Гальгальтой. После битуш пним у макиф (обоюдных ударов ор пними и ор макиф в экран в табуре) парцуф чувствует, что не сможет устоять перед наслаждением от света, который еще находится снаружи и давит на него, заставляя принять, тогда он решает исторгнуть весь свет. В этом состоянии у парцуфа нет проблем, нет никакого контакта с наслаждением, он его не ощущает.

При исторжении света экран поднимается вверх, становится более слабым и соединяется с пэ де-рош. Это действие называется издахехут — осветление. Когда же под действием света экран спускается вниз, то приобретает больший авиют — огрубление.

После исторжения света из первого парцуфа, в нем осталось решимо далет де-итлабшут и гимел де-авиют. Исчезла одна степень авиюта, т.к. парцуф понял, что с прежней степенью далет он уже работать не может. Согласно авиют гимел экран спускается с пэ де-рош на уровень более низкий, чем далет. Если уровень далет — это пэ парцуфа Гальгальта, то уровень гимел — его хазе (грудь).

Снова на экран сверху давит свет, экран его отталкивает, но затем решает принять, согласно решимот, но не ниже табура Гальгальты, т.к. ниже табура даже парцуф Гальгальта не смог принять свет. Второй парцуф, который затем распространяется, называется А"Б.

Затем снова битуш пним у макиф, вновь исторжение света, и новая информация-решимо остается в парцуфе: гимел де-итлабшут (свет не 4-го уровня, как в А"Б, а только 3-го) и бет де-авиют (опять потеря одной ступени авиют из-за битуш пним у макиф).

Поэтому экран, который сначала поднялся в пэ де-А"Б при исторжении света, сейчас спускается уже на уровень хазе де-А"Б, где произойдет образование нового парцуфа на зивуг на решимот гимел-бет. Этот парцуф называется Са"Г.

Далее снова битуш заставляет масах подняться в пэ де-рош Са"Г с решимот бет-алеф, затем согласно решимот спускается в хазе де-Са"Г, откуда выходит 4-й парцуф М"А, затем по такому же принципу 5-й парцуф БО"Н на решимо алеф-шореш.

Каждый парцуф состоит из 5-ти частей: шореш, алеф, бет, гимел, далет. Без этого не может возникнуть ни одно желание. Эта конструкция представляет собой жесткую систему, которая никогда не меняется. Последняя стадия далет ощущает все четыре предыдущих желания, которыми ее создал Творец, и дает каждому желанию имя, в соответствии с тем, каким она видит

Творца в каждый отдельный момент, поэтому называется Именем Творца, или АВАЯ (юд-кей-вав-кей). Эти буквы мы потом будем изучать. Это как скелет человека, он может быть больший, меньший, лежачий, сидящий, стоящий, но основа всегда одинакова.

Если парцуф наполнен светом хохма, то он называется А"Б, если внутри парцуфа есть ор хасадим, то имя ему Са"Г. На сочетаниях света хохма и хасадим мы даем наименование всем парцуфим. Все, что описано в Торе, не более чем духовные парцуфим, в той или иной пропорции заполненные либо светом хохма, либо светом хасадим.

После выхода 5-ти парцуфим Гальгальта, А"Б, Са"Г, М"А и БО"Н, все решимот исчезают, т.е. все желания, которые могли быть наполнены ради Творца, истощаются, экран полностью теряет способность получать свет ради Творца и в состоянии лишь противостоять эгоизму, не получая ничего.

Таким образом, после первого сокращения малхут может произвести 5 последовательных порционных получений света. Конструкция из 5-ти парцуфим называется миром Адам Кадмон. А дальше ничего и не может произойти. Малхут окончательно реализовала свои 5 решимот.

Мы видим, что малхут в Эйн Соф, полностью наполненная светом, после первого сокращения с помощью 5-ти парцуфим может лишь частично заполниться светом — только до табура. Задача заключается в том, чтобы малхут смогла наполнить ради Творца и конечную часть (соф, от табура до сиюм раглав).

Творец хочет наполнить ее наслаждением безгранично. Нужно лишь создать такие условия, чтобы она сама захотела и смогла наполнить оставшуюся часть, возвращая этим наслаждение Творцу. Мы будем изучать, как происходит ее развитие.

ЛЕКЦИЯ 3

Каббала объясняет, что такое наше мироощущение. То, что мы видим вокруг себя, существует только относительно нас, благодаря нашим органам чувств. Если бы они были другими, мы чувствовали бы совсем иное, видели бы по-другому. Даже при незначительном изменении наших органов чувств наше восприятие окружающего, наши ощущения, совершенно бы изменились.

Все, что мы ощущаем, называется мирозданием. Т.к. наши ощущения субъективны, то и картина, воспринимаемая нами, тоже субъективна. Наука и технология пытаются изменить, расширить границы нашего восприятия различными приборами (микроскопы, телескопы, всевозможные датчики, локаторы и т.д.), но все это не меняет сами наши ощущения.

Мы существуем как бы замкнутыми диапазоном наших органов чувств. Через 5 наших природных датчиков к нам входит информация: визуальная, слуховая, вкусовая, осязательная, обонятельная. Эта информация перерабатывается нами, мы ее ощущаем, оцениваем ее по единственному алгоритму: лучше-хуже для нас.

Свыше нам дана возможность создать как бы 6-й орган ощущений. Это достигается с помощью науки Каббала. Правильно изучая ее, по нужным источникам, в группе единомышленников, под руководством истинного Учителя, мы можем качественно изменить наши органы ощущения, которые раскроют перед нами духовный мир и Творца.

Каббала говорит о том, что единственное, что создано — это желание получить наслаждение. Мозг же существует для того, чтобы развивать и наполнять это желание, оценивать его, правильно градуировать. Мозг — это вспомогательное устройство.

Итогом занятий Каббалой должно стать полное и истинное ощущение мироздания, такое же ясное, как сегодняшнее ощущение нашего мира. Духовное видение обоих миров дает полную картину, истинный объем, включая высшую силу Творца, находящуюся над всем мирозданием.

Новые ощущения возникают в человеке не в его мозгу, а в сердце, которое реагирует на все наши внутренние реакции, хотя в теле — это просто биологический насос. На самом деле, ощущение — это чисто духовная субстанция. И органы ощущения также чисто духовны. А сердце реагирует просто потому, что должно в соответствие с реакцией снабжать энергией организм.

В нашем первоначальном состоянии мы вообще не понимаем и не ощущаем, что от нас что-то скрыто. А когда в процессе учебы начнем понимать, то это уже шаг вперед. А дальше мы как бы начинаем видеть некую высшую силу, которая вступает с нами в связь, посылает различные ситуации. Их причины и следствия становятся более ясными. Это уже определенная степень раскрытия.

Человек оценивает свои поступки в зависимости от того, что посылает ему Творец, он начинает критически оценивать свои действия, свои реакции. Вот это Творец дает мне для того, чтобы я отказался, а тут мне нужно поступить так-то, а не иначе. Такая самокритика уже позволяет человеку называться ЧЕЛОВЕКОМ, а не двуногим ПРЯМОХОДЯЩИМ существом, Каковым он был до сих пор.

Появляется ощущение Творца, и человек видит, какие действия полезны для него, а какие — вредны. Все полезные действия называются Заповедями, а вредные действия — нарушениями Заповедей. И т.к. человеку ясны все причины и следствия, то он понимает, что полезно, а что нет. Естественно, сознательно никто не станет нарушать что-либо, т. к. видно, за что положено наказание, а за что — вознаграждение.

Таким образом, раскрытие Творца человеком дает ему возможность правильно поступать в каждом отдельном случае, с максимальной пользой. Такой человек называется праведником. Он видит Творца, ощущает вознаграждение за все хорошее, а также дополнительное вознаграждение за то, что ничего не нарушает. Праведник всегда оправдывает Творца. Когда человек все больше и больше выполняет духовные Заповеди, в него входит все больше и больше света. Этот внутренний свет называется Торой.

При дальнейшем раскрытии Творца человек все выше поднимается по духовным ступеням, и на каждой из них совершает духовное действие — Заповедь, получая при этом новую порцию света. Он становится большим праведником, пока не доходит до такого состояния, когда сможет выполнять Заповеди без всякого отношения к себе, как бы хорошо или плохо ему не было. Он видит Творца абсолютно добрым, а Его действия совершенными. Все это является следствием определенного уровня раскрытия Создателя.

Пройдя все 6000 ступеней, человек видит, что все, что делал и делает для него и для всех остальных Творец, пронизано единым желанием безгранично насладить творения. Тогда человек проникается к Творцу чувством бесконечной благодарности, желанием отблагодарить Творца тем, что все свои действия направляет исключительно на отдачу Творцу, и хочет сделать для Творца все больше и больше. Такое состояние называется состоянием вечной и бесконечной любви к Творцу.

Это теперь человек понимает, что Творец и в прошлом делал только хорошее. А раньше, в его неисправленном состоянии, человеку казалось, что Творец его бьет, приносит беды. Свет Создателя всегда одинаков, но когда человек входит в противоположное желание, то вызывает противоположное ощущение.

Духовный мир постигается только на грани положительных и отрицательных состояний. Не надо бояться никаких состояний, которые приходят. Начинаешь изучать Каббалу, вдруг возникают проблемы, которых раньше не было. Без изучения Каббалы они бы пришли через какое-то количество лет. Процесс ускорился. День можно считать за 10 лет. Сокращается не то, что должно было случиться с каждым, а увеличением скорости прохождения сокращается время, компрессируется происходящее.

Если человек сидит на занятиях и правильно слушает, пытается слышать, принижая себя, свою гордость и кажущиеся ум и знания, то он начинает вникать в услышанное и внимать ему.

Нисхождение миров сверху вниз изучается для того, чтобы в процессе изучения притянуть к себе духовный свет, соответствующий изучаемому материалу. Свет постепенно чистит наши сосуды, исправляет их, делает их альтруистическими.

В нашей группе есть ученики, которые занимаются десяток лет, а есть такие, которые пришли всего несколько месяцев назад, но это ни в коем случае не отнимает у них возможности такого же продвижения. Наоборот, сегодня приходят люди с большим желанием все постичь, их душа более опытна и

Лекция 3

подготовлена. Сам по себе стаж в Каббале не играет особой роли. Важно, насколько ученик сливается с общим желанием группы, вливается в нее, принижает себя по отношению к остальным. Благодаря слиянию с группой можно за несколько часов постичь такие духовные пласты, которые нельзя было бы освоить в одиночку и за несколько лет.

Необходимо остерегаться людей, которые считают себя якобы каббалистами, людей, проповедующих различные философские учения, верующих фанатиков, которые очень далеки от Каббалы, нужно читать только определенные источники и заниматься только в одной группе с одним учителем. Поглощая одновременно другой материал, ученик, в первую очередь, наносит вред себе и одновременно — всей группе.

Когда я пришел в Каббалу, я хотел узнать, как устроен наш мир, космос, планеты, звезды и т.д., есть ли там жизнь, какая связь между все этим. Меня интересовала сама биологическая жизнь, ее смысл, ее виды. Моя специальность — биологическая кибернетика. Я хотел узнать о системе регуляции организмов. Именно таким образом меня свыше подтолкнули к Каббале. По мере изучения Каббалы, меня все меньше и меньше интересовали подобные проблемы, я понял, что Каббала вообще не занимается вопросами, касающимися животного тела, его жизни, животных состояний и смерти, не связанных с духовным.

Духовный мир нисходит в наш и образует все, что в нем находится: неживую, растительную, животную природу и человека. Этот мир можно изучать с помощью Каббалы, зная духовные корни и их связь с нашим миром.

В ТЭ"С — Талмуд Десяти Сфирот, в 12-й части объясняется, например, каким образом происходит зарождение души в духовном мире. Когда просто читаешь это, то не видишь отличий от зарождения человека в утробе матери, процессов вынашивания, родов, вскармливания и т.д. Сплошная медицина. Начинаешь понимать, почему в нашем мире есть такие следствия высших законов развития. Развитие души описано языком, описывающим развитие тела в нашем мире.

Всевозможные гороскопы, астрология, предсказания к Каббале никакого отношения не имеют, а касаются только тела. Это чисто животное свойство ощущать заранее различные события. Мы знаем, что собаки, кошки заранее чувствуют приближение землетрясений, наводнений и других природных явлений.

Поначалу люди бросаются развивать подобные способности, они думают, что с их помощью можно изменить себя, свою жизнь, судьбу и т.д. Судьбу на самом деле можно изменить, если ты будешь влиять на свою душу, научишься управлять ею.

Изучая законы духовного мира, мы начинаем понимать законы нашего мира. Все науки: физика, химия, биология становятся более простыми и понятными, если к ним подходить с точки зрения Каббалы. Но когда человек находится на соответствующем духовном уровне, материальные науки, как низко организованные, уже мало его занимают. Интерес представляют более высоко организованные субстанции.

Каббалист мечтает подняться выше того уровня, на котором он находится, а не спускаться ниже. Но он легко может видеть корни развития любой науки, если он хочет.

Бааль Сулам иногда писал о связи материальных наук с духовными. Большой каббалист Гаон из Вильно любил заниматься сравнительной характеристикой законов духовных и законов нашего мира. У него даже есть книга о геометрии. Находясь в одном из высших духовных миров, он через все миры протягивал связь с наукой нашего мира.

Мы же, не имея никакого понятия о духовном, будем просто читать материалы этой науки, произносить слова. Но даже только произнося эти слова, мы невидимо связываемся с духовным путем, притягивая ор макиф с той ступени, где он находился. Если читать книги каббалистов, то постепенно ор макиф будет вести вас вперед.

Души каббалистов бывают различного типа и уровня, отсюда и разница в изложении каббалистических текстов, и разница в интенсивности того света, который мы на себя вызываем. Но свет от различных книг Торы, в том числе и ее отдельной части — Каббалы, есть всегда.

Каббалист Моше написал книгу о том, как он вместе с народом путешествовал по пустыне. Если мы воспримем этот рассказ в прямом смысле, то на нас Тора никак не может влиять. А если мы понимаем, о чем там пишется, то для нас Пятикнижие становится каббалистическим откровением, где описаны все ступени постижения духовных миров — то, что желал передать нам Моше.

То же самое можно сказать и о «Песни песней». Все зависит от того, как ее читать и воспринимать: либо просто как песнь о любви, либо как духовное откровение, которое комментирует Зоар, как наивысшую связь с Творцом.

Важно найти такие каббалистические источники, которые заставляли бы вас своим содержанием думать о Творце, о цели, к которой вы должны идти. Тогда вы к ней точно придете. Источники, отвлекающие своим текстом от цели, ни к чему хорошему привести не могут. Окружающий свет вызывается в зависимости от вашего желания. А если оно направлено не на достижение истинной цели, подавлено, то свет не светит.

Откуда взялась цифра 600 000 душ? Парцуф из 6-ти сфирот, каждая из которых в свою очередь состоит из 10-ти, поднялся на уровень 10 тысяч. Отсюда и цифра 600 тысяч.

Мы постоянно получаем какие-то желания. От их уровня зависит наше развитие. Сначала на наиболее низком уровне — животные желания, затем желания богатства, славы, положения в обществе и т.д. Затем появляются желания к творчеству, культуре, музыке, к знаниям, постижению этого мира.

И более высокие желания — это желания к духовному. Такие желания возникают у душ постепенно, в течение многих нисхождений в этот мир, с развитием поколений. Поначалу в наш мир спускались души, жившие только животной жизнью, затем у следующих поколений развивается желание к богатству, власти. Затем к науке, и — к высшему знанию, которого наука дать не может.

В человеке не могут быть одновременно два желания: бывают желания нечеткие. Но когда они уже выбраны, проанализированы правильно, то это только одно желание. Дается сразу несколько желаний, из которых человек выбирает одно, если он четко может оценить свое состояние.

Духовное кли-сосуд разбился на 600 000 частей, лишился экрана. Теперь экран надо снова создавать, и эту работу производят сами разбитые части для того, чтобы ощутить этот путь, полностью ощутить себя, из самих себя сотворить Творца.

Духовный сосуд состоит из двух частей: часть от пэ до табура, которая называется келим де-ашпаа, т.е. отдающие желания, хотя внутренне они эгоистичны, просто работают на отдачу. Часть от табура вниз — это чисто эгоистические желания, работающие на получение.

Дело не в том, что верхние хорошие, а нижние плохие, а в том, что сверху желания маленькие, а в нижней части — больше.

Поэтому на верхние есть экран, а на нижние нет. Верхняя часть парцуфа называется «Исраэль», нижняя часть называется «Народы мира».

Первыми проходят исправления самые слабые желания, не требующие большого времени на исправление, а затем — желания под табуром, более эгоистичные. Вначале должны пройти исправление желания, которые называются Исраэль, а потом доходит очередь до желаний по имени Народы мира. В результате они все сливаются вместе, чтобы создать снова одно общее кли. Поэтому нет никакой разницы между Израилем и народами мира, кроме разницы во времени исправления.

Возникает вопрос: если Израиль — самые неэгоистические души-желания, то почему сегодня мы видим евреев самыми эгоистичными в мире? Это потому, что пришло их время исправления, и поэтому именно их желания раскрыты, они уже находятся на более высоком уровне развития. А народы мира еще не могут исправляться, и их желания пока скрыты, спят.

Но когда придет их время, мы увидим, насколько их желания большие, чем желания Исраэль. Как только эти души начнут исправляться, то уже исправленные души Исраэль смогут подниматься, благодаря им. Все изгнания евреев из Израиля, расселение их среди народов мира и возвращение в Израиль были нужны для того, чтобы вытащить из народов те искры душ, которые можно будет присоединить к Израилю, для их совместного исправления.

Эгоистические келим, народы мира, в силу более позднего их исправления, как бы требуют от Израиля — альтруистических келим — не задерживать их, исправление тем, что сам Израиль еще не исправился. Отсюда непреходящая ненависть к евреям, которая называется антисемитизмом. Если бы Израиль занимался только исправлением своих душ и не думал о других вещах, то отношение народов мира к ним резко бы улучшилось, и с их стороны не было бы никаких претензий, наоборот, они, как сказано в пророчествах, понесли бы евреев на руках. Но поскольку Исраэль занимается не своим делом, то вызывает со стороны остальных народов сильную ненависть — даже среди народов, не имеющих понятия о евреях.

Чтобы сегодняшнему поколению выйти в духовный мир, нужно читать конкретную литературу. Сегодня — это ТЭ"С. Две тысячи лет назад для выхода в духовный мир нужны были книги

Лекция 3

АР"И. А до АР"И — книга Зоар. Перед каждым поколением для выхода в духовный мир кладется своя книга, соответствующая развитию душ этого поколения. Когда же человек уже выходит в духовный мир, он может читать все книги, потому что видит, как каждая из них подходит ему.

Уподобиться духовному миру — значит внутренне выполнять все законы, при этом душа растет. В состоянии конечного постижения все миры — и наш материальный, и духовные -сливаются для человека в один, и тогда он одновременно существует во всех мирах. Если он что-то делает материально, то одновременно эти же действия совершаются и в духовном. Все Заповеди нашего мира влияют только на духовно неживом уровне и являются проекцией духовных миров на наш, любое же их выполнение производится для того, чтобы поставить себя в какое-то соответствие с духовным миром.

ЛЕКЦИЯ 4

Вопрос: *Что значит — свет входит и выходит из парцуфа?*

Так же, как мы можем ощущать желание удовлетворенное или неудовлетворенное, таким же образом, когда входит свет — это наполнение желания, наслаждение, ощущение полноты. Когда же свет выходит, то остается пустота, неудовлетворенность. Хотя в духовном нет ощущения пустоты. Если выходит ор хохма, то остается ор хасадим. Парцуф, исторгая свет, точно знает, на что он идет в каждом конкретном случае, отказываясь от определенного наслаждения.

В духовном идет речь о совершенно добровольном отказе от эгоистического наслаждения и замене его альтруистическим, которое несравненно больше. Если парцуф видит, что не может получать ради хозяина, он отказывается от получения ради себя. Конечно, для такого решения нужна определенная поддержка и антиэгоистическая сила, т.е. экран. Он все определяет и решает.

Имея экран, кли начинает видеть свет вместо прежней тьмы. Количество раскрывшегося света пропорционально силе экрана. Свет без экрана не дает никакой возможности перейти к альтруистическим действиям. Именно отсутствие света, то первое сокращение, которое совершило кли, и дало ему возможность поставить экран, с помощью которого можно было в дальнейшем получить свет. Говорить о каком-то духовном желании можно только при наличии экрана.

Мы изучили парцуфим мира Адам Кадмон. Как мы видим, главной задачей в изучении Каббалы является постижение свойств Творца, наполнение парцуфа, души, светом. Как только свет входит в кли, он тут же начинает проявлять себя внутри, передавая кли свои альтруистические свойства. Человек видя, кто он рядом со светом, начинает испытывать чувство стыда от получения, желает стать подобным Творцу. Сила света Создателя не может изменить природу кли, которую сам Творец и создал, а только поменять направленность использования ее с самонаслаждения на наслаждение ради Творца.

Такой прием использования называется получением ради отдачи. Он позволяет малхут полностью насладиться получением света, отдавая это наслаждение Творцу, и далее продолжать наслаждаться уже наслаждением Творца. В первой стадии развития прямого света — стадии алеф — малхут только получала удовольствие от света, который вошел в нее, а в результате прохождения всего пути — от мира Бесконечности до нашего мира и обратно в мир Бесконечности — уже с использованием экрана, она вновь полностью принимает в себя весь свет, но только ради Творца. И это дает ей возможность достичь бесконечного наслаждения — как в самых низких своих желаниях, так и в самых высоких. Это называется ощущением совершенства.

На 5-ти парцуфим мира Адам Кадмон закончились все решимот мира Бесконечности, с помощью которых можно было бы наполнить малхут до табура. Конечно, остались очень сильные желания под табуром Гальгальты. На эти желания нет экрана, и они не могут быть наполнены. Если бы нам удалось заполнить нижнюю часть Гальгальты светом, наступил бы гмар тикун (конец исправления).

Для осуществления этой задачи некудот де-Са"Г на выходе света из парцуфа Са"Г спускаются под табур. Мы знаем, что Гальгальта иначе называется кетер, А"Б — хохма, Са"Г — бина, М"А — з"а, БО"Н — малхут.

Парцуф бина — это такой парцуф, который может распространяться везде. Он желает только отдавать, ему не нужен ор хохма, его свойство — отдача, ор хасадим. Са"Г вышел на решимо гимел де-итлабшут, бет де-авиут. Ни Гальгальта, ни А"Б, которые работают с эгоистическими желаниями получать, не могли спуститься под табур, зная, что там находятся еще более сильные желания. Некудот де-Са"Г под табуром наполняют Гальгальту светом хасадим, наслаждением от отдачи. Это наслаждение может свободно распространяться среди любых желаний парцуфа.

Под табуром некудот де-Са"Г образуют новый парцуф, в котором есть свои 10 сфирот: кетер, хохма, бина, хесед, гвура, тиферет, нецах, ход, есод, малхут. Парцуф носит наименование «Некудот де-Са"Г». Это очень важный парцуф, который играет огромную роль в процессе всего исправления, т.к. является частью бины, которая поднимает к себе, исправляет и поднимает выше себя.

Вся Гальгальта сверху до табура имеет: в голове — сфирот кетер, хохма, бина, в тох — хесед, гвура, тиферет, а под табуром в соф — нецах, ход, есод, малхут. Когда некудот де-Са"Г спустились под табур и начали отдавать свет хасадим в соф Гальгальты, то почувствовали в ответ очень сильную реакцию от решимот, которые остались в соф от того света, который когда-то наполнял эти килим. Это решимот далет-гимел. Их сила далет-гимел больше масаха некудот де-Са"Г бет-бет, и поэтому Са"Г не может противостоять такому огромному свету-желанию и желает его получить для себя.

Рассмотрим теперь, что представляет собой стадия бина в распространении прямого света сверху вниз (см. Рис. 4). Она как бы состоит из двух частей. В первой части она ничего не хочет получать, а полностью все отдает. Эта часть называется Га"Р де-бина, она альтруистична по своим свойствам. Вторая часть думает уже о получении света, но с тем чтобы передавать его дальше. Она получает, но тоже не ради себя, и называется За"Т де-бина.

То же самое происходит в парцуфе некудот де-Са"Г, который имеет свойства бины. Его первые 6 сфирот называются Га"Р де-бина, а четыре нижних — За"Т де-бина. Тот огромный свет хохма, который приходит к Га"Р де-бина, не трогает ее, она к нему безразлична. А вот в За"Т де-бина, которая желает получать для отдачи нижним, может получать свет только до уровня авиют бет, если же желания, которые к ней приходят, выше этого авиюта, то в ней появляется желание получить ради себя.

Но после цимцум алеф есть запрет малхут получать ради себя. Поэтому как только подобное желание появилось в За"Т де-некудот де-Са"Г, малхут поднялась и стала на границе между альтруистическими и эгоистическими желаниями, т. е. в середине тиферет. Это действие малхут называется цимцум бет, второе сокращение. На этой линии образовалась и новая граница распространения света, парса, которая раньше, а Гальгальте, находилась в сиюм.

Если раньше свет мог распространяться только до табура, пытался попасть под табур и не мог, то с распространением парцуфа некудот де-Са"Г под табур, туда проник свет хасадим и как бы создал почву для дальнейшего распространения ор хохма до парсы. Но с другой стороны, до цимцум бет ор хасадим распространялся под табуром, а после цимцума под парсой вообще нет никакого света.

Лекция 4

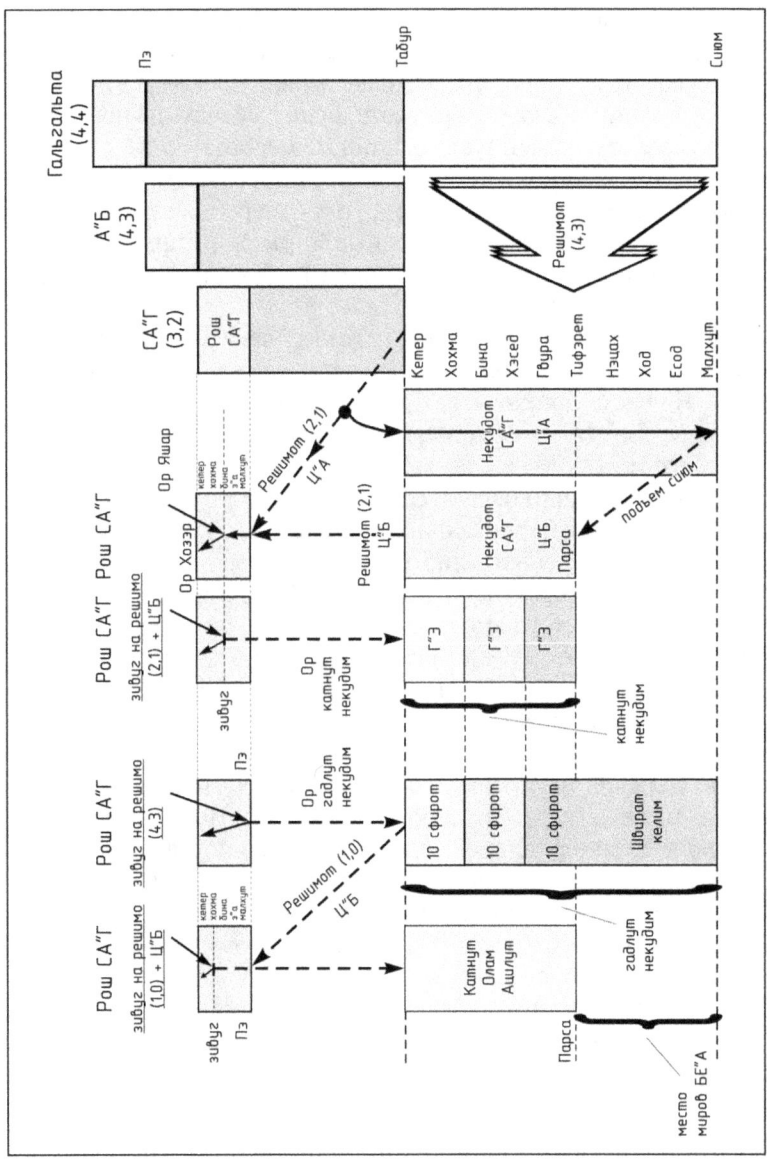

Рис. 4

Парцуф некудот де-Са"Г создал под табуром такое понятие, как место. Что такое место? Это такая сфира, в которой может существовать другая сфира, меньше первой по измерению. Наш мир существует на каком-то месте. Если выкачать из него абсолютно все, всю вселенную, то останется место.

Мы этого ощутить не можем. Это просто пустота, которую невозможно измерить, она — в других измерениях. Вместе с нашим миром существуют и духовные миры, все миры сквозные, поэтому их невозможно увидеть, ощутить, т.к. они тоже находятся в других измерениях.

На месте Га"Р де-бина под табуром появится в дальнейшем мир Ацилут. Под парсой в нижней части тиферет образуется мир Брия. На месте сфирот нецах, ход, есод возникнет мир Ецира. А на сфире малхут — мир Асия, последняя часть которого называется «этот мир».

Как произошли из 5-ти сфирот 10? Кетер, хохма, бина, з"а и малхут: каждая из этих сфирот, кроме з"а, состоит из 10 сфирот. З"А, как маленькое лицо, состоит только из 6-ти сфирот: хесед, гвура, тиферет, нецах, ход, есод. Если вместо з"а подставить его 6 сфирот, то вместе с кетер, хохма, бина и малхут они составят 10. Поэтому иногда мы называем 5 сфирот, иногда — 10. Но нет парцуфа, состоящего из 12 или 9 сфирот.

Термины Каббалы не нужно переводить на русский язык. Все они обозначают либо какой-то духовный парцуф, либо его часть. Перевод же может способствовать созданию какого-то образа нашего мира, что строго запрещено. Нельзя низводить духовное до материального. Слова голова, рот, тело, а затем мы познакомимся еще и с такими терминами, как поцелуй, объятие, совокупление и др., могут вызвать в нас ассоциации, не связанные с Каббалой. Я рекомендую сразу запоминать ивритские наименования. У русскоговорящих есть преимущество в этом перед израильтянами: поначалу из-за незнания иврита у них ивритские термины не создают внутреннего видения образов нашего мира.

ЛЕКЦИЯ 5

Вкратце повторим: творение начинается с того, что из Творца выходит свет, желание насладить, и это называется бхинат шореш. Она строит под себя желание насладиться — бхину алеф, которая, наполнившись светом, перенимает от света желание наслаждать, отдавать. Это бхина бет. Но отдавать ей нечего, и она понимает, что насладить кого-то можно, только приняв ради него какую-то часть света. Так образуется третья стадия — Зэир Анпин — которая уже имеет два свойства: отдавать и получать. Начав ощущать два наслаждения, з"а чувствует, что получение ему ближе и приятней: таким оно создано изначально в стадии алеф, поэтому решает получать весь свет, как в стадии алеф, и полностью заполняется им, но уже по собственному желанию, и бесконечно наслаждается.

Эта четвертая стадия называется малхут мира Эйн Соф, или настоящее, единственное творение. В нем соединились два условия: оно заранее знает, чего хочет, и выбирает из двух состояний получение. Первые три стадии не называются творением, т.к. ни в одном из них нет своего собственного желания, а только либо желание Творца, либо следствие из этого желания.

4-я стадия, наполнившись светом, так же как и первая, начинает перенимать свойства Творца и чувствовать себя получающей, в ней возникает чувство стыда, которое приводит ее к решению стать похожей на Творца по свойствам, т.е. не принимать свет. Она делает цимцум алеф. Но почему же еще в конце первой стадии не возникло желание сделать цимцум? Потому что там желание кли исходило не от него самого, а от Творца. Здесь же творение на свое собственное желание получать делает сокращение, не использует его.

Цимцум сделан не на получение наслаждения, а на стремление получать ради себя, т.е. сокращение на намерение. В первом случае кли просто перестало получать. Если же теперь кли примет решение получать, но не ради себя, то сможет наполниться каким-то количеством света, в зависимости от силы намерения противостоять эгоизму. Такое получение света ради другого эквивалентно отдаче. Действие в духовном определяется намерением, а не самим фактом действия.

Первое сокращение говорит о том, что кли никогда в дальнейшем не будет наслаждаться ради себя, цимцум алеф никогда не будет нарушен. Поэтому первейшей задачей творения является необходимость нейтрализовать желание самонасладиться. Первое творение, бхина далет, говорит о том, как можно полностью насладиться всем светом Творца. А первое сокращение означает, что малхут никогда не будет наслаждаться ради себя. Далее решается вопрос, как это осуществить.

Для этого малхут ставит над своим эгоизмом экран, который поначалу отталкивает весь приходящий к ней свет. Этим она проверяет себя, в состоянии ли противостоять всему огромному наслаждению, которое находится в свете перед экраном и которое соответствует ее такому же огромному желанию. Да, она может это сделать — полностью оттолкнуть все наслаждение и не наслаждаться.

Но в таком случае кли отделено от света. Как же сделать так, чтобы не только оттолкнуть все наслаждение, но и получить какую-то его часть — уже ради Творца? Для этого отраженный экраном свет (ор хозер) должен как бы одеться сверху на ор яшар и вместе с ним войти внутрь кли, желания насладиться, т.е. послужить тем антиэгоистическим условием наслаждения, в которое может войти ор яшар, наслаждение.

Тут ор хозэр выполняет роль альтруистического намерения. Перед тем как принять в себя эти два света, в рош делается расчет, сколько именно света можно получить ради Творца. Это количество и заходит в тох.

Первый парцуф по силе экрана может принять, к примеру, 20% света. Этот свет называется внутренним, ор пними. Свет, не вошедший в тох, остается снаружи кли, и поэтому называется окружающим светом, ор макиф.

Первое получение 20% света называется парцуф Гальгальта. Далее, под давлением двух светов — ор макиф и ор пними — на экран в табуре, парцуф исторгает весь свет, его экран постепенно поднимается вверх, от табур до пэ, теряя свою антиэгоистическую силу, и сравнивается с экраном, стоящим в пэ де-рош.

Лекция 5

Но в духовном ничего не пропадает: любое последующее действие накладывается на предыдущее. Принятые 20% света от пэ до табура остались в прошлом состоянии парцуфа.

Парцуф, видя, что с 20% света он справиться не смог, решает в дальнейшем снова принять свет, но уже не 20%, а 15%. Для этого он должен спустить экран с уровня пэ на уровень хазе парцуфа Гальгальта, т.е. сойти на более низкую духовную ступень. Если вначале его уровень определялся решимо далет-далет, то сейчас только далет-гимел. Свет входит по той же системе и образует новый парцуф — А"Б. Его дальнейшая судьба та же: он также исторгает свет. Затем распространяется третий парцуф Са"Г, за ним — М"А и БО"Н.

Все 5 парцуфим заполняют Гальгальту от ее пэ до табур. Мир, который они образуют, называется Адам Кадмон.

Гальгальта подобна бхине шореш, потому что получает от Творца только то, что может отдать, уподобляясь этим Создателю. А"Б получает меньше света ради Творца и называется хохма, как бхина алеф, Са"Г — работает только на отдачу и называется бина, как бхина бет, М"А — подобен з"а, как бхина гимел, и БО"Н — соответствует малхут, бхине далет.

Са"Г, имея свойства бины, способен распространиться под табур и наполнить светом нижнюю часть Гальгальты. Под табуром, кроме пустых желаний, существуют еще и наслаждения от подобия Творцу тем, что находящиеся под табуром НеХ"И де-Гальгальта отказалась от света хохма и наслаждаются ор хасадим, наслаждением от сходства с Творцом. Это наслаждение тоже уровня далет де-авиют.

Некудот де-Са"Г имеет авиют бет и могут наслаждаться от отдачи только светом этого уровня. Противостоять наслаждениям уровня далет некудот Са"Г уже не могут, иначе начнут принимать свет ради себя. Что и произошло бы, но малхут, стоящая в сиюм Гальгальты, поднимается на середину тиферет парцуфа Некудот дэ Са"Г, образует новый сиюм-ограничение свету, называемый парса, ниже которой свет не может проникнуть. Этим малхут делает второе сокращение на распространение света, называемое по аналогии с первым — цимцум бет.

Подобные примеры можно наблюдать в нашем мире, когда воспитанный человек, который никогда не украдет деньги до суммы в 1000 долларов, в случае, если перед ним положить 10 тысяч долларов, может не устоять: его воспитание может не сработать, наслаждение превышает возможности сопротивления ему.

Цимцум бет — это продолжение Ц"А, но на келим де-кабала. Произошла интересная вещь: в некудот де-Са"Г, альтруистичном по своей природе парцуфе, проявились эгоистические свойства, и малхут немедленно перекрывает их, поднявшись наверх, и образовывает ограничивающую распространение света вниз линию, которая называется парсой.

Рош парцуфа Са"Г, как каждая голова, состоит из 5-ти сфирот: кетер, хохма, бина, з"а и малхут, которые, в свою очередь, делятся на келим де-ашпаа (кетер, хохма, половина бины) и келим де-кабала (от середины бины до малхут). Келим де-ашпаа (отдающие) еще называются гальгальта вэ эйнаим (Г"Э), а келим де-кабала (получающие) — озен, хотем, пе (АХа"П).

Цимцум бет говорит о том, что начиная с этого момента, парцуф не может использовать никаких получающих желаний. Нельзя пользоваться ахапом, так решила малхут, поднявшись до середины тиферет. После Ц"Б все решимот поднимаются в рош де-Са"Г с просьбой образовать там парцуф только на уровне гальгальты вэ эйнаим, чтобы этот парцуф смог тоже получить немного света от контакта с Творцом. Это говорит о том, что масах должен стоять уже не в пэ де-рош, а в никве эйнаим, что соответствует линии парсы на середине тиферет в гуф. После зивуга в рош де-Са"Г, оттуда выйдет парцуф, который распространится под табур точно до парсы.

Новый парцуф, который распространился под табур до парсы, одевается на предыдущий парцуф некудот де-Са"Г, только на его верхнюю часть — альтруистические келим. Имя этому новому парцуфу: катнут олам аНекудим, и вышел он на решимот бет-алеф мецумцамим. На самом деле такого мира нет среди 5 миров, которые мы называли: Адам Кадмон, Ацилут, Брия, Ецира, Асия, потому что этот мир родился и тут же разбился.

Но пока он существует, его сфирот кетер, хохма, бина, хесед, гвура и треть тиферет делятся на 10 и имеют обычные названия. А кроме того, специальные названия есть для сфирот хохма и бина — аба ве има, а сфирот з"а и малхут называются Зо"Н — з"а и нуква.

После зивуг де-акаа в никвей эйнаим в рош Са"Г, по просьбе решимот нижнего парцуфа он делает второй зивуг на решимот де-гадлут в пэ де-рош. При этом с Са"Г под табур начинает распространяться огромный свет и пытается спуститься под парсу.

У парцуфа Некудим есть полная уверенность, что он сможет принять этот свет ради Творца, что у него есть на это силы, несмотря на Ц"Б. Но как только свет касается парсы, происходит швират келим (разбиение сосудов), потому что становится понятным, что парцуф хочет принять это наслаждение ради себя. Свет тут же исчезает из парцуфа, а все келим, даже те, что находились над парсой, разбиваются.

Таким образом, от желания парцуфа использовать и келим де-кабала ради Творца, т.е. образовать мир Некудим в гадлуте с использованием всех десяти келим, произошло разбиение всех экранов — намерений ради Творца.

В теле парцуфа Некудим, т.е. в Зо"Н над парсой (хесед, гвура, тиферет), и под парсой (нецах, ход, есод и малхут) есть всего 8 сфирот, каждая из них состоит их 4-х стадий (кроме нулевой), а также в свою очередь состоит из 10-ти, т.е. всего 8x4x10=320 келим, которые разбились. Из этих 320 частей только малхут нельзя будет исправить, а таких частей малхут всего 8x4=32 в 320. А оставшиеся 320-32=288 частей поддаются исправлению. 32 части называются лев а эвен (каменное сердце). Оно исправляется только самим Творцом в гмар тикун.

Одновременно разбились и альтруистические, и эгоистические желания. Они перемешались друг с другом. И сейчас каждая частица разбитых келим состоит из 288 частей, которые можно исправить, и есть еще 32 части, не поддающиеся исправлению. Теперь достижение цели творения зависит только от исправления разбитого мира Некудим: если нам удастся это сделать, мы наполним бхину далет светом. Для построения целой системы, могущей исправить разбитые келим мира Некудим, создается олам а тикун (мир исправления), или олам Ацилут.

ЛЕКЦИЯ 6

От Творца до нашего мира расположено 5 миров, в каждом из которых есть 5 парцуфим, а в каждом парцуфе — 5 сфирот. Итого, существует 125 ступеней от нас к Творцу. Малхут, проходя все эти ступени, достигает самой последней ступени — этим достигается смешивание бхины далет, единственного творения, с предшествующими ей 4 стадиями. Малхут полностью перенимает их свойства и т.о. становится равной Творцу. А это и есть Цель творения.

Для того чтобы смешать малхут с остальными 9 сфиротами, создается специальный парцуф, состоящий из малхут и из 9 сфирот от кетер до есод. Он называется Адам. Поначалу 9 сфирот и малхут, десятая, не соединены никак между собой. Поэтому сказано, что поначалу Адам не мог есть плод древа познания добра и зла.

Когда произойдет грехопадение Адама, разбиение его келим, то верхние 4 стадии, или 9 первых сфирот, упадут в малхут. Тогда 4-я стадия сможет выбирать, остаться ли ей прежней малхут или предпочесть духовное развитие в подобие 4-м стадиям. Если малхут останется подобной самой себе, то это будет означать, что она, душа, Адам, находится в мире Асия, если она уподобится 3-й стадии, это означает, что она находится в мире Ецира. Ее подобие 2-й стадии означает нахождение в мире Брия, подобие 1-й стадии соответствует нахождению малхут в мире Ацилут, а подобие малхут нулевой стадии равно нахождению в мире Адам Кадмон.

Все духовные движения сверху вниз — от малхут мира Бесконечности до нашего мира и обратно к миру Бесконечности — заранее предусмотрены. Нет ничего такого, что не было бы запрограммировано с ориентацией на Цель Творения, когда 4-я стадия уподобляется 3-й, 2-й, 1-й и нулевой стадиям, находящимся внутри 4-й.

Все миры — это нисхождение Творца сверху вниз, как бы его сокращение, это последовательное удаление творения от Творца, пока оно не спускается в наш мир и полностью отрывается от

Лекция 6

Создателя, перестает чувствовать Его. Когда творение начинает подниматься вверх, оно совершает свой путь по тем же 125 ступеням 5-ти миров, которые и были образованы сверху вниз для этой цели. При подъеме на одну ступень человек получает от нее силы подняться на следующую и т.д.

Спуск ступеней сверху вниз — это процесс регрессии души, а подъем, соответственно, ее совершенствование. При спуске вниз сила каждой ступени уменьшается, прикрывая собой все больше свет Творца по отношению к творению. Подъем же человека снизу вверх все больше и больше раскрывает свет Творца, а, следовательно, дает все большую силу творению преодолеть этот путь.

Вопрос*: Что происходит при швират келим?*

В эгоистическую часть, малхут, падают 9 альтруистических сфирот, которые малхут пытается использовать для себя. При этом образуется смесь альтруизма и эгоизма. Если теперь на эту смесь посветит сильный свет, который пробудит малхут, даст ей понимание — кто она и кто Творец, то у нее появится возможность стремиться быть подобной верхним сфирот, т.е свету Творца. Хотя швират келим — как бы антидуховный акт, на самом деле это единственно необходимый процесс, дающий малхут возможность соединиться с альтруистическими свойствами Творца, чтобы затем подняться до Его уровня.

После швират келим начинают строиться две параллельные системы миров Асия, Ецира, Брия, Ацилут и Адам Кадмон: альтруистическая и эгоистическая. Миры построены на основе швират келим, поэтому их система точно понимает душу человека. Душа человека тоже состоит из альтруистических и эгоистических келим. Грехопадение Адама смешало вместе оба сорта келим, его парцуф разбился. При подъеме каждой такой частички на соответствующую ступень миров она находит там соответствующее себе свойство.

Швират нешамот (Адама) и разбиение миров (олам Некудим) построены на одной и той же основе. Миры — это как бы внешняя оболочка относительно души. Это подобно нашему миру, в котором существует внешняя оболочка — Вселенная, земля и все, что нас окружает, относительно человека, находящегося внутри.

Теперь мы рассмотрим, как устроен мир Ацилут. Его устройство полностью соответствует миру Некудим. Некудот де-Са"Г после Ц"Б поднимаются в рош Са"Г с 3-мя видами решимот. От решимот бет-алеф мецумцамим образуется мир Некудим в катнуте на келим гальгальта ве эйнаим и распространяется вниз, от табура до парсы. Этот парцуф, как и всякий другой, состоит из рош и гуф. Его рош делится на три части: первая рош — называется кетер, вторая рош называется аба (хохма) и има (бина). Гуф мира Некудим называется Зо"Н — З"А и нуква. До парсы находится Га"Р де-Зо"Н, а под парсой — за"т де-Зо"Н.

Затем мир Некудим пожелал выйти в гадлут, т.е. присоединить к себе и АХа"Пы. Но когда высший свет дошел до парсы и попытался проникнуть под нее, мир Некудим разбился. Рош кетер и рош аба ве има остались, т.к. головы не разбиваются. А Зо"Н, т.е. гуф, полностью разбился, как над парсой, так и под ней. Всего разбившихся частей было 320, из которых 32 (лев эвен) исправить своими силами нельзя. 288 остальных частей поддаются исправлению.

Далее для исправления разбитых келим был создан олам аТикун, или олам Ацилут. Для этого решимот от разрушения всех 320 частей поднимаются в рош Са"Г. Сначала он выбирает из них самые чистые, самые легкие для исправления (таков закон исправления: вначале исправляются те части, которые легче исправить, чтобы потом с их помощью исправить следующие).

Из исправленных келим создаются парцуфим мира Ацилут, которые подобны маленькому миру Некудим:

1) кетер мира Ацилут или Атик;
2) хохма, или Арих Анпин;
3) бина, или Аба ве Има;
4) з"а;
5) нуква, или малхут.

Мир Ацилут — это прообраз мира Некудим. Атик расположен от табура Гальгальты и до парсы, Арих Анпин — от пэ де-Атик и до парсы, Аба ве Има — от пэ Арих Анпина и до табур дэ Арих Анпин (А"А). Зэир анпин — от табура А"А и до парсы, малхут находится в виде точки под з"а. См. Рис. 5.

Любой парцуф состоит из гальгальты ве эйнаим, отдающих келим, и АХа"П, получающих. При разбиении сосуда у него уже появляется не две части, а четыре: гальгальта ве эйнаим, АХа"П, Г"Э внутри АХа"П и АХа"П внутри Г"Э. Такая смесь находится в каждом из 320 разбитых келим. Цель состоит в том, чтобы разбить каждую частичку и отделить Г"Э от АХа"П.

Лекция 6

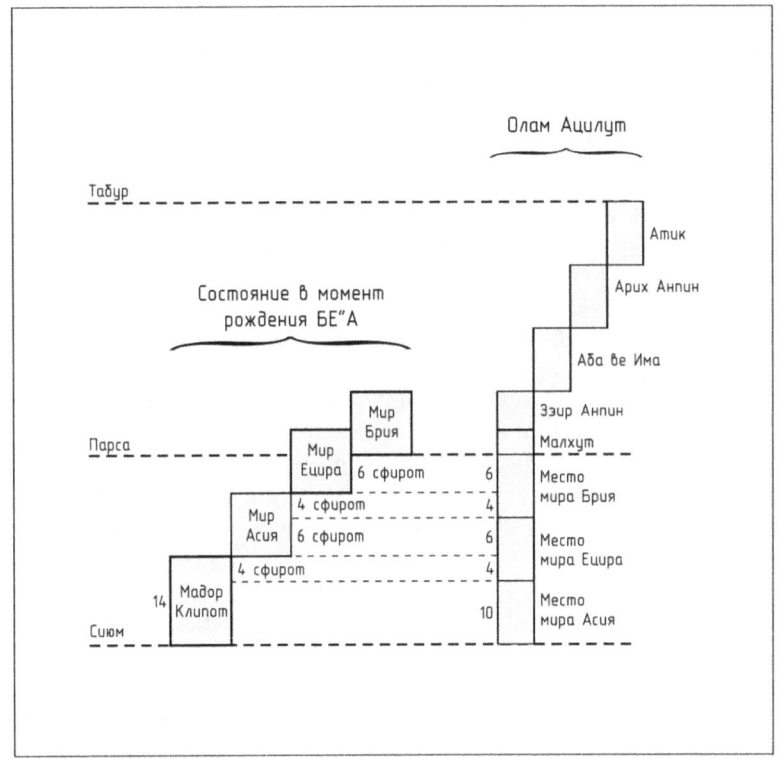

Рис. 5

Порядок исправления состоит в том, что мир Ацилут направляет на каждую неисправленную частичку луч сильного света, выделяет из смешанной частички Г"Э, поднимает ее наверх, а оставшийся АХа"П «отставляет в сторону» как эгоистические келим, не используя их.

После исправления миром Ацилут всех Г"Э, малхут мира Ацилут поднимается в бину, т.е. под рош мира Ацилут. Рош мира Ацилут — это Атик, А"А, АВ"И. Там малхут делает:

1) зивуг на бет де-авиют, создавая этим мир Брия;
2) зивуг на алеф де-авиют, создает мир Ецира;
3) зивуг на авиют шореш, рождает мир Асия.

Подъем в бину сдвинул мир Ацилут на две ступени вверх: малхут находится вместо Аба ве Има, З"А вместо Арих Анпина, Арих Анпин и Атик поднялись, соответственно, выше. Парцуф малхут мира Ацилут, который эквивалентен в этом подъеме бина, Аба ве Има, может создавать новое, рожать. Так рождается от малхут дэ Ацилут мир Брия и занимает новое место вместо З"А мира Ацилут, под головой, которая его родила: как всегда, рожденный на одну ступень меньше рождающего его.

Затем рождается мир Ецира. Он своей верхней частью, 4-мя первыми сфиротами, занимает место малхут мира Ацилут, а его нижняя часть, 6 нижних сфирот, соответственно располагаются там, где место первых 6 сфирот мира Брия.

Следующий мир — Асия — расположен от половины места мира Брия до половины места мира Ецира. Пустыми остаются четыре сфиры мира Ецира и 10 сфирот мира Асия. Место, которое остается пустым, называется мадор клипот, место нечистых сил.

Еще раз пройдем по изложенному материалу: вышел мир Некудим в катнут с рош-кетер, рош-аба ве има, Зо"Н-гуф. И все это называется гальгальта ве эйнаим, и занимает место от табура до парсы. Затем начал выходить гадлут мира Некудим, в каждой части которого есть 10 сфирот, в рош и гуф. Гадлут вышел в кетер, в аба ве има, а когда Зо"Н захотел получить гадлут, мир Некудим сломался. Все келим гуф разбились на 320 частей, упали под парсу и перемешались между собой, образовав четыре группы: 1) Г"Э, 2) АХа"П, 3) Г"Э в АХа"П, 4) АХа"П в Г"Э.

Для исправления разбитых келим создается мир Ацилут. Сначала рождаются три его первых парцуфа: Атик, Арих Анпин, Аба ве Има, которые полностью соответствуют парцуфим Кетер, Аба ве Има в мире Некудим. Зэир Анпин и Малхут соответствуют тем же парцуфим в мире Некудим.

На этом полностью оканчивается исправление извлеченных келим Г"Э из всех 320 частей. Далее — Г"Э внутри АХа"Пов нельзя отделить, но можно направленным на нее лучом света передвинуть ближе к свету. Ацилут хочет сделать исправление в АХа"П. Малхут поднимается в бину и рождает там 10 сфирот мира Брия, который находится на месте З"А мира Ацилут, т.к. сама Малхут мира Ацилут находится в Аба ве Има.

Затем рождаются 10 сфирот мира Ецира, который частично перекрывает мир Брия, а часть мира Ецира находится под парсой на месте верхней половины мира Брия. И, наконец, мир Асия находится от половины места мира Брия до половины места мира Ецира. Начиная с середины места мира Ецира и кончая полностью местом мира Асия, находится пустота, мадор клипот.

Лекция 6

Затем мы увидим, что миры смогут подниматься и опускаться, но всегда все вместе относительно их первоначального места.

Все, что я вкратце рассказал, изложено примерно на полутора тысяч страниц ТЭ"С. Этот материал представляет собой инструкцию продвижения в духовных мирах, и он вызовет соответствующие ощущения.

Все наше исправление касается цимцум бет, за цимцум алеф мы не можем выйти и не представляем даже, какие силы там находятся, что за действительность существует. Это относится уже к тайнам Торы.

ЛЕКЦИЯ 7

Первый парцуф мира Ацилут — Атик — вышел на решимо алеф-шореш сначала в катнуте от табура до парсы. А затем на решимо далет гимел распространился в гадлуте до нашего мира. Это единственный парцуф, благодаря которому в нашем мире светит свет, не ощущаемый нами, но он светит и тянет нас вперед. И те, кто поднимается из нашего мира под парсу, в место расположения миров Брия, Ецира и Асия, называются праведниками.

Необходимо упомянуть, что парцуф Атик распространяется не только до парсы, чтобы передавать свет парцуфим мира Ацилут, а еще и под парсу: поскольку Атик находится в Ц"А, он в состоянии распространяться везде, и находясь под парсой, светит душам праведников, желающим подняться в мир Ацилут. В мирах БЕ"А «отдают ради отдачи», а в мире Ацилут «получают ради отдачи».

Следующий парцуф, Арих Анпин, хохма, выходит в катнут. Затем рождается парцуф Аба ве Има (бина), далее выходит парцуф З"А, и последней рождается Малхут в виде точки. АХа"Пы 5-ти парцуфим мира Ацилут — это келим де-кабала. Нужно их восстановить и исправить.

Мир Ацилут — единственный мир, который мы изучаем. Все остальные изучаем постольку, поскольку они связаны с миром Ацилут. Задача заключается в том, чтобы в результате поднять все души в Ацилут. Парцуф Арих Анпин одевает на себя еще и различные одеяния, которые называются «сэарот» — волосы, подобно тому, как волосы покрывают тело и являются наружными по отношению к нему.

Через сэарот проходит свет во все низлежащие миры. Если находящиеся в нижних мирах души хотят получить ор хохма, они обращаются к Арих Анпин и через его «13 видов милосердия» — 13 частей парцуфа сэарот — получают ор хохма. Если этот парцуф сокращается, то прекращается подача света, от этого

Лекция 7

страдают все миры, отсюда и всевозможные изгнания. Если же Арих Анпин пропускает через себя свет, то такой период самый благоприятный.

Чтобы получить свет хохма от Арих Анпина, нужно подняться в его рош. Когда малхут мира Ацилут поднимается на его уровень — это значит, что она улучшает свои свойства настолько, что становится подобной Арих Анпину. Процесс происходит следующим образом: сначала от малхут посылается просьба к Аба ве Има, которые исправляют малхут, а затем она поднимается в рош Арих Анпин.

В следующем парцуфе Аба ве Има есть только свет хасадим. С его помощью исправляется Малхут и З"А, чтобы затем получить ор хохма от рош Арих Анпин. Аба ве Има создают дополнительные парцуфим, которые входят внутрь З"А и Малхут, чтобы своим примером показать, каким образом выполнять те или иные действия. Такой дополнительный парцуф, который дает З"А и Малхут силу и знание, называется Целем (образ, подобие).

Все исправляющее — это Аба ве Има, а все, что надо исправить — это Малхут и З"А. Почему нужно исправлять только эти два парцуфа? Потому что в мире Некудим именно они и разбились. Три первых парцуфа мира Ацилут вышли на решимот голов мира Некудим.

Зэир Анпин мира Ацилут называется «Кадош Барух Ху» (Создатель). Малхут мира Ацилут называется «Шхина» — собрание всех душ. Все названия, имена персонажей, упоминающиеся в Торе, происходят из мира Ацилут. А те действующие лица, которые находятся в мирах БЕ"А, все равно находятся под управлением мира Ацилут.

Мир Ацилут не пропускает никакого света под парсу, кроме очень маленького лучика света — ор толада. Это сделано для того, чтобы уже никогда не произошло швират келим, как это было в мире Некудим.

Как исправляются АХа"Пы, которые под парсой? Их освещают огромным светом, в котором они видят свое отличие от Творца, и желают исправиться, обращаясь к вышестоящему парцуфу, который является их Творцом, с просьбой приобрести свойства отдавать, обрести экран. Если просьба какого-либо определенного АХа"Па истинна, то вышестоящий парцуф поднимает его из миров БЕ"А в мир Ацилут.

Все наполнение светом происходит только в мире Ацилут. АХа"Пы в мирах БЕ"А представляют собой семь сфирот З"А и 9 низших сфирот Малхут мира Ацилут, потому что Г"Э Зэир Анпина и сфира кетер дэ Малхут находятся в мире Ацилут. К АХа"Пам З"А и Малхут, находящимся в мирах БЕ"А, поднимается просьба о помощи. Если мы поднимем эти сфирот и присоединим к соответствующим сфирот мира Ацилут, мы сможем наполнить их светом. И такое состояние будет называться гмар аТикун.

Чем же отличается это наполнение АХа"Пов, которые поднимаются, от тех, к которым должен был спуститься свет под парсу? Разница качественная: при подъеме АХа"Па он используется как келим отдающие, а не получающие, основное свойство которого мы как бы отрезаем, поднимая его. Т. е. мы используем его как гальгальта ве эйнаим. Это прибавляет миру Ацилут, но коренным образом АХа"П не исправляет. При подъеме АХа"П пользуется не своим светом, а светом Г"Э.

Кроме АХа"Пов, которые можно поднять в мир Ацилут, в БЕ"А остается еще и множество келим, которые невозможно поднять, т.к. они не смешиваются с Г"Э. Что же можно сделать, чтобы исправить и эти келим? Наподобие швиры в мирах, создать и швират келим в душах.

Для этого малхут де-Эйн Соф, которая представляет собой абсолютно эгоистическое творение, без каких бы то ни было альтруистических примесей, и находится в сокращении, которое она сама приняла, и соединяют ее с келим гальгальта ве эйнаим Зо"Н мира Ацилут. При этом мы получим такое соединение келим де-ашпаа с келим де-кабала, при котором, естественно, такой парцуф разобьется на мелкие частички, перемешаются между собой отдельные искорки альтруизма с эгоизмом — только тогда появится надежда на исправление малхут с помощью этих искорок.

Итак, после выхода мира Ацилут в катнут, Малхут мира Ацилут поднимается до уровня Има (бина) мира Ацилут и рождает там мир Брия, делая зивуг на авиут бет. Вторым зивугом Малхут на авиют гимел рождается мир Ецира. Третий зивуг Малхут на авиют далет рождается мир Асия. После всего этого рождается принципиально новый парцуф в катнут, с гальгальтой ве эйнаим, а АХа"Пом этого парцуфа в будущем гадлуте является сама малхут мира Эйн Соф.

Лекция 7

Этот парцуф называется Адам Ришон. А для чего же понадобилось рождать все дополнительные миры БЕ"А? Для того, чтобы создать этому парцуфу подходящую сферу, в которой он мог бы существовать, получая от нее необходимый свет, соответствующий его постоянно меняющимся желаниям.

Парцуф Адам Ришон рождается в катнуте, как мир Некудим, с келим гальгальта ве эйнаим. Как каждый парцуф, он захочет потом выйти в гадлут. И как только он начнет получать свет для гадлута, в келим де-кабала (АХа"П) от малхут мира Бесконечности, он разобьется на мелкие частицы.

Когда родился Адам, он был совершенным праведником, обрезанным — не имеющим келим де-кабала. Но по мере роста захотел сделать исправления на весь Райский сад, т.е. на все желания, которые у него были, хотя есть четкий запрет не производить зивуг на малхут де-малхут, которая не может впечатлиться альтруистическими примерами, никакими упавшими в нее келим де-ашпаа. Адам не сомневался в том, что может дать малхут Мира бесконечности исправление, потому что это его АХа"П.

Но как только свет начал спускаться из мира Ацилут под парсу, Адам Ришон разбился на множество частей (600 000). Каждая из этих частей должна в течение 6000 лет, ступеней, сделать свое частное исправление. Та часть своего эгоизма, которой человек может пожертвовать ради Творца, называется его душой.

Разбившись, все желания Адама упали на самый низкий эгоистический уровень. Нет связи между людьми, все они разрознены, и каждая отдельная частица желает лишь эгоистически наслаждаться в этом мире, поэтому и созданы в нем специальные условия, помогающие человеку наладить связь с Творцом, чтобы получить сверху свет исправления.

Когда человек в процессе исправления поднимает к Создателю просьбу об исправлении всех своих желаний, нисходит свет Творца, и человек путем последовательных 6000 действий исправляет свою душу до такой степени, что она становится, как малхут мира Бесконечности и получает весь свет Творца ради Него.

Все, что мы изучаем, относится только к миру Ацилут и парцуфу Адам Ришон. Все, о чем написано в Торе, имеет отношение либо к какой-то части этого парцуфа, либо к миру, в котором он находится. От того, насколько человек поднимается, какую часть в парцуфе Адам Ришон он занимает, зависит ощущение им того мира, в котором он находится в каждый отдельный момент.

Чтобы подключиться к духовному миру, нужно иметь с ним общие свойства. Если из всех моих желаний хоть одно в какой-то своей части будет соответствовать духовным свойствам отдавать, то уже через эту точку у меня будет контакт с Творцом. Самое сложное — наладить этот первый контакт. Когда человек получает духовное постижение, он не может ошибиться в том, что это духовное, он четко это знает. Человеку нужно только желать изменить желания. Творец хочет нас исправить и ждет, когда мы Его об этом попросим.

Высший свет находится в абсолютном покое. Изменяются только души. И на каждом этапе изменения они получают от света совершенно новую информацию. Творец отвечает только на искреннюю молитву-просьбу. А если нет ответа, значит, это еще не настоящее желание, на которое поступает ответ. Как только человек готов, ответ не замедлит появиться, т.к. свет всегда желает войти в кли.

ЛЕКЦИЯ 8

Во всех святых книгах пишется о том, каких ощущений должен достичь человек. Они говорят об одном: человек должен предпочесть духовное материальному, возвеличить Творца. Творец не нуждается в наших почестях, в силу отсутствия в нем всякого эгоизма. Единственное, что нужно Творцу — это насладить нас в той мере, в которой мы предпочтем Его, станем подобны Ему. Возвеличивание Творца говорит о правильности кли. Наслаждение слиянием с Творцом может стать бесконечным, вечным, совершенным, если не будет ограничено эгоизмом.

Альтруизм — это особое свойство, особый вид исправления кли. Эгоизм ни к чему хорошему не приводит. Мы видим: чем больше есть у людей, тем чаще они страдают депрессиями, кончают жизнь самоубийством. Самые развитые страны стоят по количеству самоубийств на первом месте. Дайте человеку все, наполните его, но он при этом не чувствует вкуса к жизни. Вкус чувствуется только при соприкосновении страдания и наслаждения, а при наполнении наслаждение гасит желание.

Указание Творца об исправлении кли из эгоистического на альтруистическое дано ради нас, а не ради возвеличивания Творца. Настоящее состояние, в котором находится человек, называется «олам азе», а его следующее состояние — «олам аба». Мир — это то, что я сейчас ощущаю, а следующее ощущение — это новый мир.

Каждый человек, который прошел хотя бы маленький курс занятий Каббалой и оставил ее, все равно что-то получил, в нем это живет, остается. В каждом существует подсознательное ощущение, что в жизни является самым главным.

Есть различные люди. Одни родились прыткими, ловкими. Такие люди скорее достигают больших успехов в обществе. Они быстро богатеют, становятся хозяевами, эксплуатируют остальных. А другие родились лентяями, они медленно растут и развиваются, они неудачники. Может быть, они даже больше работают, чем ловкие, но мало чего достигают. Им вставать на утром труднее, им тяжелее выполнять тот же объем работы — в нашем мире мы не можем взвесить усилия человека, потому что они зависят от очень многих внутренних свойств, с которыми создан человек. У нас нет приборов, способных измерить свойства и внутренние усилия человека, усилия не физические, а моральные, внутренние.

Бааль Сулам пишет, что в мире есть 10% так называемых альтруистов. Это люди, которые созданы таким образом, что получают наслаждение от отдачи. Так же, как эгоист может убить за то, что ему не дают что-то необходимое ему, так и такой альтруист способен убить за отсутствие возможности отдавать, т.к. для него отдавать — это средство получать наслаждение. Такие люди все равно эгоисты, т.к. их намерения — что-то получить в результате отдачи. Естественно, что и им надо исправляться.

По отношению к духовному и они эгоисты. Им надо пройти большой путь осознания зла в понимании того, что они не альтруисты, пройти период осознания себя эгоистами. Чем человек грубее, эгоистичнее, тем ближе он стоит к возможности перейти в духовное. Эгоизм его созрел, он огромен. Остается только осознать, что он — зло для самого человека, и просить Творца изменить намерение «получать ради себя» на намерение «получать ради Творца».

Свойство стыда появляется в малхут Эйн Соф, когда она понимает, что такое кетер, бхина шореш — это ощущение от противоположности себя и света. Сама малхут не ощущает света, а только те свойства, которые свет в ней вызывает. В самом свете нет никаких свойств. Эти свойства малхут ощущает в себе как результат воздействия света на нее.

Все реакции организма полезны и необходимы: как духовного организма — души, так и нашего животного тела. Считается, что все болезни — это реакция организма, чтобы удержать себя в равновесии. Допустим, человека заболевает. Организм специально вызывает температуру, чтобы убить какие-то микробы, обезопасить и защитить себя. Болезнь воспринимается не как болезненное состояние организма, а как его внешнее проявление, реакция на то, что в нем существует. Поэтому нельзя убивать симптомы болезни, чтобы не убить реакцию организма, его усилия к излечению.

Наш эгоизм очень умный. Если есть желания, которые невозможно удовлетворить, он их подавляет, чтобы не вызывать в

Лекция 8

нас излишние страдания. Но как только появляются определенные условия, в нас тут же возникают соответствующие желания. Это относится и к слабому, больному, старому человеку, в котором нет особых желаний, есть одно — просто существовать. Организм подавляет не могущие осуществиться желания.

Каббала полностью отрицает эволюцию. Она была только в четырех стадиях ор яшар, когда бхина алеф превратилась в бет, бет — в гимел и т.д. Когда же образовалась малхут Эйн Соф, она впитала в себя все желания верхних сфирот, они живут в ней и никоим образом не изменяемы.

Появление в дальнейшем всех миров и парцуфим говорит не об изменении желаний, а об изменении намерения. В зависимости от намерений вызываются к действию те или иные желания. Но сами желания не меняются. Не возникает нечто новое, чего не было раньше. Так и мысли, которые якобы пришли к нам сегодня, а не вчера. Просто вчера они были скрыты от нас. Все в нас живет, но проявляется в определенное время. Ничего нового не создается.

Нельзя обратить один вид в другой, например, из неживого в живое, из растительного в животное и наоборот. Существуют промежуточные стадии между неживой и растительной природой. Это кораллы. Между растительной и животной природой существует организм живой, но питающийся от земли. Существо между животной природой и человеческой — обезьяна. Она не может полностью стать животным, но и человеком тоже не способна стать.

Единственное, что может произойти — это то, что если в человеке существует божественная искорка, которая тянет его к духовному, и в нем появляется желание достичь чего-то большего, то тогда это двуногое существо становится человеком. На земле есть немного таких, кого можно назвать человеком с точки зрения Каббалы, их можно пересчитать по пальцам.

Развитие науки и технического прогресса для того и происходило, чтобы привести нас в тупиковое состояние и осознание, что таким образом нельзя дальше продвигаться. Но раньше нужно дойти до этого тупика.

У всех каббалистов были ученики. Ни в коем случае нельзя сортировать учеников на лучших и худших, на желающих более или менее. Человек заранее создан с определенными желаниями, и никто не знает, почему он таким создан и почему желания проявляются таким образом. Сортировка и отбор в группе происходят естественным образом, чтобы сложилась постоянная группа.

АР"И, кроме Хаима Виталя, никто по-настоящему не понял. Правда, он начал работать по новой системе. В его группе уже были большие каббалисты, но передал он все только одному — Хаиму Виталю. Преподавание учителя зависит от сорта душ, которые спускаются в этот мир. До АР"И были другие системы преподавания, другая методика. Начиная с раскрытия его методики, Каббалой могут заниматься массы, лишь бы было желание.

Бааль Сулам не изменил систему АР"И, а лишь углубил и расширил ее, он дал более подробные комментарии на книги АР"И и Зоар, благодаря чему желающие изучать Каббалу и приблизиться к духовному в нашем поколении смогли понять внутренний смысл в изучаемом материале, а также провести аналогию при чтении всех книг Торы.

Души, которые спускались до АР"И, воспринимали духовное чисто внешне, а после АР"И начали нисходить такие души, которые изучали, анализировали себя и духовный мир духовно-научным методом. Поэтому книги, вышедшие до АР"И, написаны в виде повествований. А книги после АР"И написаны, как ТЭ"С, на языке бхинот, сфирот, оламот. Это инженерия души, научный подход к душе.

Для большого каббалиста не имеет смысла заниматься наукой нашего мира и производить различные опыты и открытия. Он все объяснения может дать с точки зрения Каббалы, потому что она является источником всех наук. У каждой науки существует свой язык. Если каббалист не ученый, он просто не сможет описать те или иные явления языком научных терминов.

Каббалист ощущает истинные законы мироздания, из которых исходит духовная и материальная суть. Каким языком он запишет соотношение между тем духовным объектом и этим? Каким-то образом он должен записать духовную силу, которая держит на себе этот мир? И каковы взаимоотношения между духовными объектами?

Никакими формулами нашего мира он это передать не может. В духовном мире он может передать все свои ощущения. Но как сделать его ощущения доступными непосвященным? А даже если им и можно как-то рассказать, то применить в нашем мире

Лекция 8

ничего невозможно, пока человек не изменится. Если бы все остальные изменили свои свойства, то могли бы общаться друг с другом на духовном языке и совершать духовные действия.

Каждый получает и страдает соответственно своему уровню. А для поднятия их на духовный уровень необходим масах, который просто так не получают. Это замкнутый круг. Поэтому наука Каббала называется тайной для тех, кто еще не постиг ее.

В «Введении в книгу Зоар» пишется о четырех ступенях познания — материал, материал, облаченный в форму, форма и суть. Науке доступно изучение только материала и материала, облаченного в форму. Форма без материала — это чисто абстрактное понятие, оно не поддается четкому анализу. А суть, то, что вызывает к жизни какие-либо объекты или реакции, вообще непознаваема.

То же самое происходит в духовном. Даже большой каббалист, изучая духовные миры, может постичь материал и облачение в какую-то форму, но форма без материала недоступна. То есть и в духовном существуют ограничения в области постижения мироздания. Но когда каббалист доходит до определенного уровня, он свыше получает подарок, раскрывающий тайны мироздания.

ЛЕКЦИЯ 9

Выход 5-ти миров Адам Кадмон, Ацилут, Брия, Ецира, Асия — и есть реализация 5-ти сфирот кетер, хохма, бина, з"а и малхут, которые находились в самой малхут. Миры сверху вниз распространяются как последовательное увеличение авиюта первых 4-х желаний — от нуля до 4. Миры являются той сферой, которая окружает малхут. Это можно уподобить человеку, который окружен сферами. В силу полученных органов чувств, он ощущает только ближайшую к нему сферу. Это мир Асия.

При улучшении органов чувств, изменении своих качеств, человек постепенно начнет ощущать следующую сферу, затем еще более внешнюю и т.д. Все миры являются как бы фильтрами на пути света, своеобразными занавесами на распространение окружающего света, постигая которые, человек снимает их, одну за другой, приближаясь все больше и больше к свету Творца. Если бы свет доходил до человека без окружающих сфер, то произошла бы швират келим человека.

Постепенно, снимая завесы-миры, человек впускает все миры в себя и остается со светом, становится таким, как свет. Такое состояние наступает при гмар тикун — конечном исправлении. Когда вначале человек находится внутри миров, он ощущает их власть, ограничение. Как можно снять ограничение? Принять на себя внутреннее исправление, соответствующее, например, свойствам мира Асия. Это значит быть альтруистом на нулевом уровне. Я преодолеваю мир Асия, и он уже входит в меня, отпечатывается во мне, я уже ощущаю его. Чтобы ощутить мир Ецира, необходимо уподобиться его свойствам, тогда он тоже войдет в меня.

Затем я становлюсь альтруистом на 1-м уровне. Задачей является вобрать в себя все миры, уподобиться им и на последующие ступени авиюта: 2, 3, 4. Таким образом исправляется малхут, вбирая в себя свойства 9-ти первых сфирот. Человек выходит за пределы всех миров в мир Бесконечности.

Лекция 9

Чтобы человек мог начать исправляться, он должен состоять из свойства Творца и своих свойств. Каждый последующий парцуф мира Ацилут начинается с пэ предыдущего, кроме парцуфим З"А и Малхут: З"А начинается с табура Аба ве Има, и Малхут начинается с табура З"А.

До рождения Атик, Арих Анпин, Аба ве Има эти три парцуфа называются кетер, хохма, бина, что соответствует кетер, хохма, бина мира Некудим. Рош мира Ацилут соответствует 2 головам мира Некудим и выполняет ту же функцию. Рош мира Ацилут вышла первой на решимот не разбитых келим рош мира Нэкудим.

Но З"А и Малхут восстанавливались постепенно. От З"А восстановилась только Г"Э и от Малхут точка. АХа"Пы З"А и Малхут находятся в мирах БЕ"А. Если мы их исправим, исправятся все миры. Исправление происходит за счет парцуфа Адам Ришон.

Что такое парцуф Адам Ришон? Малхут мира Ацилут поднимают до уровня бины, это производится за три приема. Весь мир Ацилут поднимается на три ступени. Нормальное состояние мира Ацилут называется буднями. В эти дни мир Ацилут освещается неполным светом, который доходит до парсы.

Затем сверху приходит увеличенный свет, придающий миру Ацилут повышенные свойства, и весь мир поднимается на одну ступень. Там, где раньше был З"А, находится Малхут. З"А поднимется на уровень Аба ве Има. Аба ве Има займут место Арих Анпин, а тот, в свою очередь, поднимется на уровень Атика, а тот — еще выше, в Са"Г.

Первый подъем мира Ацилут совершается вечером перед субботой — эрев шабат. Такие подъемы называются возбуждением свыше (итарута дэ летата), что в нашем мире соответствует дням, неделям, времени, всему тому, что происходит не в зависимости от нас, а по законам самой природы.

Следующий подъем поднимает мир Ацилут еще на одну ступень, а малхут — на уровень Аба ве Има, где она приобретает еще одно свойство — намерение «отдавать». Теперь малхут может получать ради Творца. Теперь у нее есть экран, и она может делать зивуг де-акаа, создавая другие парцуфы. На свойства Аба ве Има с одной стороны и свойства малхут мира Эйн Соф с другой, она создает новый парцуф — Адам Ришон.

У каббалиста духовные состояния, называемое «эрев шабат», «шабат», «моцей шабат» и пр. — могут наступать совершенно не в соответствии с календарными днями. И если в календарный шабат нельзя ездить и курить, то в личный шабат все можно делать, т.к. каббалист все же живет и в этом мире и должен подчиняться его законам. Например, 6 дней для каббалиста могут проскочить за доли секунды, а шабат может длиться несколько дней. Это вещи совершенно несравнимые.

Все, что исполняется здесь, в этом мире, относится к нашему телу, а исполняемое в духовном относится к душе. Пока, как мы видим, душа не синхронна телу. А когда и наш мир будет работать по той же системе, что и духовные, а это будет в гмар тикун, то все действия нашего и духовного миров и все времена сольются воедино.

Если сейчас вы в течение секунды изменились, а следующее изменение произойдет через 5 лет, то следующая ваша секунда будет длиться 5 лет. Временем в духовном называется изменяемость свойств. В нашем мире, чтобы человек смог начать заниматься Каббалой, может пройти тысяча лет. Войдя в духовные миры, мы проходим за день, как раньше за несколько жизней. Вот вам изменение и сокращение времени. Духовные годы — 6 тысяч ступеней БЕ"А. Это нельзя сравнить со временем нашего мира.

Подъем из миров БЕ"А в мир Ацилут называется суббота — шабат. Весь сектор от табура Гальгальты и до парсы называется шабат. При первом подъеме мир Брия поднимается в Ацилут, при втором — мир Ецира поднимается в Ацилут, а при третьем — и мир Асия. Подъем миров БЕ"А и мира Ацилут происходит одновременно.

На третьем подъеме в объеме мира Ацилут находятся З"А, Малхут мира Ацилут и миры БЕ"А. А рош мира Ацилут: Атик, Арих Анпин, Аба ве Има выходят за пределы мира Ацилут в мир Адам Кадмон, а рош Гальгальты, в свою очередь, поднимается (на 1 подъеме) с рош А"Б (на 2 подъеме) и с рош Са"Г (на 3 подъеме) и уходят в мир Эйн Соф.

Тот, кто попадает из нашего мира только в первый духовный мир Асия, может при третьем подъеме подняться в мир Ацилут и находиться в духовной Субботе. Но потом его спустят вниз, т.к. возбуждение свыше не заработано самим человеком, а нисходит к нему свыше как подарок.

Направление духовного времени происходит всегда снизу вверх. Все души, все человечество, не ощущая этого, все время поднимаются снизу вверх, приближаются к Творцу для слияния с Ним. Это называется прямым течением духовного времени. Измерения всегда в положительную сторону, даже если в ощущениях человека они ощущаются как отрицательные. Человек — эгоист, поэтому духовное оценивается им отрицательно. Человек никогда не деградирует при движении к духовному.

Человек в нашем мире не должен стремиться к увеличению эгоизма, а должен стремиться к Творцу. Работая в этом направлении до исправления, он все равно будет чувствовать увеличение эгоизма, т.е. его природный эгоизм будет раскрываться ему все в худшем представлении по сравнению со свойствами Творца.

При изучении Каббалы идет все большее притягивание окружающего света, ор макиф, в свете которого свои истинные свойства ощущаются все более плохими: они остались теми же, но все познается в сравнении со светом Творца. И это ощущение означает прогресс в движении вперед, хотя человек видит себя куда хуже.

Что такое миры БЕ"А? Это альтруистические келим, упавшие в АХа"П под парса. Эти миры тоже делятся на Г"Э и АХа"П. Их Г"Э заканчивается в хазе мира Ецира, т.е после 10-ти сфирот мира Брия и 6-ти сфирот мира Ецира. 14 нижних сфирот от хазе Ецира и вниз (4 сфиры мира Ецира и 10 сфирот мира Асия) представляют собой АХа"Пы миров БЕ"А.

Мир Ацилут освещает своим светом миры БЕ"А до хазе мира Ецира. Мир Ацилут называется шабат. 16 высших сфирот миров БЕ"А (Г"Э) от парсы до хазе называется субботнее расстояние — тхум шабат, а сам мир Ацилут называется город.

Даже когда все миры БЕ"А поднимаются вверх в мир Ацилут, можно работать с желаниями, находящимися под парсой до хазе мира Ецира (Г"Э). Поэтому в нашем мире разрешается выходить в шабат за городскую стену, но только в пределах города, в пределах тхум шабат.

Это расстояние составляет 2000 ама и 70 ама (приблизительно 2000 шагов). Как это расстояние разделяется? От парса до хазе мира Брия оно носит название «ибур» и составляет 70 ама. Это расстояние еще относится к миру Ацилут, хотя и находится вне его. Это окружающая весь город снаружи полоса. Как живот беременной женщины, где развивается ребенок, как бы уже находится вне ее, но все равно относится к ней. А расстояние от хазе мира Брия до хазе мира Ецира составляет 2000 ама.

А все расстояние от парса до сиюм — 6000 ама. Часть миров БЕ"А от хазе Ецира до сиюм называется «место нечистот» —

«мадор клипот» — это АХа"Пы миров БЕ"А. Сюда входит 4 сфиры мира Ецира и 10 сфирот мира Асия. Это совершенно пустое (от святости) место, и сюда в шабат выходить нельзя.

В Израиле город обносится специальной проволочной стеной, что указывает на то, что все, что в пределах стены, относится к данному городу. Это называется эрув. Такое своеобразное исправление превращает весь город в одну территорию. В этих пределах можно ходить, выносить и заносить вещи.

В духовном все это делается для того, чтобы в шабат объединить все существующие желания в одно альтруистическое свойство. В шабат душа поднимается в мир Ацилут и находится во власти Творца, полностью слита с Ним. Только высший свет, спускающийся вниз, властвует над душой. А если есть несколько хозяев, то властвуют низшие келим.

Когда человек поднимается в духовный мир, пересекая махсом, он не проходит сквозь мадор клипот, т.к. для него переход в духовное происходит не в шабат, когда миры БЕ"А находятся в мире Ацилут.

В духовном шабат не для всех наступает в одно и то же время. В нашем мире шабат в различных странах и городах наступает в разное время, но если человек не находится под влиянием земли и солнца, например, в космосе, то он должен соблюдать шабат по иерусалимскому времени: соответственно духовному, (Суббота — уровень мира Ацилут. Подъем в мир Ацилут называется встречей Субботы) Творец находится в Иерусалиме.

Души поднимают в Ацилут, показывая, какие ограничения есть там, чтобы они потом смогли соблюдать их сами. Когда человек делает сам какие-то ограничения, он не замечает их, потому что находится над ними, и они не давят на него. Эти действия уже выходят из его собственных свойств. Цель Творения подразумевает собственный подъем, а шабат существует для того, чтобы показать, что есть в высших мирах то, к чему надо стремиться.

Исправленное состояние — это когда свет Творца светит напрямую, а не через миры — ослабляющие фильтры, светит безо всяких ограничений, давая огромное, вечное и бесконечное наслаждение, согласно Цели творения.

ЛЕКЦИЯ 10

Попытаемся подвести некоторые итоги:

Адам Ришон — это единственное творение. Этот парцуф достигает высоты трех миров: Брия, Ецира и Асия. Голова его находится в мире Брия, гарон занимает место до хазе мира Ецира, его гуф — от хазе мира Ецира и до конца этого мира. Раглаим занимают место мира Асия.

Как располагаются страны в мирах? Бааль Сулам говорит так: мир Ацилут называется Эрец Исраэль. Самое ближайшее место к нему — Иордания, занимает место мира Брия. По указанию Творца, два колена израилевых, две части души, могут находится в Иордании, т.е. в мире Брия, т.к. свойства этого мира (свойства бины) очень мало отличаются от свойств мира Ацилут (хохма).

Следующая страна, тоже считающаяся близкой к Эрец Исраэль — Сирия — это малхут мира Брия. От малхут мира Брия до хазе мира Ецира находится Двуречье, или Вавилон. Мы снова видим, что расстояние от парсы до хазе мира Ецира все еще относится к Эрец Исраэль и называется «кибуш Давид» — завоевания Давида, который воплотил в нашем мире духовное. Все, что мы изучаем в духовном, должно один раз осуществиться у нас, в нашем мире.

Существует Творец и человек — желание насладить и желание насладиться. Но вокруг человека находятся 5 скрывающих свет Творца фильтров — миров. Если человек действует естественно, согласно всем своим желаниям, то находится под фильтрами, т.е. под их влиянием. Они все выше его. Если же он пожелает исправить себя, согласно свойствам хотя бы одного из этих фильтров, самого нижнего, то становится над ним, его свойства сравниваются со свойствами этого мира.

А если и дальше его свойства будут подобны свойствам остальных двух миров, то он нейтрализует действие и этих фильтров, поднявшись над ними. Тогда свет Творца проникнет прямо в его душу. Все, что происходит с нами между двумя точками жизнь и смерть, является следствием происходящего в духовном мире.

Свет хочет войти в малхут вне зависимости от ее состояния. Человек должен отталкивать свет, вопреки тому, что он может получить его. Мы сейчас находимся под цимцумом, и нам кажется, что Творец не хочет, чтобы мы ощутили Его, поэтому Он не открывается нам. Да и в Торе мы читаем, что если мы нарушим то-то, то нам грозит такое-то страшное наказание и пр..

На самом деле, если человек, например, сделал исправление, равное миру Асия, значит, он находится в этом мире, сняв с него фильтр, который ему уже не нужен, т.к. он сам теперь задерживает поступление света, чтобы получить его ради отдачи. Тогда он видит, что Творцу не важно, делаем ли мы сокращение для получения ради Творца, или получаем свет ради себя. Просто сам человек восходит на такой моральный уровень, на котором нет разницы между отдачей и получением, правдой и ложью, прегрешением и Заповедью.

От человека тогда зависит, что предпочесть. А со стороны Творца есть только одно желание — насладить человека, а каким наслаждением — это уже зависит от получающего. Главное в том, чтобы без всяких условий со стороны Творца предпочесть альтруистическое возвышение, хотя за это не положено никакого дополнительного вознаграждения и наказания не будет тоже. Выбор не на уровне наказания и вознаграждения, а на высочайшем духовном уровне, абсолютно оторванном от себя, от своих личных интересов.

Творец поставил перед человеком 5 фильтров, заслоняющих его от высшего света. За последним 5-м фильтром Творец совсем не ощущается, там находится наш мир, жизнь в котором поддерживается лишь небольшой искоркой света (нэр дакик), которая и составляет смысл нашей жизни, т.е. совокупность всех наших наслаждений, взятых за все поколения, во всех душах, за всю историю человечества. Свет этот настолько мал, что поступки, совершаемые душами, не считаются прегрешением, а расцениваются как минимальная животная жизнь. И на получение этих минимальных наслаждений нет никакого ограничения. Живи, наслаждайся ...

Если хочешь большего, то должен стать подобным духовному. Каждое духовное наслаждение означает альтруистическую отдачу без всякого отношения к себе. Для этого необходимо взобраться на определенную ступеньку задерживающего фильтра и подавить свет вместо этого фильтра самому, задерживая его своим моральным устоем.

Тогда фильтр перестает существовать относительно этого человека, но теперь уже сам человек задерживает свет, желающий проникнуть в его кли, чтобы потом получить, но ради Творца.

Душа Адама соответствовала 30 сфирот трех миров БЕ"А, которые представляют собой тот же мир Ацилут, но находящийся внутри эгоистических желаний с авиют бет, гимел и далет. Когда Адам исправляет свои поступки, одухотворяет их, то поднимается вместе с мирами в мир Ацилут. После прохождения 6000 ступеней исправления Адам Ришон полностью поднимается в мир Ацилут. Каждая душа, поскольку она является частью парцуфа Адам Ришон, проходит тот же путь. Сам человек не выбирает, что ему исправлять, а исправляет то, что ему дают свыше, что раскрывается перед ним. И так до самой высшей ступени.

ЯЗЫК ДУХОВНЫХ МИРОВ
Беседа в Пурим 1997 года

Тот, кто начинает работать ради Творца, видит в персонажах Торы свои собственные духовные состояния: Аман, Мордехай, Эстер — все они находятся внутри человека. Переживая внутреннюю борьбу этих сил, меняя соответствующие духовные состояния, мы можем прийти к Конечному исправлению — «Гмар тикун». Если человек читает статьи именно с таким намерением, то он способен немного представить себе действительность. Вначале возможна путаница в связи с тем, что мы привыкли к буквальному пониманию текста, повествующего о, якобы, давно ушедших в прошлое персонажах истории...

Язык духовных миров включает язык Торы, язык Танаха, язык Агады, язык Законов и Алахот, традиций... И на всех этих языках мы выражаем одно — действия Творца, то, как Он работает над нами. Язык бесед, статей и писем каббалистов ближе нам, чем, скажем, язык ТЭ"С (Талмуд Десяти Сфирот): это происходит потому, что мы не находимся на уровне ТЭ"С, не понимаем этот язык. На самом деле то, о чем мы говорим, представляем, интерпретируем — все это является результатом изменений, происходящих под воздействием Творца.

Когда мы читаем в ТЭ"С о духовных объектах, которые поднимаются, опускаются, разбиваются и пр., нам легче воспринимать это как описание происходящего внутри нашей души, а не как описание земной жизни.

Языком сфирот описываются действия, которые как бы не принадлежат нашему уровню восприятия. Как же я тогда могу почувствовать их? Я должен почувствовать их так, чтобы внутри самого себя найти все, о чем идет речь: Мордехая и Амана, любовь и ненависть, еду, шум, жару, холод и т.д. Эти явления известны мне, потому я и чувствую в каждом из этих понятий определенное эмоциональное состояние.

Так в любой профессии: форте, пиано, модерато, аллегро — каждое из этих слов для музыканта означает какое-то особенное эмоциональное состояние. Если исказить какое-либо из этих понятий, у музыканта это вызовет сильное раздражение. А для меня это просто какое-то сочетание слов, звуков. Но для того, кто овладел определенным языком, каждый звук или слово этого языка наполнены смыслом и внутренним ощущением.

В нашем мире мы овладеваем языками, когда учимся. Даже при самом поверхностном изучении компьютеров, если нам что-то говорят об их устройстве, у нас уже появляется минимальное внутреннее ощущение. Почему о компьютерах говорят, как о живых? Потому что мы уже живем с этим предметом, и он отпечатывается в наших чувствах. Человек, работающий с металлами, если говорит о них, то он способен описать даже чувства и характер каждого из этих металлов. Он изнутри чувствует материал, например чугун, — не только руками, а именно изнутри.

Итак, мы видим, что пока у нас нет внутреннего ощущения какого-либо события, предмета, объекта, то он для нас не существует, потому что мы всего-навсего чувствующие люди. Ты можешь объяснять и рассказывать, что у тебя есть разум, что ты решаешь, судишь и взвешиваешь — это ничего не стоит: наш ум предназначен только для того, чтобы сравнивать впечатления, ощущения и не больше. Если мы никогда не испытывали на себе каких-либо состояний или ощущений, то и не понимаем их: для нас это просто слова, в которых нет никакого содержания. Я могу пойти к специалистам, учителям и обучиться у них новому для меня языку: например, изучить музыку, компьютеры или, скажем, математику. Даже у математиков, когда они работают с числами, возникает внутреннее ощущение количественных и качественных соотношений цифр и формул. Тогда это уже не просто числа и сухие формулы, а уже хорошие или плохие вещи, определенные события или объекты нашего мира. В любом случае — это определенные внутренние ощущения, качества, состояния.

Скажем так: абсолютно во всем, даже в наиболее сухих вещах, все равно присутствуют наши переживания, которые мы только взвешиваем и определяем их размеры. Но это происходит лишь в нашем мозгу. Совершенно другая ситуация с животными: вокруг них что-то происходит, а они не чувствуют этого. Музыку или человеческое удивление, к примеру, они не чувствуют. Когда мы занимаемся музыкой, то испытываем различные ощущения, а наш кот в это время спит и ему ничего не мешает: разве только шум ему может помешать, но не музыка. Он отключается, и все. Он получает впечатления от музыки? Нет. Но ведь есть вещи, от которых мы тоже не получаем впечатлений. Если мы что-то не чувствуем, то это проходит мимо нас. Также и наш кот: он не может почувствовать или уловить гармонию звуков. Они для него даже не явления.

У каждого из нас есть свои индивидуальные впечатления и свои реакции: в очень маленьком размере, но уже на человеческом уровне. Мы все дети одного поколения, но сколько есть между нами различий! Это все зависит от вида и размера внутренних впечатлений, от того, насколько в большей или в меньшей степени они в нас проявляются. Посмотри, какая разница: этот — убийца, этот — «животное», этот — слишком нежный, этот — красивый и т.д. Мы устанавливаем свое отношение к ним не просто так, а в соответствии с мерой ощущения.

Что я хочу сказать? У нас есть язык — язык Каббалы, но нет никаких ощущений, связанных с ним. Каббалистический язык — это язык сфирот, миров, различных духовных объектов — всего того, о чем идет речь в ТЭ"С. Пока человек не почувствует во всех этих словах конкретные явления, он, как кот и музыка: может быть, звуки он и слышит, но не воспринимает их внутри себя, и нет у него поэтому от них никаких впечатлений. Откуда у нас возьмется это чувство? Мы всего-навсего люди. Только свыше могут дать такое чувство. Как Творец создал пять видов чувств, также Он может дать тебе и шестое.

Это не совсем дополнительное чувство, потому что оно не приходит как добавка к пяти нашим чувствам: просто его так назвали. Пока мы не приобретем это шестое чувство, чтобы можно было ощущать слова в ТЭ"С — такие, как «хлеб», «вода», «сладкое», «горькое», — до тех пор эта книга останется для нас «сухой». Если мы возьмем 5-10 летнего ребенка нынешнего поколения, то для него электричество — это реальная вещь, которая существует и «живет» в мире, он этим пользуется, у него есть электрические игры. Если же возьмем взрослого человека, жившего 100 лет назад, — что он знал об этом?

Что общего между ТЭ"С и поваренной книгой

Таким образом, действительность предстает перед нами в виде конкретных ощущений, с которыми мы можем работать:

мы можем их развивать, углублять. Однако эта возможность существует только у людей, но не у животных. Значит, придя к определенным состояниям, человек сможет понять и читать ТЭ"С, он будет радоваться и плакать точно также, как от чтения бесед, статей и писем каббалистов, и даже больше. Почему? Потому, что в статьях говорится практически только о том, что происходит в этом мире: статьи написаны именно для этого уровня. Очень мало статей и писем написано для каббалистов, т.е. для тех, которые уже ощущают сфирот в мирах. Там уже достаточно указаний из ТЭ"С о том, что необходимо выполнять, или же каббалист сам видит и выполняет.

Допустим, передо мной лежит книга итальянской кухни. Я открываю ее. Если я чувствую и знаю, что такое спагетти, сыр и такой-то соус, то я могу их себе представить и наслаждаться в воображении их вкусом, т.е. я могу вызвать у себя ощущение вкуса. Почему? Потому что уже когда-то видел, осязал или обонял все это в своих органах чувств.

То же самое при чтении ТЭ"С или в любых других явлениях, определяемых в ощущениях человека: получая от них определенные впечатления, мы можем работать с ними. Только приобрести эти впечатления мы не в состоянии собственными силами, потому что если все мы состоим из материала «желание получить», то помочь нам может только внешняя сила. Так устроил Творец. Может помочь, а может и не помочь, в соответствии с тем, что положено данной душе. Я не знаю, что такое моя душа, как и в какой форме она должна развиваться, но приходит состояние, когда она должна от чувства этого мира прийти к чувству высшего мира. Над этим мы и работаем.

Мы можем понять ТЭ"С только в соответствии со своими чувствами — это книга указаний, наподобие поваренной книги: возьми это, это и это, вари так-то, нарежь, перемешай и получишь такое-то блюдо. Когда я точно чувствую то, что должен сделать, и в моих возможностях и силах взять каждую из перечисленных вещей в свои руки и создать в итоге «блюдо», тогда я становлюсь способным к духовному действию.

Духовное действие предполагает способность функционировать в духовной форме на определенных духовных уровнях (может, я не могу «молоть» в духовной форме, а только «разрезать», может, у меня нет какого-то определенного инструмента — кли, чтобы сделать нечто конкретное). В зависимости от этого я оказываюсь способным или неспособным к определенному духовному действию.

Изучить и постичь то, о чем говорится в ТЭ"С, я могу только в соответствии с тем, насколько я подготовлен действительно выполнять то, на что мне указывает Творец. ТЭ"С — это книга указаний. Вся Тора — это указание, ее название — Тора — от слова «ораа» (указание). Все, что дали нам «сверху» — это просто количество действий, которые мы должны выполнить сами, чтобы достичь состояния, которое определяется — «Творец добр и творит добро», т.е. достичь Цели творения.

На нас светит особый окружающий свет

В то время, когда мы учим статьи и «Талмуд Десяти Сфирот», на нас светит окружающий свет — «ор макиф» — в той или иной мере его интенсивности, в соответствии с желанием человека и окружающих его людей. Может быть, сам человек сегодня не в очень приподнятом настроении или нет у него желания понимать и вникать в материал и в точности чувствовать его в своей учебе. Но он связан с другими людьми, которые учатся вместе с ним и для которых он многое сделал. Так они пробуждают окружающий свет и для него тоже.

В любом случае тот, кто учится правильным образом и только по книгам Рашби, Ари, Бааль Сулама, получает мощный окружающий свет. Во всех святых книгах есть определенное духовное свечение, но в этих книгах в особенности, потому что они написаны только для одной цели — для духовного возвышения именно нашего поколения. Когда мы читаем эти книги, у нас возникает особая личная связь с теми людьми, которые написали их для нас, и поскольку мы связаны с этими людьми самым прямым образом, то конечно же, на нас светит особый окружающий свет.

Духовная цепь поколений сохраняется: у нас есть связь со всеми, но нужно заботиться о том, чтобы окружающий духовный свет был как можно более эффективным. А эффективен он в той мере, в какой мы реализуем желание вкладывать свои усилия. Желание мы не можем создать сами, мы не хозяева желания, ведь оно — наша материя. Чтобы желание проявилось, мы должны стараться использовать всякие способы.

Есть такие молитвы: «Да будет желание к Тебе...», «Сотвори нам желание...», потому что желание — оно действительно свыше — это наша материя, из которой мы сами созданы. Поэтому нужно сделать так, чтобы у нас появилось желание более сильное, более истинное, более острое, более устремленное к правильной цели — и сделать это можно посредством действий, о необходимости которых мы должны ежедневно заботиться: чтение наших книг, общение в группе, участие в распространении Каббалы и т.д.

Посредством выполнения всех этих действий мы постепенно создаем внутри себя правильное желание к духовному. Мы не зря устроены таким образом. Только потом мы сможем увидеть, насколько оптимально созданы эти вещи Высшей силой — таким образом, что все в них закономерно, подходит и дополняет одно другое, что иначе создать их было бы просто невозможно.

Почему бы мне, скажем, не повлиять на желание напрямую? Почему я должен косвенно, находясь между тысячами людей, общаясь и страдая с ними, таким путем получать возможность для собственного изменения? Без понимания единства Души и человека невозможно прийти к нужным нам свойствам.

Управление общее и частное

Окружающий свет приходит к нам даже без намерения — это общий свет. Есть общее управление, например, какого-либо правительства, которое имеет власть над всей страной: власть всеобщего государственного давления. А есть частное управление: влияние на определенного человека в стране, к которому относятся по-особому.

Есть Творец, и есть 7 миллиардов творений. Он относится к ним в обычной форме, которая называется «пирамида». На Израиль Творец давит больше, на народы мира Он давит меньше. Народы мира делятся на 70 народов, и к каждому из них Творец тоже относится по-разному.

Кроме этого, есть частное управление группой. Творец взял, скажем, какого-то человека из нашего мира и решил: «Его Я приближу к Себе». И таких Он взял десятки людей, соединил вместе, чтобы помочь их духовному развитию, и чтобы они помогали бы друг другу в том же. В этом случае управление Творца носит частный характер, потому что Он не делает того же самого для масс.

Итак, есть управление общее, и есть управление частное. Общее управление приходит в наш мир посредством общего окружающего света: он окружает весь мир, светит больше здесь или меньше там — так Он заправляет всем. На весь этот мир влияют многие духовные силы, они как бы проходят через этот мир. Этот мир для них не является преградой и они проходят сквозь него свободно, как электрические или магнитные поля.

Почему же это называется окружающим светом? Потому, что он не входит внутрь самого материала, а находится снаружи его. Хотя, если быть более точным, то он наполняет материал и снаружи, и изнутри, но только не с помощью «масаха» (экрана). Он сам это делает, поэтому и называется окружающим. Собственно внутренний свет, который наполняет сосуд внутри, приходит благодаря действию экрана. Окружающий же свет не связан с действиями экрана.

Такая своеобразная всеобщая опека со стороны окружающего света существует для того, чтобы двигать всех к Конечному исправлению. Есть те, кого толкают сильнее, и есть такие, на которых давят меньше, в зависимости от самого человека. На творения животного уровня развития давят меньше. Но в общем — на всех. Таким образом все продвигаются к Конечному исправлению с помощью общего окружающего света. И есть индивидуальные окружающие света для каждого человека, которого Творец выбирает для духовного продвижения вперед.

Допустим, Творец выбрал кого-то, чтобы относиться к нему, как к сыну, и хочет его приблизить к Себе больше, чем все другие души. Тогда Он начинает посылать этой избранной душе особое духовное свечение, большее, чем всем остальным. Благодаря этому свечению человек начинает больше ощущать и быстрее двигается к Цели творения. Тем не менее свечение это — окружающее. Поэтому и нельзя точно определить, чего Он хочет от меня, кто Он, куда я должен бежать и что делать — ничего не понятно, а только чувствуешь при этом беспокойство. Тогда начинаешь двигаться, хотя и не знаешь — куда. Но так все начинают: приходят в группу, где есть уже индивидуальный окружающий свет.

Если я продвигаюсь только с помощью окружающего света, тогда я должен решать любую свою проблему, что называется, «с конца»: стараться постоянно усиливать влияние этого окружающего света на себя. Моя задача заключается в том, чтобы исследовать мою связь с окружающим светом и сделать так, чтобы она стала как можно сильнее, исследовать, что на это влияет, как я могу еще больше связаться с ним.

Вопрос: *Бывает ли света больше-меньше?*

Мы говорим на человеческом языке: меньше света, больше света. Мы не можем понять, что это не зависит от света, а зависит от моего ощущения. Свет — всегда один и тот же, находящийся в совершенном покое. Это мы так говорим, что «Творец продвигает человека к Конечному исправлению», что «света становятся сильнее», «давят на разных людей и группы по-разному»...

Свет светит и наполняет всех без всяких различий. И только внутри человека есть «решимот» (духовные гены), которые, под воздействием света, как по цепочке, индивидуальной в каждом человеке, проявляются и строят в нем новые ощущения, новый разум, новое сердце. И по мере развития кажется человеку, что свет светит сильнее, что есть другой мир, что все вокруг как будто преображается, хотя на самом деле вокруг ничего не меняется. Только внутри меня меняются ощущения, и поэтому мне кажется, что мир изменяется. А Творец наполняет все простым светом, находящимся в полном покое, и нет в нем никаких изменений.

Но если он находится в покое, то каким же образом возможно увеличить его влияние на меня? Путем усиления ощущений от него: я должен постоянно работать над собой, исследовать, что нужно мне изменить, или с помощью чего я могу измениться, чтобы стать более чувствительным к этому окружающему свету. В этом — суть моей работы. Книги, группа, Рав, распространение Каббалы — необходимо все имеющиеся способы направить лишь на выполнение этой задачи.

Насколько эта моя работа будет по намерению похожа на окружающий духовный свет, настолько я усилю в себе ощущение этого света. В итоге, приближаясь к свету все больше и больше, я смогу полнее и глубже его ощущать.

Вопрос: *Но что значит приблизиться к свету?*

Приблизиться к свету — это значит сильнее его почувствовать. Нет тут другого приближения, кроме чувственного. Ощущением света называется такое состояние в человеке, при котором он вызывает на себя влияние более сильных светов.

Вопрос: *Есть ли другие методы, кроме Каббалы?*

Ты можешь сказать: но ведь есть, мол, другие способы: все религии и все методики, в сущности, хотят пробудить в человеке особенное отношение к действительности. Мне нечего тебе на это ответить, так как ты пока не можешь чувствовать ни свет, ни те сосуды, которые могли бы быть связаны с этим светом. Развить связь между твоими внутренними сосудами и окружающим светом — в этом и состоит метод Каббалы. Что такое наука Каббала в сравнении со всеми прочими методами, о которых мы можем говорить? Каббала — это метод, позволяющий связать человека с духовным светом так, чтобы этот свет развил человека и привел его к конечной Цели.

Но, предположим, что есть несколько таких же методов. До тех пор пока ты не достиг связи со светами, а с их помощью — конечной цели, не о чем говорить. Откуда ты знаешь или откуда я знаю, что мы опираемся на два разных метода? Откуда мы знаем, кто прав, а кто — нет? Поэтому и существуют все войны и разногласия между методами. Если бы все было понятно, тогда не было бы такого огромного количества религий и всевозможных учений. Поэтому нечего мне ответить спрашивающему меня: кто прав, а кто нет.

Но можно сказать только одно: там, где ты чувствуешь, что должен быть, там и правда. Все в нашем мире приходит от какого-то вида связи между Творцом и творением: «паним бэ паним» (лицом к лицу), «паним бэ ахор» (лицом к спине) или «ахор бэ ахор» (спиной к спине). Религии создал человек.

Наука Каббала не учит, как существовать в этом мире (она не говорит об этом вообще): она говорит только о структуре духовного мира и о том, как человек может привести себя в соответствие с этим духовным миром. Каббала не говорит о том, что человек должен делать в этом мире с окружением, с товарищами, с божествами, которые есть у разных народов.

Она не говорит о том, какие действия человек должен совершать в этом мире, но она говорит о внутреннем мире человека: что ты должен изменить в себе, с помощью чего и какими усилиями — чтобы связаться с Высшей силой. И все эти изменения, которые необходимо произвести, должны быть внутренними. Ты можешь двигать руками, ногами, говорить что-то — ничто этому не поможет.

Задача Каббалы — добиться внутренних изменений в человеке! Поэтому Каббала — это не религия. Она не говорит человеку, что делать с утра до вечера. Она даже не говорит, как человек должен воспитывать себя, как он должен выглядеть, в чем он должен ходить: ничего не говорит о вещах внешних. Она вообще не говорит об этом мире. Она говорит о душе, которая как будто не одевается в тело. Вынь из человеческого тела душу — о ней и говорит Каббала. А прочие методы говорят о теле: что ты должен с ним делать, чтобы якобы очистить душу.

***Вопрос:** Какая связь существует между душой и телом?*
Наука Каббала вообще не говорит о теле человека. Каббала говорит о десяти ступенях структуры нашей души, называемых сфирот. Она говорит о том, каким образом точку, которая есть в тебе, ты можешь начать растить, чтобы стала она десятью ступенями. Таким образом, точка в сердце — это такая духовная структура, внутри которой ты можешь чувствовать Творца и Его свет. Этот свет, собственно, и строит десять сфирот.

Если не дай Бог, у человека нет рук или ног, или он слепой, все же он может быть большим каббалистом и осуществлять внутреннюю работу. Даже будучи полностью парализован, он может осуществлять действия в духовных мирах, — и какие! А люди сильные и здоровые в этом мире, подчас, кроме как передвигать свое собственное тело и подобную ему материю, ни на что другое не способны. Каббалист производит духовные действия, так как у него есть десять внутренних сфирот, а у других людей — нет.

Мы — это активно развивающиеся в нас решимот

Свет находится в полном покое. Он может повлиять на тебя, чтобы ты начал двигаться. Мы продвигаемся духовно с помощью решимот, которые находятся в нас: эта цепочка «духовных генов» проявляется активным образом при воздействии на нее окружающего света. «Решимот» нуждаются в постоянной подпитке этим светом. Он ими двигает, дает им энергию и свою силу, с помощью которой они и развиваются. В сущности, мы — это активно развивающиеся в нас «решимот».

Временем называются у нас мгновения, следующие одно за другим. В предыдущее мгновение, допустим, у тебя были такие-то решимот. В течение мгновения они подверглись воздействию света, и уже происходит что-то другое — вступает в действие следующее решимо. И ты — другой человек. Каждый раз ты — другой человек, в соответствии с теми решимот, которые в тебе просыпаются. А они просыпаются в соответствии с их цепочкой, которая уже задана тебе, которая находится в тебе изначально.

Если человек хочет продвигаться в духовном, то он должен внимательно прислушиваться к своей душе, а не к телу, так как наука Каббала говорит о душе. А если наше тело что-то говорит или делает, то только для того, чтобы помешать нашему духовному развитию.

Так, в противоборстве души и тела, я должен делать расчет, для чего я совершаю то или иное внутреннее или внешнее действие. Я могу влиять на свою душу с помощью внешних действий тела, а на тело — с помощью внутренних действий души. Это возможно благодаря двойственности моей природы. Но вопрос приоритетов души и тела в любом случае остается: кто из них главенствует, а кто подчиняется? Как можно через тело влиять на душу? Если я забочусь о здоровье моего тела, так это только для того, чтобы оно не мешало мне работать над развитием моей души. Так я и влияю на душу через тело.

В чистом же виде Каббала занимается только душой человека, как будто она совершенно отключена от тела.

До моего прихода в науку Каббала, до махсома, я живу в своем теле. А после прохождения махсома я живу в своей душе. Душа до махсома — это только точка, которая еще ничего во мне не определяет. Я только двигаюсь вперед в соответствии с этой точкой, но она, несомненно, находится в теле. А тело властвует надо мной до махсома. Я могу с помощью различных действий над телом стимулировать развитие своей души. Я говорю только о животном теле.

Скажем, я могу физически заниматься распространением Каббалы, помогать товарищам, готовить еду на кухне, убирать мусор и многое другое. Я воспринимаю мое тело как машину, способную на определенные физические действия. При этом главное, чтобы эти физические действия помогали бы мне продвинуться к духовному. Все, что я делаю для товарищей по группе, я делаю для того, чтобы соединиться с ними ради общей цели. То ли на кухне, то ли для распространения Каббалы, давая уроки своей группе, — все это я делаю для приближения к цели, к духовному.

Душа таким образом растет, но она пока еще не способна к самостоятельным духовным действиям. Мы устроены таким образом и таковыми являемся до момента вхождения в духовное, что наши внешние действия влияют на наше духовное развитие. И это — важно. В этом причина существования нашего мира, т.е. материала такого низкого уровня, который воспринимается нами совершенно не связанным с духовным. Что такое — этот мир? Есть в нем душа или нет? Есть душа, только она находится в такой форме, что я могу использовать ее даже без экрана — это и называется «наш мир».

Желание, которое разрешено для использования без масаха, называется «этот мир» — материя, данная нам в ощущениях. Что значит — «материя»? Определение материального вещества? Это человеческая природа — ешут, данная нам в ощущениях. Это — вещество. Но есть что-то над веществом, что пока еще не дано нам в ощущениях. Вещество — единственное, что разрешено нам к использованию без масаха.

Никакой метод, кроме Каббалы, не развивает в человеке его желание. Все другие учения и методы, все как один, направлены на то, чтобы убить желание, уменьшить его, уничтожить. Я говорю о желании вообще, а не о желании к Творцу. Не существует такого: желание к Творцу или еще к чему-то или к кому-то. Существует просто желание. Творец создал только одно желание — желание наслаждаться. Наслаждаться чем? В любом случае — получать от Творца или давать Ему — это только разные виды одного и того же желания наслаждения.

Никакой метод, кроме Каббалы, не занимается развитием желания человека. В основе других учений лежит утверждение, что все желания — это нечто плохое, так как человек сам плох. И чем меньше он будет пользоваться своей природой, тем лучше, так как его природа плоха, и он должен, насколько это возможно, от этой природы отдалиться, оставить ее. Кто меньше использует желание получать, тот считается лучшим.

Каббала же говорит обратное: кто больше использует желание получать, тот, на самом деле, считается лучшим. Именно в этом вопросе мы можем видеть принципиальное отличие Каббалы от любого другого учения. Религии — противники природы: они предписывают человеку сопротивляться природе, сопротивляться желанию наслаждаться. Придумывают разные посты, диеты, способы как меньше дышать, меньше есть, и даже — как больше страдать.

В Каббале все по-другому: наслаждайся жизнью, женись, рожай детей, ни от чего не отказывайся, но кроме всего прочего — развивай еще и желание достичь духовных миров. В итоге этот метод приводит творение к его максимальному развитию.

Если мне покажут какой-либо метод, способный развить человеческое «эго» еще больше, чем метод Каббалы, то я готов слушать: возможно, в нем есть что-то полезное или особенное для человека.

Что я ищу в Каббале

Наше желание ориентировано на развитие при помощи наслаждения. Поскольку я не знаю, что такое Творец, то я пришел сюда не для того, чтобы Его постигать. Меньше всего меня волновало, когда говорили о Творце. Да и сейчас, когда я учусь, я не думаю о Творце. Говорят мне, что я должен о Нем думать, страстно Его желать, а уж отдавать Ему — это непременно... На самом же деле все это — ложь для всех. Я не задумываюсь, как и что Ему отдавать — нет у меня этого.

Я думаю только об одном: о том, что я хочу наслаждаться. Поэтому я и пришел сюда. Почему? Показалось, что тут есть какой-то метод, с помощью которого я могу получить наслаждение, которого я хочу. Почему? Потому что мне дали такое желание. Если бы дали мне другое желание, то я был бы, скажем, на стадионе сейчас или там, где играют в карты, или еще где-то. Но мне дали именно такое желание, — и только поэтому я здесь. Если завтра мне, дадут желание сидеть в кафе, то я буду сидеть там весь вечер.

Все происходит в соответствии с решимот. Но я не знаю, что это такое — «согласно решимот». Я пришел наслаждаться, а не искать Творца. В Каббалу не приходят, чтобы стать религиозным. В Каббалу, как правило, приходят люди опустошенные, грубые, эгоистичные, не утонченные, желающие просто найти смысл в своей жизни.

Бааль Сулам спрашивает в самом начале «Предисловия к ТЭ"С»: «В чем смысл нашей жизни?». Заметьте, что человек не спрашивает о том, где Творец, а ищет смысл своей собственной жизни. Что ты мне подсовываешь Творца? Какого Творца мне нужно? Я прихожу наполнять себя, а не быть более утонченным, более чистым, я ищу, чем бы наполнить себя.

Но ты можешь возразить, что и те, кто едут в Индию, — они тоже ищут себя. Приезжая туда, соглашаются ограничить себя во всем — в еде, в движении, даже дышать меньше, думать только об одном и т.д. Они таким способом тоже ищут, потому что и они не видят смысла в жизни. Они ищут то же самое, что и мы.

Но куда ведет их метод? А приводит он их как раз в обратную сторону от того, о чем они спрашивают и что ищут.

Допустим, я еду в Индию, прихожу в какую-то деревню к какому-то «гуру» и остаюсь в месте, где как мне сказали, я смогу наполнить свою душу. Проще говоря, в этом месте — моя «заправочная станция». Меня убеждают при этом, что года через два я обязательно стану счастлив. Дальше меня учат воздержанию от того, что мне, якобы, запрещено. Постепенно приучая себя ничего не желать, я тем самым убиваю свой эгоизм и действительно становлюсь счастливым... Почему? Вставая каждое утро, я понимаю, что у меня ничего нет, и я ни в чем не нуждаюсь, из еды обхожусь минимумом, — и все. И я счастлив — я убил свое желание получать.

Более того, можно даже попытаться закопать свой эгоизм в землю, но он все равно останется жив. Сколько ему там, под землей, нужно кислорода? Технически эта проблема вполне разрешима. Этому может каждый научиться: ведь приучают тело при помощи упражнений использовать меньше кислорода, или очищают свое тело разными способами, например, всякими там клизмами... Так над чем они работают? Над телом. Что делают? Изыскивают всякие средства, чтобы тело чувствовало себя хорошо. А где же тут душа? Даже вся философия построена вокруг тела.

А Каббала говорит только о душе: с телом же делай что хочешь. Есть у тебя тело или нет — неважно. Каббала не говорит тебе ничего о том, что ты должен делать с телом. Как соблюдать диеты или как спать, даже как думать, — она тебе не говорит. Все это — лишь насилие и наказание, поскольку действует против развития желания. В любом случае, если кто-то станет указывать, что мне делать с моим телом или с моей душой, то я восприму это посягательством на мое свободное развитие.

Каббала против воспитания

Поэтому Каббала против воспитания — она исключает воспитание совершенно. Только окружающий свет может воспитать человека, только Творец. Что делать для этого? Читать! Даже не понимая ничего! Но читать! Потому что тем самым ты притягиваешь к себе окружающий свет, и он научит тебя, что делать. Я хочу сказать только одно: «Свяжитесь с окружающим светом». Я только могу призывать читать. Но ни в чем нет насилия. Воспитание должно быть только в том, чтобы сказать человеку, что есть цель, которую достигают с помощью окружающего света.

Меня спрашивают о том, что я делаю с учениками? Я только напоминаю им, что есть Творец, от которого мы все должны получать. Что нет никого, кроме Него, и что Он добр и творит добро. Любой учитель по Каббале нужен только для того, чтобы повернуть твою голову в сторону Творца и сказать: «Смотри туда». Только немного направить тебя в правильную сторону. Кроме этого учитель не может дать тебе ничего от себя.

Если я скажу сам себе тысячу раз, что какое-то желание плохое, то я могу прекратить, в конце-концов, его использование. Скажем, я курю. Вхожу в группу, где все некурящие: при этом все говорят, что курить — плохо, что это вообще вещь страшная и для самого себя, и для окружающих. Иду я к какому-либо детскому врачу, который объясняет мне, сколько вреда я приношу моим детям курением. И вот в конце концов я бросаю курить.

Вопрос в том, сделал ли я это по принуждению или вследствие осознания зла? Исчезло ли мое желание курить потому, что я осознал его вред, или просто потому, что я спрятал его в себе поглубже с помощью внешних факторов, действовавших против моего желания? Было ли у меня желание прекратить курить в то время, когда я это сделал? Или я это сделал из страха: например, что буду побит кем-то? Это все непросто.

Если я сам пришел к выводу, после долгих страданий и расчетов между «хорошо» и «плохо», что для моей пользы будет бросить курить, что когда я беру сигарету, то я чувствую себя плохо, то тогда получается, что я сменил одно желание на другое. Я не подавил его. Это называется исправлением путем осознания зла.

А если есть у меня желание курить, но я знаю, что за каждую сигарету я, предположим, получу 10 ударов, и только поэтому не курю, — желание все равно осталось. Только страх ударов останавливает меня. Это не называется исправлением желания. Желание осталось тем же. Что я с ним сделал? Ничего! Сейчас я должен исправить мой страх против ударов, а потом опять начать исправлять желание к курению.

И так мы делаем все в нашей жизни. Поэтому любое воспитание порочно. Говорят воспитатели: «Нельзя! Запрещено!» Любое воспитание, кроме нашего, основано на подавлении. Каббалисты говорят, что воспитание должно быть только на примере:

не говори ничего, дай пример. Даже не надо долго объяснять этот пример. Дай какие-то средства, чтобы человек сам понял и изменил свое желание.

Что значит — изменить? Невозможно изменить желание, но необходимо познать в нем часть плохую и хорошую. И тогда каждый будет развиваться в соответствии с его внутренними, скажем, наследственными, природными свойствами. Не все должно быть, действительно, прямолинейным. Или ты исправляешь желание, или подавляешь его — одно из двух. Результат может быть один и тот же. Я могу сделать так, чтобы все в стране сейчас прекратили курить, но это будет подавление.

Сделать это в виде исправления намного труднее. Тут ты должен убеждать людей, объяснять им, но чтобы не было подавления. Объяснить им так, чтобы они по собственному желанию начали слушать, понимать и приходить к осознанию зла, — только тогда их желание к чему-то изменится на ненависть к этому. Мы учим, что из тех же самых наших желаний, из которых мы когда-то делали самые плохие вещи «ради получения», теперь из них же мы делаем наши лучшие вещи «ради отдачи».

Нет у нас разделения между «ецер ра» (злое начало) и «ецер тов» (доброе начало): тот же «ецер ра» после исправления становится «ецер тов». Вопрос только в намерении: это «ради получения» или «ради отдачи». Если ты подавляешь желание, то не сможешь с ним никогда сделать что-то хорошее. Оно останется у тебя с тем же намерением — это вообще не путь Каббалы. Цель Каббалы в том, чтобы ты осуществил все свои желания, чтобы ты их использовал.

А у человечества другая цель: если есть у тебя плохие желания, то спрячь их поглубже — ты должен хорошо выглядеть снаружи. Если нет, то — наказание. Это очень тонкое дело. Поэтому проверка — в самом желании. Можешь ли ты его сейчас использовать «ради отдачи» или нет? Прошел осознание зла? Появилась ли у тебя внутри вместо любви к сигаретам ненависть к ним или есть у тебя только ненависть к ударам, которые ты получишь из-за курения?

Если я нахожусь в хорошем настроении — это относится к наркотическому состоянию или нет? Ответ зависит от того, что подразумевать под понятием «наркотик». Допустим, я поел сейчас что-то особенно вкусное и поэтому хорошо себя чувствую:

Введение — краткий курс

будет ли такое состояние считаться наркотическим? Или, скажем, принял какую-то таблетку — эффект тот же: чувствую себя замечательно... Где же граница между наркотиком и не наркотиком?

Ты можешь сказать, что этой границей является привыкание... Больше всего я зависим от всяких видов пищи. Я привык к определенным блюдам и не могу кушать другую пищу... Скажи мне: разве я могу не кушать? Или, может быть, наркотик — это какая-то неестественная привычка, которая появляется у меня? Влиянием наркотика называется ложное наслаждение в результате каких-либо неестественных действий.

Что значит — неестественных? Когда я заменяю действия природы на совершенно неестественные, то использую химические вещества, которые ведут к развитию во мне неестественных процессов. Поэтому весь мир против наркотиков. Почему? Ведь наслаждение само по себе — это хорошее дело. Есть сейчас наркотики дешевые, как вода: дать каждому и все будут спокойны.

Если бы все человечество немного успокоилось, привыкло немного к наркотикам — разве было бы плохо? Зачем нам все это развитие? Но нет, ни одна страна не хочет наркотиков: пусть везде используют их, но только не у нас. Почему? Потому, что наркотик — это ложь, он «отключает» человека от жизни, делает из него «растение». И цель тут ложная — достичь наслаждения, направленного против общего окружающего света. А то, что действует вопреки общему окружающему свету, мы не можем получить. Ведь окружающий свет, в конечном итоге, — наша жизнь. Поэтому о наркотиках нечего и говорить — это не развитие и не исправление. Все развитие происходит только путем ощущения страданий.

Если я, приняв наркотик, почувствую себя хорошо вместо всех этих страданий, то внутренние желания мои при этом никак не изменятся, я не получу их исправления. Поэтому такой вид наслаждения будет происходить не в моих внутренних желаниях. Это такое же подавление внутреннего желания, как и в случае насильственного прекращения курения: подобное действие не является исправлением, несмотря на то что я при этом «веду себя хорошо». И никто вокруг на самом деле не знает, что явилось для этого причиной: мое внутреннее исправление или страх перед наказанием. Но в любом случае, внешне я — хороший мальчик, хороший гражданин.

Каббала говорит, что я должен исправить свое желание к курению, возненавидеть его, отдалиться от него, — лишь тогда я смогу использовать это желание в чем-то другом, превратив его из «ради получения» в «ради отдачи». В идеальном варианте для каждого из имеющихся у меня желаний я должен найти правильное применение.

То же самое и с наркотиками. Скажем, есть у тебя всякие плохие ощущения: что ты неудачлив, никто тебя не ценит и вообще тебя везде притесняют. Это, в сущности, на тебя направляют окружающий свет, чтобы продвинуть к цели. Исправление возможно только под воздействием этого окружающего света. Если же я возьму какой-нибудь «экстази», то после него окружающий свет уже как будто и не существует для меня: он на меня никак не влияет.

В этот момент для меня главное, что я чувствую себя хорошо. И вообще, ощущение такое, как будто я себя уже полностью исправил: я и окружающий свет — друзья. Таким образом влияет на человека наркотик. Значит ли это, что «экстази» — мой экран? Значит ли это, что я исправил, построил себя? Значит ли это, что я поднялся над страданиями и принял для себя путь веры? Нет. Я всего лишь отключен от ощущения страданий.

Поэтому наркотики работают против развития человека. Таким путем невозможно использовать внутренние желания. Если ты наполняешься «экстази», то ты не развиваешь в себе желания. Все беды, которые ты переживаешь, — это только для того, чтобы развить желание, чтобы в конце концов вместо «плохо» почувствовать «хорошо». Если сейчас ты нейтрализовал свое плохое ощущение и наполнил желание хорошим и приятным ощущением, то ты уже не развиваешь это желание. Если ты начинаешь в ответ на всякую беду, которая приходит, немедленно принимать «экстази», то через несколько недель превращаешься в «растение», кроме наркотика тебе уже ничего больше не нужно.

Я хочу сказать, что все другие методы, кроме Каббалы, делают с человеком то же самое, что и «экстази». Но человечество пока еще не осознает, что в них сокрыто зло. До сих пор думают, что Каббала — это один из многих методов развития человека. Придет время, когда ты будешь смотреть на все прочие методы развития, как на наркотики. Ты увидишь, что ни один из них не исправляет желание, а только подавляет и убивает его. Только с помощью окружающего света, который развивает тебя, с помощью учебы ты можешь достичь развития желаний, когда почувствуешь в каждом из них зло. Суть желания в том, чтобы быть «ради получения», но измениться и стать «ради отдачи» — такое возможно только с помощью окружающего света.

Плоды мудрости

ОГЛАВЛЕНИЕ

Плоды мудрости 93
Скрытием и раскрытием Своим Ты создал меня 222
Три вида желаний 224
Четыре буквы святого имени 227

ПЛОДЫ МУДРОСТИ

Тайна зарождения — в рождении 94
Из себя я постигну Творца 146
Одна заповедь 180
Тело и душа 201

ТАЙНА ЗАРОЖДЕНИЯ — В РОЖДЕНИИ

Общее и частное 95
   Духовное рождение 97
   Выход из Египта нызывается рождением 98
   Рождение мертвого 100
   Рождение от отца и матери 101
Обратная и лицевая стороны 103
   Пятидесятые ворота 106
   Душа рождает тело: зачатие и рост 108
   Равенство общего и частного 110
Что такое душа 113
   Закон развития с точки зрения Каббалы 113
   Нет человека, познавшего себя 114
   Душа — это постижение Адама 116
   Зарождение и развитие души 119
Сверху вниз и снизу вверх 121
   Развитие объясняет зарождение 121
   Каждый созданный приходит к двум путям 121
Учеба — в подражании природе 123
   Рождение счастливого человечества 123
   Существование и его обеспечение
   противоречат друг другу 125
   Рождение 127
Исправленное и необходимое для деятельности
человека 133
   Сотворил Творец для выполнения 133
Движение как признак жизни 138
   Неживое, растительное, животное и человек 138
   Виды сокращений 141
   Два сокращения: частичное и полное. Соответствующие
   им два расширения 143
   Обратные свойства головы и тела 144
   Зарождение 144
   Суть жизни 145

ОБЩЕЕ И ЧАСТНОЕ

Главная цель в исследовании творения заключается в анализе действий Творца, в том, чтобы научиться поступать, как поступает Он, обрести способность подражать Его действиям.

Действия Творца называются «управление», или «природа творения». Ученые тоже исследуют действия Творца (называя это природой, законами природы) с той же целью — выучиться чему-либо, чтобы суметь подражать «мудрой» природе.

Все, что мы делаем в нашей жизни, — это подражание природе. Все произведения человеческих рук или мысли: технология, музыка, живопись — все построено на подобии природе. Даже самая буйная фантазия — следствие нашей природы. Из природы нам никуда не вырваться. И все, что мы можем создать — это лишь развитие уже заложенного в нас.

Нового мы ничего создать не можем. Все, что мы делаем — это дальнейшие действия Творца, претворяемые Им через нас. И нам лишь кажется, что мы их выполняем сами: таким образом мы созданы, что, выполняя все по указанию природы, мы полностью уверены, что выполняем именно свои личные желания.

На самом деле — это тоже действия Творца, Его программа нашего развития. А все наши «открытия» — раскрытие уже существующего, но скрытого ранее от нас.

Наше физиологическое тело подобно всем телам нашего мира, как тело животного, и конечно, не имеет само по себе никакого духовного свойства. Тела в нашем мире никакими духовными свойствами друг от друга не отличаются и в своих кругооборотах только сменяют друг друга.

Если нет качественного, духовного отличия, то чем бы не различались наши физиологические тела, все они считаются духовно как одно тело. Ведь отличие в духовном — это различие свойств, качеств, потому как в духовном пространстве внешние материальные оболочки отсутствуют.

Поэтому, глядя на наш мир, каббалист обнаруживает по одному представителю от каждого вида. Но если судит о природе по истинно духовным свойствам, то его зрение, различающее только духовные свойства, не обнаруживает в нашем мире ничего, кроме пустоты.

Физиологические свойства тел одинаковы. И если, скажем, у одного из них какая-то болезнь, то медик относится к его телу, как к телам остальных людей с такой же болезнью. То есть наши тела подобны. В то время как в духовном — одно тело совершенно отличается своими качествами от другого.

Все эти рассуждения, естественно, справедливы и ко всем объектам нашего мира: все неживые тела — как одно тело, все растения — как одно растение, все животные — как одно животное.

Есть только одно, духовное пространство, определяемое как пространство свойств ближе-дальше от Творца. А существование в нем материальных тел: неживых, растительных, животных — значения не имеет, потому что отличие между телами в этом пространстве определяется только разницей их духовных свойств.

А если у многих тел этой разницы между собой нет, то они сливаются в одно. По этому же единственному закону подобия — тот, кто обретает свойства Творца, сливается с Творцом.

В этом духовном пространстве находится все творение. Это духовное пространство создалось вследствие того, что Творец скрыл Себя и раскрывается в мере подобия Ему. То есть существует только Он и мы.

И в меру подобия наших свойств Его свойствам мы все более ощущаем Его. И это внутреннее изменение ощущения Творца с более явного на менее или с менее явного на более называется духовным движением.

Можно сказать, что в этом духовном пространстве существует сила притяжения Творца, которая притягивает человека к Творцу в мере подобия Ему человека, и т.о. человек перемещается. Перемещения эти последовательные, ступенчатые. Человек улучшает свои свойства ступенчато: происходит процесс внутреннего осознания и оценки своих свойств, как плохих, а затем приложение усилий, чтобы улучшить их с помощью Творца.

Получение помощи создает в человеке новое свойство. А в соответствии с новыми своими свойствами человек автоматически, согласно «силе притяжения» в этом пространстве, занимает новую, более высокую ступень.

Чем большую ступень занимает человек, тем более общие свойства творения он имеет. Это подобно тому, как в нашем мире человек, прошедший различные состояния и приобретший опыт, как бы включает в себя опыт многих людей. Поэтому общее всегда выше частного.

Потому преданный своему народу выше обывателя, а преданный всему миру выше преданного своему народу. И это оттого, что общее порождает и содержит в себе все частное, а потому чем общее больше, тем больше у него составляющих. Поэтому есть различия между преданными семье, городу, народу, миру.

Духовное рождение

Рождение в человеке нового свойства происходит подобно рождению человеческого тела. Вначале — стадия зарождения, когда свойство или мысль еще не улавливается, где-то витает в человеке, вследствие предыдущих определенных причин. Затем начинает вырисовываться, проявляться через какие-то другие свойства, мысли, пока не ощущается как нечто свое, отдельно существующее, самостоятельное, родившееся.

Процесс подобен рождению человека: поначалу рождаются соответствующие клетки в организмах матери и отца, затем сливаются вместе. Начинает развиваться определенный новый организм, относительно себя абсолютно неосознающий, как еще неосознанная мысль. Затем постепенно все больше и больше это новое ощущает себя, отделяется от своих первопричин, приходит к самоосознанию и самоощущению.

Одно связано с другим: в меру своего выхода из-под власти родителей обретается самостоятельность. И наоборот. Рождение является сменой власти. Духовное рождение является сменой власти своей на власть Творца: человек добровольно принимает подчинение воле Творца, желает идти вопреки своему разуму, руководствуясь мудростью более высокой духовной ступени.

Подобно рождению нового на всех уровнях, мыслительном или животном, происходит и рождение духовное: появление в человеке духовных желаний. До этого момента в человеке их не было, потому как он был во власти своих эгоистических желаний. Получение свыше новых духовных желаний, замена эгоистических желаний на альтруистические, называется духовным рождением.

Происходит это с помощью Творца — духовной силы, которая рождает все, во всех мирах и в нашем мире. Причем, все происходящее в нашем мире является следствием происходящего в духовных мирах, нисходящего оттуда к нам. Говорится: «Нет былинки внизу, чтобы над нею не было ангела (духовной силы) свыше, который бил бы ее и приказывал — «расти!».

То есть рождение и дальнейший рост происходит только под действием вынуждающей и бьющей свыше силы — тем более рождение и рост духовные, — поскольку этот процесс происходит наперекор нашей эгоистической природе.

Без вынуждающей свыше духовной силы Творца и в нашем, материальном мире прекратится жизнь и движение — ведь любые материальные проявления являются проявлениями, следствиями сил духовных. А когда раскроются наши глаза, увидим высший мир, обнаружим что ничего материального не существует. А это лишь определенное проявления действий духовных сил, которые видятся нам в материальном обличье, предстают нам так в наших материальных органах ощущений.

По мере нашего духовного подъема, сближения с Творцом, одни силы сменяются другими, более высокими, пока не увидим, что вокруг нет никого и ничего, кроме Творца.

Обретение первого духовного свойства называется духовным рождением: своим внутренним ощущением человек выходит из нашего, эгоистического, мира в духовный мир. Появление в нем нового качества, отличного от нашего мира, выталкивает его из этого мира на ту ступень, которая соответствует его новому свойству. И эта ступень называется наинизшей ступенью духовного мира — малхут мира Асия. Первое исправление человека называется его рождением. А затем происходит его духовный рост — исправление до полного подобия Творцу.

Выход из Египта называется рождением

Выход (освобождение) из эгоистических свойств в альтруистические, в мир исправления, приобретение первого духовного свойства возможно тогда, когда человек способен подавить в себе проявление любых эгоистических качеств.

Естественно, что таких антиэгоистических сил в человеке нет. Только под действием свыше в нем рождается новая духовная сила, помогающая преодолеть его природные желания.

Выход из-под власти эгоизма — Фараона — называется освобождением из Египта, исходом из Египта, а обретение новых альтруистических свойств называется входом в страну Израиля.

Духовное рождение подобно рождению человека в нашем мире: зародыш в теле матери находится в самом благоустроенном для своего развития месте — до нашего духовного рождения мы находимся под абсолютной властью духовной развивающей силы.

Но говоря относительно самого создания, можно сказать, что до своего рождения младенец, находясь в утробе матери, в темноте, не самостоятелен, не осознает где он и кто он, не может сам двигаться, питаться. Все что есть в нем — от матери. Таково и наше состояние до духовного рождения.

Новорожденный рождается тогда, когда достигает своего полного внутриутробного созревания. И если не родится, не выйдет из столь подходящего до этого момента места — погибнет. Потому что оно из наилучшего становится для него наиопаснейшим. Если задержится в нем, погибнет! Поэтому мать сама выталкивает плод из себя.

Пребывание в эгоизме, осознанное пребывание в его власти, в египетском изгнании, может ощущаться, только если человек уже отчасти ощущает «издали», что означает «воздух свободы», свойства духовного мира. Неосознанное, а затем уже осознанное, пребывание в рабстве Фараона является одним из необходимых этапов «внутриутробного» развития человека и называется в Каббале ибур (зародыш).

Ощущение себя духовным зародышем является необходимым перед духовным рождением и ощущается как зарождение собственных духовных желаний. Только духовно родившись, человек получает ощущение и осознание, что означает находиться в духовном мире: самостоятельно дышать, получать от Высшего, просить, ощущать Высшего как родившего и опекающего.

Далее его развитие происходит подобно развитию новорожденного человека в нашем мире: высшая сила последовательно ведет его по духовным ступеням, и каждая последующая духовная ступень отличается от предыдущей только дополнительным, новым, исправленным духовным желанием.

Вначале духовный путь человека состоит в приобретении альтруистических сил-свойств: он растет от малхут мира Асия до малхут мира Ацилут, проходя ступени 30 сфирот. Этот процесс состоит в том, что он совершенно не использует и только отрицает свои эгоистические желания.

Когда человек достигает своими свойствами малхут мира Ацилут — это называется, что он полностью приобрел свои альтруистические желания — Г"Э. А затем, будучи частью малхут мира Ацилут, он начинает исправлять свои эгоистические желания: поднимает свой АХа"П в мир Ацилут, обращая т.о. эгоистические желания в альтруистические — получая в них наслаждения ради Творца. Всего эти исправления совершаются последовательно, 6000 частями-ступенями, называемыми годами.

Когда человек заканчивает эти исправления, он достигает последней ступени, конца всего исправления — «Гмар Тикун». А следующая за нею ступень называется «Машиах»-Избавитель: от нее человек получает такой сильный свет, что он помогает ему исправить саму свою природу, изменить в себе первородный эгоизм на альтруизм, заменяет «каменное сердце»-«лев аЭвэн» на «живое сердце»-«лев басар». А затем человек восходит на наивысшие ступени слияния с Творцом, называемые 7-е, 8-е, 9-е и 10-е тысячелетия. Как пишет рабби Й.Ашлаг, есть отдельные личности, постигающие эти ступени еще при жизни в этом мире.

В статье «Видение рава Хия» из предисловия книги Зоар повествуется о том, как после смерти рабби Шимона его ученик рабби Хия не мог понять, почему его учитель не достиг последней ступени, окончательного исправления, Гмар Тикун.

Ответ дается там же: есть частное и общее окончание исправления. Хотя праведники достигают частного окончания исправления, общее исправление поднимет всех на качественно новую, самую высшую ступень слияния с Творцом.

Рождение мертвого

Когда человек осознает, что он находится в темном, мертвом мире и всеми своими силами-желаниями стремится выйти из него — он рождается в новый, духовный, мир, подобно зародышу, который по своему развитию уже не должен находиться в утробе матери.

Но если в итоге беременности (ощущение нахождения в египетском рабстве эгоизма) рождение происходит преждевременно, т.е. человек еще не созрел, не приобрел в себе альтруистические свойства для самостоятельного существования в новом мире, считается, что он рождается мертвым.

В таком случае человек вынужден продолжать бороться со своими эгоистическими желаниями (война с Амалеком, внутренние распри, поклонение тельцу и пр., отчего и называется пустыня, ощущение нового духовного мира, по имени Синай — от слова сина-ненависть).

Пройдя состояния осознания эгоистического рабства, дойдя до осознания необходимости выхода во власть альтруистических сил, человек еще не полностью подготовлен принять на себя альтруистические свойства. Несмотря на то, что свыше ему даны альтруистические силы, он сам еще не в состоянии принять их.

Родился мертвым — значит, не смог приобрести духовные свойства, несмотря на то, что это было уготовано ему. Выход из эгоистических свойств происходит, но человек попадает в темноту. Духовное светит, но впереди огромные препятствия — «Ям суф — конечное море» (Красное море), безводная, безжизненная пустыня (таким предстает в не исправленных полностью свойствах духовный мир). Вроде бы человек и получает Тору, но не полностью отрывается от своих предыдущих свойств, вследствие чего происходит затем разбиение скрижалей, грех золотого тельца пр..

Как пишет рабби Й.Ашлаг, преждевременный выход из Египетского плена стал причиной всех изгнаний. Но нет несовершенных действий Творца — все это проявится как необходимая ступень для дальнейшего смешивания альтруистических свойств и эгоистических, которое требуется для проникновения одних в другие, дабы появилась возможность исправить весь эгоизм.

Поэтому на каждой ступеньке должно произойти разбиение желаний — без разбиения, без смешивания этих противоположных свойств в человеке, не будет исправления. Рождение проходит поэтапно, в нем много, якобы неудачных, процессов. Нас приподнимают — духовное кажется желанным, — и бросают — мы ощущаем разочарование в духовном.

Желания перемешиваются, чтобы духовное могло войти во все материальные частички, в желание получать, в эгоизм — настолько, чтобы можно было закончить исправление самых низких, самых удаленных от Творца, желаний. Лишь тогда достигается полный, совершенный «Конец исправления».

Рождение от отца и матери

Но после своего истинного духовного рождения, новорожденный глотает духовный живительный воздух, и раскрываются у него впервые ощущения нового мира. А затем он растет, как уже говорили: вначале постигает только желания «отдавать», Г"Э, называемые «Коэн», а затем исправляет и присоединяет к ним желания «получить» с намерением ради Творца, АХа"П, называемые «Святой народ». Потому что под народом всегда подразумеваются желания получить.

Средством достижения исправления «получающих» желаний является выполнение Заповеди любви к ближнему — любить своим эгоизмом не себя, а постороннего. «Святой народ» — ступень, где человек обращает эгоистические желания в альтруистические. «Народ» — это эгоистические желания человека, но «святой» — это уже исправленные эгоистические желания (АХа"П де-Алия).

Существует три состояния:
1) Эгоистическое — когда любит только самого себя.
2) «Хафэц хэсэд» — альтруист, ничего не желает себе. Но еще не в состоянии отдавать от своего другим, «ни себе, ни другим». Это определенная ступень исправления: человек не желает использовать эгоизм.
3) «Любить другого, как себя», вернее так же, как любил себя, ты сейчас любишь другого. Не поровну — как себя сейчас, так и другого. А любить другого, как себя до исправления, т.е полностью перенести свою любовь на другого, не ощущая при этом себя. «Возлюби ближнего своего, как себя» — как любил себя. Разве можно любить одновременно и себя, и еще кого-то. Невозможно! Или себя, или другого.

Когда человек избавляется от эгоистических желаний, от мыслей о себе, он становится «хафэц хэсэд» — ничего не хочет. Затем, когда у него открываются глаза и он видит, что, кроме Творца, никого нет, появляется любовь к Творцу.

Как в нашем мире, рождаясь, младенец попадает в любящие и преданные руки своих родителей, обеспечивающих ему безопасное, необходимое развитие — так и каждому духовно рождающемуся уготовано определенное духовное окружение, которое называется 600 000 заботящихся о нем душ, сил, которые своими свойствами помогают ему выжить и развиваться в духовном мире. Поднимаясь, человек ощущает, что все исправлено, кроме него.

ОБРАТНАЯ И ЛИЦЕВАЯ СТОРОНЫ

Человек устроен так, что смотрит всегда вперед, на свой будущий рост, продвижение, его путь кажется ему подъемом «снизу вверх», каждое свое будущее состояние он воспринимает, как большее, лучшее, чем настоящее, сегодняшнее. Если же он ощущает его вдруг, как меньшее (меньше денег, здоровья, почета), оно кажется смертью. Человек создан таким образом, что всегда стремится к следующему своему состоянию, как к лучшему относительно предыдущего.

И поскольку человек создан стремящимся в будущее, он не может осознавать и ощущать состояния, предшествующие его физическому рождению. А также он не в состоянии ощутить, каким образом зарождается в нем любое желание, он не представляет, откуда в нем появляется то, что составляет его «Я».

Ступень, породившая человека, предшествующее духовное состояние, называется «отцы», «прародители», «отец и мать». Эта высшая ступень рождает в человеке его определенные свойства. Но как человек может связаться с этой ступенью, откуда он получает все свои желания, где, иными словами, находится его будущее?

Вдруг в человеке появляется желание достичь чего-то, ему вдруг представляется желательным что-то получить, узнать, постичь. Но эта мысль является следствием нисходящего в него желания. Это нисходящее свыше желание и рождает в человеке мысль о необходимости совершить какое-то действие, достичь чего-то.

Хотя человек объясняет себе: «мне будет лучше, если я этого достигну, приобрету», но эти новые убеждения — всего лишь следствие ощущаемого желания, уже ранее низошедшего свыше. А само это желание рождается в низшем, в человеке, от мысли и желания высшего родить именно это желание. Замысел высшего предшествует появлению желанию и мысли в человеке. Этот замысел отсутствует в ощущениях человека, потому что принадлежит совершенно другому, предыдущему, высшему парцуфу, его духовным родителям.

Поэтому человек подобен книге, в которой недостает первой половины листов. А «читая себя», изучая себя, своими неисправленными, «земными» свойствами, невозможно понять ничего о себе — не только прошлое, но и будущее, хотя человеку кажется, что он понимает.

Преимущество выходящих в духовное не в том, что они видят будущее, а в том, что постигают свое прошлое, в том, что у них появляется возможность постижения первопричин того, что заставляет их развиваться, определяет сегодняшнее состояние, их «я». Постигая своих духовных родителей, человек осознает полностью свою настоящую ступень, может смотреть на себя как бы со стороны, становится объективным.

Все преимущество духовно постигающих, каббалистов, в том, что они видят свое зарождение от Творца до нашего мира, потому что поднимаются по той же лестнице, по которой происходило нисхождение их души. Каббалисты начинают ощущать свое предыдущее «я» и смотрят вперед. Если человек постигает свой духовный корень, тогда он действительно видит и себя, и то, что впереди. А без этого постижения он и впереди ничего не видит.

В человеке каждый раз меняются желания, потому что постоянно обновляется его духовный корень, продвигающий его к цели. Рост человека заключается в росте его экрана — способности идти вопреки своему здравому смыслу, закрыв глаза, ВЕРОЙ ВЫШЕ ЗНАНИЯ. Духовный рост — это желание самому идти таким образом, а не в силу вынуждающей необходимости.

Но если предпочтительнее идти верой, зачем же тогда постигать свое духовное происхождение? Оглядываться назад нужно только с целью изучения своего прошлого состояния для того, чтобы знать, как дальше продвигаться: не для оправдания ничегонеделания, а для знания, чтобы затем идти вопреки ему.

В Торе написано, что жена Лота оглянулась назад — она стремилась к своему прошлому состоянию, первопричине. Любое будущее состояние более исправленное и близкое к Творцу, чем прошлое, и мы достигаем его дорогой Торы или дорогой страданий.

Человек включает в себя все, что создано Творцом: миры, сфирот, ангелы и весь наш мир существуют внутри человека. Но человеку кажется, что он ощущает все снаружи. На самом деле ничего вне человека не существует, но только Творец, которого мы не чувствуем, а лишь ощущаем различные Его воздействия на нас, в виде того, что постигаем самих себя все глубже и глубже.

Эти стадии постижения самих себя называются сфирот, парцуфим, мирами, и они находятся внутри нас. А то, что есть снаружи, — это иллюзия, да такая, что невозможно представить себе что-то обратное, противоположное. Потому что органы чувств дают нам инверсное представление: то что действительно все находится внутри нас кажется нам находящимся снаружи, в то время как снаружи находится только Творец.

Как строится в человек ощущение, что вокруг него находится мир? Человек находится как бы внутри баллона своих ощущений. Извне «давит» Творец, а человек, находясь внутри своей сферы-баллона, воспринимает, уравновешивая внешнее давление, реагирует на Него своими органами ощущений. И в меру этого давления изнутри на давление внешних воздействий, образуется в человеке представление, картина, называемая «мир». Осознается эта картина находящейся снаружи, а на самом деле — она внутри человека.

По такому же принципу устроены все измерительные приборы: они измеряют не само воздействие, а свое противодействие этому воздействию. Мы не можем постичь внешний мир, потому что он не существует. Вся наша наука постигает восприятие нами Творца. Но несмотря на то, что человек постигает только себя, и всю картину он постигает только в себе, это дает ему достаточное представление для существования в этой самой картине. Потому что Творец, рисуя в нас эту картину, в соответствии с ней и поступает с нами.

То, что мы ощущаем — это самое подходящее и необходимое нам ощущение для нашего развития. Нет места вопросу: «Каким образом человек в нашем мире может развиваться духовно?». Тот фрагмент Творца, который ощущает человек и называет своим миром, и есть то, что он должен ощущать в данный момент, и действовать он должен именно в этом «своем мире». То, что мы ощущаем в каждый момент — это наилучшее, что может быть для нашего духовного развития!

Но через свое субъективное восприятие человек воспринимает все окружающее его в необходимом для существования виде, ощущает других и понимает чужие замыслы, что дает ему возможность сосуществовать в окружении себе подобных. Но это он постигает, как в нашем известном примере с радиоприемником, только в том случае, если развит, как остальные — тогда из себя он понимает их мысли.

Ощущать себе подобного человек может только из собственного самоощущения. Он должен найти в себе свойства всего остального мира и только тогда сможет познать окружающее. А если не испытывал никогда какого-либо ощущения (например, головной боли), никак не может представить себе, что это такое. Поэтому человек отличается от неживого, растительного и животного мира мерой внутреннего развития.

Для того чтобы познать окружающее, вплоть до Творца, нужно изучать свои свойства, как сказано: «Из себя я познаю Творца своего.» Человек устроен так специально — чтобы мог постичь все вне себя, а иначе он бы не смог посредством себя исправить «весь мир».

Что человек не может постичь — это собственное происхождение, все, что было до того, как он осознал себя, до этой мысли, которая родилась сейчас, каким образом она родилась, откуда это желание спустилось к нему. У нас нет языка выразить, что явилось причиной нашего «Я».

Нисхождение миров сверху вниз, отдаление их от света Творца, ослабление света происходило для того, чтобы можно было создать человека, который бы начал существовать в полном отрыве от Творца и достиг полного слияния с Ним. Вся подготовка к появлению человека называется «Обратная сторона». И ее человек совершенно не ощущает, потому что это — высшие ступени нисхождения света от Творца к нашему миру — наинизшей ступени.

Постигаются эти ступени нисхождения только каббалистами, поднимающимися по ним снизу вверх и описывающими их в своих книгах. Поднимающиеся постигают свое зарождение, а потому все больше познают свой Источник и себя, постигают свое будущее.

Пятидесятые врата

Повествуется в Торе, что Моше просил Творца показаться ему, и Творец показался ему сзади, а на просьбу показать Свое лицо, ответил, что это невозможно. Что означает увидеть обратную сторону Творца? — Это означает постичь всю тайну зарождения (Ибур) всего мироздания от начального замысла и до его конечной цели.

Все свойства будущего новорожденного, от его рождения и до его смерти, содержатся в семени, его породившем. Все творение до его конца, все его свойства, а потому и весь его путь содержится в свете, нисходящем от Творца. Поднимаясь по ступеням нисхождения этого света, по мере своего духовного развития, человек на каждой ступени постигает свое прошлое, свой Источник. Чем выше поднимается человек, тем больше из своего «прошлого» он познает. Потому что все происходит по одному и тому же пути: сверху вниз спускаются сфирот, парцуфим и миры, а по ним же снизу вверх поднимается к слиянию с Творцом человек.

Творец раскрыл Моше все нисхождение ступеней сверху вниз, что называется «Обратная сторона». Но развитие снизу вверх, постижение всех ступеней от наинизшей, ступени нашего мира, до наивысшей, «Конец исправления», называемой 50-е врата, не были показаны Моше.

Окончательное исправление эгоизма — в обретении им свойств альтруизма, свойств сферы бина, называемой 100 врат: 50 ступеней нисхождения от бина до нашего мира называются ступенями зарождения (Ибур), и 50 ступеней восхождения от нашего мира вверх называются ступенями исправления и постижения. Сама бина называется «Има» — мать, потому что она порождает весь мир. А постигающий ступень бина удостаивается постичь все совершенство творения.

Творец показал Моше нисходящие ступени, но восходящие, до самой высшей, не показал, потому что они постигаются только при достижении исправления всех душ. А если свет, постижение, входит в еще неисправленные желания, то происходит разбиение желаний (швират келим), и уже частично исправленные желания вновь скатываются под власть эгоизма.

До тех пор, пока не исправляются все души в своем окончательном совершенном исправлении, не может ни один поднимающийся достичь 50-х врат. В предисловии к 2-му тому книги «При хахам», мой рав, рабби Барух Ашлаг пишет, что его отец, рабби Й.Ашлаг, постиг 10-е тысячелетие. Но, как мы уже приводили пример из книги Зоар, из статьи «Видение рабби Хия», есть постижение личное — ступень, которую может достичь человек, и постижение общее — этого можно достичь только совокупностью всех исправленных душ.

В конце исправления всех наших желаний, когда мы полностью исправим всю, данную нам для исправления, природу, свои свойства, раскроется нам наша истинная природа, откроется в нас настоящее эгоистическое желание — Малхут, которую мы совершенно никогда еще не ощущали и не знаем, что это такое. Это огромнейшее желание «Лев аЭвэн» — до исправления всех остальных, предварительных 288 желаний — не испытывается человеком, потому как страдания, ему сопутствующие, человек не в состоянии вынести, а само желание не в состоянии исправить.

Иногда продвигающийся вперед испытывает ощущение разверзшейся перед ним черной пропасти, называющейся «свечение малхут» — «аярат малхут». Это только маленькое свечение настоящей малхут. А вообще, до полного исправления у человека не проявляется это желание. Оно скрыто от нас настолько, что мы его себе даже не представляем.

Лишь после исправления 49 врат и наполнения их светом удостаиваются каббалисты постичь, что такое «50-е врата» — «шаар нун». И тогда Творец покажет Свое лицо. И будет это тогда, когда все поднимутся на 49-ю ступень — ступень Моше Рабэйну.

Есть два вида постижения: пророчество и высшая мудрость. По уровню высшей мудрости Моше постиг то же, что и все мудрецы. Но в пророчестве не мог постичь то, что в мудрости. Сказано: «Мудрец предпочтительней пророка». Потому что мудрец получает с помощью экрана, и это уже его личное, заслуженное постижение, которым он может управлять, и в меру своей ступени постижения он является «партнером» Творца — сам как бы рождает, строит ту ступень, на которую восходит и на которой находится.

В то время, как пророчество — это раскрытие «свыше», в виде подарка, когда Творец открывает глаза каббалисту и тот видит и понимает — но только в силу сделанного не им, а Творцом.

Душа рождает тело: зачатие и рост

С момента посадки зерна в землю оно начинает освобождаться от своего прежнего вида, от своих свойств. Цельное зерно называется родителем по отношению к зерну разложившемуся, растворившемуся в земле, оставшемуся без своих свойств. От прежнего вида остается лишь сила, потенциал будущего новорожденного. В целом зерне было много свойств, целый мир, минералы, белки и пр., а остается и переходит в новый вид только программа развития.

От прошлого остается лишь сила предыдущей стадии, не облаченная ни в какую форму: было зерно со свойствами и формой, а осталась суть, неуловимая нами. Прошлая форма полностью уничтожена. А до тех пор, пока еще что-то есть из прошлого, это называется зародышем, нисхождением сверху вниз. Но когда приходит к последней своей точке, оставляет всю прошлую форму, начинает расти и развиваться, это уже последовательное развитие снизу вверх, вплоть до постижения вновь той же ступени, с которой началось нисхождение, ступени своих родителей.

Человек, рождаясь в нашем мире, духовно еще остается духовным зародышем, считается еще находящимся внутри своих духовных родителей, считается еще не родившимся. Его физическое развитие не влечет за собой развитие духовное. Даже если человек занимается Торой и Заповедями в соответствии с полученным воспитанием, он называется «домэм дэ кдуша» — «духовно неразвивающимся» (дословно — духовно неживой).

Вследствие вселения в человека свыше желания духовного возвышения — если это произошло — человек начинает стремиться к изучению истинных книг, к поиску руководства, настоящего Учителя, начинает постигать себя, ничтожность своей природы.

Этот процесс постижения собственного ничтожества воспринимается в ощущениях человека как отрицательный — это подобно гниению зернышка. Но если человек постепенно отрицает в себе свои эгоистические качества и просит об их исправлении, то отрывается от своего «Я».

До этого состояния он определяется как находящийся в матери зародыш. Но с момента получения свыше силы, освобождающей его от эгоистического рабства своей природы, он считается родившимся. Момент рождения — момент получения силы для овладения всеми своими желаниями и подавления их во имя духовного возвышения. С этого момента начинается его подъем снизу вверх, по тем же ступеням, по которым спустилась его душа сверху вниз.

Достижение этого наинизшего состояния является первой ступенью продвижения человека к духовному, и хотя его развития направлено вверх, к Творцу, но поначалу он в своих ощущениях как бы все более удаляется от Него. Это ощущается потому, что происходит раскрытие, ощущение в себе все более низких эгоистических качеств. Одновременно с этим человеку показывают ничтожность его собственных сил, полное отсутствие желания обратиться к Творцу за помощью. Раскрытие всех этих факторов и дает ему возможность духовно родиться.

Равенство общего и частного

Тот, кто чувствует, что в нем есть свое знание, что он сам знает и понимает как жить, как учиться, — еще должен пройти развитие сверху вниз. А затем лишь начать обратный путь снизу вверх.

До постижения наинизшей точки — полного осознания своей эгоистической природы — человек проходит путь постижения собственного зла (под воздействием вынуждающих к такому развитию внешних сил), называемый путем страданий. И под их воздействием постепенно, в каждом поколении, каждый, живущий своими страданиями, сознательно или невольно, осознает и соглашается с ничтожностью своей эгоистической природы. И этим приближается к цели творения. Но как долог этот путь! Ведь конечная точка развития этого пути — осознание того, что эгоизм настолько вреден, что единственный способ избежать страданий — полностью отказаться от него. Эта часть пути называется «осознание зла»-«акарат ра».

Человек может ускорить свое развитие, пройти его «путем Торы» — если будет стремиться с помощью методики Каббалы раскрыть свои свойства вместо природного развития путем страдания. Отличие путей в том, что путь Торы в огромной мере ускоряет духовное развитие человека.

Чем больше человек стремится вверх, тем больше видит, как низко он находится и спускается все ниже, и тем быстрее он «сгниет», как зерно, в собственных глазах и, родившись, начнет «прорастать».

Человек не осознает вначале, что его влечение к духовному дано свыше — ведь откуда может взяться в эгоизме такое стремление! И желает человек духовного только потому, что не знает, что это такое — ведь духовное для эгоизма, сегодняшней природы человека, — это смерть, полная противоположность.

Как невозможно вложить руку в огонь, так невозможно заставить себя получить альтруистические свойства — настолько они противоположны нам. Но сам эгоизм подталкивает человека к духовному (еще и потому, что только от света он получает наслаждения).

Как может эгоизм сам вести себя к своей гибели? Почему из «ради себя — ло лишма» человек приходит к «ради Творца — лишма»? Принять «лишма» добровольно изначально невозможно. Поэтому специально создано «ло лишма», и человек может себе лгать в том, что действует ради эгоизма, но на самом деле именно эгоизм и помогает человеку познать свое ничтожество и бессилие и «потихоньку» приводит к состоянию «лишма».

Поэтому и говорится, что Творец создал двух ангелов — доброе и злое начала человека — и оба они приводят человека к Творцу. Но до самого момента расставания с эгоизмом человек считает, что это невозможно — подобно зерну: до тех пор, пока оно полностью не разложится, оно не может приобрести новую форму. До тех пор, пока еще есть в нем что-то от прежнего состояния, оно считается спускающимся сверху вниз.

И только когда не осталось ничего от прежних желаний — начинается развитие снизу вверх. На смену последнему, самому низшему, состоянию приходит сразу же подъем вверх.

Нечистые наши желания, называемые клипот, возбуждают в нас желания к духовному. Они — необходимая составная часть творения, без которой невозможно наше продвижение вперед. Именно нечистые силы говорят нам: «Тебе бы стоило приобрести духовное! Что ты имеешь в этом мире? Мелкие наслаждения. В духовном мире наслаждения в миллиарды раз больше, настоящие, вечные!». Это говорят нам наши клипот! И таким образом помогают нам начать духовный поиск, а затем изменить его цель и прийти к духовной чистоте.

Когда человек начинает осознавать общую картину творения, он ощущает огромное совершенство. Это ощущение совершенства и есть самое большое наслаждение. Чистые и нечистые силы, два ангела Творца, две противоположные системы чистой и нечистой АБЕ"А постоянно «перетирают» человека, как ладони горошинку. В нашем мире наши эгоистические желания стремятся к наслаждениям нашего мира, но когда человек выходит из нашего мира в духовный мир, у него появляются желания получить не наслаждения нашего мира, а сам свет, чистое наслаждение, ради себя, ради самонаслаждения.

Исправляя это желание, человек поднимается еще выше — но снова от нечистых сил, клипот, ему дается еще большее эгоистическое желание получить свет ради себя. И снова он исправляет его на альтруистическое. И таким образом, передвигаясь «на двух ногах», растет. Нечистые силы помогают человеку подниматься. Ничего не создано Творцом во зло человеку, а только для его пользы. Но нет Заповеди любить нечистые силы.

Любить или ненавидеть что-либо можно только в силу осознания пользы. Сейчас мы любим клипот, как дающие нам наслаждения. Когда увидим, что они отталкивают нас от большой награды, ощутим их своими врагами.

Желание — чистое оно или нечистое — оценивается самим человеком. И только сам человек измеряет свое желание. Сегодня мы еще не считаем желания к наслаждениям нашего мира нечистыми. Это вся наша жизнь! Мы любим эти желания, выполняем их, благодаря им ощущаем наслаждение микродозой света, искрой света «нэр дакик», называемой нами «жизнь».

Ускорить путь вниз, свое внутриутробное созревание, человек может своим стремлением вверх. Это единственный способ быстрого «осознания собственного зла». Силы и желания, верное направление, поиск истинной цели — можно получить только из настоящих каббалистических источников и под руководством настоящего Учителя.

При выполнении каждого действия в жизни нужно думать, «для чего я это делаю» — т.о. человек обнаруживает, насколько он груб, эгоистичен, слабоволен, желает только мелких наслаждений. Именно эти неприятные ощущения накапливаются и ведут к «разложению зерна», из которого затем снизу вверх начнет расти новое творение.

Эта наинизшая точка развития человека называется в Каббале «точкой этого мира». И только тогда, когда человек достигает в своих ощущениях своего наинизшего состояния, он чувствует эту точку. Это называется, что он находится в этом мире. Когда он достигает ее, сразу же получает ответ Творца и начинает расти в ощущении высшего мира.

ЧТО ТАКОЕ ДУША

Закон развития с точки зрения Каббалы

Если бы в нашем мире появился инопланетянин, то глядя на новорожденных бычка и человека, пришел бы к выводу, что бычок более совершенное создание, чем человек. И так во всем: невозможно ничего познать, если неизвестны все состояния изучаемого объекта, от начала его появления и до конца его развития.

А так как человек все познает только из своих ощущений, представляя собой «ящик», воспринимающий только то, что в него попадает через органы ощущений, то для того, чтобы исследовать что-либо, человек должен вначале полностью познать себя, осознать ограниченность своих органов ощущений и те искажения, которые они вносят в окружающее. Но главное, что поскольку свои прошлые состояния человек познать не может, то у него изначально отсутствует возможность познать себя.

Отсутствие понимания причин происходящего приводит к непониманию настоящего и будущего состояний. Но каббалист, поднимающийся по духовным ступеням, является уже активной частичкой общей Малхут, Шхины, творения и потому постигая свои прошлые — до рождения — состояния, выходит из рамок времени.

Но и постигая духовные ступени, человек продолжает быть отчасти ограниченным в своих возможностях познания. И это несмотря на то, что любая часть творения содержит в себе свойства всех частей. Но человек не может через эту свою часть постичь все явления, не видит следствия многих явлений ввиду того, что еще не постиг их причины. Многих причин увидеть нельзя потому, что они еще в зародыше, прошлые состояния, которых он не достиг в своем духовном возвращении-подъеме, еще не поднялся по лестнице до тех ступеней, на которых зародились скрытые пока от него свойства и законы.

Допустим, человек поднялся на какой-то уровень. Значит, начиная с этого уровня и ниже, он может понимать начало и конец действий. Это называется величиной его постижения. Человек нашего мира не видит ничего из прошлого именно потому что еще не постиг будущего — своих духовных состояний.

«Объективность» человека в ощущениях нашего мира сводится к соглашению называть определенный воспринимаемый цвет — красным или определенный вкус — горьким. Наш язык, взятый из наших ощущений, необъективен, ввиду невозможности сравнить наши субъективные ощущения.

Ведь для того, чтобы сравнить два ощущения, ощущения двух людей, они должны быть в одном, сравнивающем их человеке. Только тогда он может сравнить их (но снова субъективно!).

Поскольку человек постигает все внутри себя, это обязывает его познать с начала и до конца самого себя. Только через себя он может познать окружающее. Если человек не пережил подобное происходящему, оно в нем не находит отклика. Не перенес горя — не понимает, какое горе переживает другой. Все воспринимается относительно прошлых чувств, опыта, того, что ощущалось внутри себя.

Поэтому без постижения своих прошлых «до родовых» состояний, человек не может постичь себя. А постичь себя человек обязан, ведь иначе он не постигнет всего творения. Лишь начиная подниматься по тем же ступенькам, по которым его душа спускалась, человек постигает свои свойства. Эти постижения не оттого, что он поднимается, а потому что, поднимаясь, он постигает свои прошлые «опускающиеся» ступеньки, идет в свое прошлое. И таким образом, видит свои истоки.

Нет человека, познавшего себя

Для полного познания какого-то объекта необходимо, в основном, познание его отрицательных, негативных свойств и проявлений. Потому что все, что создано, — это желание насладиться, эгоизм, зло. И для полного познания объекта мы должны увидеть самое большое проявление этого эгоистического желания в нем. Тогда мы уверены, что спустились до самой глубины естества, исконной сущности этого объекта.

Итак, увидеть суть чего-либо — это увидеть его отрицательные качества. А поскольку человек не в состоянии видеть в себе отрицательное, он не может познать себя. Почему человек не может видеть в себе плохое? Потому что его эгоизм не позволяет ему это ощутить. Ведь наша суть — это желание получить наслаждение. Отсутствие наслаждения вызывает в нас страдание.

Добровольно пойти на страдания человек не в состоянии — это выше его природы. Если человек идет на видимые страдания, значит, за ними стоит выигрыш, больший, чем принимаемые на себя страдания. То есть в конечном итоге происходит получение наслаждения как плата за страдания.

Кроме того, там, где человек видит наслаждение, он не может одновременно с этим видеть отрицательное и вредное ему. А так как все наслаждения приносит нам наш эгоизм, то он же не позволяет нам увидеть себя плохим.

А вот если бы мы приняли эгоизм как отрицательное, то сами бы захотели от него избавиться. Но мы, наоборот, говорим: «Этот человек хочет быть большим ученым, большим артистом, этот много работает, этот заботится о своей семье, любит своих детей!» Мы восхваляем проявление эгоизма и ищем в нем положительные аспекты. А отрицательные — пытаемся как-то скрыть от себя.

Поэтому люди покупаются на такие теории, как коммунизм, благотворительность — ведь это импонирует эгоизму: «Я буду всем доволен», «Все проявят обо мне заботу», «Мне хорошо и безопасно». Очень хорошее прикрытие для эгоизма! А отрицательное об эгоизме мы слушать не желаем — это неприятно, вызывает страдания.

Все, что человек видит отрицательного в других, пытается увидеть в себе с хорошей стороны. В людях, которые ему приятны, видит только хорошее. В тех, кто противен ему, видит только плохое. Показательный пример — родители и дети: каждый родитель видит в своем ребенке только положительное. Попробуй, укажи на что-то отрицательное — наживешь врага. Но ты ведь указал что-то верное, объективное? Но эгоизм воспринимает не объективное, а приятное!

Каждое ощущаемое зло воспринимается как боль. Поэтому даже зная заранее, что это зло, человек болью перекрывает свои органы ощущений, пытается не слышать, отключиться от того плохого, что о нем говорят. И это происходит автоматически. Человек не может слышать правду о себе. Психолог это назовет «защитные системы организма», а каббалист — «защитные системы эгоизма».

Итак, существует закон: «несущее наслаждение не воспринимается как зло». И лишь в результате длительного опыта человек начинает понимать, что кажущееся добро на самом деле — зло. И для осознания этого человеку нужны месяцы и годы. А также память и особые свойства сознания, углубленное изучение себя. И не каждый способен на это.

Наше тело построено на прямом эгоизме, и чтобы оно поняло, что после наслаждения приходит расплата, необходим опыт наказания, который создает условный рефлекс на наслаждение — ощущение следующего за ним страдания, вплоть до того, что любое предлагающееся наслаждение заранее воспринимается как зло.

Но каббалисты, постигающие высшие ступени, постигают все в полном объеме, удостаиваются полного постижения этих уровней в себе, что называется «душа». «Душа» — это заполненный светом духовный сосуд (кли). Кли мы можем постичь по заполняющему его свету, как сказано: «В твоем свете увижу свет» — когда приходит свет, человек видит положительные и отрицательные свои качества относительно свойств света.

Это оттого, что мы можем постичь объект только в сравнении с ему противоположным. И только свет, если он является, может высветить нам наши отрицательные свойства.

Душа — это постижение Адама

Уже упоминалось о том, что миры постигаются вначале сверху вниз: постигается вначале, так называемое «нисхождение души», а затем постигаются снизу вверх ступени сближения с Творцом, само постижение.

Поднимаясь на очередную духовную ступень, человек вначале постигает нисхождение сверху вниз своей души, свое прошлое состояние, в котором находился до духовного рождения.

Такое его состояние называется «ибур-зародыш» (Убар — духовный зародыш. Ибур — процесс зарождения). То есть подъем на каждую новую духовную ступень начинается с состояния «зародыша» в ней, но не как при нисхождении души неосознанно, силой и желанием Творца, а при подъеме вверх человек осознанно, своими силами и молитвами вводит себя в состояние «ибур»: состояние полного подчинения духовным правилам этой ступени, полного подчинения законам, которые раскрываются ему на этой ступени.

Если человек согласен, вопреки помехам своего эгоизма, соблюдать законы той духовной ступени, на которой он находится, он становится зародышем в Творце на этой ступени. А затем рождается и растет на ней, пока не перерастает ее и входит в «ибур» на более высокую ступень.

И так постепенно на каждой ступени он начинает ее освоение с состояния зародыша — полного подчинения ее законам. Став зародышем, человек начинает далее развиваться: не вынужденно подчиняться духовным законам, но добровольно принимать их как свои свойства взамен эгоистических — т.о. вместо прошлых органов своего духовного тела, эгоистических желаний, он приобретает новые органы — альтруистические желания — и в них получает ради Творца высший свет, свою душу. И это уже называется постижением снизу вверх, самим постижением!

Пока человек на каждой ступени может только принять все ее законы, но сам еще не обрел желания-свойства этой ступени, его состояние на этой ступени называется зародышем, «убар». Но как только начинает самостоятельно выполнять законы этой ступени, приобретает ее желания, считается, что родился на ней.

Зародыш — это «растворение» в желаниях, свойствах, законах данной ступени, называемой в таком случае «Отец и мать» (Аба вэ Има). А когда человек приобретает себе ее свойства, то становится большим, вровень с ней, и тут же начинает ощущать высшую ступень. И вновь повторяется тот же путь: начинает строить из себя зародыша этой высшей ступени, становящейся для него «Отец и мать».

Все ступени нисхождение души человека сверху вниз называются зарождением души человека. Но только приобретя самостоятельное желание высшей ступени, человек называется духовно родившимся.

Начиная заниматься Каббалой, человек немедленно входит в период осознания своего зла. Этот путь мы начинаем с «ло лишма» — эгоистическими стремлениями. Эгоистическими путями к духовному нам хочется постичь Творца, хочется получить духовные наслаждения. Ведь у каждого духовное восхождение начинается с недовольства этой жизнью — а иначе как можно привлечь к чему-то эгоизм?

Поэтому забирая частичку света из объектов нашего мира и светя ею издали, вне облачения в определенный объект, Творец создает в человеке эгоистическое стремление достичь наслаждения от духовного.

Таким образом человек эгоистически стремится к духовному. Но при этом сам эгоизм помогает нам в итоге выйти из него, эгоизм работает против себя. Человек пытается заменить одну эгоистическую цель другой. Это предварительная стадия развития истинного желания. Естественно, духовное развитие при этом ведется свыше, волей высших объектов, называемых «отец и мать». И такой этап нашего неосознанного развития называется «ибур». Это несознательный «ибур» нашего мира. А в духовном мире человек входит в состояние «ибур» сознательно.

Человек, находясь в своем физическом теле, получая дополнительно и постепенно все желания малхут мира бесконечности, именно исправляя их, должен достичь той же наивысшей ступени, с которой спустилась его душа вниз, достичь ее, находясь в теле. Таким образом человек постигает в 620 раз большее слияние с Творцом, чем было у его души до ее нисхождения вниз, до ее облачения в тело. Именно этот выигрыш и является причиной создания всех миров. Именно благодаря исправлению эгоизма, человек постигает в 620 раз больше своих прошлых — до рождения в этом мире — состояний.

В духовном ничего не пропадает: человек поднялся на какую-то определенную ступеньку, на ней существует его душа по пути сверху-вниз, в состоянии до того, как она спустилась вниз и родилась в нашем мире. Поэтому теперь на одной ступени существуют прошлое, до рождения, и настоящее, духовные состояния человека, одновременно.

Оба эти состояния существуют в человеке. Но сейчас в человеке есть экран на все его некогда эгоистические свойства. Именно с помощью экрана человек может осознать предыдущие состояния, а потому полностью ощутить, вкусить наполняющий его свет. Осознать, неосознанное в прошлом, состояние собственного зарождения. В этом и заключается его самостоятельное постижение.

Творец ощущается сейчас человеком в 620 раз больше, благодаря существованию в человеке новых свойств. Раньше он находился на этой же ступени в состоянии ибур, не имел келим прочувствовать свое состояние.

Теперь же благодаря эгоизму — работе с ним на пути возвышения, благодаря выполнению 620-ти заповедей этого уровня, —

появляется возможность увидеть, различить в 620 раз больше находящееся внутри себя.

Но не надо думать, что роль нашего мира заканчивается с духовным рождением человека, его восхождением на первую духовную ступень, что после этого наш мир теряет свое значение, смысл. Наоборот, духовные ступени начинают раскрываться через объекты, одеяния нашего мира. Человек сквозь них начинает ощущать находящиеся в них духовные категории. И поэтому наш мир представляется ему сквозным. И все остальные миры он начинает видеть в том же «объеме», соединяя и сочетая их все в своем восприятии, в своей деятельности, в своем отношении. Величина постижения этого единства и есть величина исправления человека.

Духовно человек становится выше нашего мира, но действует через него. Появляется возможность использовать наш мир. Ведь это и есть цель творения: будучи в нашем мире, из него постичь Творца. Наш мир — это не ступенька, которую надо забыть, переступив через нее. Вся работа как раз и происходит через одеяния нашего мира: через семью, общество, через все окружающее. Поэтому каббалист — это не какой-то отрешенный от всей действительности человек, а наоборот, именно самый связанный с нею.

Зарождение и развитие души

Со времени своего рождения, от начала своего духовного движения снизу вверх, постепенного духовного развития, человек проходит те же последовательные процессы, поднимается по тем же ступеням, по которым его душа нисходила — но только в обратном порядке снизу вверх.

Изучая в Каббале нисхождение ступеней сверху вниз, человек этим как бы возбуждает в себе стремление повторить эти процессы только снизу вверх. Но окружающий свет возбуждается в любом случае, потому что он относится к ступеням, независимо от того, что человек еще не достиг сам этих ступеней.

Человек никуда не двигается: в своих внутренних ощущениях он проходит в обратном направлении все стадии его сотворения, но сейчас сам, в собственном сотворении. Он сотворяет сам себя, экран на свои желания, рождая в себе все ступени. Вследствие этого он постепенно постигает Творца в 620 раз больше, чем его душа до облачения в тело. Вот какая возможность дается человеку Творцом! Как будто человек становится еще большим творцом своего состояния, чем сам Творец!

Постигая каждую ступень, человек, постигает первопричину своего состояния и обнаруживает, что это все ему заранее уготовил Творец. А ощущение, будто он сам достиг этого, заложено в свойствах этой ступени, когда она спускалась сверху вниз. Таково совершенство постижения: с одной стороны — человек, с другой — Творец! Попеременно и неразделимо действие: все делает человек... и все делает Творец. И этим сливаются оба на каждой духовной ступени, на которую поднимается человек.

Это двойственное восприятие человека, что все зависит от Творца и, в то же время, все зависит от действий человека, обозначается в Каббале как управление «АВАЯ — ЭЛОКИМ», двойное управление. На духовных ступенях это сливается в осознании человека, как сливаются для него понятия времени: состояния ощущений прошлого, настоящего и будущего.

Но самоощущение, ощущение своего «Я», остается. В нашем языке нет слов описать это духовное ощущение, аналогичного которому нет в нашем мире — ведь в нашем мире есть точно однозначные причина и ее следствие. Поэтому причина может быть или в человеке или в Творце, но не может быть такого, что все зависит только от человека и одновременно все зависит только от Творца. Это находится в противоречии с нашим разумом: «Все зависит от меня, и в то же время все заранее предусмотрено». Только оторвавшись от «земли», человек понимает, что в этом нет никакого противоречия.

СВЕРХУ ВНИЗ И СНИЗУ ВВЕРХ

Развитие объясняет зарождение

Так как эти два пути, сверху вниз и снизу вверх, абсолютно схожи, мы из постижения на себе пути восхождения, духовного развития снизу вверх, можем понять путь нисхождения, создания миров и душ сверху вниз. Поэтому каббалисты, постигая на себе духовные ступени снизу вверх, описывают нам их нисхождение сверху вниз.

Почему же они не описывают нам свой путь? Потому что желают описать деяние Творца относительно всех в творении. А постигающий, в течение своего духовного развития, черпает из описания нисхождения миров методы и помощь для своего духовного восхождения.

Выходя из своего эгоизма, из своего мира, человек попадает в духовный мир Асия, затем поднимается в мир Ецира, затем в мир Брия, а затем — в мир Ацилут. Это подобно четырем стадиям появления плода от посева и до его полного созревания:

1) до того, как считается плодом — мир Асия;
2) можно есть, но еще нет вкуса и наслаждения — мир Ецира;
3) появляется вкус — мир Брия;
4) полностью проявляется вкус и все свойства — мир Ацилут.

Каждый созданный приходит к двум путям

Все, что существует в творении в общем, существует в каждой его маленькой части. Поэтому все свойства и законы, существующие при нисхождении или при подъеме по ступеням миров АБЕ"А, имеют место и проявляются в каждой их маленькой части.

Высшая ступень называется Отец, причина, Творец. Низшая, рожденная Им, называется его сыном, ветвью, следствием, творением. Нисхождение сверху вниз приводит к рождению низшего из высшего на каждой ступени, к появлению самостоятельно ощущающего себя творения, к выделению творения из Творца. Смысл нисхождения миров в том, чтобы в итоге их постепенного отдаления от Творца, смогло постепенно появиться творение, ощущающее себя полностью самостоятельным.

Восхождение по духовным ступеням приводит к обратному: творение развивается духовно, что означает все большее его подобие Творцу, оно постигает свой корень, Отца, становится таким, как Он. И этот процесс происходит с каждой частью творения (человеком) в частности и со всем творением в общем.

УЧЕБА — В ПОДРАЖАНИИ ПРИРОДЕ

Рождение счастливого человечества

Все, что мы открываем, создаем — все это уже создано природой, существует в ней, а мы лишь повторяем ее действия. Природа — это мы, и поступать иначе мы не можем, даже если бы и захотели. Представить себе то, что выходит за рамки нашего мира, невозможно. Поэтому все, чтобы мы ни делали, повторяет нас или окружающее.

Когда мы смотрим на все созданное в Творении, то в соответствии с написанным: «Сотворил Творец, для действия» — находим, что Он все сотворил для наших деяний. То есть все окружающее сотворено только для того, чтобы мы исправляли творение, добавляли к тому, что сотворено.

Это наше деяние в творении называется исправлением творения. Наша цель — довести творение до полного исправления. И именно в соответствии со сказанным: «Сотворил Творец для деяния» мы должны считать, что все, что сотворено, — сотворено для нас, для наших действий, и все зависит только от нас, от создания в нас экрана. Наша роль в творении — в завершении своего развития подражанием природе.

Все, происходящее сверху вниз, из мира Бесконечности, от самого Творца до Адама, до разбиения его души, до появления нашего мира, до появления физических тел в этом мире, до того, как человек осознает смысл своего существования во имя определенной цели Творца, — все эти этапы развития творения являются нашим предварительным зарождением в Высшем — сверху вниз.

Далее продолжается наше духовное «внутриутробное» развитие, вплоть до того момента, пока мы не станем духовно независимыми в своих деяниях — в мере приобретенного экрана. Независимыми не от Творца, а от самих себя, от своего маленького первозданного эгоизма. Получение независимости называется духовным рождением. А затем мы начинаем свое развитие подъемом по духовным ступеням.

В нас есть все наши будущие состояния-свойства, как в зерне, опускаемом в землю, есть все, все фазы его будущего развития. Недостает только создания необходимых внешних условий для успешного развития новорожденного. Вот их-то, эти внешние условия для развития, мы и должны создать для своей души. Только тогда она начнет развиваться.

Это и есть наша работа. Ничего нового мы не создаем, все находится внутри нас, мы только должны раскрыть в себе духовные ступени, научившись подражать духовной природе. Причем, по мере роста человека у него открываются глаза: он начинает видеть наш мир сквозным: он видит все миры концентрическими, облаченными один в другой, видит, как все они постепенно задерживают — каждый свою — порцию света Творца, и потому Творец проступает сквозь них перед человеком в картинах этого мира. Но по мере своего духовного развития человек видит за объектами нашего мира духовные силы.

Наше развитие, которое мы должны осуществить после того, как начинаем духовно рождаться, заключается в повторении действий природы, которые мы видим в себе и вне себя. Подниматься по духовным ступеням — означает становиться им подобным своими свойствами. Весь рост человека — только во все большем его подобии природе высших ступеней, вплоть до подобия самому Творцу.

Ведь во всем, что бы мы ни делали, мы только подражаем природе: в производстве красок, в создании звуков, средств передвижения, управления, все наши знания и науки — это совокупность наших сведений об окружающем, уже раскрытых нами.

Все самое современное, созданное человеком, и вроде бы отрешенное от действительности — не более чем закамуфлированное подражание природе. Потому что мы — продукт этого мира и не можем во всех наших фантазиях выйти за его рамки. Мы не в состоянии вообразить ничего, чего бы в том или ином виде не было вокруг нас.

Но то, что мы называем природой, — всего лишь небольшой фрагмент той огромной картины, которая есть на самом деле и которая раскрывается поднимающемуся. Эту полную картину мы не знаем. Поэтому воспроизвести ее сейчас мы не в состоянии. Познаваемая часть природы осознается внутри нас, непознаваемая часть остается вне нас. Но ее то мы и должны постепенно раскрыть для себя. И это называется развитием в подражании природе.

Как развитие человечества в рамках нашего мира, так и духовное развитие человека, сводится к подражанию той природе, которая раскрывается перед ним.

Существование и его обеспечение противоречат друг другу

Если мы наблюдаем, каким образом создана и функционирует природа — как в любом отдельном объекте, так и в целом, — рассматривая все ощущаемое нами творение как единую систему, мы видим, что все сотворено с определенной целью: обеспечить возможность существования, функционирования и развития.

И настолько внутренне логично строение любого объекта, настолько непостижимо точно и тонко переплетены все связи в каждом биологическом создании, что исследуя живой организм, мы не можем найти, практически, ни одного изъяна.

И более того: если мы видим что-либо как недостаток, то уже из нашего предыдущего опыта понимаем, что это лишь следствие нашего непонимания совершенства функционирования этой системы-организма. И потому на все наше вмешательства в природу, как правило, следует горькое наказание в виде испорченной среды, изуродованной личности и катастроф.

И не имеет значения, вмешиваемся ли мы в природу неживую, растительную, животную или человека. Нам кажется, что уж в человека-то, в себя, мы имеем право вмешиваться. Но не зная и, естественно, не соблюдая законов функционирования человека, мы, вмешиваясь, наносим вред и самим себе.

А потому веками расплачиваемся. Но это, в принципе, и есть путь страданий, уготованный нам в случае, если путем Торы мы не сможем идти.

Если бы мы могли видеть всю картину природы, включая и себя, в полном объеме, мы бы не обнаружили ни одного изъяна и поняли бы, что для нашего полного благополучия мы обязаны только следовать законам мироздания, а не придумывать новые, по которым «якобы таким образом функционирует общество».

Но поскольку законов мироздания в их полном объеме мы не наблюдаем, а следовать указанию идти верой выше знания (как средство излечения от эгоизма) сил в себе не находим, мы продолжаем следовать своему эгоистическому разуму и постоянно совершаем ошибки в своем вмешательстве как в природу, так и в себя.

Со стороны Творца все создано в полном совершенстве — но только **до** нашего рождения. Мы можем наблюдать потрясающее различие между тем, каким образом Высшее управление заботливо и тщательно подготовило все для успешного рождения и начального развития каждого вида после рождения на первом этапе его жизни, и той борьбой за существование, которую каждый вид вынужден вести затем, буквально не на жизнь, а на смерть.

Как будто все предусмотревшая природа вдруг обрывает свой план, и дальнейшее развитие индивидуума предоставляет ему самому. Причем настолько, что от самого венца природы — человека — скрыто, для чего с такой тщательностью он создан самой природой. Будто потрачен столь ценный биоматериал, столь долгое развитие, и только для того, чтобы вдруг сломать всю логику законов и предоставить далее организм саму себе.

Ведь в строении человеческого организма мы обнаруживаем целенаправленность каждой системы, каждого органа, каждой клеточки, оптимальное функционирование всех систем. О каждом органе, клетке, молекуле мы можем сказать, в чем цель ее существования, а если мы этой цели еще не знаем, то нам ясно, что еще не раскрыли ее. Но для чего весь организм существует, мы сказать не можем — это от человека скрыто!

Мы видим вокруг себя парадоксальную картину: все создано по совершеннейшим законам, которых мы не знаем. Почему природа, так все продумывающая, создала нас незнающими ее законов? Ведь таким образом мы сводим к нулю все ее усилия создать совершенный организм? Нам понятны только отчасти законы творения и их логическая завершенность. Но мы не видим никакой логики в законах управления, приведения творения к цели, для которой, очевидно, все творение создавалось.

В глобальном масштабе мы также не видим цели существования вселенной и не знаем причин и целей происходящего в масштабах космоса, в масштабах стран и народов и с каждым из нас лично. От нас попросту скрыто все самое главное из окружающего мира.

Но зачем нужно было создавать нас столь развитыми, если управление происходит жесткой силой власти природы?

Если человек вынужден поступать в силу заложенных в нем свойств и только осознавать (в лучшем случае), что иначе он поступать не может!

Рождение

Общее состоит из слияния частного и потому подобно ему. И как есть предварительное развитие, а затем рождение частного, индивидуума, то же происходит и при рождении общего. И как есть особые условия для внутриутробного развития плода, а затем любовь и преданность родителей, которые предусмотрительно заложила в нас природа для гарантии развития новорожденного, так и человеческое общество, как сумма индивидуумов, рождается и развивается по аналогичным законам.

Причем природа настолько позаботилась о надежном развитии новорожденного, что создала в матери инстинкты, заставляющие ее выполнять действия, обеспечивающие продолжение внутриутробного развития. То есть для плода совершенно не важно, находится ли он внутри матери, и только природа занята его развитием, или за ним ухаживает мать. Настолько сильные инстинкты вложила природа в родителей для гарантированного продолжения выполнения своих замыслов.

Творец заранее создал все миры и спустил через них душу до нашего мира, создал здесь живых отца и мать, которым дал желание родить, желание любить своего будущего ребенка и комплекс других эгоистических желаний, приводящих к самопожертвованию ради третьего, новорожденного эгоизма. Мы видим, что рождение является продолжением внутреннего развития. Это еще не начало развития человека. Он все еще находится под влиянием природных сил, нисходящих сверху вниз.

Когда же человек начинает сам развиваться, когда начинается его путь снизу вверх, когда он рождается духовно? Только с первого самостоятельного духовного движения. Все это относится и к обществу, в целом.

Если мы представим все человечество как новорожденного, то что уготовил Творец в качестве любящих родителей такому новорожденному? Это общественный закон «Возлюби ближнего, как самого себя», который Творец поставил в основу духовного развития общества. И если этот альтруистический закон не соблюдается, все общество страдает и идет к своему разрушению, сменяя общественные формации и строи.

В этом заключается вся подготовка общества к получению духовного наполнения. Где общество должно найти преданных родителей? Каждый индивидуум должен найти родителей в окружающих себя, сказав себе, что он — один из миллиона, а весь миллион относительно него — это его любящие родители.

Если общество функционирует таким образом, как отец и мать, порождающие каждого члена общества и заботящиеся о нем, как о своем ребенке, то все члены общества и оно в целом могут духовно развиваться до уровня получения Торы — Света Творца и полностью достигнут своего предназначения.

Но пока члены общества не строят свою среду таким образом, каждый его член подобен новорожденному, лишившемуся отца и матери, который, естественно, духовно погибает. И наоборот, если общество состоит только из таких духовно погибших членов, оно само духовно мертво и, естественно, не может обеспечить духовной заботы ни одному своему члену.

Общество — это не просто собрание индивидуумов, а сила Творца, потому что в нем Творец заложил возможность довести до наивысшего духовного развития его членов. Это может быть не государство, а маленькое замкнутое общество. Все зависит от того, какие цели оно ставит перед собой и какими принципами руководствуется. Если собирающаяся группа не может отдать свои силы цели, чтобы каждый был заботливым родителем всем, и все — как родители каждому, но с целью духовного роста для слияния свойствами с Творцом, то такая группа погибает духовно, а затем и распадается физически.

Это хорошо видно по всем коммунам, возникавшим в разное время в мире: причина их распада только в том, что если они и брали на себя обязательства заботы друг о друге, подобные вышеописанным, то цель всей их организации была не в слиянии с Творцом, а в безопасном и эгоистическом существовании.

Если же группа людей действительно желает соединить свои силы и стремления ради духовного сближения с Творцом, то такая группа духовно развивается со скоростью, помноженной на количество членов группы.

В общем, это и является целью создания группы изучающих Каббалу. В Торе приводится природный закон, основанный на свойстве единства членов общества: если общество, даже на эгоистическом уровне, без связи с духовным, не ради сближения с Творцом, относится к индивидууму, как родители к своему ребенку, то такое общество попадает под действие духовно-защищающих сил.

Тора рассказывает о городе, в котором собрались одни грешники: воры, убийцы, безбожники, низы общества, которые взаимно заботятся друг о друге. Такой город никто не сможет взять приступом и победить, потому что они создали некое эгоистическое подобие «Единству» и потому попадают под действие Высшей духовной силы, с которой находятся в соответствии, хотя каждый из них в отдельности — эгоист, а все они отрицают Творца. Но если их взаимоотношения хоть немного духовны, то над ними уже существует духовная защита. В этом относительная сила сект — в элементе преданности и сплочения. И поэтому с ними тяжело бороться обществу.

Так во время войны, опасности, народ Израиля начинает сплачиваться. А поскольку наше сплочение вызывает охраняющие высшие силы, намного большие, чем иные народы, то, будь хоть миллионы врагов, они ничего не смогут сделать. Но как только нет войны, происходит какой-то мирный процесс — такое положение является самым опасным для народа, особенно такого эгоистического, как наш. Война — это всегда духовное спасение и очищение, потому что хоть на мгновение мы сплачиваемся, думая об общей безопасности, хотим, чтобы солдат жил, чтобы другому было хорошо, потому что он мне поможет. Из чистого эгоизма, но если мы заботимся о другом, даже это — огромная сила.

Так и в маленьком обществе, если мы хотим его создать, чтобы всем было хорошо, появляется огромная сила. Но такие общества не могут существовать именно потому, что это противоречит духовной цели: сплоченность и взаимная любовь не ради Творца, а во имя собственного блага, собственного эгоизма, противоречит цели Творения. Они меняют одну цель — альтруизм во имя слияния с Творцом — на другую — альтруизм во имя человека — и потому вскоре прекращают свое существование.

А поскольку подсознательно меняют цель, заменяя Творца человеком, то такие общества, как правило, атеистичны. Примеры — от первобытных обществ до советских и киббуцных. И все они распадаются, потому что их целью не является Творец.

Человека толкает к цели творения — «сближению с Творцом» — неутолимая духовная сила, называемая нами природой, обстоятельствами. Если человек исправляется, то, в меру своего исправления, начинает некоторые шаги свои делать сам, желая того же, что и Творец.

Пока будущий духовный объект недоразвит и сам не прилагает усилий идти к цели творения, его толкает вперед вынуждающая природная сила, которая очень жестока. Этот путь называется путем страданий. Эта вынуждающая сила заставляет нас заботиться о здоровье, спать, есть, жениться, рожать детей, любить их и воспитывать. И ничего с этим поделать нельзя — желания рождаются в нас независимо от нашей воли.

Но когда человек, изучая Каббалу, начинает осознавать поставленную перед ним цель, а затем и сам желает ее, он осознанно принимает ее и просит у Творца сил ее достичь. Начиная осознанно выполнять часть того, что ранее неумолимо жестоко производила над ним природа, человек вместо естественного развития природой начинает сам стремительно изменяться, и такое его развитие называется путем Торы — к цели творения.

Начиная сознательно делать шаги к цели творения, человек отнимает у природы ее функции надсмотрщика над ним, освобождает природу от работы над ним, сам работает над собой. Страдания материально-эгоистические сменяются на духовные — стремление к исправлению во имя себя, а затем во имя Творца.

И чем дальше человек самостоятельно работает над собой, прилагая усилия в занятиях Каббалой, в слиянии с группой занимающихся, с Учителем, тем больше функций он сможет забрать у природы в ее работе над ним, пока не станет совершенно свободным от ее вынуждающего воздействия. Каждая пройденная человеком ступень является частью работы, «отобранной» у природы. Духовная ступень означает, что человек на определенный процент согласен с Творцом, т.е. выполняет сам предназначенное.

В городе же грешников, если существует общая опасность, они любят друг друга и их нельзя победить. Но как только опасности нет, начинает проявляться эгоизм, люди становятся злыми, ненавидят друг друга, общество рассыпается и разрушается. Несмотря на то, что власти начинают насильственно вводить в кодекс общества заботу о ближнем. Но желания насильно не введешь в человека, они рождаются только в мере ощущения необходимости.

Творец, Высшее управление, не может позволить существование чего-то подобного Себе, если это существует в рамках эгоизма. Если в духовном мире существует взаимная любовь, самоотдача, духовное объединение, то может ли быть такое же зеркальное отражение и в нашем мире? Природа эгоизма абсолютно противоположна природе альтруизма.

Если бы в нашем мире существовало такое подобие отношений, как в духовном, то эгоизм был бы подобен альтруизму. Вся разница нашего и духовных миров и заключается в противоположности свойств альтруизма и эгоизма. А если бы такое подобие существовало, то эгоизм бы ничем не отличался от альтруизма. Кроме одного, самого главного, — цели слияния с Творцом.

Что означает забота о ближнем в маленьких группах людей? Обычная человеческая любовь исходит из ощущения наслаждения: я люблю объект, потому что через него я получаю наслаждения, в этот объект облачена искра притягивающего меня света.

Подчас это притяжение настолько большое, что человек готов на самопожертвование ради этого объекта наслаждения. Потому что наслаждение исходит от света, и это подсознательно вызывает в человеке понимание своей вечности. Порой до безумия человек любит одеяние искры света — свою собаку, дитя, избранную.

Поскольку в городе грешников все сплачиваются ради себя, а не ради какой-то высокой цели, то имеют право на существование только в моменты внешней опасности: их цель действительно эгоистическая, но оправдана в рамках, необходимых для существования. И потому во время опасности они существуют и побеждают.

Но если сплочение не только ради выживания, а также ради получения наслаждений, т.е.становится уже как бы целью жизни, а не выживания, такое общество не имеет право на существование, поскольку цель Творца заменяется эгоистической целью.

Родившись в нашем мире, человек продолжает свое духовное внутриутробное развитие. Это его внутриутробное развитие началось нисхождением его души из Источника всех душ в мире бесконечности, прохождением ее по всем своим ступеням сверху вниз, вплоть до своего духовного рождения в одной из своих жизней в этом мире.

Духовным рождением называется появление минимального экрана, дающего нам возможность отрицать все наслаждения этого мира ради ощущения Творца. Это называется духовным рождением, выходом из Египта, из рабства нашего эгоизма.

В течение многих оборотов-возвращений в этот мир, человек неосознанно проходит первый этап своего развития: страдания от эгоистического существования накапливаются в неощущаемой им духовной части.

На каком-то этапе одного из своих земных существований он придет к Каббале, поскольку инструкция для дальнейшего подъема необходима. Затем — этап, когда человек уже взял книгу в руки и отчасти сознательно начал продвигаться к своему духовному рождению.

Эта часть пути развития человека называется «акарат ра» — осознание зла, когда он осознает свой эгоизм в рамках нашего мира. Он постигает это, изучая себя и изучая окружающий его мир с точки зрения Каббалы. Тогда у него раскрываются глаза, и он начинает видеть свои истинные качества, в себе — и через себя вокруг.

Увиденное человеком в себе становится ему настолько невыносимым, злостным, ненавистным, представляется в самом низком виде, что даже что-то хорошее кажется ему построенным на предварительном уничтожении чего-то, на несчастье кого-то — настолько он инстинктивно отторгает от себя все свои качества. А когда полностью возжелает отвергнуть их — удостаивается духовного рождения.

ИСПРАВЛЕННОЕ И НЕОБХОДИМОЕ ДЛЯ ДЕЯТЕЛЬНОСТИ ЧЕЛОВЕКА

Сотворил Творец для выполнения

Сказано в Торе: «Сотворил Творец — делать». Сотворил что-то для того, чтобы мы делали. Значит, сотворенное несовершенно? В чем заключается цель незавершенности Его творения? Каким образом мы можем сделать то, что Он не окончил?

Если мы являемся единственным творением, которое он сотворил, значит, о нас сказано, что мы должны делать сами себя? Разве можем мы делать сами себя, исправлять, дополнять, изменять? Ведь для этого необходимы силы, большие, чем данные нам — неисправленным — нашей природой.

Как мы можем узнать, что именно Творец не завершил в нас? Очевидно, для этого необходимо знать, что Он сотворил. Поэтому первый этап задачи человека «делать» сводится к тому, что он узнает то, что сделано Творцом — свой эгоизм. И этот этап называется осознанием зла, знакомством с собой, с единственным творением.

Творец не нуждается в какой-то работе со стороны творения. Но создал творение незаконченным специально, чтобы предоставить человеку возможность доделать себя. Творцу было необходимо предоставить человеку какую-то часть работы в творении. Сам Он «якобы» вместо человека выполнить ее не мог.

И это потому, что человек, исправляя себя, приобретает такие возможности — келим, стремления, желания, которые Творец в нем изначально сотворить не смог. И поэтому все, что смог сделать Творец — сделал Сам, а ту необходимую работу, которую может выполнить только творение-человек, вынужден был оставить человеку.

Со стороны Творца это говорит именно о Его совершенстве, потому что смог создать столь несовершенное творение, но при этом дать ему возможность самому достичь совершенства. Но в нашем мире человек, наблюдая вокруг и в себе деяния Творца, судит о них, как о несовершенных.

Это оттого, что не видит конца творения, когда проявляется все совершенство — и то, что создал Творец, и то, что завершает человек. Так, не зная окончательного состояния, невозможно судить о промежуточных, как в примере с пришельцем в наш мир, посчитавшим, что новорожденный бычок станет, как Наполеон, а младенец останется таким же ничтожным.

Все отрицательные качества, которые мы видим вокруг и внутри себя — это именно и есть то, что сотворил Творец, потому что кроме эгоизма не создал более ничего. Но, создав эгоизм — нас — оставил нам его для исправления. И сделал это специально, потому что только благодаря нашей работе над ним сможем достичь Его уровня — уровня Творца.

А остальное создано в виде автоматических систем, подобно системе пищеварения, например. Но часть творения, которая предоставлена самому человеку, ни в коем случае не может быть довершена Творцом. И именно то, что Он сотворил все мироздание, сократив Свое участие в нем в конце исправления, говорит о Его совершенстве.

Мы не понимаем, что со стороны Высшего намного труднее сократить свои действия, перестать давать, потому что отдача — это Его природа. Насколько нам легко брать и получать, насколько мы не в состоянии отдавать, настолько духовному трудно идти против своих свойств. Перестать давать — в нашем мире можно сравнить с состоянием матери, которая лишает ребенка самых необходимых для жизни вещей. Такое состояние Творца называется «страдание шхины».

Мы должны понимать, что там, где Творец сократил Свое присутствие, это не по Его «доброй воле», а потому, что Он желает дать нам возможность достичь Его ступени. И надо смотреть на все отрицательное, исходя из этого, а не с критикой и пренебрежением.

Необходимо понимать, что все отрицательное создано специально и с еще большим усилием, чем положительное, — создано для нашего непосредственного участия в творении. Поскольку желание Творца насладить творение, то сокращение Своего присутствия, скрытие Себя и создание таким образом страданий, является противным Его свойствам.

Почему праведники называются праведниками? Потому что они соглашаются с сокращениями света, отсутствием Творца, т.е. с возможностью работы, которую Творец оставил им в творении и которую они должны довести до конца, до совершенства. И этим они оправдывают «незавершенность» творения.

Именно там, где человек может участвовать в творении, и находится возможность самым наилучшим, действенным образом дать Творцу ощущение наслаждения от Им совершенного.

Что делает человек в творении? Он создает из себя подобие Творцу. Что значит Творец? Маленькая, чуть выше меня, духовная ступенька ощущается (если ощущается) мною как Творец. Потому что она действительно меня создала и все время управляет мною, от нее я получаю все, что есть во мне и со мной. Поэтому более высокая ступень всегда называется Творцом относительно низшей ступени.

Как только человек достигает этой более высокой ступени, становясь подобным своему Творцу, немедленно более высокая ступень начинает ощущаться как Творец. Таким образом, человек, поднимаясь, все более раскрывает Творца.

Что означает подняться с одной ступеньки на другую? То, что я оказался на той ступеньке, где прежде, в моем предыдущем состоянии, был тот, кого я называл своим Творцом. А теперь я сравнялся с ним. Творец все время показывает нам Себя на более высокой ступеньке как пример и требует, чтобы мы следовали Ему, создавали себя по Его «образу и подобию».

Человеку дано прочувствовать и осознать вторую, неоконченную половину творения, которую мы называем зарождением (ибур), развитием, рождением, подъемом, ростом человека. Творец проводит человека через это осознание.

Все делает Творец — только одну часть творения в качестве примера ступеней, а вторую часть творения Он совершает, как путь, через человека, как бы делая его Своим напарником и давая ему возможность из самого низкого состояния сотворить самому из себя подобие Творцу.

Человек при этом ощущает на себе одновременно два воздействия — частное и общее управление, называемые АВАЯ-ЭЛОКИМ: с одной стороны человеку кажется, что все, что оставил Творец, человек должен сделать сам, с другой стороны он видит, как Творец действует через него.

Взаимное постижение этих двух созидательных сил: своей собственной и Творца, действующего через человека, взаимослияние человека и Творца — это и есть ощущение наивысшего наслаждения и совершенства. Человек — АВАЯ — чувствует, что сливается с высшим управлением — ЭЛОКИМ. Малхут с Бина. На каждой ступеньке. И в человеке исчезает вопрос: «Я управляю или Творец», ибо в этой точке вследствие взаимного слияния пропадает «я и Он».

Каково место Учителя в этом процессе, происходящем силой и под руководством Творца? Все усилия рава направлены на то, чтобы, не привязывая учеников к себе, сделать их самостоятельными, чтобы ни в коем случае не смотрели на него, а сквозь него смотрели на Творца.

Ученик должен учиться быть похожим не на рава, а на Творца. Такой ученик называется «талмид-хахам». «Хахам» — называется Творец, потому что является источником света хохма. А «талмид» — ученик, который учится принимать этот свет хохма и отдавать его таким же образом. И называется «талмид-хахам», потому что учится у Творца быть Ему подобным.

Творец получает огромное наслаждение от того, что Его создания создают и обновляют творение подобно Ему. А вся наша сила обновления и развития, которые мы проходим ступенька за ступенькой (мы не делаем ничего нового, а только проходим все те же ступеньки снизу вверх), это вид подражания Творцу. Насколько наши свойства и действия подобны Творцу, настолько мы доставляем Ему наслаждение.

Как наше развитие в рамках постижения и прогресса в этом мире измеряется, в конечном итоге, мерой нашего подражания природе, так и наше духовное развитие измеряется мерой нашего подражания духовной природе, или Творцу. А в общем, нет никакого отличия между этими подражаниями.

Часть нашей природы, наших свойств, Творец создал в нас действующими автоматически. А часть нашей природы создана в нас, и только в нас, такой, чтобы мы могли сознательно полностью уподобить себя природе.

Эта возможность дается некоторым, кого Творец желает приблизить к Себе. Потому что подражание Ему означает сближение с Ним. И такая возможность дается в различной степени и якобы в зависимости от усилий в этом самого человека.

Мы говорили, что существование и ОБЕСПЕЧЕНИЕ СУЩЕСТВОВАНИЯ противоречат друг другу. Существование дано свыше и для нас оно — это естественные законы природы. Обеспечение существования же дано в зависимости от наших деяний. Поэтому наша цель сводится к тому, чтобы совместить Существование с Обеспечением Существования, чтобы управление, называемое «Обеспечение Существования», стало точным подобием управления, называемого «Существование».

И тогда мы увидим, как во всем, и в Существовании, и в его Обеспечении действует Один и Единый Творец, через нас делая все исправления в нас и создавая чудесное ощущение того, что это делаем мы сами.

ДВИЖЕНИЕ КАК ПРИЗНАК ЖИЗНИ

Неживое, растительное, животное и человек

Окружающую нас природу мы подразделяем на 4 вида: неживая, растительная, животная, человек. Основания для такого деления — свойства, мера внутреннего развития каждого вида.

По признаку ДУХОВНОЙ ЖИЗНИ все творение делится на два типа: 1-й тип включает в себя «неживое», «растительное» и «животное», а 2-й тип — «говорящий», называемый нами «человек». 1-й тип считается совершенно мертвым, и только 2-й тип определяется как живой. Далее под словом жизнь, движение и пр. подразумеваются только духовные понятия, хотя, естественно, есть прямые аналогии с понятиями нашего материального мира!

Итак: Признаком духовной жизни считается сила, способность духовного движения, и оно изначально происходит с помощью двух полностью противоположных действий: духовного сокращения и духовного расширения.

Но и «говорящий», считающийся духовно живым, рождается духовно мертвым, пока не пробудят его к духовной жизни с помощью подталкиваний. Необходимость внешнего «оживления» возникает потому, что хотя его келим развиты, готовы получить духовную жизнь и духовное движение еще от духовного внутриутробного развития внутри его духовной матери, но в момент его рождения, явления его в духовный мир, на него духовно охлаждающе действует окружающая духовная среда, совершенно незнакомая ему.

И это духовное воздействие духовного мира вызывает в духовно новорожденном духовное сокращение. Иными словами, через все свои стадии духовного развития, считающиеся духовно мертвыми — стадии духовно неживой, растительный, животный — человек, наконец, достигает момента, когда он уже созрел духовно родиться.

Но, хотя от предыдущего духовного развития в нем подготовлены все свойства, он духовно рождается духовно мертвым. Потому что первое ощущение духовного мира действует на него духовно охлаждающе и вызывает духовное сокращение. Поэтому возникает необходимость во внешнем духовном воздействии: духовно новорожденный человек духовно оживает, пробуждается к духовной жизни с помощью духовных «шлепков».

А вслед за этим первым духовным сокращением, вызванным духовно-охлаждающим ударом окружающей его теперь духовной среды, духовно родившийся обязан сам снова духовно расшириться до своего прежнего состояния — приобрести прежние духовные свойства, несмотря на духовно охлаждающее влияние духовного мира.

И два этих абсолютно противоположных друг другу духовных действия — духовные сокращение и расширение — вместе называются первым шагом, вздохом духовной жизни.

Духовное сокращение при духовном рождении происходит независимо от воли человека, автоматически. За этим должно последовать силовое, сознательное духовное усилие человека по своему духовному расширению. Но иногда наблюдается слабость в духовных родах, отчего духовно слаб духовно новорожденный человек. В таком случае, вследствие его духовной слабости не может окружающая духовная среда вызвать в нем духовного сокращения.

Духовное сокращение необходимо для создания в духовно новорожденном духовно пустого места — желания. Затем это место может быть заполнено светом духовной жизни. Но в случае слабости духовных родов, отсутствие духовного сокращения не создает в человеке духовно пустого места для заполнения этого места духовной жизнью, и потому человек считается духовно мертворадившимся. Ибо не создается место для духовной жизни, начинающейся с духовного сокращения.

И потому новорожденный умирает. У него пропадает возможность создания места, получающегося в результате последовательных сокращений и расширений, куда могла бы войти жизнь. А начало ее — это как раз и есть сокращение. А если нет духовного (внутреннего) сокращения, то за этим, естественно, нет и духовного расширения. Потому что ни в коем случае невозможно духовно расшириться больше своих духовных границ. А поскольку нет сокращения и возможности расшириться более своих духовных ограничений, то нет возможности духовного движения, а значит, нет и духовной жизни.

Признак пригодного к духовной жизни, к свету Творца, человека — наличие в нем силы совершить хоть какое-то духовное сокращение, отталкиваясь от какой-либо причины. Как только человек духовно сокращается, сокращает свой эгоизм, в сокращенное духовное место тут же входит свет Творца, свет жизни, и производит духовное расширение. Таким образом происходит первое духовное движение. С этого момента человек считается духовно живым и способным к дальнейшему духовному продвижению.

Первое духовное движение «в себя», сокращение, а затем духовное расширение до прежних размеров, называется ДУШОЙ. Это подобно процессу выдыхания и вдыхания воздуха жизни. В духовно неживом, растительном или животном человеке нет силы совершить внутреннее духовное сокращение от какой бы то ни было причины, а потому свет духовной жизни не может облачиться в него, дабы вызвать духовное расширение.

То есть тот, кто не может духовно, внутренне, сократиться, не сможет духовно расшириться и получить свет духовной жизни. И это закон природы. Поэтому духовно неживой, растительный, животный человек — духовно мертв, а духовно «говорящий» человек, духовно относящийся к типу «человек», пригоден к духовной жизни. Но рождается мертвым. Потому что необходимо нечто, вызывающее первое духовное сокращение, которое самостоятельно он произвести не в состоянии.

Этот духовно холодный духовный воздух, под воздействием которого происходит сокращение, приходит к человеку вследствие занятия Торой и «добрыми» делами. То есть без строго целенаправленной учебы по особым первоисточникам, с пониманием ее цели — для чего он учится и кого для этого он выбрал в свои Учителя — невозможно достичь внутреннего сокращения.

Свет жизни, осознание и ощущение духовного входит в тот объем, на который человек смог сократить себя, свой эгоизм, под влиянием каких-либо внешних факторов и процессов. Это происходит от «акарат ра» — осознания зла в человеке, которое толкает его к работе над собой, что называется «добрыми делами», показывая ему его истинное «я». Приближение к духовному, еще неявное ощущение Творца — зарождение живого в человеке. А все остальное — мертво, потому что эгоистично.

Виды сокращений

Духовное сжатие, способность внутренне сократить себя, должно исходить из самих внутренних сил человека. Что такое — сократить себя? Человек — это единственное творение. Единственное, что создано — это желание насладиться светом Творца. Поэтому человек — это желание, пусть даже поначалу неосознанное, насладиться светом Творца.

Мозг дан нам лишь в помощь для достижения этого желания. Значит, когда мы говорим о духовном сокращении, речь идет о сокращении желаний. Если под действием Торы и Заповедей человек сможет это осуществить, то освободившееся место заполнит свет жизни. И такое место называется «душа».

Сокращение должно быть в результате действий и сил самого человека, потому что природа всегда стремится к распространению, расширению, а не к сокращению.

Есть два вида сокращения:

1) От внешнего фактора, как например, охлаждение. Если духовно давить на духовно новорожденного, вызывая этим сокращение его духовного тела, его тело само стремится вернуться к своему первоначальному духовному состоянию. И возвращается к прежнему состоянию не от света жизни, а силой природы духовного тела, желающего занимать точно свои границы. И потому как только появляется какая-либо внешняя давящая сила, тут же проявляется в духовном теле, в кли, его сила, возвращающая к начальному духовному виду, отдаляясь от положительной внешней вынуждающей силы.

2) От строения самого кли. Если сокращение происходит от причины, заключенной в самом кли, в духовном теле, вследствие его свойств и строения, то нет в нем сил вернуться к своему прежнему духовному состоянию, к первоначальным своим границам. И в таком случае человек нуждается в помощи Творца, чтобы особый, именно ему посланный свет вошел в это кли и вернул его к прежнему виду. И этот дополнительный свет, входящий в кли после очередного сокращения и возвращающий его вновь к прежней форме, называется ЖИЗНЬЮ.

Если давят на духовный плод, навязывают правила поведения, законы и действия, желают потеснить «я» человека —

природа возвращает все на места свои, к прошлым желаниям. Потому что инстинктивно стремится восполнить себя до своих естественных размеров, вернуть себе все прошлые свойства.

Любое свойство, если оно подавлено извне, уменьшено извне, внешней силой, а не внутренним желанием человека, не исправляется. На этом построена система «мусар» (этика), потому и отрицаемая Каббалой. Если кто-то или что-то извне ограничивает человека — это не помогает. Человек должен ограничить себя сам, изнутри.

Для этого необходимо пройти этап «акарат ра» — познать зло в себе, осознать его как зло, и в мере этого осознания сокращение происходит само изнутри человека. Прочитать в книге — не значит увидеть написанное в себе. И лишь когда без слов человек сам себе все скажет, это и будет его первым собственным сокращением.

Сжатие может произойти под действием таких внешних факторов, как общество, принятые им традиции, вынуждающие обряды или изучавшееся ранее человеком, но не ставшее его природой. Ведь привитые религиозным воспитанием привычки дают естественный, автоматический режим выполнения. В этом случае человек не заставляет себя. Это становится им самим, его природой.

Без осознания зла в себе, под влиянием лишь внешних факторов, выполнение не считается исходящим от человека, и тело (желания) постоянно стремится вернуться к прежнему состоянию, аннулировать ограничения, которые человек вынужден был принять под влиянием внешнего давления. Наш маленький, желающий только собственного наполнения, эгоизм не имеет никаких сил для самостоятельного осознания необходимости сокращения.

Но стремление к этому возникает у человека под действием внешней силы — правильного изучения Каббалы. И если он готов к этому, то получает духовную силу, дающую возможность сократиться. И если сокращение производится из самого кли — желанием человека, а не под давлением внешнего источника силы (окружения, воспитания, традиций и пр.), то само духовное тело не стремится вернуться к прошлому, ибо само же и пожелало сократиться, а потому нет возврата к прежним границам, прошлой мере, занимаемой прежде эгоизмом, до произведенного в нем сокращения.

И только внешняя сила, духовный свет, расширяет кли до прежних границ. То есть каждый раз, когда человек внутренне сокращается, свет заполняет его, вызывает расширение, возврат к предыдущему состоянию, но с заменой одних свойств другими: вместо свойств, которые человек сократил, свет расширяет его альтруистические свойства — вместо сокращенных эгоистических. И этот свет называется жизнью.

В таком виде происходит духовное дыхание: прежде — сокращение. Ведь и мы не можем вдохнуть, если легкие полны воздуха. А затем под действием света Творца — последующее расширение. Поэтому говорится: «Впустите Меня в себя...» «Откройте Мне ворота...» и пр., т.е. выделите Мне место в вашем эгоизме, которое Я смог бы заполнить. В этом и заключается постепенное исправление, которое человек должен пройти.

Два сокращения: частичное и полное. Соответствующие им два расширения

Духовная «кровь» называется душой: красное свойство нуждается в том, чтобы белое свойство соединилось с ним — и тогда называется «кровь». А до окончательного соединения этих двух свойств не называется красное свойство «кровь», потому что без белого пропадает его красный цвет и становится просто бесцветным, совершенно без свойств, как зародыш.

А когда оба эти духовные свойства соединяются вместе, они образуют кровеносные сосуды души. И, соединяясь вместе, образуют противоположные свойства: одна часть от крови образует живую душу, а вторая, как и прежде, до образования общего — крови, состоит из двух частей, красного и белого, а потому приводит к перемене духовных состояний: попеременно то к большому состоянию, к подъему, то к малому состоянию, к падению.

Отсюда различают в духовном два вида крови — красную и белую, которые и ранее действовали поочередно, а сейчас соединились вместе и создали своими объединенными свойствами кровь, называемую живой душой.

И это соответствует частичным сокращению и расширению, называемым нэфэш и руах. А высший свет, производящий духовное расширение, исходит от Творца и потому восполняет и наполняет все предыдущие духовные сокращения.

Эти заполнения предыдущих сокращений, которые человек проделал в ранние свои времена в пути к Творцу, называются духовными клетками мозга. А от заполнения, расширения белым образуется вслед за нэфэш и руах, нэшама (Га"Р).

Распространение красных кровеносных сосудов образует костный мозг, с помощью которого человек действует подсознательно, неосознанно, что называется «ло ми даато», потому что это состояние имеет место до достижения большого состояния, до достижения «нэшама».

А затем происходит 2-е распространение, образуется мозг и начинает человек действовать духовно сознательно, согласно родившемуся в нем разуму.

Обратные свойства головы и тела

В духовных клетках мозга: красное — это свойства самого творения, человека, его «я», а белое — это его несуществование, потому что в белом свете Творца пропадает личное «я» человека, творение «растворяется». Обратным образом проявляются эти два свойства в кровеносных сосудах духовного тела.

Зарождение

Духовный зародыш во время внутриутробного развития в более высоком парцуфе подобен «растению», а не «животному», потому что духовное животное — это уже отдельно существующее духовное тело, со своим экраном, получающим свет «хая». А зародыш зависит от развивающей его силы свыше. И задача его — полностью отдаться в руки этой силе, нейтрализовав свои желания, добиться «несамостоятельного» существования, подобно зародышу в матери. Тогда высшая сила начинает его развивать, и он считается растительным.

Все движения зародыша не могут называться движениями жизни, т.к. совершаются под воздействием его матери — высшей силы, частью которой он и является. Если человек — зародыш-убар, т.е. может себя полностью нейтрализовать, то все, что делает с ним высшая сила, осуществляется, и его тело как бы приобретает другую голову, другие желания — высшего парцуфа. Это и есть суть состояния зародыша, промежуточного состояния — отдать себя во власть высшему, подавив все свои эгоистические желания.

Человек нейтрализует себя и вместо своей головы «ставит» голову рава, Творца. Все его мысли, чувства, желания будут определять не его голова, стремящаяся лишь к выполнению эгоистических желаний, а голова высшего духовного парцуфа — мысли Учителя и указания книг.

Суть жизни

Осознание жизни есть осознание себя и зависит только от сокращения, потому что невозможно ни одному творению выйти из границ, в которых оно создано. И до тех пор, пока внешняя сила вызывает сокращения творения, человека, он считается неживым. И только после того, как в состоянии сам произвести сокращение — считается духовно родившимся живым существом. Но как может неживой сам произвести сокращение, еще не став живым?

Это возможно, только получив силы и желания свыше, для чего необходима большая внутренняя работа, которую можно произвести, только получая желания и силы от изучения истинных источников с учителем.

Никакое творение не может выйти за пределы границ-желаний, в которых создано в настоящем. Откуда же есть в нас способность к сокращению? Это ни в коем случае не исходит от нас самих. Не может быть в эгоизме такого противоестественного для него желания. Но это заложено в нас.

Вследствие разрушения сосудов «осколки» альтруистических желаний Творца смогли попасть внутрь эгоистических желаний — в нас. Таким образом, есть у нас внутри — зародыш альтруистических желаний. Эти желания сокращений даны нам свыше. Попытка сократиться — это просьба, молитва. Только если человек производит попытки, вкладывает себя в какую-то работу, эта работа становится дорогой ему. Сколько он вкладывает в товарища — настолько его любит, потому что вкладывает в него часть себя, свои желания, свои силы, свой капитал, свой мозг. При этом в товарище появляется часть «вкладчика» — и эту-то часть человек, как эгоист, любит, потому что это его, это он сам. Поэтому настоящая молитва — в попытках сделать невозможное — на каждой ступени — и человек получает свыше силы совершить невозможное своими усилиями.

ИЗ СЕБЯ Я ПОСТИГНУ ТВОРЦА

Подготовка к развитию души в человеке 147
Тело и душа 155
Познание в материальном и духовном 158
Раскрытие действий Творца — в их скрытии 163
Постижение духовного 166
Необходимость постижения Творца 168
Постижение Творца 171

ПОДГОТОВКА К РАЗВИТИЮ ДУШИ В ЧЕЛОВЕКЕ

Человек в нашем мире не может существовать без элементарных знаний о том, каким образом устроен этот мир, как воздействует на него, каковы законы неживой, растительной, животной природы и человека. Несомненно, чем лучше человек познает окружающий его мир, тем легче и безопасней ему в нем существовать.

Ни у кого не вызывает сомнений, что если судьба забросит современного городского жителя в пустыню, он, незнакомый с условиями жизни в пустыне, просто погибнет. То есть для того, чтобы существовать в любой среде, необходимо знать, как эта среда функционирует, каковы ее законы и свойства. Что там полезно, что вредно и опасно для жизни.

А для наиболее безболезненного существования в обществе человек должен знать, что в сердце другого, понимать окружающих себя. И без этого качества он не может быть полноценным членом общества. Так, если поместить среди нас первобытного человека, не знающего законов функционирования нашего общества, его проблем, мыслей окружающих людей, их отношений между собой — сможет ли он существовать даже среди себе подобных? Итак, человек, не имеющий этих двух видов знаний — о природе и об обществе — не сможет существовать в нашем мире.

И как человек в нашем мире не может существовать без знаний нашего мира, так же точно и душа человека не может существовать в будущем мире, не приобретя определенных знаний его законов, его природы. И это знание должно включать в себя знание устройства и функционирования духовных миров, парцуфим, сфирот, их взаимодействия, называемые зивугим, и следствия их действий.

Но для того, чтобы была необходимость ознакомиться с духовным миром, человек должен иметь душу. Тогда ему становится важно выяснить природу духовного мира, потому что это даст возможность его душе существовать в нем. А что значит иметь душу?

Душа — это духовный орган, который постепенно рождается в человеке, находящемся в нашем мире. Рождение души означает постепенное появление в человеке ощущения духовных сил, воздействующих на него, новых альтруистических желаний, появление минимального ощущения Творца.

Таким образом, наряду с физическим телом, ведущим физиологическую жизнь, появляется в человеке духовное тело, живущее в мире духовном. И точно так же, как без знания законов природы и общества мы не смогли бы физически существовать в этом мире, наша душа, наше духовное тело не сможет существовать в духовном мире без знакомства с природой духовного мира.

И наоборот, не имеющий духовных знаний человек не получит, не обретет душу. И это оттого, что немедленно навредит ей. А потому Высшее управление ограничивает его ощущения. Ощущения духовного мира получает лишь тот, кто способен духовно действовать с полным понимаем и знанием функционирования той духовной среды, которая ему открывается.

Итак, человек, не приобретший духовных знаний, не обретет душу. А получивший душу, развивается в духовном мире подобно новорожденному ребенку.

Поскольку все в творении построено по одному принципу пяти стадий развития, то рождение в человеке духовного тела, называемого «душа», подобно рождению физического тела. В рождении и развитии тела мы различаем 3 периода, и соответственно этому есть три периода, проходящих над нашим духовным телом — над нашими эгоистическими желаниями получить наслаждение: от его исходного, начального состояния — абсолютно эгоистического желания получить наслаждение, когда мы хотим получить то, что воспринимается как наслаждение нашим физиологическим телом, — и до того состояния, когда мы меняем объекты своих наслаждений.

ПЕРВЫЙ ЭТАП — рождение и появление на свет, когда отсутствуют знания и силы и все, необходимое для существования, человек получает от отца и матери и существует благодаря их силе и заботе. Соответственно этому — духовное рождение, выход в духовный мир, после осознания эгоизма как зла, отрицания собственного эгоизма, приобретения начального желания отдаться воле Высшего, чтобы Он исправил и создал существо, подобное Себе.

Осознание зла — полное понимание того, что отсутствуют всякие желания к духовному, к тому, что выходит за рамки интересов тела. После этого происходит рождение: Высший дает силы полностью переделать свою природу, подавить, не использовать собственные желания, создать на них экран, принять условия первого сокращения.

Такое состояние называется зарождением и рождением духовного желания-кли: несмотря на то, что появляются все большие и большие желания, вследствие раскрытия огромных наслаждений в духовном, человек предпочитает оставаться в состоянии зародыша. Такое исправленное желание называется 1-м малым состоянием (катнут алеф).

Душа, полученная взрослым, живущим в нашем мире человеком, называется новорожденной. При ее рождении в человеке, в начале ее ощущения, у него еще нет никаких духовных знаний, и он не осознает происходящего в духовном мире, подобно тому, как новорожденный ребенок не осознает, где он находится. Потому что у него есть только «авиют алеф» — экран сопротивления на самую малую часть своего эгоизма.

Самостоятельно он не может ни двигаться, ни производить каких бы то ни было духовных действий, как человеческий зародыш не может производить каких бы то ни было осознанных физических действий. Духовно родившись и находясь в таком состоянии, как можно существовать в духовном? Только за счет своих родителей, как и в нашем мире.

Что это значит? Вопреки всем мешающим силам и обстоятельствам, привязаться к более высокому парцуфу и, прилагая все свои усилия, стараться ни в коем случае, вопреки всем эгоистическим помехам, соблазняющим своими наслаждениями или доводами разума, не отрываться от него.

То есть человек получает всевозможные помехи, мысли, искушения против своего духовного продвижения. И неоднократно духовно падает, совершает проступки, впадает в животные наслаждения, как будто он самый слабовольный человек в мире. И это потому, что ему показывают свыше, кто он такой на самом деле, насколько он ничтожно слаб в своих духовных желаниях и насколько сильна его эгоистическая природа.

И если, несмотря на это, человек «приклеивается» к Высшему парцуфу, он растет, потому что преодолевает мешающие ему помехи. А посылаются они тем же Высшим специально, таким образом, что низший этого не чувствует: Высший посылает низшему всевозможные препятствия в духовном продвижении, чтобы тот, убедившись в собственном бессилии, воззвал к Нему о помощи.

И тогда Высший помогает. Ему не нужны унижения и мольбы. Просто низший, осознавший свое бессилие, создает в себе условие получения помощи, света от Высшего.

Если же нет у человека осознания того, что самому ему не справиться с одолевающим его эгоизмом, с тягой к наслаждениям или желанием все понять, а не действовать вопреки знанию, значит нет у него кли, возможности получить помощь. Это подобно условию получения человеком знаний от другого: человек может получать знания от другого, если убеждается в том, что другой знает больше него.

Поэтому показать низшему, что он ничто — необходимость для Высшего, происходящая из необходимости развить из эгоистического желания своего новорожденного ребенка — душу. Но когда человек ощущает свое полное ничтожество и слабосилие, он желает оставить духовный путь, потому что внутренний голос убеждает его, что у него нет сил. А как без сил можно достичь столь высокой цели?

Удержаться в этом состоянии может помочь человеку только сила Высшего парцуфа, его АВ"И — отец и мать, сила родителей, которая над ним. Такой рост младенца под влиянием Высшего, такое состояние называется «катнут алеф» — первое малое состояние.

ВТОРОЙ ЭТАП — когда уже подрос и получил необходимые знания, дающие ему разум остерегаться всего, что вредно телу, но в общей заботе о себе своими силами, а также силами отца и матери.

Следующий этап — рост. Что это значит в духовном? Стал толще, выше — как в нашем мире? Толще — относительно света хасадим: стало больше дающее желание. Выше — относительно света хохма: появилась большая возможность получать свет ради Творца.

Знания приобретаются получением света хохма. Но получить его можно лишь тогда, когда этот свет хохма одет в свет хасадим, т.е. в намерение «ради Творца» — в альтруистические намерения. Тогда свет хохма может войти в альтруистические желания, а свет хохма дает знание — каким образом можно устоять против нечистых сил.

Что значит — «нечистые силы»? Нам кажется, что наши желания даются нам для нашей пользы, потому что благодаря наличию желаний мы можем получить, ощутить наслаждения. Поэтому кажется нам, что светящее и привлекающее нас своими наслаждениями — хорошо для нас. И вообще наслаждение и «хорошо для нас» — одно и тоже.

На самом же деле осознание зла заключается в том, чтобы понять, что эгоистическое наслаждение и зло — одно и тоже. В мирах БЕ"А духовные нечистые силы говорят человеку о том, какие духовные наслаждения он может получить, если будет следовать своим желаниям — тем желаниям, которые они ему подставляют как собственные. И если человек может осознать, увидеть в этом зло для себя, это осознание является уже частью его следующего, более высокого состояния.

Увидеть, что «это» — зло и потому суметь противостоять ему, признаться в своем бессилии самостоятельно что-то сделать, захотеть обратиться за помощью к Высшему — все эти стадии должен пройти человек на каждой ступеньке своего духовного пути снизу вверх. И он может пройти их только благодаря свечению ему высшего света — в его свете он ощущает эгоизм, как зло, себя — ничтожным, а Высшего, как спасителя.

И когда проходит, то чувствует, как стерегут и оберегают его родители — Высший парцуф. Они охраняют его, обеспечивая со всех сторон необходимым, показывают, что такое хорошо и что такое плохо. Поначалу дают и то и другое, и он начинает понимать, что это исходит от родителей. В чем-то справляется сам, помня то, чему они его научили. Постепенно накапливая все больше духовных сил и знаний, растет дальше.

Духовный рост состоит минимум из двух стадий. Там, где я могу что-то сделать для Творца, делаю сам. Там, где я не могу — должен просить Высшего. На ступеньке, где он находится, считается, что может все делать самостоятельно. А для достижения высшей ступеньки должен обо всем просить Творца. И так расти. И эта стадия роста за счет Высшего и постижение духовной природы называется Катнут Бэт — второе малое состояние.

ТРЕТИЙ ЭТАП — гадлут, состояние взрослого, когда приобретенные знания дают силу для самостоятельного существования. Подобно взрослому человеку в нашем мире. Он зависит от общества, от окружающих его людей, но уже не от родителей. Он сам имеет свет хохма и может сделать зивуг, родить и вырастить, наполнить светом другой, более низкий парцуф, своего сына. У него появились собственный опыт и разум, чтобы существовать самостоятельно. И он этот опыт в состоянии передать другому.

И так же, как с человеком в нашем мире, такие же, соответственно, но только духовные действия происходят с духовным объектом — душой человека, отличие — только в материале: эгоистическом или альтруистическом. Но это именно и делает совершенно непонятными для нас все духовные действия. Потому что природу альтруизма мы совершенно не понимаем.

Так вот: душа каждого человека совершает кругообороты возвращения в этот мир, облачение в тело этого мира — до тех пор, пока не получит полностью все каббалистическое знание, потому что без него она не может вырасти и получить все, что Творец задумал дать ей.

Душа обязана постичь науку Каббалу, не оттого, что сами знания увеличивают духовное состояние человека, а потому что природа души такова, что без получения ор хохма она не в состоянии достичь того уровня, той высоты, для которой и была создана Творцом.

Т.о., не получение знаний взращивает душу человека, а внутреннее свойство его души таково, что не сможет своими собственными руками взрастить себя, прежде чем не освоит всю духовную природу, не получит все необходимые духовные знания. Рост души полностью зависит от меры получаемых знаний.

Если бы душа могла расти, не получая Высший свет, знания о Творце, она бы навредила себе. У нее были бы все большие желания без осознания того, как правильно можно ими пользоваться — подобно человеку в нашем мире: если он в возрасте 20 лет остается на уровне умственного развития годовалого ребенка, то может натворить страшные вещи. Эта сила без ума — опасна и для него и для окружающих.

В духовном такого быть не может: человек получает возможность духовно действовать только в меру своей исправленности, в меру полученных им духовных знаний.

Возраст определяется мерой получения духовного света. Поэтому человек, не развившийся духовно, живет и умирает физически, не начав духовной жизни. Просто существует тело, не родившее душу. Поэтому наш мир полон двуногих тел, а душ в них, к сожалению, очень мало.

Количество света, входящего в душу, определяет высоту парцуфа: либо он лежит, как новорожденный: ноги, руки, туловище и голова его находятся на одном уровне. У головы нет никакого преимущества перед ногами: во всех частях духовного тела, во всех его желаниях есть только один, минимальный, экран и соответственно ему минимальный свет. Поэтому голова от ног не отличается. Подобна ребенку или спящему человеку, когда разум не проявляется.

Горизонтальным положением в Каббале называется такое, когда есть только ор хасадим и отсутствует ор хохма, который входит в парцуф в соответствии с экраном. Начальная стадия духовного развития начинается с положения, когда человек лежит, как новорожденный.

Вторая стадия — когда он уже сидит, но в ногах еще нет силы держать себя. Конечности, окончания желаний получить наслаждение, еще не исправлены, не имеют экрана, не могут создать границы, ограничения на собственное получение большого света. (Раглаим — ноги от слова мераглим — разведчики, шпионы, они как бы рыщут, ищут, что захватить, заполучить).

В духовном состоянии «лежа» все 10 сфирот души человека оцениваются, как имеющие один свет, один, минимальный экран. В новорожденном нет знания и потому нет сил передвигаться. А если бы была сила передвигаться на ногах, но не было бы знания, человек мог бы навредить себе.

Духовную силу придает душе (парцуфу) только свет хохма. И основное развитие происходит не вследствие получения света от родителей, без собственных усилий, а в результате добрых дел, действий самого парцуфа. «Добрые действия» — значит получение света с помощью экрана, вопреки своему эгоизму. А способность к этому зависит от постижения Каббалы. То есть главный фактор роста является функцией добрых дел, которые зависят от освоения Каббалы — получения знаний от высшего парцуфа.

Любая душа постигает своими знаниями все души: от их первоначального состояния, называемого «душа Адама», и до окончательного исправления всех душ. Как человек, постигающий мир в полном объеме, постигает природу человечества, ментальность, привычки — т.е. все окружающее. И на основании этих знаний предохраняет себя от вреда со стороны природы, окружающих людей и может соединяться, сближаться со способствующими его росту.

И не надо удивляться тому, что отдельная душа может постичь все души. Так человек и в нашем мире, если мудр, может постичь природу всего человечества, всех остальных, если постигает себя самого, потому что каждая часть творения включает в себя элементы всех остальных его частей.

Нет в человечестве свойства, которое отсутствует во всех остальных. Каждый, пусть в минимальной мере, но обладает свойствами всего человечества. Любой человек немного убийца, немного насильник, ловелас, ученый, глупый, верующий, безбожник и пр. Все есть в каждом!

А когда человек работает над своим духовным совершенствованием, он начинает ощущать все эти качества в себе и, ощущая каждое из них, как эгоистическое, постепенно осознает их зло для себя. А когда ощущение этого зла достигает максимального, нестерпимого порога, человек добровольно оставляет это качество, как вредное, и т.о. раз за разом исправляет себя.

Человек воспринимает свойства другого, как естественные, только если обнаружил и прочувствовал их в себе самом, осознал их наличие в себе. Ведь как часто мы видим людей, обладающих отрицательными свойствами, но не подозревающими об этом, не ощущающих их в себе. Но в то же время не переносящими эти же свойства в окружающих.

Когда же с помощью изучения Каббалы человек начинает постигать, кто же он такой на самом деле, тогда он может быть терпим к другим и прощать, потому что осознает, что и в нем есть то же самое. А почему терпим к другим — потому что ощущает, что они не в состоянии избавиться от плохих свойств. И в мере осознания своей ничтожности начинает любить других, потому как видит себя в них.

А потому как все части творения состоят из всех — ведь только физические тела разделяют нас, а наши души представляют собой одно духовное тело, называемое душой Адама — то, исправляя себя, человек исправляет весь мир — и так каждый из нас.

ТЕЛО И ДУША

Каждое тело, а в Каббале под телом понимается не физическое тело, а желания человека, полно нетерпения и злости, потому что по нему проходят периоды накопления недостатка, голода, попеременно с периодами наслаждения. И эти взаимочередующиеся состояния-времена порождают в теле способность к восприятию мельчайших и огромных наслаждений и желаний наполнения ими.

Наслаждение входит, ощущается только там, где до этого ощущалось желание его ощутить. Голод — непременное условие ощущения наслаждения. И кроме того, как только наслаждение становится постоянным, не меняется, не перемежается с ощущением голода, возбуждения к нему, оно немедленно перестает ощущаться как наслаждение. Постоянно необходимо чередование, смена наполнения и его отсутствия.

Поэтому говорится в Торе: «Из Циона выйдет Тора»: Цион от слова еция-выход. То есть именно из выходов из своего состояния, когда выходит наслаждение, знание, осознание, и человек ощущает духовное падение — эти-то состояния и рождают в нем ощущение голода по наслаждению, и потому следующий этап — получение наслаждения, знания, называется получением Торы.

Когда свет, наслаждение исходит из сфиры, кли, то остается воспоминание, желание к ушедшему наслаждению. Именно эти решимо — воспоминания от бывшего света и являются настоящим кли — желанием для получения следующего света.

Потому и решимо от исходящего света, решимо от некудот, и являются кли: свет, входящий в парцуф, называется таамим-вкус; свет, исходящий из парцуфа, называется некудот-исчезновение; воспоминания от вкуса называются тагин — дающие дополнительное ощущение бывшего наслаждения; воспоминания от некудот называются отиет-буквы, или келим-сосуды для получения света в будущем, потому что именно в них и есть желание его получить, потому что они ощущают не наполняющий, а исходящий свет.

Поэтому ощущение исходящего света, потери, бывшего — что невозможно без духовного падения — является необходимым условием духовного роста. Т.о., наполнение светом-наслаждением, его уход, появление решимо-воспоминания — это все необходимые условия, стадии для возникновения стремления к бывшему наслаждению. Но когда наслаждение появляется впервые — оно неосознанно, а просто воспринимается как наслаждение.

Когда же оно уже ощущалось, ушло и создало т.о. желание на себя — оно уже заранее желанно, и потому воспринимается совершенно иначе. В результате того, что происходит постоянно — то наполнение, то опустошение — этим свет «бьет» кли, вначале делает зивуг, т.е. приходит к кли и говорит ему: «Прими меня». Экран отвечает: «Не хочу. Могу принять только ради Творца» — и принимает.

Но как только экран принял часть света, оставшийся снаружи свет бьет сбоку: «Прими еще». Кли не может больше взять ради Творца и решает вообще полностью опустошиться. Но затем свет опять «давит» и просит пустое кли принять немного света — так свет, ударяя в экран, создает новые ощущения, новые келим, дальнейшие новые возможности получения света.

Тело проходит различные кругообороты, состояния голода и насыщения. Но закон природы таков, что состояния голода перечеркивают состояния насыщения и наслаждения. Духовное тело постоянно проходит эти кругообороты, как галька, перекатываемая морскими волнами, приобретает гладкость, как бы мягкость воды, вода хотя бы внешне переделывает, создает камень подобным себе.

Так и свет обрабатывает кли, делает его пригодным для получения света, путем придания ему своих свойств. Но кроме того, что неприятные ощущения и воспоминания полностью зачеркивают приятные, не оставляя от последних ничего, как будто их и вовсе не было, есть еще одно дополнительное свойство эгоизма — ему кажется, что то, чего нет у него — есть у других, или то, что есть у него — у других есть еще больше, у кли появляется чувство зависти, ощущение, что состояние другого лучше, чем его.

Это исходит из того, что сама душа нейтральна и находится между двумя силами, называющимися ангелами, между двумя системами чистых и нечистых сил, доброго и злого начала. И они трут душу между собой, попеременно, как между ладоней, перебрасывая ее друг другу — так чувствует себя человек в своем духовном развитии. То его бросают к хорошим мыслям, поступкам, желаниям, то он вдруг попадает под влияние плохих мыслей, стремлений — и ничего с этим не поделаешь.

В первую очередь человек должен пытаться изучить себя, понять, какие силы действуют на него в данный момент, оказывают на него влияние, а затем уже, исходя из этого, принять решение.

Человек, поднимающийся по духовным ступеням, постигает свои собственные келим, которые остались на каждом уровне цепочки нисхождения его души из мира бесконечности в наш мир, на каждой ступени пути, по которой его душа спустилась в наш мир. Он поднимается — начинает ощущать новые желания и, согласно им, начинает просить помощь. Но если не исправил предыдущее кли, последующее в нем не раскроется. Он его не ощутит, ему не о чем будет просить. Как мы уже говорили, Творец, природа в нашем мире не дает силы младенцу, чтобы вследствие отсутствия разума не навредил себе.

Духовный подъем человека заключается в том, что он собирает в себя все свои келим, оставшиеся как бы на высших ступенях, и, поднимаясь, наполняет их светом и присоединяет к своей душе. Это и есть полная душа, наполненные светом келим.

Поскольку все познается в сравнении с противоположным, то не познав духовного мира, мы не в состоянии познать и наш мир! Оба эти мира — не более, чем наши субъективные состояния и познаются нами одновременно.

Мы ощущаем только свои страдания, но никак уж не чужие. Страдания другого не видим, потому что они «изнутри», а наслаждения видим, потому что они «снаружи», — и потому наполняемся чувством зависти. Это зависть к свету, который вошел в другого. Но благодаря тому, что Творец создал в нас чувство зависти — этот же свет как бы вошел и в меня и образовал во мне кли — желание. Я хочу то же наслаждение, которое испытывает тот, кому я завидую. У меня появляется к этому наслаждению свое собственное желание. Поэтому, как и все свойства человека, в том числе самые «нехорошие», чувство зависти необходимо для духовного продвижения.

ПОЗНАНИЕ В МАТЕРИАЛЬНОМ И ДУХОВНОМ

Нет разницы между телом и душой — их отличие только в том, что тело получает воздействие от окружающей природы и изнутри себя — из своей природы, душа же меняется только вследствие и в меру своей работы, в меру совместного сочетания в себе материального и духовного.

Все, что происходит с нашими душой и телом, исходит из того же Источника — Творца, проявляющего себя через материальную или духовную природу. Неощущающие духовное в своем восприятии лишь нашего мира утверждают, что «нет Творца, а все — только природа». Получающие душу, свет свыше, чувствуют по-другому: все исходит от Творца и, проходя через высшие миры, нисходит к нам.

Человек получает или от материальной природы, последней ступени всего мироздания, или от высшей. И в зависимости от того, от какой ступени он получает, он и называется либо просто человеком нашего мира, либо каббалистом, потому что Каббала — это наука о получении высшего света (от глагола лекабэль — получать).

Окружающая нас природа постигается даже без обязательного постижения ее законов, сути происходящего. Мы можем жить в этом мире без понимания происходящего в природе, в обществе и в нашем мире, не зная прошлого и будущего, не ведая, что происходит с нами и над нами и куда идет человечество. Существование под воздействием окружающей вселенной есть существование неосознанное, животное.

Но в духовном невозможно понимание и постижение прежде, чем человек в своей душе не познает прошлое и будущее того состояния, которое должен получить и все сведения о той ступени или том объекте, который он сейчас постигает.

Духовное постижение — оно идеальное, полное, совершенное на каждом своем этапе. Поэтому свое будущее состояние человек может получить по мере постижения первопричин духовной природы. Поднимаясь, человек прежде всего постигает ступени, по которым спускалась его душа сверху вниз, постигает то свое же пустое кли, которое уже находится на этой ступеньке, осталось на ней при нисхождении души сверху вниз. Но сейчас, поднимаясь снизу вверх, человек сам постигает, как бы создает это кли, желание, исправляет его, придает ему экран и наполняет его светом.

На каждой ступени лестницы от нас до Творца находится пустой сосуд, поджидающий каждого. И поднимаясь, человек наполняет его светом, постигая при этом свое прошлое — нисхождение сверху вниз, совместно со своим ростом с момента рождения и до той ступеньки, до которой дошел. А дойти мы должны до самой высокой ступени, где душа сливается со всеми остальными душами в мире Бесконечности, постигая свой Источник — Творца и наполняясь Его светом. Так замыкается конец и начало нашего пути.

Каббала — это не теоретическая наука, это самое практическое знание, потому что объект ее — сам человек. То, что человек изучает в Каббале, он затем ощущает на себе, а не на каком-то отвлеченном объекте. Поэтому каббалист проходит на себе, в своих ощущениях все состояния постижения своего истинного эгоизма, своей природы, т.е. обязан пережить, прочувствовать каждое свое эгоистическое желание наслаждения.

Причем прочувствовать его на себе до такой степени, чтобы ощутить к нему ненависть — и такую, чтобы полностью отказаться от этого желания в будущем. И только в таком случае человек освобождается поочередно от своих эгоистических желаний: к власти, к животным наслаждениям, к богатству — он должен почувствовать, что желания к этим наслаждениям приносят ему боль и убыток, вредят ему. Только ощутив зло от них, человек добровольно от них отказывается и становится свободным.

Но необходимо помнить, что все что в нас — создано только для нашего духовного продвижения и для достижения цели творения — «Все создал Творец только для Себя, достижения Своей цели. И ничего не создал зря». Но, кроме того, человек создан желающим познать скрытое. То, что ощущается им как скрытое. Потому что вообще скрытое — нами никак не ощущается.

А если Творец желает притянуть человека к чему-то, то чуточку приоткрывает это, т.е. показывает, что есть тут что-то скрытое, и это вызывает в человеке желание раскрыть его для себя. Причем полускрытое притягивает больше, чем раскрытое.

Притяжение к полускрытому дает нам силы его открывать. А когда раскроем, снова необходимо искать полускрытое. В раскрытом нет удовлетворения. Потому что полускрытое состоит из кли-ощущения недостатка и наслаждения одновременно, кли и света, а потому дает ощущение наслаждения большее, нежели целиком наполненное наслаждением кли — когда уже нет недостатка. Полное ощущение наслаждения — это не наслаждение, потому что нет недостатка, кли полностью наполнено наслаждением.

Для ощущения наслаждения обязаны быть перерывы в ощущении. Только тогда и можно понять всю прелесть наслаждения. Почему малхут мира бесконечности сделала 1-е сокращение? Она находилась в состоянии полного слияния с Творцом, в полном вроде бы совершенстве. Она сделала это сокращение, потому что у нее не было другого выхода: если бы она постоянно получала свет, наполнилась светом полностью, то перестала бы ощущать его как наслаждение.

Поэтому она сделала первое сокращение и получает сейчас все ради Творца, имея возможность проверять свое отношение к Творцу ежесекундно: «Могу ли я сейчас что-то сделать для Творца?» — Постоянно происходит обновление и постоянно ощущается наслаждение. Потому как в отдаче и желании дать другому ограничения быть не может.

Изначально Творец внутри малхут создал такую возможность сделать сокращение получения света, чтобы творение могло постоянно получать наслаждение.

Гмар тикун — это когда человек полностью исправил себя, и все возможности делать «ради Творца» полностью находятся в его распоряжении.

Гмар тикун — это полное спокойствие, полный отдых, т.к. ты имеешь полную возможность наслаждаться деяниями ради Творца. Отдых от эгоизма, неомраченное альтруистическое наслаждение. Давать Творцу — это не работа, это и есть наслаждение.

Действие экрана — отталкивание света. Является ли принятие света нашей работой? Нет, это не работа. Работой считается создание этого экрана, а не зивуг, который затем можно сделать ради Творца.

Все, что делается ради Творца, не считается работой. Работа — это действия против нечистых сил, клипот, своих эгоистических желаний, их отстранение от себя. Все, что делается под парса, внутри миров БЕ"А, называется буднями. Там, на этих ступенях происходит исправление желаний. А затем — их подъем в мир Ацилут.

Подъем — не механически: если человек изменил свои желания соответственно свойствам мира Ацилут — это значит, что он поднялся в мир Ацилут. Мир Ацилут находится выше парса, только пребывая в нем, можно получать свет ради Творца.

Состояние Ацилут называется «Суббота», а пока человек не может еще получить этот свет, пока только исправляет свои келим, он находится в состоянии, называемом работой, буднями.

Поэтому Окончательное Исправление (Гмар тикун) — это состояние, когда у тебя уже есть все экраны, и ты можешь получать бесконечный свет-наслаждение. Ты постоянно проверяешь себя, все свои действия — будут ли они ради Творца — и наслаждаешься бесконечно обновляемым, неиссякаемым наслаждением. Тут ты постоянно добавляешь к предыдущим парцуфим, которые остаются. Поэтому ощущаешь, что ты поднимаешься.

Подъема нет. Ты дополняешь к прошлому своему состоянию еще одно новое, новый парцуф. Сначала у тебя был один парцуф — маленький, затем внутри него рождается средний, затем внутри среднего рождается большой. За тобой тянется такой шлейф парцуфим, ты все время дополняешь. И это дополнение бесконечно. И все в твоем распоряжении.

Такое состояние называется «Менухат аОламим» — отдохновение миров. Если все наполнено до предела, то начинает ощущаться как бы опустошение. Нет радости в жизни. Самые первые страны по количеству самоубийств именно те, в которых наиболее высокий жизненный уровень.

Чем больше возможностей имеет человек, чем легче может тут же получить желаемое, тем быстрее теряется наслаждение от получаемого. Происходит это потому, что нет скрытия, недоступности. Поэтому теряется и вкус, наслаждение. Сила Творца проявляется именно в том, что Он отбрасывает нас в противоположную от Себя сторону. Затем Он постепенно раскрывается нам — тогда мы начинаем тянуться к Нему.

Со стороны же человека главной работой является обнаружение скрытия Творца, ощущения удаленности от Него, ощущения необходимости найти свой корень, ощущения окружающего света. Как только мы достигаем этого, мы раскрываем в себе силы, которые нас тянут к Творцу.

РАСКРЫТИЕ ДЕЙСТВИЙ ТВОРЦА — В ИХ СКРЫТИИ

Что это значит? Если я хочу «напрямую ухватить» духовное, без определенных исправлений своих свойств, то не смогу этого сделать. Я должен произвести такие исправления, которые бы соответствовали духовному, и в меру своего подобия духовному, я ощущу его. Творец не скрывается от нас. Его законы скрывают наш эгоизм от Него.

Как только мы добровольно наложим на себя запрет 1-го сокращения — «не получать в эгоистические желания» — Творец сразу же откроется нам. Здесь как бы диалог двух участников. Один скрывается, когда другой хочет Его ощутить открыто.

Как только второй добровольно принимает на себя скрытие Первого, меняет свои свойства, Первый открывается. Творец не скрывается от нас. Он заставляет нас изменить свои свойства настолько, чтобы мы смогли ощущать Его. Своим скрытием Он подсказывает нам пути для Его раскрытия.

Когда человек добровольно принимает законы скрытия — скрытия духовного от своего эгоизма — тотчас духовные келим, которые при этом образуются, заполняются светом Творца, Его ощущением, раскрытием. Келим дающие можно построить только путем подавления эгоизма, построения экрана для отталкивания света. Мы сотворяем в себе желание-кли, подобное Творцу.

Есть две стороны одного и того же скрытия: когда мы скрываем свои эгоистические келим и когда мы скрываем себя от наслаждения Творцом. Но в принципе это одно и то же: эгоизм и прямое наслаждение — это две взаимосвязанные вещи.

Свет и кли связаны между собой. Нельзя ощутить свет без желания. И если есть желание, оно есть потому, что человек предвкушает вдалеке какое-то возможное наслаждение — окружающий его свет. В наших ощущениях: либо я ощущаю желание и работаю против него, либо я ощущаю наслаждение и работаю против наслаждения.

Вся наша работа вопреки знаниям, материальному, всем эгоистическим помехам, законам и нормам общества — это все объединяется в итоге в работу против себя. В противовес этому должна быть вера в то, что все наши помехи — все создано Творцом, вера в то, что Творец находится в скрытии, что только в таком состоянии я могу Его раскрыть, обращая все «помехи» в своих помощников. Достаточно Творцу показать, что Он скрыт, как мы начинаем стремиться к Нему.

Окружающие нас еще не ощущают Творца, находятся как бы в бессознательном состоянии, потому что еще не достигли своей низшей точки. Они еще находятся внутри Творца, как плод в матери, и действуют автоматически — только под действием природы, которую Он создал.

Когда человек начинает понимать, насколько он удален от Творца — это есть исходная точка, с которой начинается его духовное развитие. Начиная с этого состояния, у человека появляется возможность двигаться навстречу Творцу.

Нам необходимо только чуточку ощутить Творца, хотя бы неявно. Это сразу дает нам огромные силы, потому что мы созданы с желанием насладиться. А свет Творца — это огромный Источник наслаждения, и к Нему мы начинаем тянуться.

Когда бросают камень вверх, сила притяжения не чувствуется, она неявно замедляет его движение и останавливает камень в наивысшей точке его парения. Но сама она проявляется в скрытом виде, в том, что замедляет движение вверх. Так и сила Творца проявляется в нисхождении нашем сверху вниз.

Но явно проявляется эта сила в самом человеке, его движении снизу вверх, когда ощущая Творца, он естественным образом устремляется к Нему, как проявляется сила притяжения, когда она уже остановила движение камня вверх, и он летит вниз под ее притяжением.

Творец построил творение нисхождением от Себя к нам, все больше и больше скрывая Себя, как камень, брошенный вверх, все больше и больше удаляется от земли. Причем, Творцу тяжелее скрыть себя, не давать, чем давать и не скрывать, потому что это против Его желаний и свойств.

Это подобно тому, как в нашем мире родители больше всего страдают, когда не могут дать ребенку. Камень, летящий вверх, проходит свой путь до определенной точки, в которой он как бы останавливается. В этой точке происходит наше духовное рождение.

Мы начинаем раскрывать, кто мы, откуда, кто наши духовные родители (до этого мы ничего не осознавали). Тогда в нас появляется внутренняя сила притяжения к Творцу. Это притяжение возникает как бы автоматически.

Что делает Творец в течение 6000 лет? Он скрывает себя, показывает нам различные меры своего скрытия. В нас рождаются духовные желания раскрыть Его. В 7-м тысячелетии Творец прекращает свое скрытие. Как только Он это делает, наступает совершенство, и мы становимся частью Творца.

ПОСТИЖЕНИЕ ДУХОВНОГО

Любое духовное постижение состоит из двух обязательных свойств: 1 — ни в коем случае, ни в коей мере, оно не должно быть плодом воображения, а являться истинным, 2 — не должно вызывать ни малейшего сомнения, как не вызывает в человеке сомнения собственное существование.

Само название «духовное» говорит о том, что оно подобно духу, чему-то, как воздух, вокруг нас: существующему, но что ухватить невозможно и что не имеет никакого конкретного вида.

И несмотря на это, все знают, что это такое, и ни у кого не вызывает сомнения его существование: потому что каждому известно, что от воздуха зависит его жизнь. Ведь при его недостатке человек немедленно погибает — именно поэтому наличие воздуха столь явно и выше всяких сомнений.

А теперь из материального попытаемся понять духовное. Это возможно потому, что наши внутренние сознание и разум подобны нашему внутреннему телу, которое называется «душа живого» и является жизнью и источником ощущения ее недостатка.

А внутренняя часть разума называется разумной душой. И также в ней человек может ощущать недостаток ее. Причина ощущения наличия и недостатка одновременно и из одного источника — в том, что творение, которое ощущает себя, именно в меру своего ощущения самостоятельным творением, чувствует недостаток в ощущении жизни и жизненной силы.

Тогда как творения, лишенные ощущения своего существования, лишены и ощущения разумной души и ее внутренней части, а потому ощущают недостаток только в мере, необходимой для своего телесного существования. И не более. И всегда только в меру испытываемого ощущения недостатка духовного, духовной жизни, измеряется мера жизненности в творении.

Ведь если бы творение не ощущало недостатка, оно не смогло бы наполнять себя всем необходимым для поддержания существования и погибло бы. Но кроме этого, духовное здоровье и духовный рост полностью зависят от меры ощущения их недостатка — как и в животном нашем теле, когда каждый физически более здоровый ощущает больший аппетит, а потому и больше ест, увеличивая этим свои силы.

НЕОБХОДИМОСТЬ ПОСТИЖЕНИЯ ТВОРЦА

Все недостатки, которые ощущает разумная душа человека, сводятся к одной причине, к одному желанию — желанию ощутить Творца, ощущению недостатка в ощущении Творца. Если у человека появляется желание ощутить Творца, то он снимает все одеяния со своих бывших наслаждений — почетом, властью, богатством и пр., как бы разоблачая их, и устремляется только к Творцу.

Желания человека «удваиваются»: он желает и этот, и будущий мир. Человек начинает действовать не ради награды в будущем мире после своего ухода из этого, нашего, мира — как выполняют Заповеди верящие в вознаграждение в этом или в будущем мире — а для того, чтобы в этом мире, в этой своей жизни, ощутить Творца.

Это желание появляется в нем, потому что в самой природе разумной души заложено стремление познать своего Создателя. А наличие этого желания в человеке исходит из ощущения себя как существующего, отчего он всегда стремится познать то, «что выше него». Все стремления человека познать себя и все, что его окружает, исходят из этого скрытого в нем внутреннего желания познать своего Родителя, свое происхождение.

И хотя разумная душа человека находится в постоянной погоне за всеми скрытыми от нее явлениями и желает раскрыть все, что вверху и внизу, и что в сердцах окружающих, — но все эти стремления являются частными по отношению к единственному истинному человеческому стремлению — к своему Источнику.

И это видно хотя бы из того, что если бы, кроме человека, не было бы в мире никого другого — например, если бы человек был создан один, — в нем не было бы иных стремлений, кроме стремления к поиску своего источника.

Потому что стремление к постижению Творца — это результат особого вида ощущения отсутствия Единственного, Несущего Жизнь. А все остальные желания являются ведущими к полному выявлению этого истинного, скрытого от самого человека, самого его главного желания.

Если бы человек был создан даже единственным творением, то он продолжал бы стремиться к ощущению Творца, а остальных желаний попросту бы лишился. Удовлетворять наши животные желания требует наше тело, а наши человеческие желания нам навязывает общество.

В той мере, в которой человек начинает ощущать ор макиф, окружающего его Творца, он начинает стремиться к Нему. Ощущая ор макиф, человек начинает ощущать себя творением. Все действия в этом мире происходят только с одной целью — довести человека до состояния ощущения Творца.

Это — причина всего происходящего, как в целом, со всеми народами, так и в частном, с каждым из нас. Но раскрывается это в мере исправленности человека и только ему одному.

К примеру, все водители общественного транспорта выполняют тяжелую работу во имя общества, потому что желают всеми силами всем помогать, только бы всем было хорошо и каждый смог бы добраться куда пожелает. И для того, чтобы каждый пассажир, добравшись до места назначения, в свою очередь, тоже на своем месте все бы отдавал другим, от всей души, всем своим желанием обслуживал всех. И весь мир только и занят тем, что отдает и делает благо один другому.

Но до тех пор, пока человек не в состоянии понять и ощутить вечное благо такой работы, его обманывают свыше: Творец показывает ему, что он может заработать много эгоистических наслаждений за свои усилия на благо других. И человек хватает эту приманку, обманывая себя, что работает ради денег, почета, власти, животных наслаждений. Таким образом, весь мир неосознанно работает на Творца.

Неосознанно весь мир выполняет духовные действия. Но для того, чтобы ощутить и увидеть их — для этого необходимо с ними согласиться, иначе, увидев свои истинные действия, неисправленный еще человек не в состоянии будет их продолжить. Поэтому только в меру нашего исправления каждому из нас открывается истинная картина мира, что называется «духовный мир и управляющий всем Творец»!

Величина духовного сосуда-кли определяется величиной его желания слиться с Творцом. Величина эгоистического кли определяется его желанием к наслаждению: величиной стремления и видом наслаждения, к которому есть желание (см. «Каббала. Тайное учение», «Предисловие к книге Зоар», п.20).

Чем больше человек, тем выше его эгоистические желания. Маленькие желания у букашек, у животных. У больших людей — большие желания. У духовно развивающихся людей еще большие желания, но уже в абстрактном виде, не желания наслаждений, облаченных в какое-либо одеяние нашего мира (власть, деньги, секс), а желание ощутить Творца.

Человек не должен исправлять в себе какие-то старые свойства, не должен углубляться в себя, думать, что надо исправить, какой он плохой, а потому столь далекий от Творца. Это все будет приходить к нему постепенно само, по мере необходимости для исправления. Человеку нужно перенести все свои мысли на Творца. А о себе думать максимум полчаса в день, как пишет рабби Ашлаг.

Ведь там, где мысли человека, там находится сам человек. Поэтому думая о Творце, он тем самым уже отрывается от своей природы. А остальное время думать о творении Творца, о Его путях. Тогда мы в еще большей степени разовьем в себе потребность ощутить Творца. В той мере, в которой человек может заменить стремление думать о себе на стремление думать о Творце, он исправляется.

Такое состояние называется «ибур» — зарождение, когда человек хочет думать только о своей высшей ступеньке, слит с ней, зачеркивает себя полностью. Затем начинается его внутриутробное развитие и духовное рождение.

ПОСТИЖЕНИЕ ТВОРЦА

Сказано: «И не увидишь ты никакого изображения Творца». Действительно, каким образом можно увидеть Творца? Как мы можем себе вообразить нечто, что не является нашей природой, не может ощущаться в наших органах чувств? Ведь все наше воображение является продуктом нашего сознания. А сознание построено в рамках нашей природы.

Мы созданы по определенному шаблону, нечто, выходящее за его рамки, невозможно вообразить. Если Творец невидим, неощущаем в наших существующих эгоистических органах чувств, как же все-таки мы Его можем постичь? Каким мы можем себе Его представить?

И более того, даже когда мы исправляем свою природу на противоположную, альтруистическую, где уверенность в том, что мы постигаем Творца в наших новых альтруистических ощущениях.? Что значит постичь Творца, Свет? Что значит ощутить Свет?

Мы ощущаем только наши реакции на него. Это ли постижение Творца? Мы постигаем при этом себя, раскрываем себя и раскрываем через себя якобы что-то действующее на нас извне. В своих ощущениях мы точно подобны всем нашим измерительным приборам, которые регистрируют не сам внешний процесс, а его влияние на прибор. А более строго: даже не влияние на прибор, а реакцию прибора на внешнее воздействие. Воздействия могут быть различными, но если они вызывают одну и ту же реакцию, мы никоим образом не можем отличить одно воздействие от другого.

Я уже приводил подобный пример с притчей об умершем извозчике. Нам известно, что сегодня есть много игр для детей и взрослых, созданных на принципе прямого раздражения мозга. Можно, электродами раздражая мозг, создать в нем любые «настоящие» картины якобы происходящего. Как в таком случае мы отличим истинную действительность от мнимой?

Почему все-таки в Каббале ставится вопрос о постижении Творца? Или это чисто философский вопрос о том, где находится грань познания? Естественно, мы даже думать не можем о том, что существует материальное воплощение Творца. Это самый большой запрет в нашем учении: представлять Творца в образах нашего мира. Творец бестелесен, не имеет никакого объема, находится вне рамок времени, пространства, наших ощущений.

Поэтому поклонение каким-то конкретным силам является поклонением идолам, т.е. частным силам Творца. В таком случае человек ставит в основу творения, как своего создателя, просто некую неодушевленную, как робот, духовную силу, называемую в Торе ангелом, посланником, автоматическим исполнителем. Но если Творец — это все, почему я не могу поклоняться тому, что Он создал? Ведь это Он, это Его сила.

Почему я не могу поклоняться каким-то Его проявлениям, Его силам? Ведь у меня есть контакт с Ним всегда только через Его силы и проявления? Так я буду поклоняться Его проявлениям относительно меня! Так рассуждают поклоняющиеся звездам, судьбе, идолам, считая человека сыном Бога и пр. Запрет «Не сотвори себе идола» дан евреям, чтобы человек внутри себя ежедневно, ежесекундно отделял свои эгоистические стремления от альтруистических. Потому что отличие истинного отношения к Творцу от сотворения материальных или духовных идолов строится именно на отличии альтруизма от эгоизма.

Поскольку свет исходит из самого Творца, то самым сильным истинным желанием человека является желание постичь Его, потому что свет создает желание получить, и по мере приближения к Творцу оно становится все большим. Никогда не может возникнуть желание к тому, чего в природе вообще не существует ни в каком виде. Если желание возникает — это означает, что существует объект, способный насытить это желание. Потому что свет строит под себя кли, желание им насладиться.

Мы уже говорили, что на всех уровнях нашего развития цель — постижение Творца — одета в различные одежды: поначалу это животные желания, затем — стремления к власти, почету, потом — стремления к знаниям и наконец — стремления к ощущению Творца. И только они называются духовными. Стремления к власти, почету называются человеческими, а телесные наслаждения относятся к нашему животному уровню. В этом отношении человек не отличается от животного.

Все эти виды желаний являются ступенями стремления к Творцу, потому что их постепенное развитие приводит все человечество к желанию слиться с Творцом. Как же движется человек от одного стремления к другому?

Когда он постоянно меняет свое определение правды и лжи: вчера человек занимался наукой, думал стать большим ученым и в этом видел истину, а сегодня разочаровался в науке, т.к. увидел в ней ложь. Сейчас он хочет иметь много денег — в них для него вся правда жизни. Но затем и эта правда оборачивается ложью. Теперь хочет стать большим равом — и в этом эгоистическом желании постепенно увидел ложь. А теперь он хочет Творца — но и это ложь и эгоизм.

И так на каждой определенной ступени последующая ступень отрицает предыдущую. До тех пор, пока человек сможет принять альтруизм как истину. И лишь тогда, когда человек с полной уверенностью сможет сказать, что все духовное является истинной правдой, этот момент станет моментом его духовного зарождения.

Все внутреннее развитие человека заключается в умении почувствовать, где правда, а где ложь. Из остроты этого ощущения мы в состоянии выбирать, кого в данную секунду мы считаем Творцом. А Творец — это наша правда в каждый момент. Ложь же не имеет права на существование. Человек не может поступать вопреки своему определению правды. Поэтому «Тора дана человеку для того, чтобы развить чувство определения правды и лжи, ощущения зла», — сказал Бааль Сулам.

Такое развитие и происходит по закону отрицания. Предыдущая ступень отмирает, когда я чувствую, что она ложь для меня. Невозможно сделать следующий шаг, освободиться от прошлого, не отрицая его, не постигнув его как полное зло для себя. Когда прошлые взгляды, вкусы — в общем, желания — еще не прочувствованы как приносящие зло, они для человека что-то значат, и он с ними еще не может расстаться. А расстанется только тогда, когда начнет их отрицать, ненавидеть. Отторжение предыдущего свойства, как зла, как лжи, и является причиной расставания с ним.

Вы можете сами по себе видеть, что, начав изучать Каббалу, вы более не в состоянии принимать всерьез никакие иные наукоподобные философии. Это потому, что наука Каббала развивает в человеке тончайшее ощущение анализа правды. Для того, чтобы человек мог постоянно продвигаться по ступеням, он должен ощущать ступень, на которой находится, свое настоящее внутреннее состояние и более высокую ступень — получать ощущение от внутреннего и от окружающего светов.

Именно отличие этих двух светов создает в человеке понимание правды и лжи. Не то, чтобы предыдущая ступень являлась ложью, но относительно настоящего состояния она уже непригодна: как восприятие мира взрослым по сравнению с восприятием мира ребенком. Это просто разные уровни развития и восприятия, но мы не можем сказать, что мир ребенка — ложь. Таким же образом малхут высшей ступеньки становится кетэром низшей.

Из создания, которым малхут является на высшей ступеньке, она превращается в создателя низшей. Откуда появляются в ней такие свойства? В ней ведь есть только свойство получать. Откуда же появляется в ней свойство отдавать? Отсюда мы, может быть, сможем понять, что внутри эгоизма заложено истинно альтруистическое свойство Творца.

Поэтому у человека существует возможность определить, что такое правда, а что — ложь. Он может ощутить Творца и ощутить себя, чтобы понять эти огромные контрасты, которые существуют между малхут и кетэр.

Главное в человеке на всем его пути снизу вверх — это ощутить в себе способность на каждом этапе правильно оценивать правду и ложь, уметь отрицать пройденное, лживое, и стремиться к Высшей правде.

Хотя нам и кажется, что это зависит от разума, но на самом деле это исключительно зависит от Творца. Ощущение правды и лжи — чисто чувственное восприятие и зависит от остроты внутреннего постижения истины. Оно дается только свыше.

Человек может быть создан с самыми плохими свойствами и качествами. И вдруг свыше он получает возможность пересмотреть свои взгляды на правду и ложь, и с этого момента начинает двигаться вперед, имея уже истинные ощущения. Творец приводит человека к себе, давая ему необходимое чувство.

Ведь чтобы достичь правды, человек доводит себя порой до самопожертвования. Во время действия английского мандата в Палестине англичане поймали двух еврейских подпольщиков, воевавших против Англии за освобождение земли и создание государства. Суд проговорил их к повешению.

Неофициально арестованным передали, что если они публично попросят прощения у королевы Англии, то будут прощены. Но ощущение правды (справедливости) не позволило обменять жизнь на ложь, потому что истинная правда является духовной силой, от которой человек отказаться не в состоянии, поскольку она вечна по сравнению с телом.

В каждый момент своего продвижения человек должен помнить, что возможность познать Творца дает ему сам Творец. И дает ему это через всевозможные окружающие воздействия. То, что говорит человеку его внутренний голос, — если человек слышит и умеет прислушаться к нему — является самым главным и важным в его работе над собой. И ни в коем случае не слушать других, а только самого себя. Ведь для того, чтобы выйти (в своих ощущениях) в духовный мир, человеку необходимо пройти много состояний, потому что вход в духовный мир открывает для человека Творец, но только по истинной молитве-просьбе человека.

Чтобы достичь в своем сердце истинного желания к духовному состоянию, называемого молитвой, человек должен пройти определенный путь. Вначале он получает огромное желание к духовному, и все его мысли только об этом — это происходит в нем оттого, что Творец привлекает его к Себе и посылает Свой свет, а человек неосознанно летит на него, потому что свет настолько подавляет все остальные желания, что в человеке ничего иного, кроме желаний духовного, не остается.

Это первый этап всех «возвращающихся к вере». Затем приходит этап поисков выполнения навязанного Творцом желания — человек ищет занятия, книги и постепенно, если ему дано, согласно его предназначению в этом кругообороте души, приходит к Каббале, начинает заниматься Каббалой.

Вследствие занятий и общения в группе в нем проявляются зависть и стыд. Это положительные свойства, потому что они увеличивают желание и придают силы. По мере занятий человек вызывает на себя окружающий свет (см. «Предисловие к ТЭ"С», п.155), который вызывает в нем (по контрасту с собой) осознание эгоизма как зла, как препятствия к достижению самого важного, и в меру осознания этого, появляется ненависть к эгоизму. Свыше человека периодически бросают в большие эгоистические желания, которые он поневоле выполняет, поскольку над ним в это время властвует эгоизм.

Но после совершения этих эгоистических поступков, человеку затем дается осознание их низости, он настолько больно наказывается окружающими, друзьями, семьей, обществом, моральными или материальными потерями, что преисполняется огромной ненавистью к эгоизму, причиняющему невыносимые страдания. Постепенное воздействие окружающего света приводит человека к ощущению собственной ничтожности и духовного бессилия. Он работает, общается со всем миром, но создается внутреннее убеждение того, что самому желаемой цели не достичь, создается необходимость в помощи Творца.

Эгоизму необычайно трудно согласиться с этим, и потому только обстоятельства загоняют человека в тупик, из которого он начинает умолять Творца о помощи. Огромная помощь в духовном продвижении исходит из правильно организованной группы для каждого из ее участников. В каббалистической группе запрещено говорить друг другу о своих состояниях. Вместе изучают материал, обсуждают и изучают все, что не относится к личным состояниям каждого. Запрещено навязывать свои желания и мнения, свое настроение: сегодня ты себя чувствуешь хорошо — у тебя высокая оценка духовного, завтра ты чувствуешь себя плохо у тебя низкая оценка духовного. И таких состояний много.

Говоря о своих состояниях, человек приносит этим двойной вред: себе, потому что раскрывает, что у него в сердце, и потому другие могут на это влиять, и вместе с тем, он наносит вред своему товарищу, т.к. навязывает ему свое мнение, лишает его свободы выбора в анализе правды и лжи. Поэтому человек создан и остается один: хотя мы знаем, что душа раскололась на 600 000 частей-душ, но каждая душа имеет свою роль в этом мире, проходит свое исправление. Она, конечно, взаимодействует с другими душами, но для того, чтобы исправить свою часть внутренним взаимодействием.

В нашем же мире взаимодействие происходит на физическом уровне. Служа другим материально, физически, человек продвигается духовно. Единственное, что не запрещено — это советоваться с преподавателем. А в принципе, учеба и работа заключаются в нахождении контакта с Творцом.

Преклоняться только перед Творцом, бояться только Творца. Точка Творца свыше, зародыш духовного кли человека —

это его индивидуальная точка. Группа и рав нужны для того, чтобы прийти к контакту с Творцом. Наш разум является чисто вспомогательным аппаратом, предназначенным для того, чтобы усилить остроту в различении между правдой и ложью, чтобы видеть, где клипа, а где зерно. Вы можете говорить с умнейшими людьми, знающими на память всю Тору, но не умеющими отделить духовную истину от лжи, потому что для этого в человеке должна быть точка в сердце, особое духовное ощущение, данное из высшего мира.

И только тот, в ком она есть, может внутренним чувством определить, где духовная истина. Внутреннее свойство — желания человека — не имеют никакого отношения к уму. Разум в духовном познании не мешает, если человек вначале анализирует все своим разумом, а затем, после такого анализа, говорит себе, что будет поступать не так, как говорит ему здравый смысл, а как говорит ему вера в сказанное в книгах и учителем.

Если же человек, все проверив, идет верой выше разума, он продвигается, поднимается выше. Ему дают большее ощущение духовного, большую точку в сердце, а следовательно, и больший разум. Если он и дальше решает идти выше разума, он снова продвигается. Разум построен на чистом эгоизме, знает и видит все только в рамках нашего мира.

Наш разум, построенный на чистом эгоизме, только раскрывает нам все более и более якобы положительные стороны эгоизма и убеждает нас, доказывает нам, почему мы должны его слушаться. А Творец дает Свою часть, часть Своего света свыше, в соответствии с тем, что пытается исправить в себе человек.

Испробовав все возможные способы борьбы с собой, человек ощущает, что находится в совершенно безнадежном состоянии, что нет никакой надежды самому достичь выхода в духовный мир — и только тогда покоряется необходимости обратиться за помощью к Творцу: наконец, обессиленный, поднимает руки и сдается, потому что не в состоянии ничего сделать против своего разума, отдает себя, как поле битвы, Творцу, чтобы Творец воевал с его эгоизмом, чтобы Творец аннулировал его «я». Эта ступень называется «убар» — зародыш.

В учебе, в процессе чтения книг, человек постоянно систематизирует: относит все к одному источнику — Творцу. Или к двум — Творцу и творению, двум противоположным силам. Или к трем — Творцу, эгоизму и человеку между ними, ощущающему две противоположные силы, альтруистическую и эгоистическую, между которыми человек нейтрален. Все наши ощущения нужно пытаться постоянно систематизировать. Но все путающие — как чувственные, так и умственные — состояния, которые проходит человек — это необходимые состояния осознания себя.

Единственное, что необходимо при этом, быть в постоянной радости. Если человек физически заставляет себя быть в радости, то он ускоряет процесс. Что значит, что человек находится в радости?

Это значит, что сейчас он радуется тому, что продвигается духовно, оправдывает пути Творца, даже если не осознает их цели. А если он при этом плачет, что случается со многими начинающими, он этим как бы упрекает Творца в своем сердце за Его творение и за то, что над ним производит Творец. Он проклинает своим сердцем, своим чувством то, что дает ему Творец, т.е тот духовный путь, на который Творец, вопреки его желанию, его выводит.

Поэтому необходимо, вопреки своим ощущениям, чисто механическое стремление быть радостным. Эгоизм не хочет ощущать никаких духовных движений — движений к уничтожению эгоизма — и не дает нам быть в радости.

Если человек ощущает себя плохо — это означает раскрытие истинного отношения эгоизма к постижению Творца. Значит, он уже начал ощущать истину. Он должен благодарить за это, открытое ему, ощущение. Если же вместо этого он плачет и жалуется, то находится внутри своего эгоизма, вместо того, чтобы возвышать эту альтруистическую точку, которая появилась в нем, радоваться эгоистическим страданиям своего внутреннего врага. Там, где находятся мысли человека, там находится он сам.

А если он все время смотрит в свой эгоизм, в котором ничего нет, и страдает переживаниями эгоизма, не в состоянии отделить себя от эгоизма, он останавливается и не развивает искру, которую Творец ему дал. «Много мыслей в сердце человека, но от всех них спасет нас Творец...» — сказано мудрецами, умудренными опытом духовного восхождения. Человек сам не может разобраться в себе.

Никогда, находясь на определенной духовной ступени, в определенном состоянии, человек не может осознать его, объективно оценить и принять разумное решение, потому что находится под воздействием этой ступени.

И только вопреки своим эгоистическим ощущениям, если человек преодолевает тяготение своего тела и, не обращая внимание на его противодействие, идет вперед, верой в то, что говорят ему его Учитель и книги, только пройдя т.о. эту ступень и поднявшись на следующую, он обнаруживает, что был прав, не послушавшись своего эгоизма. И должен немедленно осознать, что это Творец помог ему подняться из того состояния, помог решить, что надо идти только путем веры выше утверждений разума, — и возблагодарить Его за это.

Человек изначально абсолютно эгоистичен. Если Творец помещает в его сердце духовную точку «нэкуда ше ба лев», то благодаря этой части Творца, этой точке в сердце, которую Творец дает человеку, именно в ней человек начинает ощущать некие внеземные движения. Эта точка — зародыш будущего духовного органа ощущения человека, духовного парцуфа, его духовного тела, которое вырастет под воздействием усилий человека из точки в целый сосуд.

Без этой точки в себе человек не может даже слышать о чем-то духовном, оно ему противно — противоположно. В соответствии с этой появившейся в нем духовной точкой человек начинает стремиться к иным объектам и потому полностью меняет своих друзей, связи, увлечения. Настолько, что даже с близкими не находит, о чем поговорить, потому что все его стремления к тому, чего нет в них.

В нашем мире, в нашем поколении, в наше время мы удостоились того, что во многих людей помещает Творец эту точку, и поэтому они занимаются поисками духовного. Почему эта точка называется частью Творца свыше? Потому что она действительно является зачатком будущего духовного сосуда. Творец таким образом показывает, чего человек должен достичь.

Человек — чисто эгоистическое создание, а Творец показывает ему «кусочек» альтруизма. И человек должен исправить эгоизм на альтруизм по примеру, данному Творцом. Он должен использовать альтруизм вместе с эгоистическими желаниями: придать альтруистические намерения эгоистическим желаниям, соединить в себе эти оба свойства до тех пор, пока свойство Творца станет действительно свойством человека.

ОДНА ЗАПОВЕДЬ

Введение 181
Служить обществу на основе заповеди Творца 184
Часть Торы между человеком и его ближним 186
Мысль, речь, действие 187

ВВЕДЕНИЕ

«Одна Заповедь» — так назвал эту статью рабби Ашлаг. Наверное потому, что, кроме этой Заповеди, ничего нет: ведь все заповеди — это средства для достижения желаемой цели, и все они, как корни дерева из толщи земли, ведут человека к слиянию свойствами с Творцом.

А каждая отдельная Заповедь — это и есть постижение какого-то определенного свойства на пути к полному подобию Творцу. Заповедь — это не значит «сделал» и «заслужил». Заповедь — это определенная ступенька, которую постигает человек, выполняя ту или иную мицву. «Схар мицва» — постижение этой ступени, получение ее свойства, слияние с Творцом на этом уровне.

А в итоге сумма этих мицвот приводит нас к одной большой Заповеди, к единому человечеству, к ближнему, что одно и то же — т.е. это перенесение ощущения недостатка с себя на другого. Человек в этом мире рождается с такими свойствами, с помощью которых может ощутить в какой-то мере себя и других. И в мере того, как он ощущает других, может использовать их для своих целей.

Каким образом можно ужиться с остальными и получить от них то, что хочешь? Есть люди в этом отношении более примитивные, есть — менее. Более развитые очень хорошо ощущают окружающих, ясно их чувствуют, а потому могут использовать их для себя, для собственного блага. А есть люди, которые поступают, как дети, они знают, что для них лучше в данный момент, и поступают по своему желанию, не принимая во внимание желания посторонних. У них нет ощущения постороннего, другого человека, они ощущают только себя.

Таким образом развит их эгоизм, находящийся на низкой ступени развития. Какие пути проходит человек в ощущении себя и посторонних, т.е. в своем духовном развитии, зависит от корня его души. Есть люди, которые очень хорошо ощущают посторонних и так развиваются.

А есть люди, которые поначалу совершенно не чувствовали посторонних, не подозревали, что у них есть какие-то свои желания. У них нет возможности это ощутить, не хватает как бы органов чувств. Как правило, такие люди одиноки.

Каждый, развиваясь и приобретая все более развитые свойства, должен прийти к одному совершенному качеству — не использовать постороннего для себя. Не внешне, как все мы показываем друг другу своими хорошими манерами в обществе, а основываясь на неприятии собственного эгоизма как причины действия.

А знание себя и постороннего ему нужны, чтобы отдавать. Нет иной работы в выполнении заповедей, кроме намерения «ли шма», что означает, как бы доставлять радость Творцу. Но сказано нашими мудрецами, что необходимо заниматься Торой и Заповедями даже без намерения — «ло лишма» — потому что попытка выполнения Заповеди с намерением, «ли шма», сама способствует приобретению человеком желания работать ради Творца.

Бааль Сулам пишет: «Говорю я, что первая и единственная Заповедь, с помощью которой вы можете быть уверены, что придете к выполнению Заповедей ради Творца, заключается в принятии на себя обязательства — не работать ни в коем случае для своего собственного блага, собственной потребности, кроме как в самом необходимом объеме. А эту границу человек устанавливает сам».

Объем, необходимый для существования, определяется следующим образом: человек принимает для себя то, от чего он с великой радостью отказался бы, но не может это не получить, поскольку не может без этого, как он считает, существовать.

То есть человек совершенно отказался бы от всего, но поскольку ему необходимо существовать в рамках этого мира на каком-то минимальном уровне, он поневоле приобретает для себя что-то, — и это определяется как необходимое для его существования.

Естественно, что даже для такого человека тоже есть в «необходимом для существования» его личные мерки. В чем отличие необходимого от не необходимого? Как можно проверить себя: «А на самом ли деле мне это необходимо?»

Проверка состоит в том, что человек радовался бы, если бы и этого ему не надо было делать для себя. Лишь тогда можно говорить о его действиях для себя, как чисто необходимых.

Здесь говорится, конечно, об очень высоких уровнях. А в остальное время человек должен работать ради общества, помогать всем несчастным в мире, думать о них и заботиться об их благополучии.

Человек, проходящий ступени духовного развития, все сильнее начинает ощущать в себе всевозможные отрицательные свойства. Поначалу это может быть жадность, затем зависть, ненависть, равнодушие и т.д.

Эти качества раскрывают в том или ином виде эгоизм, нашу природу. Ощущение себя как «чистого эгоиста» приходит не через раскрытие в себе хороших свойств, а на самых последних, низких, ступенях своего духовного развития. Поэтому первые шаги духовного роста приводят к неприятным ощущениям своей ничтожности.

Одному Творец уже дал выход в духовный мир, а другой — еще ковыряется в собственных проблемах. Человек начинает воспринимать нормально и это, хотя очень бы желал также достичь духовного. Таким образом, осознание руководства Творца, как наивысшего, ставит все и всех на свое место. Но лишь на самых высших ступенях развития человеку ясно, что лучшее для него состояние — всего себя отдать окружающим.

Есть люди, пишет Бааль Сулам, их 10 процентов, которые рождаются такими, что получают удовольствие от того, что отдают другим, обслуживают их, служат другим. Это определенный сорт душ. У них свое исправление. Они не желают таким путем достичь почестей и славы. В них есть особый вид эгоизма. Их вознаграждение в земной жизни — альтруизм. Такой человек делает для других и при этом получает удовольствие. И только ради этого удовольствия все и делает, а не ради Творца.

Поэтому такое состояние определяется нами, как неисправленное, и мы относимся к его проявлению, как к эгоизму. Желания постепенно проходят по человеку и, изучая в себе все свои стремления, человек познает свою природу. А поскольку человек включает в себя все без исключения свойства всего творения, то постигая себя, он постигает все, что создал Творец.

Переключением какого-то внутреннего рычажка в себе не начнешь понимать желания другого. Лишь достигнув определенной ступени человек сможет думать о других и о Творце.

СЛУЖИТЬ ОБЩЕСТВУ НА ОСНОВЕ ЗАПОВЕДИ ТВОРЦА

Многие вокруг нас служат другим. Это делается либо как залог того, что Высшая сила вознаградит за затраченные усилия их и их родных здоровьем, успехами, защитой от несчастий и пр. Или эти добрые поступки совершаются во имя «светлого будущего» для себя и своих детей.

Отдача человека обществу привлекает всех: каждый понимает, что взамен он получит заботу всех остальных членов общества. С этим все согласны, все желают достичь такой возможности, не расставаясь со своим эгоизмом.

Заповедь же Творца о служении обществу преследует совершенно иную цель — не эгоистическое безоблачное будущее, а достижение самого наивысшего духовного развития. Именно оно для нашего блага, но, находясь в эгоизме, это невозможно понять.

Человек берет самую большую Заповедь, наивысший Источник, корень всего мироздания, и использует ради себя, своего маленького земного эгоизма. В этом причина крушения идеалов коммунизма, киббуцов и пр. Пока в планах было полное эгоистическое бескорыстие, Высшее управление было согласно с подобным существованием.

Но когда начали даже в земном смысле искажать понятие заботы о ближнем, немедленно Высшее управление, сама природа, автоматически привела подобные общества (примеры — Россия, израильские киббуцы) к развалу и гибели. И все рушится.

Служить окружающим необходимо, выполняя Заповедь Творца — т.е. не потому, что мне это приятно или потому, что считаю нужным, а потому, что это желание Творца. Иначе это не считается Заповедью. Только такое принятие альтруизма дает право на вечное существование. В этой Заповеди есть два преимущества.

Первое — каждый должен осознать, что он работает, потому, что его работа оправдывается и одобряется всеми населяющими мир. Подчеркнуто — мир. Не говорится о какой-либо группе людей. Второе преимущество. Эта заповедь самым лучшим образом способствует развитию человека, помогает прийти к выполнению всех желаний Творца, т.е. выполнению заповедей ради Него.

Почему? Эта Заповедь сама является целью, а не средством, как остальные. Когда человек постепенно входит в эту Заповедь, то достигает такого уровня, что она становится в его ощущении и желании простой потребностью. Речь идет о входе в этот уровень всеми желаниями.

Когда человек привыкает работать ради творений, работает ради их благополучия, а не ради себя — и в действии и в намерении — то постепенно осознает и продвигается к такому состоянию, что может достичь тех же намерений ради Творца.

Эта предварительная необходимая ступень является промежуточной между эгоизмом и состоянием «ли шма». Обойти ее нельзя. А когда человек к ней подходит, ему должно быть ясно, что следующая ступень — ради Творца. Делая все ради творений, человек понимает, что в своих намерениях он постепенно должен дойти к «ли шма».

С самого начала его мысль должна быть направлена на конечную цель — ради Творца. Иначе он будет ошибаться. И эта цель в каждый момент должна быть ярче, видней. Цель — Творец. И все остальные действия человек должен выполнять с этим намерением. Поначалу человек не знает, что значит достичь Творца. А это значит — достичь Его свойств.

Наш эгоизм не позволяет это понять, для этого требуется огромная переделка. Но если человек в начале пути поставил такую цель, то в конце пути он ее достигнет. А действия, в которых нет такого намерения, выходят за рамки духовного пути, как осознанного продвижения вперед.

ЧАСТЬ ТОРЫ МЕЖДУ ЧЕЛОВЕКОМ И ЕГО БЛИЖНИМ

В Торе есть две части. Одна касается человека и его Творца. Вторая — человека и его ближнего. Бааль Сулам говорит о том, что человек хотя бы должен взять на себя обязательства по отношению к своему ближнему. И это приведет к развитию действий между человеком и Творцом.

МЫСЛЬ, РЕЧЬ, ДЕЙСТВИЕ

Любая работа должна включать в себя мысль, речь и действие. Человек обязан принять на себя обязательство посвятить все свое свободное время, исключая время на самое необходимое, для пользы населения всего мира. Это — действие. Мысль — самое главное в этой Заповеди.

Эта заповедь важнее, чем Заповедь между человеком и Творцом. Все окружающее человека — это силы Творца, таким образом воздействующие на человека, чтобы «размешать», «замесить» человека, как тесто, в соответствии с нужными свойствами, и продвигать в требуемом направлении.

Если бы мы могли приобрести духовное зрение, то увидели бы, что все люди являются одним и тем же духовным существом. Но если отношения человека к ближнему исходят из совести человека, его собственной правды, или потому, что он так понимает в силу воспитания, то в этих отношениях нет ничего общего с Заповедью Творца.

Заповедь — это когда ты выполняешь потому, что так заповедал Творец. А тут твоя совесть велит тебе, твои желания. Наконец, тебе просто хорошо и приятно от этого. Такие действия не имеют никакого отношения к завету Творца, ни в коем случае не приведут к сближению с Ним, к работе ради Творца.

Человек не должен ждать, когда у него появятся желания действовать ради Творца, потому что, если они появились, то он будет действовать по своему желанию. Надо пытаться так действовать, потому что так заповедал Творец. Бааль Сулам постоянно подчеркивает выражение «весь мир». Потому что, если я делю мир на какие-то части, то делаю это согласно своему желанию, своей выгоде, своим чувствам.

А если я делю его относительно Творца, то он не делится. Это все — общее. Одно Творение. Поэтому нельзя сказать «один народ», «одно государство», «одна семья» и т.д. «Весь мир» — это все, что есть, кроме меня. У Творца только одно отношение ко всем: насладить созданных. Если созданное Им творение — свинья, то Он хочет насладить свинью.

Если творение — какой-то страшный человек, то Творец желает насладить его. Если под творением имеется в виду Исраэль, то наслаждение будет относиться к нему. Нивра — творение — понятие, которое еще надо определить. Но если ты считаешь детьми Творца все население земли, то должен относиться к ним соответственно. Если ты их делишь каким-то образом на части, то делаешь так потому, что это тебе выгодно.

Ты должен ко всем относиться хорошо, ничего не уничтожать безответственно в этом мире. Ведь все создано для какой-то определенной цели. Только по мере необходимости брать то, что тебе нужно для существования: растения, животных и т.д.

Тогда они исправляются вместе с тобой. Если действовать в соответствии с тем, как создано творение, то ты должен относиться ко всем одинаково. Что тебе делить в этом мире, если за каждым объектом прячет себя Творец? Исполнитель один, только действует через разные предметы. Если видишь сквозь них Исполнителя, то не будешь относиться к ним по-разному. Ты будешь относиться к Нему.

В чем же виновата одежда, если портной сшил ее не так, как надо? Специально делаются в нашем мире нехорошие вещи, чтобы воздействовать на человека. Я должен заботиться обо всех творениях в мире. Речь не идет о любом человеке. Как и всегда, в Торе речь идет об уровне, до которого дай нам Б-г дорасти! Он является промежуточным между эгоизмом и слиянием с Творцом.

Человек не может делать то или иное, желательное для какой-то группы людей. Тогда он будет выполнять их заповеди. А должен выполнять Заповеди Творца относительно творений, делать им хорошо с точки зрения Творца. Ведь не бегут выполнять желания маленького ребенка, а говорят ему, что надо делать. Иногда дают конфетку, иногда запугивают.

Отмерено, допустим, человеку 70-80 лет. А он решает: «Отдохну пару часиков». И отрезал от 70 лет, от отведенного ему времени и т. д. Если же выполняет самое необходимое в течение 20 лет — вынужден выполнять, т.к.без этого не может прожить — то считается, что выполнил Заповедь Творца. Даже если при этом ничего не делал для других. Творец свыше поставил его в такие рамки.

Скажем, чтобы заработать на кусок хлеба, он должен работать 20 часов в сутки, а 4 часа спать. Значит, выполняет при этом Заповедь Творца. Все зависит от того, как делит человек время и чем занимается в свободные часы. И потому каждый должен думать, что выполняет свои действия только для того, чтобы доставить радость Творцу, стать Ему подобным в своих путях и свойствах.

Ненависть к народам мира рождает ненависть внутри своего народа к тем, кто не подобен тебе, кто не носит такую же, как ты одежду, не говорит с тем же акцентом. Это противоположно Творцу. Нет ничего более страшного, потому что самая главная Заповедь гласит, что ты должен любить весь мир. А ты действуешь противоположно.

Если бы мысли человека были верными, а не только речи, то он никогда не пришел бы к ненависти по отношению к кому-либо, а только к собственным отрицательным свойствам. Желать всем лучшего, либо пытаться понять, что во мне этого еще нет — конечная цель.

Подобие этому в сочетании с добрыми делами сблизит человека с Творцом настолько, что станет подобным Ему в духовности и святости и полностью обратит свой эгоистический материал в материал Творца, удостоившись получения высшего света, совершенства. Это то, что относится к мысли.

А понятие «речь» — это молитва человека, произносимая им во время его работы в определенные, выделенные им для этого часы, чтобы удостоиться смены эгоизма на альтруизм. И все действия человека в Торе, все, о чем он думает, делает, выполняет, постепенно приводит его к этому. Молитва — это стремление в сердце человека, которое возникает в нем в то время, когда, пытаясь что-то сделать сам, он ощущает, что не в состоянии, и выражает претензию к Творцу.

Таково ощущение, хотя оно и называется речью. И происходит именно через рот, то место, где и раскрывается вся ничтожность эгоизма человека. И в эту же точку человек затем получает экран, ор хозер, и возможность изменить себя с получающего на дающего.

Человек четверть часа в день должен посидеть и подумать, чего он достиг в подобии свойств Творцу. То, что приходит ему в голову, зависит от уровня человека, и называется его молитвой.

Поначалу это будет искусственно. Но человек научится возбуждать в себе то, что его интересует в каждый момент, ощущать свои внутренние желания, а не выполнять их неосознанно.

Создания — это все имена и понятия относительно ощущающего их и дающего эти имена. Все эти имена и названия меняются в зависимости от уровня человека в данный момент, лишь в его глазах. И это говорит о том, что меняется сам человек.

Оценка, которую ты даешь людям, окружающим тебя, зависит от того, видишь ли ты в них Творца или отдельные личности, или семьи, народы и племена. Сначала только согласно этому ты определяешь их и относишься к ним.

Единственное средство действовать хорошо — это действовать внутри своей группы. Возникает общность целей, мыслей, понимание, почему каждый это делает, а не для показухи. Важно не количество действий, а насколько ты вкладываешь душу в них. Тогда есть единственная возможность достичь цели — прорывом, как говорил рабби Барух Ашлаг, — атакой вырваться в духовный мир. Это зависит только от учеников. Тема очень сложная и абсолютно не воспринимается сердцем. Вы вроде бы согласны сейчас, затем — сомнения. Настолько в эгоизме нет ничего адекватного, что можно было бы записать в своих ощущениях. Но на таких вещах видно, где находится человек.

Может он об этом думать хотя бы без внутреннего содрогания, или нет? Теория — это хорошо, но пускай другие убиваются, а не я. Допустим, теоретически я уже хочу, но практически я должен получить еще силы от Творца. Но это идет почти одновременно.

Если бы человек работал уже «ли шма», ему не нужны были бы заповеди. Все заповеди нужны, чтобы дойти до «ли шма». Все, что ты выполняешь «ло ли шма», надо делать, чтобы продвигаться к Творцу, тысячу раз проверив, почему ты это делаешь. Тут же возникают огромнейшие силы сопротивления: зависть, лень, жадность и т.д.

Вы сталкиваетесь со страшной силой эгоизма и хотите его тут же убить на месте. Он будет изворачиваться, изощряться. Поэтому продвигаться нужно медленно, шаг за шагом. На каждом этапе нужно ощущать, как во мне начинают действовать эти отрицательные свойства, плохие мысли.

Необходимо впитывать эти ощущения, анализировать их, думать, почему я продвигаюсь, каким образом. Нужна постоянная ежесекундная работа с собой. Совершенно неважно, эгоист ты сегодня или альтруист, важно твое желание и стремление. Ты можешь учиться тысячу часов, прийти сюда в огромной черной шляпе, но если у тебя нет намерения, ты выполняешь все это только на неживом уровне. Духовно ты не продвигаешься.

Человек не должен жертвовать собой, он обязан заботиться о семье, детях, быть со всем человечеством. Постепенно человек начнет понимать, что ему важнее всего. Все это необходимо не для других, а для его роста. Семья должна относиться к этому с пониманием. И тогда человек будет свободен, это значит, что он ни от чего не зависит, кроме Творца. Полнейшая независимость от этого мира.

В меру того, насколько человек считает, что занятия Каббалой являются его жизнью, в той мере они станут важнее заявлений мамы о том, что он губит свое здоровье, жены, которая говорит, что мало уделяет ей внимания, все отдает на учеников и учебу, а ей нехватает на поездку за границу. И т.д.

Все зависит только от величия цели, оно определяет все. Нет ничего, кроме Творца. И ему надо себя посвятить. Действие Заповеди человека к ближнему подтверждает ее намерение. Действие и намерение должны совпадать. Ты не можешь делать что-то хорошее для ближнего, думая совершенно о другом.

Мысль в Заповеди между человеком и ближним выше, чем в некоторых Заповедях, относящихся к взаимодействию между человеком и Творцом. Потому что в первой видно совпадение между мыслью и действием. В то время, как в отношении человека к Творцу действие само указывает на намерение «ради Творца».

Человеку не к кому обращаться, кроме Творца. Если действия человека к ближнему будут продиктованы не намерением, а совестью, неловкостью в отношениях, обязанностью, то это все равно, что ничего не делать.

Действие оценивается только по его намерению. Если действия не совпадают с намерением (потому что так хочет Творец), то с духовной точки зрения его действия ничего не значат, какими бы добрыми и хорошими они ни казались.

Сначала должно быть намерение, и только оно определяет действие. Необходима очень четкая внутренняя проверка — «что побуждает меня действовать». С другой стороны, мы говорим, что из «ло ли шма» приходишь к «ли шма».

Если человек старается, желает прийти к намерению ради Творца, но понимая, что его эгоизм пока мешает этому, все-таки продолжает делать добрые поступки по отношению к товарищам, группе, осознавая, что придет к альтруистическому намерению, то в таком случае его действия оправданы, хотя намерение он пока изменить не может, но цель достичь этого — хотя и подсознательно — ставит. И продвигается.

Совесть, гордость, воспитание — как двигатель твоих действий — в духовном ничего не меняют. Они никогда не могут привести человека к сближению с Творцом, к настоящей духовной работе. Поэтому каждый должен задуматься над своим намерением и знать, что цель его — ради Творца. Чтобы Он радовался действиям человека.

Откуда мы знаем, радуется Творец или нет? Мы получаем подтверждение тому, что радуем Творца, ощущая Его близость, тем, что Он приоткрывается нам. И это ощущение сближения с Ним порождает в человеке радость. Это неразделимо. Человек не может видеть Творца и чувствовать, что получает от Него плохое.

Ощущение Творца несет знание о том, что от Него исходит только хорошее и доброе. А также чувство, что Творец доволен тобой. Свет несет те же ощущения. Свет, который исправляет человека, неощутим. Он только дает человеку силы для исправления в результате действий человека навстречу Творцу.

Когда человек, исправив желания предыдущим светом, может уже принимать его, то такой свет уже ощущается человеком, как наслаждение при сближении с ним. Это свет «цели творения» — насладить вечным наслаждением. Он несет в себе ощущение того, что Творец «рад» действию человека, в этой мере Он открывается ему, меняет его, облачается в него. Зачем быть подобным Творцу? В итоге, это наша цель.

Если отбросить все промежуточные этапы и действия и взять начальную и конечную стадии творения, то увидим, что нет никаких действий и намерений, кроме подобия Творцу. Потому что Творец — это абсолютное совершенство, и, кроме Него, нет ничего. А любое свойство, которое существует кроме него, уже не совершеннейшее и не имеет права на существование.

Поэтому цель творения заключается в том, чтобы стать снова одним целым с Творцом. Другого состояния быть не может. Если оно каким-то образом не совмещено с Творцом общими свойствами, то оно несовершенно, находится вне цели творения. Поэтому все наши действия, зивугим, цимцумим — только для того, чтобы стать такими, как Он, вернуться к Одному, Единому.

В духовном этого можно добиться лишь исправлением свойств человека в соответствии с желаниями Творца. Творец постепенно показывает человеку все новые и новые свои свойства. И, глядя на них, человек видит в себе противоположные. И из этого противостояния познает зло в себе и его противоположность Творцу.

Необходима большая работа после того, как увидел в себе какое-то отрицательное качество, чтобы ощутить осознание зла. И эта работа считается созданием нового творения, желания, никогда ранее не существовавшего.

Альтруистическое против эгоистического, первозданного. Это не просто масах на свое прошлое. В принципе, это так, но в ощущении человека — это полная противоположность прошлым свойствам. И по мере открытия Творца есть возможность ощутить в себе новые эгоистические свойства, которые ранее не замечал, может быть, пользовался ими в меньшей мере, но не обращал внимания, насколько они выпуклы, эгоистичны.

Творец приоткрывает в себе определенное альтруистическое свойство, противоположное определенному эгоистическому свойству человека. Благодаря этому человек видит свой эгоизм, но силы не пользоваться им еще не получил. Как обрести на это свойство ощущение зла?

Здесь человек должен убедиться, что это свойство в эгоистическом виде для него — зло. В итоге он переведет его в альтруистическое и будет использовать ради Творца. Любое из них. Но увидеть его как зло можно только вследствие страданий. Если человек использует это свойство, и оно ему приносит зло (от окружающих, от себя), то он по собственному эгоистическому желанию хочет расстаться с этим свойством. Оно ему вредно. Это и называется «акарат ра».

Написано в Торе, что не может человек стоять на Заповедях Торы, предварительно не нарушив их. Это процесс постепенный, накопительный. Дорога Торы ускоряет нам путь. Естественный же путь заключается в том, что я использую свой эгоизм в течение многих поколений, кругооборотов, пока не убеждаюсь, что он мне во вред, что не в состоянии больше так идти.

Когда это поймет все поколение, начнется духовная перестройка. Это путь страданий. Разница между ним и путем Торы в скорости прохождения. Мы только сокращаем наш путь. Невозможно избежать страданий, невозможно избежать «акарат ара» и других болезненных процессов. Все они должны пройти, накопив в нас нехватку, келим, в которые затем получим свет.

Разбиение сосудов должно было произойти специально, чтобы создать эгоизм, затем его исправить и получить в него свет Творца. Этот путь приходится проходить на духовных ступенях и в нашем мире. Различий, грубо говоря, нет. Путь к Творцу заключается в том, чтобы убить в себе эгоизм и пользоваться только самым необходимым для жизни. Если человек будет действовать таким образом, то сможет достичь духовных ступеней.

Мы, если будем «есть хлеб, запивая его водой, и спать на земле», не сможем этого достичь. Необходимо привлекать силу Торы, Каббалы — потому она для нас и открыта. В нашем поколении нет сил на самоограничение, все находятся в погоне за мелкими удовольствиями.

Мы с помощью Торы ускоряем весь процесс. Каждый из нас будет проходить состояния подъемов и падений, провалов, ненависти к себе, друг к другу, к учителю.

Главное, относиться к этому с пониманием, знать, что это естественные этапы пути. И то, что каждый из нас может пройти за день, другие проходят за 10 лет. Не подарок ли это Свыше? Это и называется «путь Торы». От страданий никуда не деться. Мы их испытываем, потому что в нас есть эгоизм. И оторваться от него без этих страданий невозможно.

Эгоизм должен внушить отвращение к себе, дать понять человеку, что он ему во вред. Иначе нельзя избавиться от него. Например: сын приносит отцу большие страдания. Что должен претерпеть и пережить отец, чтобы захотеть избавиться от такого ребенка? Насколько при этом надо возненавидеть сына? Больше, чем любить. Так, нету большей любви, чем между нами и эгоизмом. Все остальное — следствия, частный вид этой любви.

А иного пути, кроме любви и ненависти, в духовном нет. Любовь — это сближение, ненависть — отдаление. Каким образом можно от чего-то избавиться? Только возненавидев. В меру ненависти происходит отдаление от объекта ненависти. Насколько двое людей схожи своими взглядами и чувствами, настолько они близки духовно. Пусть даже находятся на разных концах земли. И насколько ненавидят друг друга — пусть даже соседи — взаимно удалены. А ненависть к сидящему в человеке эгоизму выталкивает его. Только для этого нужно перенести большие страдания.

Это можно проследить и на примере нашего мира. Человек видит, что наслаждение от пищи ему во вред. Он толстеет, заболевает. Какие он должен перенести страдания, чтобы сказать себе: «Я закрываю рот. Отказываюсь от удовольствий, перехожу на воду и хлеб, потому что вкусная еда для меня — враг». Иначе не создать в себе духовное кли.

Все начинается с «акарат ара». Сколько миллионов состояний человечество должно пройти, чтобы почувствовать зло во все своих эгоистических желаниях. Это Малхут дэ-Эйн Соф — такое эгоистическое кли. И пока не раскроется это в каждом из нас, можно пройти десятки кругооборотов. Тора помогает выполнить эту программу в течение одной жизни.

С помощью этого лекарства, подарка, человек может выздороветь, исправиться. Дорога Торы сокращает путь и дает совершенно другие ощущения. Например, взять человека с улицы, больного, страдающего от неизлечимого недуга и знающего, что так он должен тянуть еще 10 лет. Ради чего этот человек будет жить, страдать, тратить силы, время, деньги? Чтобы еще чуть-чуть продлить это ужасное существование?

Идущие дорогой Торы, совершая усилия внутри своего эгоизма, страдая от него, борясь с ним, знают, для чего даны эти состояния. Какова цель этой борьбы. В итоге, в вечную копилку входят все эти страдания, которые являются уже осознанными. Это совсем другой путь. Сами страдания имеют другой вкус, хотя в низшей точке этого состояния пропадает ощущение Торы, Каббалы. И страдания ощущаются человеком, как самые обычные.

Если бы и во время кризисных, острых, ситуаций человек чувствовал бы получение духовного вознаграждения, то это было бы «подслащивание» («амтака») страданий. И они перестали бы ощущаться страданиями. Падения на нашем пути очень глубокие, правда, короткие. Кроме страдания или животного наслаждения, или сильного эгоистического чувства, человек не испытывает ничего. Становится животным.

Такое состояние человек обязан пройти в каждом своем желании, ощутив его в истинной мере. Для исправления эгоизма нужен весь духовный свет. Свет Творца — это одновременно и исправление, и наслаждение. Эгоизм — это огромное духовное свойство, страшное творение!

Переделав его, изменив намерение, человек становится равным Творцу. Эгоизм создан в противоположность Творцу. Отсюда понятен уровень этого создания. Это огромнейший заряд, мы его не ощущаем, будучи роботами, автоматами. А как только пробуем ощутить, видим, что не в состоянии. И кричим Творцу: «Спаси!» — протянув руки Ему навстречу.

Мы не в состоянии изменить даже самое маленькое желание. Без помощи Творца, Торы, это невозможно. На духовных ступенях тем более. Там такие клипот, что весь эгоизм нашего мира, прошлых и будущих поколений, по сравнению с самой маленькой духовной ступенью, ничто! А сколько таких духовных ступеней...

Теоретически, страдания — это отсутствие света. Наслаждение — его ощущение. Кли добровольно исторгает из себя свет, потому что желает быть подобным Творцу. Для него эгоистические страдания заменяются альтруистическими.

Страдания от отсутствия света меньшие, чем страдания от отсутствия ощущения Творца. Страдания представляются самому кли по-разному. Эгоистический страх — это страх за своих детей, за себя, боязнь не получить вознаграждения в будущем мире.

Альтруистический страх — это страх того, что недостаточно сделал для Творца. Это духовный страх. Делаю ли я ради Творца? Заповедь любви держится на Заповеди страха. Люблю ли я Его достаточно? Заповедь любви самая большая. Нет ничего, кроме любви. Притяжение, желание слиться, стать подобным. Но такая любовь к Творцу должна держаться на страхе, страхе альтруистическом.

Это огромные страдания: «Все ли я сделал для Творца?» Это и есть бесконечное кли, в которое человек может получить вечное наслаждение, бесконечный свет. И постоянно есть возможность дальнейшего духовного продвижения. Поэтому и создан цимцум алеф. Если бы мы получили весь свет в состоянии мира бесконечности вначале, то мы (Малхут) при этом перестали бы ощущать наслаждение.

Ведь постоянное перестает ощущаться как наслаждение. Перемена в наслаждении создает переходы, границы, разницу в нем. Наслаждения ощущаются только в желании насладиться. Это желание заполняется светом, аннулируется и исчезает. Поэтому мы чередуем соленое со сладким, создавая себе аппетит.

Этим же занимается и реклама — создает в нас кли. Человечество бегает не за наслаждениями, оно — в погоне за новыми келим, а потом уже за их наполнением. Вся проблема в келим.

Если бы у нас сейчас были келим, духовные страдания, то в меру их масаха мы ощущали бы духовное.

Духовные страдания желательны и необходимы, так как помогают все больше и больше слиться с Творцом. Представь себе человека, который страстно любит кого-то. А его любимый, как каменная стена. Между этими людьми нет никакой связи. Только испытывая это чувство, какое переживаешь страдание! Что делать?

Нужно искать пути, что-то сделать для любимого. Если человек стоит на альтруистическом пути, то его поиск и возможность сделать что-то безграничны. Благодаря экрану создается возможность все большего духовного продвижения и постоянного огромного наслаждения. Эгоизм — это огромное кли, но оно ограничено, у него нет возможности снова и снова возобновлять наслаждение. Кли использует свои эгоистические свойства, добавляя к ним альтруистические намерения, которые постоянно увеличивают кли.

Намерение добавляет эгоистическому кли возможности наслаждения. Сам эгоизм не меняется, а только намерение. Нет прошлого, настоящего, будущего, Все ощущается в настоящем, у которого нет прошлого и будущего. Это только наша иллюзия.

Вчерашнее нам представляется как решимот от прошлого состояния. Будущее — ор макиф, который в нас войдет. Настоящее — это то, что сегодня. Воздействие света на наше кли дает ощущение трех времен. Ступеней, которые остаются после тебя, а пока перед тобой, тоже нет. Это градации наших внутренних ощущений в зависимости того, что мы исправляем в себе. Что значит, что в человеке остается прошлое? В нем остается решимо-воспоминание от прошлого состояния для перехода к последующему. Не больше.

И это необходимо только для последующего. В итоге, когда человек достигает следующей ступени, то все его предыдущие состояния, вернее, те, которые необходимы, всплывают полностью. И в какой-то определенной комбинации они служат кли, которое и использует человек. Каждое предыдущее состояние порождает последующее. Прошлое проявляется в этом новом состоянии, на чем его функция и оканчивается. Оно отжило, в нем более нет нужды. Прошлое никогда не мешает настоящему.

Все, что приходит человеку в голову в качестве воспоминаний, ощущений из далекого и близкого прошлого, все, что дается человеку каждую секунду, совершенно необходимо для его данной ступеньки, для следующего шага. Нужно учиться на осознании прошлого и настоящего. Не просто так нам что-то вспоминается, якобы мешает, не выходя из головы. Помех нет. Человек должен сказать себе, что все, что дано ему, необходимо.

В каком бы страшном положении он ни очутился — в бедности, болезнях и т.д. — он должен поблагодарить Творца. Теоретически это легко сказать, а практически... Не дай Б-г, пройти эти состояния... Человек должен сказать: «Мне дано это Свыше, дано Творцом в силу необходимости самоисправления. Без этого конкретного, самого ужасного состояния я не смогу достичь цели творения. Если я пройду все это с одной целью и знанием, что все исходит из Творца, этого достаточно.

Только не отрываться от этой мысли. Я стою против толпы, и все — против меня. И во мне страх, стыд и ненависть... Помнить, что это посылает мне Творец. Для меня сейчас это самое необходимое. «Барух ше оса ли кол цархи». — «Благословен Тот, Кто создал мне все необходимое».

Это нужно сказать в каждом новом состоянии, независимо от того, ощущается оно плохим или хорошим. Благословить Творца от всего сердца за то, что Он дал человеку самый лучший подарок. Не имеется ввиду произнести вслух, а сказать в своем сердце. Человек ни в коем случае не должен наслаждаться тем, что Творец посылает ему страдания.

Нужно осознавать и ощущать, что они даются для понимания ничтожности эгоизма и прочувствования собственной слабости. Но не наслаждаться этими состояниями, а пытаться выйти из них. Потому что цель творения не заключается в страдании с какими-либо намерениями, а в том, чтобы испытывать наслаждение в любом состоянии. Страдания неприятны ни Творцу, ни человеку. Это отсутствие света, в итоге подталкивающее нас вперед. Без этих толчков эгоизм двигаться не может.

В статье «Погонщик ослов», в книге «Зоар», сказано, что погонщик (колющий — на арамите) управляет ослом (хамор-хомер-эгоизм) с помощью палки с острием, заставляя покалываниями двигаться вперед. Создано эгоистическое кли. Если мы полностью исправим его на альтруистическое, то получим свет на всю Малхут Эйн Соф. Значит вся Малхут исправлена — больше нечего делать для любимого?

Мертвое состояние? Оно является статическим относительно Малхут, т.е. эгоизм мы не можем сделать большим, исправить его больше тоже не в состоянии. Значит, кли остается постоянным, но зато меняется намерение сделать все больше и больше ради Творца. Намерение не связано с кли, которое может быть полностью исправлено. Вариации в мысленаправленности — бесконечны.

Человек может сомневаться, насколько он отдает все Творцу, не в состоянии ли сделать еще и еще. Этот вопрос — «А все ли я сделал для Него?» — идет не от собственного ощущения заполнения светом, а от направления всех моих мыслей к Творцу. И нет им ограничения. Ведь это для Него! Такая мысль не заключается в эгоистические рамки.

А если это желание «сделать для Творца» усовершенствовать, то кли будет бесконечным. В гмар тикун нет исправлений — все уже исправлено. Есть дополнения на намерение. Выполняя любое действие надо пытаться понравиться Творцу, доставить Ему радость, сделать себя подобным Его свойствам. Насколько Он добр — настолько и я добр. Насколько Он милосерден — настолько и я милосерден.

Насколько Творец дает всем и всегда — настолько и человек должен действовать так постоянно в отношении окружающих. Это подобие в желании, а не в механических поступках. Мысль о том, как уподобиться по свойствам Творцу, никогда не должна оставлять человека. Одного внутреннего желания недостаточно. Человек должен действовать физически. И для этого необходима группа, чтобы в ней человек мог проявить себя, отдать свои силы.

И если он это делает, чтобы сблизиться с Творцом, хотя и не представляет, что это такое, то результат может быть только один — сближение, которое проявится в подобии высшему Свойству и Святости. Обращение в духовное даст возможность приобрести такое свойство, которое позволит получить настоящее наслаждение.

Третье свойство «речь», с помощью которого он может работать на Творца, называется молитвой — ощущением в сердце, когда человек пытается работать над собой, над своим эгоизмом. А если идет в верном направлении, появляются мысли против альтруистических намерений: «Зачем я это делаю, а делают ли другие?»

И если он попытается бороться с этими мыслями, то поймет, что это можно сделать только с помощью Творца. Вот эта просьба, внутреннее ощущение того, что самому не справиться, и называется молитвой. И это самое главное во время учебы и работы в группе. Вторая молитва — это самоанализ, самосуд в течение специально выделяемых 30 минут в день.

Независимо от обстоятельств, настроения. И в эти полчаса подумать, кто я, чем занимаюсь. Эта молитва направлена на то, чтобы с помощью Творца удостоиться замены сердца человека из получающего на дающее. А также необходимы занятия Торой и обращение ко всем средствам, ведущим к одной цели. Существует одно огромное кли-малхут, называемое душой. Мы этого не видим.

Для нас существуют только частички того же кли, облаченные в тела нашего мира. И поэтому для нас все разделено. На самом деле, между частями души не существует никаких разделений. Такая картина проявляется только в наших ощущениях. И поэтому существует возможность взаимопомощи как между товарищами в группе, между учителем и учеником, так и между большими каббалистами всех времен и начинающими.

Нет времени, нет разделения. И исправления, сделанные великими каббалистами, такими, как рабби Шимон, АР"И, Рамхаль, Бааль Шем Тов, Ашлаг, помогают нам продвигаться. Книга «Зоар» или «Талмуд Эсер аСфирот» — это огромная духовная помощь. Только в наших глазах это выглядит передачей каких-то материальных объектов.

Каббалисты сделали исправления в духовных ступенях, облегчив нам продвижение по ним. Дорога «расчищена» и требует меньше усилий. В итоге все это сливается. Если человек не проделал какую-то работу, это не значит, что он не дополучит. Все объединяется в общую душу. Совершенство — означает совершенство во всем.

ТЕЛО И ДУША

Прежде, чем мы приступим к выяснению столь высокой проблемы, необходимо заметить, что каждому, пытающемуся разобраться в этом вопросе, кажется, что невозможно совместить эти понятия, столь разные в нашем сознании, и приблизить их к нашему восприятию.

«С того момента, как я нашел себя в науке Каббала, — пишет Бааль Сулам, — и полностью отдался ей, я отдалился от всяких философских, отвлеченных, обобщенных понятий, категорий и учений».

Это свидетельствует, что когда-то он этим увлекался. Все написанное позднее, он писал только с точки зрения чистейшей науки познания. И несмотря на то, что во всех своих сочинениях он говорил об этих вопросах, но лишь для того, чтобы подчеркнуть отличие 2-х категорий: понятия и осознания обычной человеческой логики и понятия и осознания из Торы и пророческих видений, текстов, которые базируются на чисто ощущаемых впечатлениях.

Он хочет сейчас рассказать нам о категориях «тело» и «душа» в том виде, в котором они истинно существуют, потому что правда и разум — это одно и то же. Правда уготована каждому человеку в его осознании и ощущении. Только на основе наших каббалистических представлений, мы в состоянии осознать все отвлеченные понятия духовной сферы, не ощущаемой массами, и преподнести им эти знания в доступной и понятной форме.

Все представления о душе и даже о теле берут свои истоки из категорий, абсолютно отвлеченных от нашего мира. Поэтому невозможно преподнести эти отвлеченные понятия массам ни на какой другой основе, кроме основы Торы.

Рабби Шимон сам не мог писать «Зоар», потому что видел все так отчетливо, что не мог спуститься на соответствующий другим уровень и облачить то, что видел, в определенные одеяния.

Потому он уполномочил одного из своих учеников — рабби Аба, который мог излагать самые трудные для изложении вещи в самом простом виде. Но тот, кто не должен был понять, ничего не понимал. Вроде бы написано все просто, все понимают. На самом деле тот, кому все ясно, ничего не понимает.

Это очень сложное понятие, связанное с Высшим скрытием. Нелегко преподнести человеку наш мир, чтобы он чувствовал, что вроде бы все есть перед ним. А самая главная, духовная часть, скрыта, как скрыт и сам духовный мир от нас, но мы не чувствуем в нем никакой потребности.

И это для того, чтобы текст не возбуждал те вопросы, которые данному человеку пока не надо задавать. И, напротив, возбуждал другого человека соответствующим образом. Или одного и того же человека то возбуждал, то прекращал возбуждать, в зависимости от его усилий, работы, временного фактора.

То есть раскрытие — это всегда скрытие. На все, что бы мы ни постигали в скрытии, мы делаем масах, отражаем свет, который к нам приходит. Мы пишем своими желаниями, черными буквами, на белом фоне. И только то, что мы можем написать нашими эгоистическими келим с помощью масаха, и является той мудростью, которую мы можем получить внутрь.

Поэтому нужно было особое скрытие, чтобы преподнести массам такую книгу, как «Зоар». В частности, там описывается, как рабби Шимон плакал, говоря: «Если я ее напишу так, что она будет понятна всем, то грешники будут знать, как работать на Творца. Если же я не напишу ее, то как узнают праведники, как работать на Творца?»

Праведники и грешники, как мы знаем, находятся в одном лице. Это два желания в одном человеке. То есть проблема, разбираемая раньше в примитивном виде, сложнее, чем нам казалось. Грешникам и так «Зоар» не нужен. А праведники и так найдут и будут изучать. Проблема в том, что все это в одном человеке.

Праведные свойства получают пользу, а неправедные получают такой удар, что перестают существовать. Это и многое другое является искусством изложения тайных категорий, тайного учения. Есть вещи, о которых говорить запрещено. Человек, у которого еще недостаточно ума, подумает, что не надо ничего выполнять.

У Творца есть свой план, который рано или поздно приведет всех к концу творения. А я буду сидеть сложа руки. Подойдет мое время — меня подтолкнут, заставят, а пока буду лежать на печке, греться и ждать.

Если человек так рассуждает, т.е. полностью отрицает путь веры выше знания, то такому человеку нельзя вообще что-то говорить, потому что любые знания он повернет так, чтобы ничего не делать или делать так, как он хочет. Тору можно изучать по-разному. Она создана для исправления эгоизма. Но всегда есть возможность приспособить ее под любое эгоистическое желание.

У Бааль Сулама есть тексты, которые он писал для себя, есть такие фразы, которые нельзя читать по-другому, потому что любое иное чтение раскроет в какой-то степени по-другому внутренний смысл этих статей и этим навредит неподготовленному человеку.

Неподготовленный человек — это тот, у которого еще нет экрана на раскрытие света определенной ступеньки, даже если это раскрытие неявное, в виде света знаний. Нельзя человеку увеличивать знания, если он не может еще идти верой выше знания.

Поэтому есть одно из 3-х правил запрета раскрытия Каббалы: когда она мешает человеку дальше развиваться. Понятие правды на основе духа святой Торы должно выявить и осветить то, что непонятно массам, которые воспринимают Тору очень поверхностно и примитивно. Они понимают только внешние одеяния, в которые одета Тора. В действительности же — это всеобъемлющие глубокие законы мироздания. Постараемся в этой статье раскрыть такие понятия, как «душа» и «тело».

Из многочисленных подходов в определении этих двух понятий можно выделить 3 главные концепции:

Первая концепция. Нет ничего существующего, не состоящего из души. Принимающие этот подход верят, что есть какие-то духовные объекты, которые отделены друг от друга, и называются душами людей. А отделяются они друг от друга своими свойствами и существуют совершенно самостоятельно.

Прежде, чем они нисходят вниз и одеваются в человеческие тела, они самостоятельны в каком-то другом измерении. А после окончания физиологического существования тела души продолжают свое существования так же, как и до вселения в тело. Духовное в принципе простое, несоставное, а поэтому не подвержено никаким изменениям. Как, например, камень в нашем мире.

Понятие же смерти воспринимается сторонниками этой теории всего лишь как разложение физиологического тела на составные части, из которых оно состоит (простые основы нашего мира). А так как физиологическое тело — это порождение нашего мира, то на него могут влиять такие процессы нашего мира, как рождение и смерть.

Зарождение нового тела создано соединением в себе большого количества элементов. Естественно, что его смерть связана с обратным процессом — разложения на отдельные элементы. Но кроме тела, существует еще нефеш рухани — душа. Она абсолютно простая, ее нельзя разделить на составные части, а это значит, что физиологическая смерть тела не может вызвать прекращение ее существования.

Душа вечна. Она только одевается в тело и через него раскрывает свои силы, проявляет стремление к познанию, ощущению, постижению. Эта духовная субстанция дает телу жизнь, защищает его от болезней, различных проблем, вредительств и вредителей.

Поэтому если тело остается без души, оно неподвижно, не может существовать. Даже если душа частично исходит из тела (состояние сна), то тело тоже остается в неподвижном состоянии. А если душа совершенно покидает его, то тело считается мертвым материалом, даже не растительным.

Поэтому все признаки жизни тела — это нахождение в нем Высшей божественной субстанции, которая действует через него, проявляет через него свой характер, свои качества. А само тело — ничто, чисто мертвый объект. Как одежда. Одень костюм — можно, конечно сказать что, костюм ходит, туфли ходят. Но мы понимаем, что это человек ходит.

Мы не различаем, что внутри тела есть душа. Поэтому говорим, что тело живет. На самом деле — это все качества души. Все это относится к первому заблуждению человечества в восприятии души и тела. Почему заблуждение? Нам кажется это разумным. Поэтому и заблуждение.

Философы — люди умные. В Торе написано: «В мудрость народов ты должен верить. Но Торы среди них нет.» Этого подхода придерживается практически все человечество: и народы мира, и верующие евреи.

Все человечество не отрицает Творца, Высшей силы, а также существования в теле какой-то духовной субстанции. Все это безбожный философский подход к объяснению того, что существует тело и душа, что душа через тело диктует свои законы.

Причем эти подходы настолько глобальны, что невозможно из них выйти.

Реально оторваться от них можно только в той мере, в какой человек становится из философа — йехуди, из неврея — евреем.

Вторая концепция. Ее подход заключается в том, что тело рассматривается как совершенно завершенное создание, которое самостоятельно может питаться и содержать себя, не нуждаясь ни в какой помощи со стороны какого-либо временного духовного объекта, который зачем-то должен быть помещен в тело.

А тело совершенно не относится к сути человека, которая заключается в его разуме. И эта суть-разум в общем-то духовна, как и в первом подходе, и отличает человека от неживой, растительной и животной частей природы.

Разница между этими двумя подходами только в вопросе тела. Один из них предполагает, что тело может существовать совершенно самостоятельно, без всякой помощи со стороны божественного вмешательства, в виде души, спускаемой сверху. Якобы, тело это машина. И для души не остается места в теле, в ней нет необходимости. Только если речь идет об улучшении и придании телу каких-то более высоких свойств. Обе концепции построены на том, что существует душа и тело. А разница в том — насколько тело самостоятельно без души.

Третья концепция — концепция «отказников». Они совершенно отрицают существование чего-то духовного и признают только существование тела. В отрицании какого-либо духовного начала в человеке, им есть на что опереться. Вся наша наука в рамках материального мира подтверждает нам эти вещи в той мере, которой хватает, чтобы заботиться о нашем теле, лечить его, изучать. Этого земного подхода вполне достаточно и не надо никаких дополнительных аксиом о существовании души.

Адепты этой концепции представляют тело в виде электромеханической системы, которая работает как компьютер, и которую мы можем создать с помощью инженерной биологии. И это тело действует совершенно самостоятельно под воздействием страданий или наслаждений (отрицательных или положительных импульсов). И все запускается с помощью нервной системы.

Взгляд очень простой, всем понятный, разумный в рамках нашего мира. Практически все вопросы, которые могут возникнуть у человека о существовании нашего тела, могут быть удовлетворены этим подходом, вплоть до моделирования биосистем.

Не требуется никакого божественного вмешательства. А все разговоры о существовании в человеке разумного подхода — фантазии, выходящие за рамки обычного животного тела. В нашем теле хорошо развиты особые системы, которые представляют собой фотографии окружающего мира и их сопоставление.

В Каббале мы также говорим, что если мы что-то не видим, то не можем себе представить. В принципе, возразить против этого подхода невозможно. А в чем же заключается возвышение человека над животным? Человек отличается от животного тем, что у него более развит мозг. И в соответствии с этим он может лучше прогнозировать и аппроксимировать понятия, поэтому и ощущает прошлое и будущее, пользуясь запасом знаний прошлых поколений и, обладая фантазией, пользуется наперед своим опытом.

Эти два параметра и отличают человека от животного, делая его высшим существом только за счет более сложных вычислительных систем в его организме.

Есть также последователи второй концепции, которые вполне согласны с этой третьей концепцией, говоря, что хотя и есть в человеке что-то духовное, но ему достаточно существования и без души. То есть тело существует отдельно, а душа может в него вселяться, а может — и нет. Но они добавляют все-таки, что существует вечная душа, одевающаяся в тело, она является сутью человека, а тело просто исполнителем, механизмом этой души.

На этом Бааль Сулам окончил описание 3-х подходов, которые выработало человечество к таким понятиям, как душа и тело. А сейчас мы рассмотрим, как подходит к понятию «тело и душа» святая Тора. Что значит Тора? Это то, что дали нам наши мудрецы. Откуда они об этом узнали? Они поднялись в высшие духовные категории, увидели и пересказали нам свои ощущения определенными словами.

Наука Каббала также построена на исследовании, но оно не теоретическое, обоснованное какими-то предпосылками, которым потом ищется подтверждение в жизни (ставится опыт для проверки этих предпосылок, и таким образом теория подтверждается, опровергается или остается в качестве гипотезы).

Отличие этих подходов от подхода каббалистического в том, что последний совершенно практический. Ни в коем случае нет теоретических предпосылок, а затем их опытной проверки. Человек по своей природе всегда сомневается. У него постоянно возникают вопросы, на которые он ищет ответа. Если ответ не удовлетворяет его, он ищет другой или опровергает сами вопросы. Вместо них появляются более сложные, более глубокие. То есть ответ опровергает не сам себя, а заданный вопрос.

Поэтому все три подхода не имеют постоянного решения, ибо построены на философских человеческих началах, не базирующихся на чем-то абсолютном. А абсолютный ответ может быть получен только тогда, когда человек поднимается к корню зарождения души, тела и там определяет, что же это такое? Почему оно предстает в том или ином образе перед нашими глазами, в наших ощущениях?

Невозможно понять, что такое тело и душа, не поднявшись над нашим миром в высшие миры на уровень зарождения тела и души. Не поднявшись хотя бы на самую низкую духовную ступень, человек не может объяснить, что является его сутью, потому что в наших ощущениях эти понятия непознаваемы.

Мы не можем себе представить истинную картину мира. Не раз говорилось о том, что ничего не меняется. Что существует один простой свет Творца. А все миры находятся внутри самого человека. Но существует ли сам человек? Или так же, как не существуют миры, так не существует и сам человек?

Тогда что же такое все мы и окружающая нас действительность? Если все существует внутри нас, значит это в нашем восприятии, нашем ощущении. Воспринимая так наш мир, можем ли мы воспринять другие миры? Если все миры и мы сами существуем только в нашем ощущении, то правомочен ли вопрос о душе и теле? Или это наше временное ощущение творения? Что значит творение? Это то, что создал Творец? А так как кроме света Творца, ничего не существует, то что же создал Творец? Что-то противоположное свету? То есть отсутствие света?

Да, единственное, что Он сделал — это сокращение света, Он создал его отсутствие. И ощущение отсутствия света называется творением. А его сутью являются градации ощущения отсутствия света. А поскольку в нашем мире мы совершенно не ощущаем Творца, то можем ли мы на таком низком уровне вообще исследовать, что является нашей сутью, т.е. телом и душой?

Практически нет тела и души. С точки зрения Каббалы существует свет и кли — желание насладиться этим светом. Только различные ощущения желания насладиться порождают различные сосуды — органы восприятия света, восприятия Творца. Эти различные меры, градации ощущения света являются ощущением себя, ощущением и своего тела и своей души.

В каббалистическом понятии тело — это желание насладиться, а душа в Каббале — это свет, который приносит наслаждение. Обычно, когда мы говорим об этих категориях — тело и душа в духовном смысле, мы подчеркиваем постоянно, что это не имеет никакого отношения к нашему физиологическому телу, потому что тело в духовном имеет совершенно иное желание, чем наше физиологическое тело, а разница только в желании.

Духовное тело снабжено экраном противоэгоистической силы, а сама его суть та же — желание насладиться. Это создал Творец, и оно совершенно неизменно. Клипот — нечистые силы, желания наслаждаться Творцом.

Отличие клипот от нас: у нас желание самонаслаждаться, т.е. нер дакик. Между нами и клипот разница, так сказать, количественная, а не качественная. Конечно, существует огромная разница между нашими желаниями и желаниями клипот. Но в принципе это один вид. Это один и тот же свет Творца, который входит в клипот и в нас и оживляет все материальное творение. Нет другого источника, нет другой оживляющей силы.

Так что же такое физиологическое тело и душа? В чем их отличие от духовных тела и души? Невозможно просто так ответить, что наше физиологическое тело — это маленькая частичка эгоизма, а клипот — большая часть эгоизма. Духовное тело — это то же, что и клипот, но с экраном, а свет, который их заполняет, исходит из одного источника — Творца. И разница только в мере этого света, в его количестве и даже качестве. Но это нечеткий ответ.

Потому что все эти желания, называемые телами, чисто духовными, или не чисто духовными, или всевозможными объектами нашего мира — все эти желания созданы Творцом, как единое желание. Поэтому когда мы говорим, что в человеке находятся все миры, то не имеем права раскладывать человека на какие-то составные части, считать, что где-то отдельно существует его духовное тело, а здесь физическое, а там клипот, которые пытаются пробраться к нам откуда-то и воюют против чистых сил, а мы находимся в сторонке.

Нет, все это существует внутри нас и составляет единый объект, называемый человеком, творением. Адам — это единственное, что создано. Все остальное — это силы внутри него. Надо отделять одно от другого, и мы постараемся найти слова для объяснения, но не с помощью прямого, а косвенного объяснения. Пусть хотя бы станет понятным то, что неверно. А то, что верно, потихоньку прояснится. Это зависит от состояния человека. То ему более понятно, то — менее. Нистар ве нигле.

Наша наука уже пришла к истинному и абсолютному выводу, что нет ничего абсолютного в окружающей действительности. Это единственно верный ее вывод. Но наши мудрецы уже несколько тысяч лет назад пришли к этому же выводу без научного прогресса.

Даже первому каббалисту, который увидел и постиг все на своем опыте, это было уже известно. Поэтому по поводу законов Торы, описанных мудрецами на основе их духовных постижений, мы ни в коем случае не должны делать какие-то свои выводы на основе наших умственных рассуждений. Даже очень здравых рассуждений — таких, как древнегреческая философия. Ведь философия в то время была на самом высоком уровне.

Наши мудрецы делят все наше представление о мире на две части: открытую (нигле) и скрытую (нистар). Первая часть — это то, что нам ясно и находится перед нашими глазами, в наших чувствах, без всяких умственных упражнений, открыто нашему разуму. Я не включаю в это никаких внутренних связей между объектами.

Эта явная область постоянно расширяется. Вчера мы не знали, что такое волны. Сегодня мы знакомы с рентгеновскими лучами, атомом и другими проявлениями мира, т.е. постепенно наш круг раскрытой природы расширяется. И в мере раскрытия мы имеем полное право действовать согласно нашему разуму. Потому что эти вещи уже вошли в наше постижение, они не являются скрытыми.

А часть вторая, которая не входит в наши ощущения или не воспринимается с помощью показаний приборов, которые лишь расширяют наши ощущения, но не добавляют новые, скрыта от нас и называется нистар. А в тех случаях, где нам не хватает наших ощущений, где мы не можем увидеть явные свойства и явные связи между вещами, мы начинаем привлекать наш разум, нашу логику.

Если с помощью приборов мы ясно видим происходящее — это раскрытая часть природы. Если же нет — то это закрытая часть природы, творения. Только на эти две части можно разделить все творение, всю окружающую действительность, включая Творца, в наших ощущениях — постигаемую нами явно и пока непостигаемую, выходящую за пределы наших ощущений, постижений.

Для каждого человека это может быть иначе, для группы людей может быть чем-то общим. Наше познание окружающего всегда можно разделить на раскрываемое — нигле и еще скрытое — нистар. Мы говорим об исследовании действительности, которая находится вокруг нас, о том, какие представления, фантазии могут возникать у нас на основании этой действительности: музыка, живопись являются плодом человеческого воображения. Посредством искусства человек исследует больше себя, возможности выразить свои чувства, чем постигает окружающий мир. Культура не имеет отношения к науке.

Культура — это только язык, еще один язык, с помощью которого человек пытается выразить себя. Поэтому она является не методом объективного познания, а выражением непередаваемых словами переживаний.

Тема нашего исследования — восприятие, а искусство относится к выражению, обработке восприятия. Музыковедение не занимается вопросом, насколько точно данная музыка передает истинность наших чувств от восприятия объектов реальности.

Что человек ощущает при каком-то определенном воздействии на него света и каким образом он это выражает — это уже относится к каббалистическому подходу. Я бы сказал, что музыка, литература, живопись являются молитвой человека, желанием сердца к тому источнику наслаждения, который в нем возник.

Психологию и психиатрию мы тоже не можем включить в научные рамки, потому что они пытаются заниматься душой человека, его внутренней частью. Поэтому они и являются самыми слабыми сторонами медицины. И обычным подходом тут ничего невозможно сделать.

В принципе, нет ничего, кроме света Творца, окружающего нас, и его получателя — эгоизма, реакции, которую этот свет вызывает в нем, того ощущения, который эгоизм воспринимает от света. И только об этом мы можем говорить. Поэтому в любых случаях, на любых уровнях мы можем делить постижения кли на раскрывающиеся в нем от света и еще недоступные ему из-за непостижения им окружающего света (ор макиф).

Ощущения, которые раскрываются при этом в кли, сосуде, человеке, называются «тфила» — молитва, «ман». Их не надо переводить ни на какой другой язык. То, что ты чувствуешь прямо в сердце, внутри него, когда это еще не доходит до головы, до твоего сознания, это ощущение называется твоей истинной молитвой. От человека это глубоко скрыто.

Это его настоящая молитва к Творцу без всякого нашего вмешательства, зависящая только от того, что мы получаем. Потому что сам эгоизм — ничто, он «заводится» только от воздействия на него света. И вот это внутреннее ощущение, когда человек пытается его отчетливее выявить — выразить все его грани, свойства, оттенки — находит выход во всех областях человеческой культурной деятельности. Это музыка, литература, живопись, танец и т.д. Как у первобытных людей, так и у современных.

Искусство — это язык человека, только более внутренний. У человека есть много таких языков. А самый внутренний язык — это его непосредственная связь с душами, окружающими его душу, связь из души в душу через Творца, такое выражение себя, когда окружающие воспринимают его без передачи его ощущений. Добрый глаз, дурной, гипнотические воздействия — все это «языки» человека.

Человек ощущает в себе свет градациями. Какое-то количество ощущает, а какое-то — нет. Ощущаемое количество света рисует в нем определенную ограниченную картину той части действительности, которая называется нигле — раскрытой им.

А свет, который он еще не ощущает, скрывает от него картину другой части действительности, называемой нистар — скрытой. И это все сугубо субъективно относительно каждого человека и меняется в зависимости от его духовного состояния.

Если мы увидим полную картину действительности, то увидим только простой свет, наполняющий все творение, больше ничего. И это является истиной. Все остальные картины — это рисунок нашего эгоизма на белом фоне — свете Творца. То, что мы воспринимаем вокруг себя, внутри себя — в принципе, одно и то же, и является тенью наших эгоистических свойств на белом фоне. Ты видишь тень того, что ты поставил на пути света. Поставил, допустим, руку на пути равномерного света, увидел тень руки.

Что значит, я вижу тебя? Что значит, я вижу что-то вокруг? Я вижу свои эгоистические свойства, которые заслоняют от меня свет. И это в нашем мире считается нигле. Совершенно обратное. А сам свет для нас — нистар. А в той мере, в которой я начну постигать свет, я увижу его вместо какой-то картины нашего мира. То есть творение создано таким образом, что может видеть только в своих свойствах.

Мы не можем ощущать непосредственно Творца, мы ощущаем наш эгоизм, стоящий на фоне света, мы ощущаем воздействие света на нас. Так же, как я приводил пример с черным ящиком, которым и является человек. В него каким-то образом входит свет, давит снаружи, вызывает какие-то реакции.

Вот эти реакции эгоизма на свет называются для нас нигле. А еще нераскрытые воздействия света на нас — нистар. Все, о чем говорится сейчас, относится к наличию экрана. А если его нет, то говорить не о чем. При помощи экрана человек видит, какие реакции возникают у него на свет. А без него — мы не можем знать, какие реакции и на что возникают у нас.

Поэтому человечество выработало 3 подхода к определению понятия «душа и тело». Человечество не видит истинной картины того, что на него воздействует и своей реакции на это. И потому существуют дуалистические подходы к анализу действительности. Нам еще предстоит ответить на вопрос: «Что же существует на самом деле?»

Поэтому наши мудрецы заранее оградили нас, сказав, что в ведении человека, в его праве, в его силе существуют только такие качества, свойства, знания, которые он видит, явно, без всякого внесения в это своей философии, своего воображения, своих теорий, т.е. только нигле. Лишь на это мы имеем право опираться.

Раскрытой частью действительности называется то, что не вызывает ни в ком сомнений, что наука считает фактом, что можно подтвердить опытами, получив тот же результат, без всяких вспомогательных теорий.

В Торе есть замечательная фраза: «Нет у судьи ничего, кроме того, что видят его глаза». Никакой веры. Вера называется Хасадим. Знание называется Хохма. Глаза — свет Хохма. Все, что ты видишь — факт. Для остального у каждого есть своя философия. Все остальное не имеет никакого отношения к действительности, а относится к нашим мыслям, переживаниям. Мы не имеем права этим пользоваться, но, вопреки сказанному, пользуемся и ошибаемся.

В этом наша трагедия. Мы выдвигаем разные теории, каждый согласно своему эгоизму. Сегодня, когда мы начинаем изучать духовные сферы, духовные миры, мы лишь начинаем понимать, насколько мы ничего не понимаем. И чем больше мы будем изучать, тем больше будем убеждаться в том, что наша природа совершенно противоположна духовной, что наши знания не соответствуют истине.

Представляете себе, насколько ошибается человек, думающий, что он постиг всю вселенную, что точно знает, как все это крутится. Ведь он все подчиняет власти своего интеллекта, совершенно отрицая духовное. Только там, где мы хотим использовать свой эгоизм, мы начинаем привлекать свои теории, хотим все духовное поставить перед нами на колени, сказав: «Вот так это существует, вот так это действует».

Что значит: «Эмуна лемала ми даат»? Если есть та часть окружающей действительности, которую мы называем истинной, потому что она открыта нам в строго научном плане, познаваемом и постигаемом, то именно на эту открытую часть и призывают нас опираться наши мудрецы.

Верой выше знания называется то, что вопреки своим знаниям об устройстве мира, я поступаю так, как говорили мудрецы. Я точно разграничиваю раскрытую и скрытую от меня части творения. Я точно знаю и постигаю то, что находится до этой границы, т.е. в раскрытой части, и понимаю, что все это противоречит существованию Творца, Его доброму управлению, и тем более, управлению относительно меня.

И, несмотря на то, что я четко раскрыл для себя нигле, я иду вопреки ему, поступаю в соответствии с тем, как устроено скрытое — нистар. Я пользуюсь нигле, как опорой для выхода в нистар, подтверждением того, что я иду против него, иду «лемала ми даат» — выше разума и знания. Надо четко проверять, контролировать и иметь разум, постоянно осознавать, что он не чувствует Творца, что воспринимает только плохое — и идти выше этого.

Не говорить себе, что все хорошо, я всем доволен, Творец хороший и т.д. Все это только отключает от действительности и не называется выше разума, выше нигле. Это просто голый мелкий фанатизм, когда ты идешь ниже своего разума. Ты не опираешься на разум, как на базу, с которой — путь наверх, вопреки.

Те, кто закрывают на все глаза, кричат, молятся, принимают все, как есть, — идут верой ниже знания.

Такое состояние не дает духовного продвижения и называется «домэм де-кдуша» — неживой святой. Он верит в Творца на своем маленьком уровне, выполняет все, что якобы сказали Творец и мудрецы, что написано в книгах.

Именно так 3000 лет шел еврейский народ. Так идет масса, и она иначе поступать не может. Таким образом существует неживое, топчась на месте. Живое — оно живое потому, что растет, отрицает отрицающее (закон отрицания отрицания), проверяет свое состояние, отрицает его, считает следующее состояние лучшим, стремится к нему. В этом и есть сила всего человечества! Нужно четко знать себя, постоянно проверять, отрицать, включать свой эгоизм и заменять его альтруизмом.

Эта работа называется Каббалой. Что значит Каббала? Получать высшие ступени, спускаться в галут, постигать элокут, святые имена. Для этого надо воспитывать человека по-другому, чтобы он шел вперед. Массы этим не воспитаешь. Было время, когда к этому приходили единицы, потом десятки. В наше время это доступно тысячам, десяткам тысяч.

Подход этот потому и называется «вопреки разуму, вопреки видимому». Но для этого надо четко сознавать, что такое видимое. А из чего состоит неизвестная нам часть? Она состоит из всех знаний — тех, которые мы осознаем существующей истиной, и тех, которые мы получаем от людей, которым верим.

Но не в той мере, что можем приблизиться к ним, проверить их на основании чисто разумного подхода, четко разложить и пользоваться ими, как действительностью, находящейся в пределах нашей досягаемости. Поэтому эта часть называется недосягаемой. Ее мы должны воспринять так, как заповедовали нам наши мудрецы: в виде простой веры. И ни в коем случае не пытаться исследовать.

Мы очень четко должны разграничить то, что мы можем понять, и то, что непознаваемо. И познаваемое расширять и углублять, а в непознаваемое — только верить. Принимать его как осознанную действительность через органы веры. Таким образом я расширю диапазон вселенной, в которой я живу, до диапазона мудреца, которому я верю простой верой.

Если этот мудрец пишет в своих книгах о том, что он познал, как от Творца исходит простой свет, создает все миры, спускается до нашего мира, как и для чего все это происходит, — если все это я воспринимаю простой верой, то я живу в этом объеме, как в действительности, и поступаю соответственно.

Простая вера позволяет нам в любом состоянии жить в полном объеме творения: все, что создал Творец, находится в поле моего зрения. Часть картины я вижу, воспринимаю, познаю и расширяю лично и с помощью окружения. А то, что я не вижу, что скрыто от меня, что непознаваемо, я восполняю своей простой верой. Поэтому ничто мне не мешает, не дает повода ошибиться. И я могу идти совершенно верным путем вперед.

Так же и в нашем мире. Я не упаду, если вижу перед собой дорогу (имеется ввиду реальное видение). И могу споткнуться только тогда, когда я чего-то не вижу. И это частичное ограничение поля зрения вызывает мои ошибки.

В нашем понимании вера воспринимается, как вещь очень несерьезная, ненаучная, на которую невозможно поставить всю действительность, на которую не подобает опираться разумному человеку. Но такая вера должна стать для меня действительностью, так же, как и окружающая реальность, которая воспринимается нашими эгоистическими желаниями, оседает в них.

Нашим эгоизмом мы чувствуем, что хорошо, правильно, верно, даже если это и не так. Но я поступаю в соответствии с моими эгоистическими ощущениями. И это моя правда, как я ее вижу. В то время, как неощущаемая часть опровергается моим эгоизмом. И я ее, естественно, не могу принять.

А если я подавлю эгоизм, пойду вопреки ему, то в той мере, в которой я это сделаю, я смогу верить простой верой, верой выше разума. И эта вера является моей борьбой против собственного эгоизма, против моей сути.

Все замыкается в одной точке. Нет больше ничего. В том же творении все находится в одной точке — эгоизме, созданном Творцом. Все, что я ощущаю — это истина, действительность, реальность — нигле. Все, что не ощущаю — нистар. Четкое разделение этих понятий является задачей идущего вперед. А задача сводится к осознанию зла.

Именно зло мешает мне присоединить непознаваемую часть — нистар — к нигле. И я не могу двигаться в правильном направлении. Не могу идти путем веры выше знания. Мне мешает мой эгоизм, осознание моей природы как зла. Поэтому мне ничего не остается, как просить Творца о помощи.

Сейчас у нас много разных сумбурных мыслей в голове. Но постепенно они все соединятся в понятия света и сосуда. А в конечном итоге — в одно единственное понятие — свет Творца, в осознание того, что кроме Него, не существует ничего.

Когда мы изучаем «Талмуд Десяти Сфирот», мы это делаем не для того, чтобы знать, а чтобы вызвать на себя воздействие окружающего света, т.е. воздействие непознанной нами части творения. Она начинает светить нам, вызывая ощущение того, что она существует неявно. Это и называется нистар — то, что мы улавливаем в общем. Я могу иногда ощущать нистар, могу знать в неявном виде, что оно вроде бы существует, но не теряю мою веру в него.

Человек, который не хочет проверять свое состояние, говорит: я не хочу знать. Чем меньше я буду знать и идти путем веры, тем больше я — святой. Это фанатизм. Необходимо пытаться познать нистар. Нельзя идти только слепой верой. Это топтание на месте, нет никакого продвижения вперед. Такие люди не хотят познать и нигле. Скрытое — нистар — должно светить нам в виде окружающего света (ор макиф), возбуждать нас к тому, чтобы познать его, слиться с ним, рождать желание.

Нельзя отделять нистар от нигле. Только нужно ощущать, что скрытое существует неявно. Человек должен примерно представлять себе, что и сколько он знает из всего объема действительности.

Например, из 100 процентов творения, которое я представляю, я знаю 10 процентов. Так человек должен себе представлять. Я знаю, что я ничего не знаю. Это большой уровень. Как говорил Эйнштейн: «Бог существует, а я играю камешками на берегу моря».

Изучая Каббалу, мы стремимся постичь, узнать, внести новое знание в часть нигле. Для чего? Когда человек включает это знание в себя, оно становится его частью, или им самим. Таким образом он получает свою личную связь, хотя и с неявным. И еще мы изучаем для того, чтобы была возможность жаловаться Творцу на себя и на Него: «Смотри, я 5 лет изучаю и ничего не достиг!»

Человек имеет право сказать это, когда он серьезно и много занимается и не получает вознаграждения ни в каком виде. Это очень тяжело. А если получает вознаграждение, то как он может жаловаться Творцу?

Мы изучаем 3 подхода к вопросу о сути души и тела:

1-й подход — методом веры. Когда есть душа, которая движет телом, а тело не принимается в расчет.

2-й подход — есть душа и тело. Тело абсолютно самостоятельно, душа дополнительно спускается свыше.

3-й подход — тело без души, в ней нет никакой необходимости.

Все они не соответствуют истине, — говорит Бааль Сулам. А для того, чтобы что-то ощущать, — продолжает он, — мы должны знать, что все перед нами делится на нигле и нистар. Мы должны использовать только те достижения науки, которые вошли в нигле и совершенно не связаны со всякими теориями, базирующимися на догадках, т.к. они все время меняются, а мы должны использовать то, что имеет подтверждение, в чем мы уверены, как в своих руках.

Только таким образом мы можем исследовать нашу жизнь, тело и — если есть — душу. Поэтому из 3-х подходов практически можно использовать только третий, отрицающий существование души, потому что в первых двух идет речь о вещах, которые не могут быть подтверждены, не входят в открытую часть. И мы не имеем права делать какие-то выводы на основе своих предпосылок.

Сама Тора вынуждает нас действовать только на основе того, что нам открыто. А открыто нам только наше тело. Остальным нам запрещено заниматься, потому что это грозит тем, что мы можем себе представлять совершенно неверные связи, объекты, выдумывать какие-то существа, силы, что строго запрещается Торой и определяется как идолопоклонство.

Но 3-й подход, отрицающий все, что стоит за рамками реально видимого, слишком ненавистен человеческому духу. Он настолько отталкивает, что никто в мире не может сказать, что верит в него. У любого человека есть внутренняя уверенность в том, что тело не может существовать без всякой первичной причины или без всякого последствия своего существования.

Человек не может воспринять такой чисто физиологический подход к себе. Мы это видим по тому, как человечество не соглашается считать человека механической машиной. Ни одно общество не согласно на то, что у человека нет вознаграждения и наказания за его те или иные поступки, даже на уровне нашего мира.

Поэтому человечество подспудно принимает двойственную теорию о том, что существует тело и какая-то душа, которая нисходит в тело. То есть тело может существовать самостоятельно, для этого не требуется душа. Но кроме того, существует само по себе что-то духовное. Это 2-й подход.

Эту духовную часть, которая вселяется в тело, мы и называем — человек. И один человек отличается от другого разностью душ. Это открывает нам путь к астрологии, предсказаниям, что как будто имеет отношение к духовному. Такая теория остается только теорией и очень тяжела для нашего понимания.

Мы не представляем себе, что духовное, облачаясь в материальное, нисходит со своего духовного уровня до уровня нашего тела. Облачиться это быть равным по свойствам. Мы не можем силой поместить одно в другое, если это не относится к одному измерению. Как существует сопряжение между ними? Эту теорию мы принять не можем.

И ничего не остается, как действовать через подход, который передали нам наши мудрецы: возможность исследовать только то, что находится в пределах наших ощущений, т.е. только открытую часть, и только ее принимать в расчет. И на основании наших ощущений выносить решение о понятии «душа и тело».

Единственное, что создал Творец, — это желание насладиться. Это то, что человек ощущает в себе и с помощью чего ощущает себя. Это единственное творение — желание насладиться — в Каббале называется телом. Исследовать объект — желание насладиться, желание получить наслаждение, желание получить в итоге Творца — мы не можем, т.к. наша суть от нас закрыта.

Мы можем только исследовать ее проявление в себе в контрасте со светом-Творцом. А для этого необходимо прежде приобрести свойства, противоположные нашему желанию, стать на сторону света. И только тогда мы сможем определить, что такое душа и тело.

Душой называется такое состояние, которое творение ощущает в себе как часть Творца. Больше не создано ничего. Не создан отдельно наш мир и наши тела, неживые, растительные, животные, человек... У нас должно быть очень четкое отношение к миру.

Мир (олам) — от слова скрытие (алама). И поэтому мы можем действовать только в той части, которая раскрыта нам, и на основании ее. Продвигаясь в духовном, мы выносим решение, что такое тело и душа. Эти ощущения и суждения абсолютно субъективны относительно каждого постигающего.

Когда человек начинает постигать свой духовный источник, то все для него делится на две части: Источник и он сам. И в соответствии с тем, насколько близко человек чувствует Источник, он сможет понять, кто он сам.

Таким образом, он делит творение на две истинные категории: Творец и собственное «Я». До тех пор, пока не доходит до окончательного ощущения Творца и себя в Малхут мира Ацилут, где Малхут — это общая душа, душа Адама, а Творец — это Зэир Анпин.

Когда мы учим Каббалу, то под телом мы понимаем желание получить, а под душой — свет, который в теле. Нам только не понятно, как это связать с нами. Где кончается это духовное тело — масах и ор хозер — и где начинается наше тело без масаха? В Каббале мы также изучаем эгоистические духовные желания и без масаха. Самая низшая ступень этих желаний находится на таком уровне, когда она не ощущает духовный свет, вернее, ощущает его неявно в виде различных одеяний и желает его для себя.

В принципе, нет никакого отличия между желаниями, кроме намерения. Нам кажется, что духовное не относится к материи — к молекулам, атомам, оно неосязаемо. Как же быть с газами? Газ можно превратить в твердое тело. И наоборот, нагревая металл, можно заставить его испаряться. Можно сказать, что в наших силах превратить газообразное вещество в твердое и наоборот.

Но не в наших силах превратить духовное в материальное. Что же такое духовное? Мы не можем видеть, кто мы такие, даже в облачении тела и без него. Это находится за пределами раскрытого нам. Поэтому в точке перехода — я, мое тело, смерть тела, гниение тела (а где же я?) — находится наш камень преткновения.

Подход должен быть таким: не существует ничего, кроме желания насладиться на всех уровнях. И только тот может судить о том, есть ли тело и есть ли душа, кто на самом деле ощущает душу как часть Творца. Когда человек на самом деле начинает постигать свет, он видит, что, кроме желания ощутить Творца и света, ничего нет.

А потом, когда человек идет навстречу Творцу, он понимает, что он сам, его путь к Творцу и сам Творец — это одно и то же. А миры являются градациями постижения Творца. Неживые ощущения Творца — наш мир, когда Источник абсолютно не виден.

Живое ощущение Творца — духовные миры. Чем выше мир, тем проявление Творца более явно. Все проявления, естественно, относительно человека. Творец не меняется. Изменение ощущения Творца зависит исключительно от наших свойств. Как только мои ощущения станут более тонкими, я смогу задержать сквозь свои чувства больше света, смогу расширить свои границы постижения. И когда я дойду до последней границы, то увижу, что кроме меня, есть только простой свет, потому что я по свойствам сравняюсь с ним.

Так какая же разница между душой и телом? Есть тело, называемое «я», моя точка. И есть душа — это то, что моя точка ощущает. Источник заблуждения всех верований и религий в отсутствии явного проявления Творца адептам этих верований и религий. Нельзя путать различные проявления физиологии (способность прогнозирования, как например, у Мессинга) с духовным.

С одной стороны, Тора призывает нас действовать только на основании раскрытого, с другой стороны, призывает действовать верой выше разума. Если ты действуешь только на основании раскрытого твоим глазам, то поступаешь, как животное. Так поступает все человечество, в том числе и получившие религиозное образование, духовное воспитание, которое вошло у них в открытую часть.

Мы говорим, что существует путь подняться выше своей природы. Действие же только в рамках своей природы продвигает понемногу с помощью науки, дает возможность познавать окружающий тебя мир с его механическими взаимоотношениями. Духовного же в этом случае ты ощутить не сможешь, потому что все постижение происходит посредством природных чувств, с которыми ты создан. Ты можешь лишь развить лучше органы своих ощущений.

Научное постижение не может выйти за пределы моего естества, нашего мира, за пределы моих физических ощущений. Чтобы подняться над ними, нужны уже свойства Творца. Не существует никакой разницы между Каббалой и другими науками. Каббала — самая общая наука, включающая в себя все остальные. Наша Тора, наши мудрецы самые настоящие ученые-реалисты.

Легче и правильней всего представить себе картину, о которой говорил АР"И аКадош: «Сначала существовал простой свет. Затем он выделил в себе пустоту, в которой создал все миры». Что значит пустота? Свойство, отличное от Творца, — эгоизм. В пустоте не существует Творца, эгоизм не может ощущать Его, а только свое «я».

Насколько эгоизм исправляет себя, настолько начинает чувствовать Творца. Наше тело является маленьким эгоистическим желанием со всеми своими 5 органами чувств, которые поставляют ему всевозможные наслаждения. В материальном мы действуем со своим первозданным эгоизмом, в духовном — мы привлекаем к нашему эгоизму какую-то часть Творца, а на остальной эгоизм делаем сокращение.

Но он остается, и мы его постепенно заменяем на альтруизм. Как только в нас появляется малейшее духовное кли — в нем есть прообразы всех миров, всех сфирот. И в нем мы можем ощущать микроскопическое подобие всего мироздания.

СКРЫТИЕМ И РАСКРЫТИЕМ СВОИМ ТЫ СОЗДАЛ МЕНЯ

Сказано: «Ахор вэ кедэм цартани» — «Сзади и спереди сотворил ты меня», что означает: раскрытием и скрытием от человека сотворяет его Творец, потому что «во всем царство Его» и все возвращается к своему корню, потому что «Все под властью Его», а отличие — в «настоящем» или «будущем». Потому что удостоившийся соединить два мира, он в «настоящем» раскрывает одеяние Творца (этот мир) и видит, что все происходящее — это одеяние на раскрытие Шхины. И это «настоящее». То есть и сейчас находится в царском одеянии, и представляется открыто всем, что «наездник не подчиняется коню». Хотя кажется, что конь ведет наездника, но неверно это, не в состоянии конь совершить ни одного движения без ощущения повода и кнута наездника. И это называется «Здание Шхины». И это называется «паним бе паним» — «лицом к лицу», «передом к переду».

Но если человек еще не достиг состояния, чтобы направить все свои движения только к Творцу, и конь как будто бы не соотносится в своих движениях с поводом и кнутом всадника, а наоборот, ...и «ставит власть Служанки выше власти Госпожи», это называется «ахор» — «обратной», «задней» стороной. То есть не подумай вдруг, что ты удаляешься от святости, ...ведь все равно колесо, крутясь, возвращается к Святости и своему Источнику. А если так, хотя и кажется, будто конь ведет всадника, согласно своим низким стремлениям, но истина-то иная: всадник по своему желанию управляет конем. Но раскрывается это не в «настоящем», а в «будущем». Получается, что и в этом случае они в связи, но «ахор бэ ахор» — «спиной к спине», обратными сторонами, что означает не согласно желаниям одеваемого (внешнего, человека) и не согласно желаниям одевающегося (внутреннего, Творца).

Выполняющие желание, т.е. раскрывающие сами одеяния Власти в настоящем, связаны «паним бэ паним», «лицом к лицу», добрым желанием одеваемого (внутреннего) и добрым желанием одевающегося (внешнего), потому что именно это желание Творца.

И это смысл сказанного: «...Пока не выполнял волю Творца в радости». Потому что все равно ты выполняешь, но отличие в том — «как выполнишь?» — в страданиях, т.е. без желания, или — в счастье, всем хорошем, радости, т.е. желанием всего сердца.

И это смысл сказанного: «Посмотрел Творец на деяния праведников и на деяния грешников, и неизвестно, что предпочитает Творец: деяния праведников или деяния грешников...», — но когда сказано: «Но увидел Творец свет, что хорош он, а потому отделил», то ясно, что Творец предпочитает деяния праведников. Это означает: на все деяния смотрит Творец, т.е. соединяет их, и все возвращается к своему Источнику. А если так, то какой путь более желателен? На это отвечает Тора: «И увидел Творец, что хорош свет», т.е. раскрытие, достигаемое деянием праведника. Но конец один, только «есть путь длинный, но короткий, а есть путь короткий, но длинный». (См. РАБАШ. Статьи. Статья 26 за 1986 год).

ТРИ ВИДА ЖЕЛАНИЙ

В человеке есть три вида желаний — гуфим (тел).

Первый вид — это внутренние духовные желания, в которые одевается высший свет, называемый **нэфеш де-кдуша** (минимальная святость), наполняющий душу.

Второй вид — это «нейтральные» желания, которые нам еще предстоит исправить и объединить их со святостью желаний «первого вида». Второй вид называется **клипат нога**.

Третий вид — это нечистые желания, называемые **змей**.

Все три вида желаний проявляются только тогда, когда человек переходит через махсом. Первый вид желаний, внутренний, не нужно исправлять, — он исправлен, поэтому его нужно только использовать. Что же касается второго и третьего видов, то их как-то надо отсечь или исправить. Как это можно сделать? Для этого необходимо все мысли связывать только с Творцом, кроме которого ничего и никого нет. Это проверенный способ, помогающий спасти человека в каждом случае. Такой дуэт — Творец и я — должен постоянно присутствовать во всех мыслях, во всех состояниях, во всех действиях человека.

Другие же мысли и желания человека, кроме как о Творце, должны умереть, потому что, не думая о них, мы лишаем их возможности существовать и питаться за счет хороших мыслей.

До грехопадения все мысли «Адам а-Ришон» (Первого человека) относились к состоянию ашпаа (ради отдачи) и к гальгальта вэ эйнаим (сосудам отдачи). У него не было ни келим де-кабала (сосудов получения), ни лев а-эвен (неисправленных сосудов), из которого вышли клипат нога (второй вид желаний) и клипот (нечистые желания) третьего вида. После прегрешения к Адаму присоединились две последние разновидности желаний, которые, в результате, должны были укрепить связь Адама с Творцом.

Именно тому, кого Творец хочет приблизить к себе, Он и посылает самые низменные желания, отвлекающие человека от правильных действий. Но при правильной сортировке всех желаний человек отсекает от себя эгоистические мысли, каждый раз относя все происходящее к связи с Творцом. Таким контролем своих мыслей и правильным их распределением человек каждый раз все более приближает себя к Творцу, становится все более подобным Ему, выполняя Его замысел творения, несмотря на предшествующие помехи.

Если человек не сортирует мысли или думает, что это его собственные мысли или мысли окружающих его людей, а не данные ему сверху, то происходит смешение келим де-кабала (сосудов получения) с келим дэ-ашпаа (сосудами отдачи). Такое смешение сосудов — результат прегрешения Адама, приведшего к швират а-келим (разбиению сосудов). Его душа разбилась на 600 тысяч осколков. Наши мысли запутаны, постоянно меняются, а наши желания состоят из трех перечисленных гуфим. Нам тяжело отделить святость от нечистых желаний, а также произвести правильный анализ каждого желания и классифицировать его в нужную группу.

Необходимо решить и сделать выбор: позволить ли появившейся у меня эгоистической мысли расти дальше, думать, фантазировать и наслаждаться ею? А может быть, стоит отсечь, лишить ее подпитки и силы к существованию. Человек должен соединить свое «я» не с телом, а с душой. Невыполнение этого принципа и мысль о том, что тело является главенствующим в существовании нашего «я», приводит к различным неприятностям.

Все наши мысли должны быть сконцентрированы на первом, внутреннем виде желаний, являющимся одеянием для святости, необходимо стараться выйти за пределы мыслей о нашем теле. И насколько сможет человек, находясь в этом состоянии, соединить себя с внешним миром, ровно настолько он и приобщится к совершенному и вечному. При этом его кли будет все время увеличиваться, и наслаждения смогут ощущаться человеком вечно. В нашем же мире напротив: как только мы получаем то, чего так страстно желали, — наше желание тут же гасится наслаждением, потому что свет растворяет в себе сосуд.

Когда мы исправляем наши сосуды, то притягиваем к ним ор хохма (свет мудрости) — свет единства с Творцом. Поэтому третий вид желаний создан, в конечном счете, для нашей же пользы. Будучи пока еще неисправленными, желания этого вида стремятся к получению ор хохма, поэтому они называются рашаим (грешники). Но поскольку Ц"А установил запрет на получение света неисправленным (эгоистическим) сосудом, то низменные желания автоматически отмирают, а ор хохма входит во внутренний исправленный сосуд.

Говорится, что там, где обитают наши мысли, там мы и находимся. Если к человеку пришла мысль о каком-то наслаждении, то в следующую минуту он должен подумать о том, чему он отдает предпочтение. Либо мыслям, которые соединяют его с Творцом, либо мыслям, не имеющим ничего общего с духовным и вечным. При выборе предпочтения нужно помнить, что нечистые мысли все равно должны умереть, но сейчас ими соблазняют, потому что это приятно телу.

Для каждого из нас существуют соблазны, на которые мы падки. Для одних — это деньги, для других — почет, уважение и власть, для третьих — животные наслаждения. Некоторые рисуют себе прошлое или розовое будущее. Этим мыслям люди посвящают много времени и даже целые периоды своей жизни. И хотя человек уже понимает, откуда приходят подобные мысли, он должен снова и снова уделять внимание их сортировке, пока не начнет справляться с этим.

Но нужно знать, сколько времени уделять этим бирурим (выяснениям). Ор хохма соответствует сосудам получения. Если сосуды исправлены, то через них можно получить свет мудрости, а если нет, то это — только пища для клипот (нечистых сил). Нужно опасаться попасть под их власть — их соблазн притягивает нас. Но в конце-концов мы выйдем из этого состояния, когда исправим свои сосуды. Однако этот период может быть очень длительным.

Но в каждом отдельном случае человек должен стараться приблизиться к Творцу с мыслью о том, что нет никого, кроме Него. А затем подумать: так для чего же Он тогда посылает такие разные мысли? Чего Он хочет от человека? И почему нужно думать именно о Нем, получая такие мысли? И до тех пор, пока так или иначе мысли связаны с Творцом, человек в пути к цели творения. Чем дольше и постояннее человек сортирует свои мысли подобным образом, тем скорее он найдет связь с Творцом.

ЧЕТЫРЕ БУКВЫ СВЯТОГО ИМЕНИ
Книга «Эц Хаим»
«Комментарий «Паним масбирот», стр. 27

Точка от юд обозначает Бесконечность, т.е. потенциальную силу, находящуюся в замысле творения и направленную на то, чтобы дать наслаждение творению, — что обозначается, как кли кэтэр.

Буква юд обозначает Хохму, т.е. первое свойство, которое проявляется как действующая сила, сразу же возникающая в распространяющемся свете Бесконечности.

Первая буква хэй (есть две одинаковые буквы хэй в четырехбуквенном имени) — это Бина, второе свойство, которое является переходом от потенции к действию, т.е. свет, выросший из хохмы.

Буква «вав» обозначает Зэир Анпин, т.е. распространение света хасадим из бины; третье свойство, несет в себе потенциал раскрытия действия.

Последняя буква хэй соответствует свойству Малхут: четвертое свойство — раскрытие действия в исправленном желании получать, т.е. свет хасадим, который смог принять дополнительную порцию света бесконечности, большую, чем та, которая обычно распространяется от бины, и этим определил новый вид желания получить, где свет облачается в желании получить, которое заканчивается только в этом четвертом свойстве и не ранее.

Из вышесказанного ясно, что нет света в мирах, как в высших, так и в низших, который не был бы организован в порядке, соответствующем четырехбуквенному имени, т.е. четырем свойствам. Потому что если не так, то не будет определено желание получить, которое должно быть в каждом виде света, потому что это желание — это место и величина каждого вида света.

Хотя буква юд указывает на хохму, а буква хэй — на бину, но весь свет, содержащийся в десяти сфирот, находится в сфире хохма, а бина, зэир анпин и малхут — это только одеяния на хохме. Но тогда хохма должна выражаться самой большой буквой в четырехбуквенном имени?

Дело в том, что буквы в четырехбуквенном имени показывают не количество света в десяти сфирот, а степень участия желания получить, так как белый цвет основы, на которой написана книга Торы, указывает нам на свет, а черные буквы книги Торы указывают на качество килим (желания получить).

А так как кэтэр — только корень желания получить, то обозначается только точкой от буквы юд.

А хохма, выражающая потенциал до его выражения в действии, обозначается самой маленькой буквой из всех букв, т.е. юд.

А бина, в которой выходит и проявляется сопоставление потенциала и действия, выражается самой широкой буквой — хэй.

А Зэир Анпин, ввиду того что нет у него еще силы для открытия действия, обозначается буквой длинной и тонкой — вав, где тонкость указывает на то, что пока еще сущность желания получить скрыта в потенциале, а длина линии указывает на то, что в конце распространения (света) открывается с его помощью желание получить в его конечном и полноценном виде.

Поскольку хохма не успела в своем распространении раскрыть полноценное желание получить, потому что бина пока еще не представляет собой настоящее кли, а только его потенциал, то и ножка буквы юд коротка, чтобы показать, что пока еще короток он (свет), что еще не открыла с помощью распространения света скрытый потенциал свойства полноценного кли.

А малхут тоже выражается в букве хэй, как и бина, потому что эта буква широка и открывает полноценность формы. Отсюда нетрудно понять, что и бина, и малхут обозначаются равными буквами потому, что в мире исправления они действительно схожи одна с другой, находятся в диалоге одна с другой — в общем движении к единой цели.

Последнее поколение

*(о каббалистическом обществе)
рав Йегуда Ашлаг
(Бааль Сулам)*

ОГЛАВЛЕНИЕ

Предисловие 231
Становление последнего поколения 235
Кругооборот идей и общество справедливости 243
Государство Каббалы 250

ПРЕДИСЛОВИЕ

Поколения каббалистов мечтали о создании на земле общества по образу духовного мира, законами жизни которого были бы законы духовного мира. Ведь в этом и заключается цель, поставленная Творцом человечеству: жить телом в этом мире, по законам природы этого мира, но душой, своим «Я», жить — по высшим, духовным законам, природе высшего мира.

Законы творения этого мира, т.е. законы природы приведут нас к осознанию необходимости соблюдать их как обязательные, иначе просто природа откажется давать нам необходимое: чистый воздух, воду, минералы, пищу.

Но кроме того, природа высшего, духовного мира, давит на нас и вынуждает нас всех до одного начать жить также по ее духовным законам: поскольку есть в нас в дополнение к тому, что есть в неживом, растительном и животном мире, еще и «часть Творца свыше», называемая «душа», — этой частью мы обязаны жить, выполнять законы духовного, высшего мира, откуда она происходит, к которому она принадлежит.

Законы высшего мира изучаются в Каббале и поэтому, сказано: «Все познают меня от мала до велика», «И наполнится земля знанием Творца», чтобы каждый «знал Творца отцов и служил Ему». И еще многое, сказанное пророками, указывает на то, что нет отдельного существования тела и души — каждого по своим законам — и предсказывает их совместное сосуществование, когда постепенно совмещаются законы высшего и этого миров, и тем самым — и ничем более — высший мир нисходит в этот мир.

Изучая биографии и личные записи великих каббалистов всех эпох, мы явно прослеживаем их самую дорогую мечту: воплотить наяву хоть в каком-то небольшом масштабе прообраз общества будущего.

И рабби Йегуда Ашлаг, Бааль Сулам, когда приехал в 1921 году в Эрец Исраэль, привез с собой из Польши оборудование для кожевенного завода: он мечтал собрать вокруг себя учеников, мечтал, что он будет их обучать Каббале, и все вместе они будут практически воплощать Каббалу в жизнь — вместе работать и учиться.

И от своего рава я не раз слышал о таких мечтах. Все последователи Бааль Сулама слышали об этом и прониклись этой мечтой — созданием общества, описанного пророками, духовного общества на этой земле. Об этом писали многие, желающие сблизиться с Творцом, во все века. Многие убегали от общества в пустыню в надежде там создать подобное.

Но для этого необходима группа, прошедшая внутреннюю подготовку: осознающая, что если мы не найдем для себя новое, духовное воплощение в своих общественно-экономических отношениях, мы духовно погибнем. Потому что группа изучающих Каббалу достигает такого уровня, когда она ощущает, что только в таком обществе, в таких духовных связях между собой, она сможет существовать, иначе «задохнется» и деградирует, как прочие группы, в которых никак учеба не переходит в действие, как наружное, так и внутреннее.

Я не просто сказал вначале «наружное действие»: т.е. сначала их отношения между собой, совместная работа, о чем так много писал мой рав — РАБАШ в своих статьях 1984-1985 г.г., а затем только «внутреннее действие» — подъем по духовным ступеням постижения Творца. Потому что начиная с определенного момента, учеба и всякая иная групповая работа изживает себя и требует создать такие рамки, которые бы «давили» на всю группу и на каждого в отдельности, вынуждая измениться: а то не удержишься в устремлении такого общества ко все новым и новым духовным вершинам.

Любая группа может говорить, что она реализует каббалистические идеи, но по определению Бааль Сулама, Каббала — это раскрытие Творца творениям, находящимся в этом мире, т.е. использующим именно этот мир для постижения Творца, потому что этот мир и создан только, нарочно, именно для этого. А как пишет РАБАШ, это возможно только в группе, в особых условиях. И не каждое собрание людей, даже желающих вроде бы духовного, называется «Группа».

Мы не раз говорили о том, что необходимо найти ту формулу, тот метод, который поможет нам через этот мир найти Творца, потому что не используя этот мир, это невозможно. Мои читатели

Предисловие

уже не раз слышали, что Бааль Сулам и мой рав были категорически против того, чтобы человек бездельничал, не работал, только учился, получая от других. Они не принимали к себе в ученики неженатых и неработающих, потому что такие люди не в состоянии ощутить даже обычные проблемы этого мира, а потому уж точно не возбуждаются в Творце.

Человек должен применить весь этот мир для своего духовного продвижения, для этого весь этот мир и создан. Допустим, мы можем все взять, что пожелаем от него, все получить, все собрать вокруг себя. Короче, можем все, кроме одного — слияния с Творцом. Как бы мы построили систему связей, мир, общество вокруг себя, чтобы все это помогло нам достичь цели?

Творец дал нам в этом мире все условия для Его постижения, но как мы должны это использовать, как брать от мира и отдавать миру, как сделать мир орудием сближения с Творцом?

Поначалу человеку кажется, что из всех возможных вариантов его деятельности в этом мире самым подходящим применением этого мира для достижения Творца является занятие сельским хозяйством, поскольку в этом человек ощущает свою связь с землей и ее Творцом, с тем, кто дает силы роста каждому ростку и плоду земли.

Такая группа не может быть полностью автономной и изолированной от всего внешнего мира — Творец создал весь мир для нашего развития и достижения цели, поэтому глупо ограничивать себя и думать, что все остальное создано зря! Нельзя ограждаться от всего мира, а наоборот, движение вперед может быть только в связи с ним.

Нам понятно, к чему мы идем — насильно или вольно, через разрушения или с радостью. Как к этому прийти, объясняет вся Каббала. Это не та утопия, каких много написано, — это цель природы, а понимание того, куда мы идем, может качественно, кардинально скорректировать наш путь. В противном случае, все, что пережило человечество — лишь малая толика тех страданий, которые ему придется перенести, чтобы принять все-таки этот путь развития, если мы добровольно не начнем выполнять объективный закон природы: жить в этом мире по законам всего мироздания, т.е. по духовным законам последнего поколения.

Рабби Й. Ашлаг пишет, что начать это должна небольшая группа людей, проникнутых идеей цели творения. Такая группа должна создать мини-общество, в котором можно было бы отработать все институты будущего мироустройства, заранее постепенно решать практические проблемы и на этом опыте затем привлекать к себе постепенно — но всех.

Эта конечная форма совершенного существования всего человечества уже существует в своем окончательном виде на высшей духовной ступени, достичь которую предстоит всем. Но мы обязаны методом проб, ошибок и опыта сами отыскать путь к ней и найти, что такая форма — самая совершенная!

М.Лайтман

СТАНОВЛЕНИЕ ПОСЛЕДНЕГО ПОКОЛЕНИЯ

Истинное каббалистическое общество последнего поколения — это претворение идеи новой морали, реализация цели «Работать по способности, получать по потребности».

Любой морали необходима основа, на которой она базируется. Воспитание и мнение общества — слабая основа морали. Пример тому — гитлеризм.

Поскольку победа идеи обеспечивается большинством общества, построение последнего поколения происходит большинством общества. Вследствие этого необходимо установить уровень морали большинства на основе, которая бы обязала его к ее соблюдению и обеспечила обществу условия для того, чтобы уже никогда не испортиться. Недостаточно самой идеи, запечатленной в людях с рождения, потому что таких людей — меньшинство в обществе.

Вера — это единственная основа, которая будет верным источником подъема морали общества для достижения правила «Работать по способности, получать по потребности».

Необходимо изъять отношения по схеме «Мое — мое, твое — твое», представляющие собой правило общежития в Содоме, и перевести его на отношения «Твое — твое и мое — твое», т.е. абсолютного альтруизма. А когда большинство общества примет это правило для себя, как правило поведения в действии, настанет время принятия на себя правила «Работать по способности, получать по потребности».

Но прежде, чем общество достигнет такого морального уровня, каждый должен будет работать, как сдельный рабочий по найму. И это признак постепенного продвижения. Нельзя отменять собственность, потому что до тех пор, пока не существует морального стимула у большинства общества, не будет у него энергии для работы.

Весь мир — одна семья, и последнее поколение должно, в конце концов, охватить весь мир одним уровнем жизни. Но в действии этот процесс — медленный и постепенный. То есть каждый народ, большинство которого примет на себя основы последнего поколения в действии и получит надежный источник энергии для работы, немедленно войдет в рамки исправленного общества.

Экономическое и религиозное устройство, в той мере, в которой они обеспечивают последнее поколение, будут одинаковы для всех народов. Кроме вида религии, которая не влияет на экономику и будет у каждого народа своя, и не надо менять ее.

Нельзя исправлять вероисповедания в мире, прежде чем обеспечено полное экономическое процветание.

Необходимо сделать подробный план вышеперечисленных и других, необходимых для достижения цели, законов. Всякий входящий в рамки последнего поколения обязан присягнуть на верность этим законам.

Вначале необходимо создать небольшую организацию, большинство членов которой будут альтруистами по вышесказанному принципу, т.е. «будут работать усиленно, как на условиях выработки», более 8 часов в день каждый, прилагая максимум сил и получая необходимое.

Нужно, чтобы в такой организации были все виды отношений, какие есть в государстве, — так, что если эта организация вместит в себя весь мир, когда полностью исчезнет власть силы в мире, не возникнет необходимости ничего изменять в такой организации, как в работе, так и в управлении.

Эта организация будет, как центральная точка мира, вокруг которой сплотятся народы и государства, а для всех, входящих в рамки сообщества последнего поколения, будет одна программа и один центр, и будут как один народ на прибыль, ущерб и распределение.

Должно быть абсолютно запрещено члену общества последнего поколения использовать для разрешения спорных и прочих дел органы власти иного рода (например судебные), кроме органов власти общества последнего поколения. Все противоречия и споры должны решаться непосредственно между сторонами, а мнение общества, порицающего эгоизм, осудит того, кто желал использовать праведность товарища для собственной пользы.

Все народы мира ненавидят еврейский народ, их религию, их светское общество, их общество последнего поколения. Единственный путь к сближению состоит в достижении истинной альтруистической морали в сердцах народов, вплоть до космополитизма.

Если человеку запрещено эксплуатировать остальных ради своего блага, почему государству можно эксплуатировать своих граждан? Какое оправдание может быть у народа, желающего получить больше от плодов земли, чем остальные? Поэтому необходимо основать международное сообщество последнего поколения.

Как на диком острове, надо обустроить общество с помощью религии — только чтобы не уничтожали друг друга. С точки зрения альтруизма все человечество — дикари, и если нет иного средства достичь совершенства, кроме как принять альтруизм в качестве веры и религии, то надо не оставлять мир, а добиться того, чтобы приняли пока идею последнего поколения верой, ведь иначе уничтожат друг друга атомным оружием.

Три основы для распространения веры:
1) удовлетворение желаемого людьми — подобно обретению свободы, вознаграждения. Вознаграждение народа — в ощущении величия существования;
2) убеждение, доказательство, что иной возможности спастись от уничтожения нет;
3) распространение, реклама, убеждение.

Раскрытие ошибки в стремлении к приобретению собственности. Общество последнего поколения основывается только на основе веры — принципе отдачи, или, как говорит Бааль Сулам, на «религиозной основе», имея в виду под «религией» принцип отдачи.

Общество последнего поколения аннулирует власть силы. Каждый будет волен поступать, как ему думается нужным. Ранее сомневались, возможно ли воспитать детей объяснением, а не наказанием, но сегодня уже все приняли систему воспитания не силой, а убеждением. Если воспитание убеждением применимо к детям, у которых, как известно, нет терпения и осознания, тем более воспитание убеждением применимо для масс, имеющих терпение и понимание.

Нет более унизительного для человека, чем подчиняться власти силы. Члены общества последнего поколения не будут нуждаться в судах. Но если возникнет такая необходимость, необходимо собрать совет из товарищей провинившегося, таких, кто сумеет объяснить совершившему ошибку, впавшему в эгоизм члену общества, который предпочел личные цели интересам общества, — убеждать до тех пор, пока не вернут его в строй.

А если попадется особенно упорный, на которого не подействуют никакие убеждения, обязано отстраниться от него все общество, как от прокаженного, пока не вынудит его этим отстранением принять на себя законы общества.

Поэтому, как только будет основан один кибуц последнего поколения, и большинство в нем примут на себя выполнение этих законов, немедленно примут на себя обязательство ни в коем случае не вызывать один другого во внешний суд или в органы внешней власти, а все должно исправляться внутри кибуца мягким убеждением и разъяснением.

Вследствие этого не принимают человека в такое общество, прежде чем не убедятся, что он не груб душой и в состоянии воспринять идеи последнего поколения.

Желательно постановить, что ни один человек не может требовать от общества удовлетворения своих нужд, а должны будут особо выбранные обществом исследовать потребности каждого и затем распределять каждому в соответствии в его потребностями и возможностями общества.

Мнение общества изрыгнет из себя того, кто требует себе. Поэтому мысли каждого будут направлены на отдачу остальным. Любой процесс воспитания принимает во внимание погрешности, а потому должно учитывать неподатливость человеческой природы. Это подобно тому, как желающий вскочить на стол должен подготовить себя к прыжку на большую высоту — и тогда не ошибется.

Но если примеряется только к номинальной высоте, не допрыгнет и упадет. Так и общество может ошибиться и упасть, если не примет во внимание необходимость создания «запаса прочности» от неучтенных сложностей.

Пришло время построения общества последнего поколения, и мы обязаны установить его в одной стране, для примера всему миру, в противоположность ужасному впечатлению всего мира от ложного советского коммунизма.

Не настанет спокойная и надежная жизнь общества, пока разногласия между его членами не будут решаться только мнением большинства. Это говорит нам о том, что не может быть лучшего строя, чем общество, управляемое добрым большинством.

Хорошее общество означает, что его большинство хорошее, а плохое общество означает, что его большинство плохое. Поэтому сказано в начале этой статьи, что **нельзя основывать общество последнего поколения, прежде чем большинство членов общества не достигнет намерения «отдавать»**.

Никакая реклама не в состоянии обеспечить власть над будущими поколениями. Не помогут здесь ни воспитание и ни мнение общества, влияние которых постоянно ослабевает. Только вера (религия, свойство отдачи) способна сделать так, что навязанное извне с поколениями крепнет и становится потребностью.

И это мы видим на примере народов, которые получили религию, навязанную силой, под давлением, а в последующих поколениях соблюдают ее своим свободным желанием и готовы были жертвовать собой ради нее.

* * *

Если мы начнем соблюдать духовные законы, законы последнего поколения, прежде чем общество будет готово к этому, т.е. прежде чем оно сможет найти энергию для исправления эгоистических намерений на альтруистические — это будет подобно тому, как человек разрушает свой старый маленький домик прежде, чем выстроил новый большой дом.

Равенство в обществе не означает уравнивание способных и усердных с уровнем неспособных и ленивых, потому что это приведет к действительному краху общества. Но необходимо дать каждому средний уровень жизни, чтобы неспособные, ленивые получили то же наслаждение от жизни, как и остальные.

Необходимо стеречь свободу личности, если только это не вредит большинству общества. Вредящих ни в коем случае не прощать, а безотлагательно исправлять.

Только формирование общества, основанного на принципе «твое — твое и мое — твое», поможет избежать войн, потому что основа всех войн — борьба за источники пропитания, посевные, промышленные и жилые площади, где каждый желает строить на разрушении другого, исходя из чувства справедливости или зависти. Даже общество, основанное на принципе «твое — твое, мое — мое» в рамках распределения поровну, не уничтожает этим зависть между народами.

В обществе потребления руководители желают увеличить потребление работающих масс. При диктатуре, в том числе социалистической, руководители стремятся уменьшить потребление. В обществе последнего поколения руководители желают и действуют так, чтобы сравнить потребление каждого с его производительностью.

Израиль обязан продемонстрировать пример общества последнего поколения всем народам, потому что такое общество является необычным для человеческой природы, поэтому более развитый народ обязан показать пример всему миру.

Государство Израиль в опасности. Общество будущего соберет народ со всего мира, ведь нигде не будет ощущаться комфортней, чем в таком обществе. Последнее поколение засветит своим идеалом каждому в диаспоре и даст такое ощущение совершенства, что человек будет готов страдать ради его достижения. И соберутся из всех стран, потому что заботы, война за существование, которые есть у каждого в той стране, где он живет, дадут толчок вернуться на родину и успокоиться в справедливости.

Философия для построения последнего поколения уже существует — это Каббала, опирающаяся на веру (Бааль Сулам называет религию верой — так ему это удобнее, потому что истинную религию он видит такой, он не имеет в виду те «религии» — массовые психоидеологические установки народных масс): любая программа действий нуждается в обновляющемся идеале, как в питании.

Почему Израиль является избранным для этого народом, почему на него возложена миссия быть хорошим примером всему миру? Потому что он является более способным, чем все народы, а не потому что является большим идеалистом. Потому что больше всех народов страдал, а поэтому более других готов просить, чтобы исчезло насилие с земли.

В чем отличие власти последнего поколения от «народной власти»? Собственность и власть над нею не всегда совпадают. Например, железная дорога принадлежит владельцам акций. Но не они, а управляющие дорогой, даже если не имеют ни одной акции данного предприятия, делают то, что считают нужным.

Поэтому даже если власть будет принадлежать народу, все равно все будет в руках чиновников — управляющих. Итак, не имеет никакого значения, в чьих руках собственность, потому что в конце концов все будет функционировать по указаниям управляющих, а не владельцев. Поэтому главное для общества — исправление управляющих.

Ясно, что формула — получать необходимое, а работать по максимуму — это формула последнего поколения. Когда смогут выполнять условие последнего поколения? Когда большинство или все будут обладать свойством «Твое — твое, мое — твое». Какие причины приведут общество к этому свойству?

Сегодняшняя ненависть к преуспевающим и прочие негативные чувства, исходящие из нее, приведут человека только к противоположному: посеют в нем свойство «мое — мое, твое — твое». А это «свойство Содома», противоположное любви к другим.

Разговаривать о последнем поколении имеет смысл только с теми, кого не увлекают массовые течения, у кого есть свой разум и критический подход, способность быть независимым от воспитания, способность объективно, критически взвешивать абсолютно все в мире.

Вера, религия и идеал дополняют друг друга, потому что там, где идеал не может быть основой большинства, там еще больше властвует вера среди примитивной массы, которая не в состоянии принять идеал.

Законы веры, религии должны быть одинаковы для всего мира:
1) работать только ради других, пока не исчезнут в мире голодные;
2) самый производительный и полезный получает не больше самого неудачливого;
3) хотя есть вера, но приносящему большую пользу обществу выдается знак отличия, и чем больше отличился, тем больший знак отличия получает;
4) каждый ленящийся получит наказание;
5) каждый обязан усердствовать, чтобы поднять уровень жизни во всем мире все больше и больше, чтобы все в мире наслаждались плодами его труда;
6) духовным, в отличие от материального, обязаны заниматься не все, а только особые личности;
7) создать высший суд, у которого каждый, желающий приложить свои способности и знания в духовной работе, обязан будет получить разрешение на это.

Каждый нововходящий обязан присягнуть верой, что обязуется соблюдать все законы, «потому что Творец постановил так». Или, по крайней мере, обязуется передать сыновьям, что так

Творец заповедал. Когда кто-то из новоприходящих говорит, что одной идеи достаточно ему — проверить, правда ли это. И если это правда, принять его. Но обязан обещать, что передаст сыновей на воспитание общине-государству.

Вначале необходимо ввести небольшую, разумную меру морали, чтобы большинство членов общества были готовы работать по способностям, а получать по потребностям, вследствие своей веры-религии. И работать, как если бы работали сдельно. И более 8 часов. И чтобы были все формы связей, как в маленькой стране, чтобы все управление и все связи были достаточны для всех народов мира.

Эта община должна расширяться от своей центральной точки на все народы и страны, до конца, и каждый, вступающий в рамки этого сообщества, примет на себя то же управление и планы, так что весь мир будет как один народ, как один человек относительно плодов своего труда, расходов и вознаграждения.

КРУГООБОРОТ ИДЕЙ И ОБЩЕСТВО СПРАВЕДЛИВОСТИ
(Социалистическая идея: развитие и воплощение)

Существует ли возможность объединения партий, течений, идей и вообще выработки единого мировоззрения человечества? Необходимо сразу же признаться, что на этот вопрос, в таком виде, как он задан, нет ответа, и не может его быть вообще. Над этой проблемой уже думали великие мудрецы всех поколений и религий, и еще не нашли естественного решения, которое было бы принято и подходило бы всем течениям, существующим в обществе. Много выстрадано и еще предстоит выстрадать каждому из нас и всему человечеству, прежде чем найдется решение, средняя линия, всем подходящая — решение, которое бы не противоречило ни одному из существующих течений.

Трудность заключается в том, что в своих идеях человек (если они действительно свои!) не в состоянии уступить. Уступки возможны только в его материальных потребностях, обеспечивающих непосредственное существование тела. Но не в идеалах, потому что по своей природе идейный человек готов отдать все для торжества своей идеи. А если он обязан уступить, это не окончательная уступка, а временное отступление к состоянию, в котором он постоянно ждет, когда сможет вернуться и утвердить свою идею. Поэтому нет никакой уверенности в такого типа уступках течений и идей друг другу.

Также нечего надеяться, что в конце концов справедливая идея обязательно победит остальные, ведь в сравнении всех идей между собой, в их временных, незавершенных формах, все они выглядят одинаково, в чем-то справедливыми и истинными, в чем-то ложными.

Поэтому все идеи человечества постоянно, по кругообороту, возвращаются в наш мир: те идеи, от которых отказались в древние времена, вновь возникли в средневековье, а те идеи, от которых отказались в средневековье, вновь возникли в наше время. И это показывает нам, что все они одинаково истинны и ни у одной из них нет преимущества и силы существовать вечно, а все они существуют, постоянно сменяя друг друга, одна восходит, затем, в свою очередь, падает, уступая место следующей.

Несмотря на то что непрекращающаяся смена идей вызывает в народах мира постоянные перемены, искания и беспокойства, есть в народах внутренняя основа, позволяющая им вытерпеть вечные жестокие переходы и невзгоды, хотя эти идеи в каждый период и угрожают их непосредственному существованию.

Идея существования общества, человечества, как единого организма относительно Творца, проявится в будущем как абсолютно истинная. Единый организм обязывает нас поделить поровну между собой работу и ее плоды. Только в таком случае наступит конец всем страданиям!

Несомненно, еще долгий путь предстоит человечеству пройти до осознания зла развития эгоистическими силами своего тела. Ведь даже миллионеры среди нас должны осознать, что все их наслаждение от богатства — только в уверенности, что богатство обеспечивает их и их потомков на несколько поколений. Но сколько переживаний, сомнений у него: а что остается ему в будущем мире? А если возразите мне, что человек желает себя реализовать, творить, возвышаться, то возможность получать почести, соревноваться, достигать, творить — все эти возможности остаются и в альтруистических состояниях.

Однако, несмотря на истинность этой идеи равенства и общности, если принять ее сейчас, в наших неисправленных эгоистических желаниях, то мы ощутим ад вместо рая. И не потому, что эта идея не истинна, а потому что мы еще не созрели, т.е. наше поколение еще морально не развито настолько, чтобы мы смогли понять и принять на себя к радостному исполнению деление всего общественного продукта по справедливости, поровну. Необходимы еще поколения, чтобы мы развились настолько, чтобы принять единственно справедливый завет Творца: «От каждого по способностям, каждому по потребностям».

А если мы примем это правило, не дожидаясь нашего исправления, а сегодня, преждевременно, то для нас оно обратится не радостью, а страданиями, и никто не сможет его выполнять. Человечество подсознательно и сознательно во все времена ощущало несправедливость и время от времени стремилось жесткими методами насадить законы справедливого деления и равенства.

Это преждевременное принятие закона последнего поколения подобно прегрешению Адама, который, прегрешил тем, что съел недозревший плод, прежде чем тот созрел полностью, до того состояния, когда стал готовым для применения по назначению.

Дело в том, что Адам, говоря нашим языком, желал совершить исправление мира, но еще не был готов (исправлен) к этому, а потому привел весь мир к страданиям и смерти. Это должно научить нас тому, что корень всех дурных поступков в мире заключается в том, что человек берется выполнять действие, которое ему еще не по плечу. Люди не умеют остерегаться и проверять себя: «А созрел ли этот плод полностью?», что в нашем случае соответствует вопросу: «А можно ли изменять общественные отношения на окончательно альтруистические?»

То есть несмотря на всю полезность и истинность по своей сути этой высшей идеи Творца, необходимо досконально выяснить: а созрел ли этот плод полностью, готово ли человечество, достаточно ли выросло, возмужало, созрело общество, чтобы полностью осознать и переварить эту идею в себе? Может быть, люди еще не в состоянии осознать ее, проанализировать? Может быть, требуется им еще время для развития до необходимого уровня? А если примут идею прежде, чем развились до ее уровня, то она вместо пользы человеку и обществу обратится в ложь и вред, как сказано: «Всякий, вкушающий недозревший плод, умрет».

Отчасти это видно на примере России и других стран, в которых насильственно насаждались идеи альтруистического равенства. Происходившее в России и краха идеи еще не доказывает, что сама идея не истинна по своей сути — ведь недозревший народ пытался принять истины высшей справедливости.

Народ был совершенно не в состоянии еще действовать в соответствии с идеей социального равенства. Отсюда вывод: все страдания и неудачи происходят только вследствие недостаточного развития общества, его непригодности к применению конечной идеи общности и равенства.

Для понимания истинного (не фальшивого советско-социалистического) равенства и общности, необходимо проанализировать социалистические идеи и осознать причины их

внутренних противоречий. Социализм развивается по своим объективным законам последовательно, по трем стадиям:
1) Социализм утопический (гуманный), основанный на развитии морали, обращающийся только к преуспевающим.
2) Социализм, основанный на осознании справедливости, обращающийся в основном к униженным и обездоленным, дабы довести до их сознания, что именно рабочие являются истинными хозяевами плодов своего труда, что им принадлежат все плоды труда общества. А поскольку рабочих в обществе большинство, идеологи этой стадии социализма были уверены, что как только рабочие осознают свою правоту, они восстанут и потребуют свое, чем заложат основы общества, основанного на справедливом распределении плодов труда.
3) Марксизм основан на противоречии между созидательными силами рабочих и хозяевами. Это противоречие рано или поздно должно привести все общество к опасности разрушения. Как следствие этого происходит революция, которая меняет власть хозяев на власть пролетариата, меняет распределение благ.

Смена общественных систем происходит естественно, по мере развития общества. Можно ли ускорить этот процесс, найти вспомогательные действия, которые бы привели к более быстрой смене общества потребления обществом последнего поколения?

Человечество двигается вперед, со ступени на ступень, где каждый подъем является отрицанием предыдущего состояния, каждое последующее состояние возникает только после того, как предыдущее полностью себя изжило, вскрылись все его пороки.

Так во всех решениях каждого человека, общества, правительства, государства: время существования любого состояния — только до тех пор, пока не раскроются все его недостатки, его вредные свойства и последствия.

Получается, что недостатки, раскрывающиеся в настоящем состоянии, они же и есть силы, разрушающие его, именно они и есть вся движущая и развивающая сила человечества, потому что поднимает человечество на более исправленную ступень.

Именно из осознания всех недостатков и рождается следующее состояние, свободное именно от них. Именно раскрывающиеся недостатки и есть сила развития человечества. Именно они подталкивают человечество к более исправленному состоянию.

И так каждый раз: раскрытие недостатков существующего приводит к движению вперед со ступени на ступень, к самому совершенному состоянию, лишенному каких бы то ни было недостатков. Когда оно будет достигнуто, не останется более места для раскрытия недостатков, не возникнет двигающей вперед силы, прекратится исправление. Такое состояние и называется «последним поколением».

Этот процесс показывает нам история: в феодальном обществе проявляются его недостатки, которые его умертвляют, и освобождают место для буржуазного строя. (Как в анекдоте: демонстрация во времена первобытного строя с плакатами: «Вперед к победе рабовладельческого строя!» И ничего странного: ведь все движется только вперед.)

Сегодня уже пришла очередь общества потребления (буржуазно-капиталистического) раскрыть свои недостатки, уничтожить себя и освободить место для более совершенного. Это уже должно быть общество, осознавшее порочность развития человеческими, эгоистическими свойствами. Должно возникнуть общество общности и равенства. Но прежде должна раскрыться потребность в нем.

Не мгновенно и не непосредственно сменит один строй общества другой. Действительность показывает, что на смену буржуазному строю приходит нацизм или фашизм.

Это говорит о том, что мы еще находимся в промежуточной стадии развития человечества, еще не достигли последней ступени общественного развития — осознания своего зла. И кто знает, сколько крови прольется в мире!

Для того, чтобы найти решение этой проблемы, а не оставаться пассивными наблюдателями (и жертвами!), необходимо понять, что закон общественного развития — это естественный закон развития всего мироздания, всех его составляющих, всех миров, включая всю природу нашего мира, неорганическую и органическую, вплоть до самого человека, включая как материю, так и идеалы. Они, как обычная материя, развиваются строго по закону причинно-следственного ступенчатого развития.

Это развитие происходит под воздействием противостояния и борьбы двух сил: позитивной, созидающей и негативной, разрушающей. Вследствие постоянной и жестокой войны между собой, они порождают, развивают и дополняют все существующее в общем и каждую его часть в отдельности.

Как было сказано, отрицающая сила раскрывается **в конце** каждой ступени, и она-то и поднимает человечество на следующий, более высокий, лучший уровень, вследствие чего и сменяют состояния друг друга, пока не достигнут наилучшего состояния полного исправления и совершенства.

Так происходит в развитии природы на всех ее уровнях: наш земной шар был вначале газовым шаром, вроде туманного облака, но, вследствие силы тяжести в себе, он постепенно сконцентрировал атомы этого облака в более уплотненный шар. Вследствие этого преобразился газовый шар в огненно-жидкий. Затем, в течение периода противостояния двух сил, положительной и отрицательной, возобладала сила охлаждения над силой жидкого огня, и возникла тонкая пленка снаружи, и затвердела.

Но еще не достигла эта система своего устойчивого состояния, и по истечение некоторого времени вновь возобладал жидкий огонь над охлаждающей силой и взорвал равновесие, извергся изнутри шара и разорвал тонкую, затвердевшую ранее оболочку, в результате чего вновь вернулся шар к своему раскаленному первичному состоянию.

И вновь начался период противостояния и борьбы двух сил, пока в конце периода не возобладала охлаждающая сила над огнем и вторично затвердела новая оболочка вокруг огненного шара, но уже более твердая, способная вынести большее давление, не взорваться от давления жидкого огня изнутри. А потому больший период времени смогла устоять под воздействием распирающего изнутри огненного давления.

Но в конце концов вновь преобладала сила жидкого огня, взорвался изнутри шар, разорвалась твердая оболочка на мельчайшие части, снова все разрушилось и вновь все превратилось в жидкий огненный шар.

Таким образом попеременно сменялись еще много раз состояния, но каждый раз все более возрастала охлаждающая сила, и позитивная сила победила негативную, и пришли обе силы к гармонии: жидкости заполнили внутреннюю часть шара, а холодная твердая оболочка образовалась вокруг — так появилась возможность зарождения органической жизни, которая и продолжается по сей день.

По такому же принципу развиваются все органические творения: от зарождения и до окончательного развития проходят над ними сотни периодов различных противоположных состояний, вследствие воздействия положительной и отрицательной сил, воюющих между собой.

Эта война постепенно приводит все к окончательному гармоничному совершенству. И также каждый вид животного организма начинает свое развитие от маленькой капли семени, и вследствие постепенного развития в течение сотен преобразований, вследствие войны противоположных сил, эта капля достигает в своем развитии окончательного совершенного вида — взрослого животного или готового к своей миссии человека.

Но есть отличие животного от человека: животное немедленно естественно достигает своего окончательного уровня развития. Но человеку недостаточно материальной силы, как у животного, чтобы привести его к совершенству, потому что в нем есть сила разума, мыслящая сила, которая преобладает над всеми остальными его силами, и в тысячи раз более эффективна, чем его материальные, животные силы. Получается, что человеку полагается дополнительный особый путь постепенного развития, чего нет у животного — постепенное развитие мысли.

ГОСУДАРСТВО КАББАЛЫ

Образ руководителя поколения

В природе народных масс лежит вера в то, что у их руководителя нет никаких личных интересов и обязанностей в жизни, а вся его жизнь посвящена только пользе общества и государства. Эта вера проистекает из того, что так и должно быть на самом деле.

Но если становится известно массам, что их руководитель совершил хоть один незначительный эгоистический поступок, поставив свои личные интересы выше интересов общественных, то тут же возникает у каждого неприязнь к нему и чувство ненависти, вплоть до смещение с поста и, возможно, до полного уничтожения.

Если так, то в идеале истинным предводителем поколения должен быть только тот, кто достиг полного отторжения своего эгоизма, отторгнул все наслаждения этого мира и перешел духовную границу между желаниями эгоистическими (этим миром) и альтруистическими (духовным миром). То есть у него должна быть полная оторванность от личных интересов нашего мира. Возможно ли это?

В любом человеке есть два вида личных интересов: материальные и духовные. Под «духовными» свойствами надо понимать общечеловеческие параметры: склонности, черты характера, наследственные качества, ментальность — т.е. в общем-то «душевные» свойства человека. Они есть в каждом и никто не свободен от своей природы. Нет в мире предводителя, который бы не поступился всеми, любыми интересами общества ради своих духовных интересов.

Например, наш предводитель по характеру жалостлив. Поэтому если необходимо применить жесткие меры в какой-то ситуации, он не сможет совершить абсолютно беспристрастный суд, осудить по справедливости, жестко и объективно наказать виновных. Потому что в силу своих врожденных свойств не может судить иначе. А проверить себя, проконтролировать и сравнить с каким-то внешним идеалом не в состоянии. Ведь такого идеала в нашем мире нет, а все окружающие подчиняются своим исконным природным свойствам.

Поэтому подобный руководитель, излишне мягкий, в нашем примере, заставит страдать все общество своим несправедливо мягким решением. И нам не за что его винить, ведь не может он беспристрастно выбрать себе иные черты, да и какие, если все они не идеальны, неисправны.

Отсюда мы видим, что предводитель действительно не в состоянии поступиться своими духовными интересами, потому что он не может, не в состоянии преодолеть свои исконные свойства, которые и составляют всю его суть. Но как может он быть совершенно идеален в своих врожденных внутренних духовных свойствах? Ведь эгоистическим рожден! И если не исправит себя, в мере отклонения от идеала, всегда будет принимать несовершенные (в мере своей неисправленности) решения.

А если, допустим, руководитель лично боится наказания, мести отдельных людей, каких-то общественных групп, государств? Или боится наказания Божьего. И для того, чтобы избежать этих наказаний, от людей или от Бога, он согласен поступиться истиной и справедливым решением или судом, а потому не введет в своем обществе необходимых исправлений, и приведет т.о. общество к еще большему отклонению от идеала.

Причем, даже пренебрегая своими материальными интересами, приведет общество к большому отклонению, потому что не сможет исключить свои духовные интересы, свои идеалы, свою веру в то, что делает все во имя пользы общества — несмотря на то, что это всего лишь его личные установки, мнения, ощущения, и нет ничего общего у подчиняющегося ему общества и духовными интересами руководителя.

Общество оценивает своего руководителя только по одному параметру — по той пользе, которую он явно приносит всем. Потому что идеал общества — максимальная польза всем его членам, и не более. И никакой иной оценки (религиозной, нравственной), кроме «пользы», оно не принимает.

Поэтому руководитель обязан поставить себя совершенно независимо от всех своих личных идеалов, страхов, черт характера — в общем, всех факторов, могущих помешать истинному его решению во всех общественных вопросах: экономических, политических, нравственных, общественных, общинных, религиозных и пр.

Ясно, что таким может быть только человек, находящийся своими свойствами выше нашего мира, видящий все мироздание свыше, заменивший свою эгоистическую природу на истинную, духовную, альтруистическую. И в той мере, в которой человек меняет свои свойства на свойства мироздания, его общего закона управления, свойства Творца, в той мере, в которой он обретает свойства Творца взамен своих природных, наследственных свойств, воспитания, ставшего второй натурой — в той мере он становится руководителем себя самого, и в той же мере он может руководить обществом. То есть только в той мере, в которой человек оторвался от природы этого мира, он может быть руководителем и хозяином семьи, учреждения, города, государства или даже всего мира.

Ступени возвышения над своей исконной природой, ступени исправления своей природы, называются ступенями духовной лестницы. Именно нахождение человека на одной из 125 ступенек лестницы и определяет истинную готовность человека к руководству, соответственно учреждения, города, государства или даже всего мира.

Таким образом видно, что руководитель обязан как минимум находиться выше своей эгоистической природы, выше этого мира — только в таком случае массы в истинной и объективной мере насладятся его правлением. Отсюда проистекает естественный вывод, что без обретения духовной природы, человек недостоин руководить никем и ничем, ведь даже руководя только собой, он руководит во вред себе. Исходя из этого, мы видим, насколько методика Каббалы всеобъемлюща, обязательна для блага всех и каждого. Ведь даже только для себя избирать правильное поведение возможно лишь выйдя из-под власти своей эгоистической природы.

Действие предшествует пониманию

Насколько желание и стремление к желаемому рождают любовь, ощущение величия и ценности предмета, к которому стремишься, так и добрые действия порождают любовь к Творцу, а любовь порождает слияние, а слияние порождает разум и знание.

Постулаты человека

1) Будто он свободен.
2) Будто он сын всех миров.

Правда и ложь

Известно, что мысль, материя и желание — это две модификации одной причины. Получается, что психологическое обращение от физически существующего к физически исчезнувшему или несуществующему — это правда и ложь. В том виде, что правда — подобна существующему и является тезисом, а ложь, как несуществующее, является антитезисом. А между ними рождается желательный синтез.

Мнение индивидуума и мнение общества

Мнение каждого человека составляется из суммы его жизненных ситуаций, которые он прошел. Мнение это подобно отражению, получаемому от всех картин желаемых действий с вредными сопровождающими, когда человек смотрит на все свои жизненные опыты, выясняет и приближает хорошие и полезные действия, отталкивая вредные.

Как, например, торговец держит в голове всевозможные сделки, в которых проиграл и причины, по которым проиграл, а также те случаи, когда много выиграл. И те, и другие выстраиваются в его мозгу в определенную картину опытов, на основании которых он отталкивает невыгодные и принимает выгодные решения, в результате чего становится опытным и преуспевающим торговцем. Так и каждый человек есть не более, чем следствие своего житейского опыта.

У общества, как у отдельного человека, есть своего рода коллективная память, коллективный опыт, коллективное мировоззрение, коллективная возможность представлять определенную картину положительного и отрицательного для себя, для общества. Вследствие опыта, в обществе возникает определенные, относительно каждого свойства человека и общества, положительные и отрицательные стандарты, оценки, идеалы.

Вследствие этого появляются в обществе группы идеалистов, преследующих целью достижение идеалов в реальной жизни. Отсюда поощрение обществом всего положительного для него, дабы все более приближаться к желаемому. Вследствие этого и появляются в обществе кодексы воспитания и поучения.

С другой стороны, общество всячески принижает и очерняет плохие, отрицательные, вредные для себя качества. Отсюда появляются перечни унижающих, неподобающих человеку, свойств. В итоге понимание индивидуума совершенно подобно пониманию общества: оба они основаны только на опыте, оба оценивают ситуацию и качество только по полезности и вредности.

Порочность стандартов общества проистекает из того, эти стандарты устанавливает не большинство, а небольшая влиятельная группа. И так — в каждой стране, в том числе в самых передовых и развитых странах, а не только в общинах, семейных кланах, отдельных поселениях и пр. Как правило, группа, устанавливающая стандарты — это самые богатые люди, и их не более 10% от всего населения. Они-то используют все общество только ради себя и они-то и есть самые вредные для общества.

Поэтому никогда никакое общественное мнение не властвует в мире вообще, а только мнение вредителей, паразитов общества управляет в обществе т.о., что даже идеалы, устоявшиеся в мире, — не более чем вредные и уничтожающие для широкого общества, для большинства.

Также и вся система общественного правосудия, уступок, социального обслуживания, поддержки построена так, что охраняет интересы влиятельных групп, в том числе в тем, что задабривает и укрощает наиболее опасных для них. Включая обработку общественного мнения, создания идеалов, прецедентов, форумов и пр.

Источник демократии и социализма

Вследствие всего вышесказанного и по этой причине родилась идея демократии, которая бы держала все общественное здание, судебные и государственные структуры в истинно общественных руках, чтобы большинство определяло мнение общества и его законы, критерии полезно-вредно, согласно чему будет построена вся система правосудия и идеалов.

Противоречия между демократией и социализмом

Как видно из примера России, 10% населения правили всем обществом полной диктатурой все годы советской власти.

Причина этого в том, что для справедливого распределения общественного продукта необходимо участие во власти идеалистов, которых нет в широких кругах общества, в его массе. Потому и происходит падение власти.

И нет этому никакого решения, как только исправление свыше, исправление Творцом, когда все общество становится идеалистическим. Потому что все частичные соглашательские решения и уступки эгоизму, любая самая малая мера эгоизма — вредна и убивает в итоге все здание общественного благоустройства. А спасение только в приобретении альтруистических свойств как каждым, так и всем обществом.

Материалистический механизм

Определяет материю как основу, а мысль — как плод, следствие действий и ощущений в их совокупности. Нет никакой свободы желания, а есть только свобода действия, поступков. И не непосредственно человек действует свободно, потому как плохой поступок ведет к еще более плохим поступкам.

Но свобода поступков означает, что человек в состоянии посмотреть на поступки другого, понять из них его мысль, разум (потому что поступки есть отражение мысли), и проникая в мысль другого, получить свободу следовать в своих поступках ему, а не себе.

Человек не может выделить во всех своих поступках свои побуждения, свою мысль. Потому что каждый из нас оправдывает себя и считает свои поступки справедливыми, на каждый свой поступок получает согласие своего разума.

Необходимо исследовать и понимать все только зрелым, прагматическим и субъективным образом, исходя непосредственно из действий и их результатов. Получается, что в общем-то мы исследуем этот мир, находясь вне его. Но исходя только из возможности извлечь непосредственную прагматическую пользу.

Вне нашего мира находится только сам Творец. Он — обязывающий все к существованию, и Он — место всего творения. Его самого мы понимаем, как находящегося вне этого мира, а не мир Его место.

В отличие от пантеизма, веры в множество богов — сил, управляющих миром и обществом, когда этот мир представляется объективно существующим, который можно понять объективно, предварительно имеющим категории времени и пустого места. Кроме этого мира, в мирах Адам Кадмон и АБЕ"А возможно постижение субъективным путем, без какого-либо вмешательства, «прикосновения» к объекту.

Суть духовных объектов, находящихся в мирах БЕ"А, представляется нам таковой, потому что именно так она передается нам — как итог постижения многими каббалистами в прошедших поколениях. Причем, все их постижения без исключения идентичны. И такими же будут постижения высших миров и в следующих поколениях, теми, кто этого удостоится. Исходя из этого мы приходим к выводу, что передаваемое нам объективно, хотя мы сами не прикасаемся к самому объекту.

Отсюда — 4 высших мира, несмотря на свою субъективную природу, одеваются в природу этого мира двумя путями:

1) распространение;
2) мысль.

То есть психофизический параллелизм. Потому что каждый объект известен нам двумя путями: вначале физически, а затем психологически, и эти два пути познания идут параллельно.

Суть религии

Суть религии понимается нами совершенно прагматично: источник веры в потребности к правде, истине, и только до тех пор, насколько она удовлетворяет эту потребность. Но различаются две потребности:

1) Потребность души, поскольку испытывает отвращение к жизни.
2) Физическая потребность, которая проявляется в устройстве и функционировании общества, как сказано философом Кантом — что вера является основой устоев, наставлений, законов, устрашений и охраняет их.

Естественно, что религиозные мудрецы появятся только из числа тех, в ком есть явная душевная потребность, потому как он сам в первую очередь нуждается в религии, также и объективно.

Тогда как вторая потребность реализуется, т.е. получит удовлетворение, как субъективная. Но все равно из состояния «ло ли шма» (ради себя) он придет к состоянию «ли шма» (ради Творца), потребность первична, а причина обязывает к вере.

Предводители общества

Согласно вышесказанному, у каждого есть понимание и возможности выбрать. Но держащий бразды правления не имеет иной возможности управлять обществом, кроме как позитивно-прагматическим путем. А если не в состоянии поступать так, то наилучшее для него — освободить себя от должности управляющего и не вредить обществу своими идеалами.

Миропонимание

В трактовке исторического материализма мир создан причинно-следственным развитием (в соответствии с диалектикой Гегеля). Тезис, антитезис, синтез. Но мир — целенаправленный. Цель его сотворения и существования — достичь слияния с Творцом на всех ступенях: от ступени неживого желания, растительного, животного до желания «человека» и до пророческих ступеней в познании Творца. Наслаждение — тезис, страдания — антитезис, ощущение вне границ своего тела — это синтез.

Сущность непорядка и исправления находится в сознании общества

Как сознание индивидуума выбирает наилучшее между проигрышем и выигрышем, убылью и прибылью, стремится к оптимальному и наиболее удачному, так сознание общества выбирает в общественно-государственном устройстве и функционировании и останавливается на лучшем.

Принцип: отдача всем и во всем, четкое и строгое управление и власть обязаны сосредоточиться на единственном принципе: минимум для этой жизни и выполнение Заповедей для повышения уровня жизни общества.

Цель: слияние с Творцом как окончательный синтез, в котором нет уже в скрытом виде никакого исчезновения и недостаточности постижения, а все полно и совершенно.

Добрые деяния и Заповеди

Философ Лук писал, что нет ничего в разуме, чего бы ранее не было в чувствах, а Спиноза сказал, что не желает вещь, потому что она хорошая, а потому что она хороша тем, что я желаю ее. К этому можно дополнить, что нет ничего в ощущениях, чего бы не было прежде в действиях. В том смысле, что действия порождают чувства, а чувства порождают осознание и понимание.

Например, невозможно наслаждаться чувствами от больших наслаждений, прежде чем получаешь их в себя. Также невозможно осмыслить и оценить величие дарования добра, не ощутив его прежде в своих чувствах.

Таким же образом невозможно «попробовать» на вкус, вкусить наслаждение от слияния, прежде чем совершить все необходимые для этого многочисленные требуемые добрые действия, которые приводят к слиянию — т.е. с необходимым условием «ради наслаждения Создателя» (что значит наслаждаться наслаждением, доставляемым Творцу совершением Заповедей). А после ощущения наслаждения в действиях, можно понять Творца, в мере этого наслаждения.

Два подхода в религии

1) Ради себя (ло ли шма) — означает совершение в намерении, мысли или действии для своей выгоды, т.е. для подтверждения того, что делает ради себя, а потому только от этого ему уже хорошо и этим он удовлетворен.
2) Ради Творца (ли шма) — это стремление души слиться с Творцом. И этого можно удостоиться достичь с помощью особых действий, вследствие которых из состояния «ради себя» достигается состояние «ради Творца».

В философских источниках излагаются три возможные цели мира

1) Наслаждения — в общем-то, цель правильная, но дело в том, что страдания превышают наслаждения, к чему добавляется еще и неизбежность смерти.
2) Развитие и прогресс — больной вопрос в том, кто же насладится плодами достигнутого в будущем совершенного идеального прогресса, за который все поколения до его достижения должны платить столь высокую цену страданиями и лишениями?
3) Слияние с Творцом — неизбежность этого вывода о цели мира вытекает из несостоятельности предыдущих, он приводит человека к истинному совершенному счастью, вследствие совершенствования всех его душевных сил,

когда в этой жизни он достигает величия, а после смерти доброго имени.

Из трудов Канта видно, что и он, как философ, настроен на то, чтобы пренебречь истиной во имя необходимости, и понимает, что некому наслаждаться прогрессом, если все находятся в его же рабстве. И кто же найдется такой, кто бы смог действительно с благом пожать плоды этого прогресса? Ведь все сводится к тому, что наслаждение кратко, а страдания длительны.

Поэтому цель жизни из всего вышесказанного и недосказанного, найдет каждый поздно или рано — только в достижении слияния и только ради Творца. И в том, чтобы привести массы к этому состоянию.

Две ступени жизни

1) Работа ради своего благополучия.
2) Работа ради Творца.

И каждый обязан работать на одно из них. Ведь даже самый могущественный властитель обязательно заботится о своем здоровье. Поэтому не может быть совершенно свободным, а находится в рабстве у Творца и никакого иного существа в нашем мире. Или находится в рабстве своего тела и заботится о нем, не предполагая даже, что это Творец дает ему ложную цель, если он не желает еще работать на истинную. Ведь если не на Творца, то на какое же животное переключить свои возможности отдачи?

Нигилизм

Не абсолютный нигилизм, а относительный, в чем-то подобный Ницше — его трактовке ценностей веры, религии, воспитания и государства — принят сегодня в общественном сознании.

Контакт с Творцом

Многие думают, что контакт с Творцом лишает человека природных ощущений, и потому необходимо остерегаться сближения с Творцом: ведь чем ближе человек к Творцу, тем он, очевидно, более удален от этого мира. Также и сама природа человека — бояться удаления от своей природы, выходить за ее пределы. Человек боится всего, что находится вне его природы, включая даже такие естественные, как громы, молнии и пр., природные явления.

Но это совершенно не относится к контакту с Творцом, потому что нет для человека ничего **естественней**, чем эта связь! Просто потому, что Творец — источник, хозяин, родитель и управляющий всей нашей природы. А кроме того, у каждого из существующих творений есть все равно контакт с Творцом, как сказано: «Он заполняет собою все». Но творения просто не ощущают этого, и только.

А кто удостаивается явственного контакта с Творцом, дополняет свое состояние только осознанием этого. Это подобно тому, что есть у человека в кармане некая сумма денег, но он не догадывается, не знает об этом. И вдруг кто-то говорит ему об этом. Естественно, что именно с этого мгновение он считается обладающим этой суммой, а не ранее, хотя и ранее она была в его кармане.

Так и от раскрытия Творца — человек только раскрывает свое состояние для себя, ничего в мире от этого не меняется. Ничего нового не происходит, только лишь относительно самого постигающего, только относительно него происходит раскрытие его истинного состояния, чего ранее не осознавал.

Поэтому человек, которому раскрываются глаза, воспринимает все раскрывающееся как совершенно естественное. Более того, это раскрытие, его новое состояние, кажется ему еще более естественным, чем его прошлое состояние, когда не ощущал Творца. Кроме того, он только сейчас видит себя и всех связанными вместе, а потому начинает особенно заботиться обо всем, видит себя близким ко всем творениям. И любит их всех, потому что ощущает их действительно близкими.

Строение нового мира

До настоящего времени общество строилось и развивалось согласно нуждам большинства, масс, вернее, под их давлением. Поэтому развивались массы религией, затем просветительством, затем революционно, пока не возникли, в итоге, демократические и социалистические идеи.

Но согласно природному закону, своему естественному свойству, человек является по своей сути диким и даже вредным животным. А согласно теории Дарвина, человек вообще произошел от обезьяны. В Каббале же сказано, что после прегрешения Адама человек с уровня «человек» снизошел до уровня «обезьяна», т.е. мы как «обезьяны» относительно Адама и Хавы, находящихся на уровне «человек».

Как видим, отличие взглядов Дарвина и Каббалы в том, что Дарвин считает современного теплокровного прямоходящего «человека» этапом развития обезьяны, потому что принимает во внимание только его животно-разумный аспект.

А Каббала не принимает во внимание животный аспект человека, а говорит о его духовной части и поэтому считает уровнем «человек» наш предыдущий духовный уровень, с которого мы снизошли до настоящего нашего духовного уровня, на котором мы действительно относительно прошлого — «обезьяны», т.е. только подобны внешне, животно, но не духовно, духовному человеку.

Но человек состоит из разумной части, которая может развиваться в результате его действий или вследствие страданий и принять религию, законы поведения, суда и помощи, настолько, что становится частью общества.

Нацизм не является порождением Германии

Нацизм является следствием, порождением не Германии, а демократии и социализма. Потому как демократия и социализм остались без религии, законов правильного поведения и общественной взаимопомощи. А поскольку все народы в этом равны, то нет никакой надежды, что нацизм умрет с победой его противников, ведь завтра и англичане могут принять нацизм, поскольку и они существуют в рамках демократического строя.

Необходимо помнить, что и демократии, и социализм обязаны основываться на религии, законах поведения и взаимопомощи, потому что все они обслуживают верящих в них только временно, в краткие исторические периоды.

Различие мнений между разными кругами демократов помогает им следить острым глазом за тем, чтобы не уничтожили мгновенно религию (свойства отдачи и любви к ближнему) и необходимые правила поведения в обществе, потому что понимают, что это может уничтожить весь мир. Но в этой же мере они мешают правительству большинства. А когда большинство разгонит их, то предпочтет избрать правителем — вождя типа Гитлера.

Потому что такого типа предводитель — не важно, у какого народа — способен выразить в наилучшем виде чаяния большинства общества.

Предложение

Не аннулировать религию и правила общественных отношений, как советуют демократы, а постепенно подключать к этому процессу новые государства, дабы не разрушить весь мир.

Ни в коем случае не уничтожать и не разрушать старое, прежде чем есть полная уверенность в создании нового на его же месте. Иными словами, непозволительно устраняться от управления, прежде чем построим религию (отношения, основанные на любви к ближнему), правила общественных отношений, государственность.

Большинство примитивно, как первобытный человек

Большинство примитивно, как первобытный человек, потому что нет у него опыта применения правил поведения, религиозных рамок. Этот опыт приобретается страданиями и неудачами, диалектическим исследованием причин страданий, чего большинство не желает, а потому остается примитивным.

Быстрое действие через религию

Чтобы задействовать и ускорить развитие мнения большинства, масс, всего общества, нет ничего более действенного, как религия, а также воспитанием ненависти к эгоистическим желаниям, возвышением красоты, блага и совершенства альтруистического желания отдачи. И все это только вследствие действий, потому что хотя они и параллельны в своем проявлении — физическое действие отдачи и психологическое — но физическое действует быстрее, а потому оно предпочтительнее.

Гениальность

Это — плод поколения, в котором есть большое стремление к альтруистической отдаче. Такой человек не желает себе ничего, и соответственно этим свойствам он приобрел подобие Творцу, и поэтому получает от Творца мудрость и наслаждение, отдавая все получаемое человечеству.

Два вида гениальности

1) Гении работают разумно, сознательно в отдаче Творцу, доставляя наслаждение Ему, и потому эти их действия влияют и передаются всему человечеству. То есть человечество получает плоды их действий..
2) Работают неосознанно, т.е. сами не ощущают и не понимают, что они находятся в слиянии с Творцом. Человечество косвенно пользуется плодами их работы.

Исходя из сказанного, нет иного продвижения всему человечеству, как осознанием необходимости обретения желания отдавать и приумножением гениев в мире.

Центризм

Человек находится в центре всего мироздания. Все миры созданы ради «Израиля», т.е. ради овладения свойством отдачи и слияния с Творцом. Это свойство является целью творения, а Творец властвует явно в сердцах праведников, потому как они, своими исправленными свойствами, подобны Ему и желают Его власти в себе.

Обязательное условие существования каждого разумного существа заключается в принятии наличия причины и цели существования любого творения.

Дарование Торы

рав Йегуда Ашлаг
(Бааль Сулам)

ОГЛАВЛЕНИЕ

Замечание 267
Дарование Торы 268
Поручительство 280
Сущность религии и ее цель 291
Сущность науки Каббала 301
Мир 311
Свобода воли 329
Статья к завершению книги «Зоар» 360

ЗАМЕЧАНИЕ

В этой книге некоторые слова оригинала, такие как Тора, Заповеди, Религия и пр. заменены на слова, передающие более точно их смысл, подразумеваемый автором (Бааль Суламом):

— **Заповедь** — исправление эгоистического намерения на альтруистическое (всего в человеке есть 613 желаний, на каждое из которых есть вначале эгоистическое намерение «ради себя», исправляемое светом Торы на альтруистическое намерение «ради Творца», и такое действие называется Заповедь).

— **Тора** — высший исправляющий свет, «Свет, возвращающий к Источнику (Творцу)». Затем этот же свет и наполняет исправленное желание.

— **Тора и Заповеди** — высший свет, последовательно исправляющий эгоистические свойства человека и наполняющий их. Принимаемое в обиходе понятие «Тора и Заповеди», каббалисты считают не более как обычаем выполнять механические действия, соответствующие духовным корням.

— **Религия** — обычно подразумевается методика исправления природы человека и раскрытия в его исправленных желаниях Творца, т.е. каббалистическая методика.

Надеемся, это облегчит читателю правильное восприятие текста и более быстрое освоение основ, вследствие чего далее он сам сможет правильно распознавать, что подразумевает Бааль Сулам под этими словами.

ДАРОВАНИЕ ТОРЫ

Возлюби ближнего своего как самого себя.
Рабби Акива говорит,
что это главный (общий) закон Торы.

Сказанное мудрецами требует пояснения. Так как слово «общий» указывает на сумму частностей, которые все вместе и составляют это общее.

Таким образом, когда он говорит о заповеди «возлюби ближнего как самого себя», которая является главным законом Торы, мы должны понимать, что остальные 612 заповедей Торы со всеми ее составляющими — не больше и не меньше, как сумма частностей, составляющих эту единственную заповедь «возлюби ближнего как самого себя» и обусловленных ею.

Это может быть справедливо в отношении заповедей между человеком и окружающими, но как же может эта одна заповедь содержать и включать в себя все заповеди, определяющие отношения между человеком и Творцом, являющиеся основными в Торе, определяющие ее суть и смысл?

И если еще можно приложить усилие и каким-то образом понять сказанное, то уже готово для нас другое, еще более яркое высказывание о человеке, желающем достичь слияния с Творцом, который пришел к мудрецу Гилелю с просьбой: «Научи меня всей Торе, пока я стою на одной ноге». И ответил ему Гилель: «Все, что ненавистно тебе, не делай другому. В этом вся Тора».

Таким образом, перед нами ясный закон, согласно которому во всей Торе ни одна из 612 заповедей не является предпочтительней этой одной — «Возлюби ближнего своего как самого себя». Ведь они предназначены лишь для ее пояснения, чтобы позволить нам подготовиться к исполнению заповеди «Возлюби ближнего...». Так как он ясно говорит: «В этом вся Тора», т.е. все остальные заповеди в Торе — лишь комментарии к этой одной заповеди, без которых, однако, невозможно ее исполнение в полном объеме.

И прежде, чем мы углубимся в предмет, мы должны пристально всмотреться в суть этой заповеди. Поскольку заповедано нам «возлюбить ближнего своего как самого себя», где выражение «как самого себя» говорит нам о том, что возлюбить своего ближнего надо в той же мере, в которой ты любишь себя, и ни в коем случае не меньше. Это значит, что ты должен всегда стоять на страже и удовлетворять нужды каждого человека из народа Израиля, не менее, чем ты всегда стоишь на страже выполнения своих собственных потребностей.

Но ведь это из разряда невозможного, так как немногие в результате рабочего дня могут в достаточной мере позаботиться и о собственных нуждах, так как же возложить на них обязанность работать и удовлетворять потребности всего народа?

Однако, невозможно даже предположить, что Тора преувеличивает. Ведь она сама предостерегает нас: «Не добавь и не убавь от сказанного мною», утверждая, что ее законы указаны с абсолютной точностью.

И если еще недостаточно тебе, могу добавить, что требование этой заповеди «Возлюби ближнего...» еще жестче, так как требует от нас предпочесть потребности другого своим нуждам, как сказано в Иерусалимском Талмуде (Трактат «Кидушин» лист 21, стр. 1) в объяснении высказывания «чтобы было ему хорошо с тобой».

В этом трактате говорится о находящемся в рабстве. Сказано: «В случае, если есть у хозяина только одна подушка, и он лежит на ней и не отдает своему рабу, то не выполняет указание «чтобы было ему хорошо с тобой», т.к. лежит на подушке, а раб — на земле. А если не лежит на ней и не отдает ее своему рабу, то это — низменный поступок. Выходит, что должен передать подушку своему рабу, а сам господин — лежать на земле».

И таким образом, находим, что этот закон также укладывается в рамки «Возлюби ближнего...», ведь в нем тоже наполнение потребностей другого уравнивается с наполнением собственных потребностей, как в примере с рабом — «чтобы было ему хорошо с тобой». А также в случае, когда у него есть только один стул, а у его товарища нет совсем, то, в соответствии с установлением, если он сидит на нем и не дает другому, то он нарушает повелительную заповедь «Возлюби ближнего своего как самого себя», так как не заботится о потребностях ближнего, как о своих собственных. А если сам не сидит на стуле и не дает его другому, то это низменный поступок. Ведь заповедь обязывает отдать стул другому, а самому сидеть на земле или стоять. Понятно, что этот закон говорит обо всех возможных нуждах другого, которые ты в состоянии удовлетворить. А поэтому, теперь иди и учись! Но существует ли возможность выполнить эту заповедь?

Прежде всего мы должны понять, почему дана Тора только народу Израиля, а не всему миру в равной степени? Нет ли здесь национальной избранности?

И понятно, что только душевнобольной может так думать. На самом деле, иносказательно мудрецы уже ответили на этот вопрос, будто Творец предлагал Тору всем народам и на всех языках, но те не приняли ее.

Но все же, почему народ Израиля назван «избранным народом», как сказано: «Тебя избрал Творец», после того, как ни один из народов не захотел Тору? Возможно ли представить себе Творца, который обходит со своей Торой те дикие народы, пытаясь вручить им то, о чем они не имеют ни малейшего представления? Да и где это слыхано в истории народов о таком событии, и как можно согласиться с такой «детской» трактовкой?

Однако, когда мы как следует поймем, что суть Торы и Заповедей, данных нам, и то, что мы желаем получить благодаря исполнению их в размере, указанном нам мудрецами, — это цель всего грандиозного творения, предстающего пред нашим взором, тогда мы поймем все.

Так как первое правило говорит о том, что нет действующих бесцельно. И нет в этом правиле исключения, кроме падших из рода человеческого или младенцев.

Поэтому нет абсолютно никакого сомнения в том, что Творец, величие которого не поддается исследованию, не совершит без цели ни малое действие, ни большое.

И указали нам мудрецы, что мир сотворен ни для чего другого, как только для соблюдения Торы и Заповедей. Суть этого, как объяснили нам мудрецы, в том, что намерение Творца в отношении творения с момента его создания — раскрыть ему свою Высшую суть.

И постижение Высшей сути Творца раскрывается в творении ощущением наслаждения, которое постоянно возрастает, пока не достигнет желанной величины.

Этим поднимаются падшие в истинном осознании постижения Его и слиянии с Ним, пока не достигнут окончательного совершенства: «Никто не увидит другого Творца, кроме Тебя».

И из-за величия и великолепия этого совершенства, Тора и Пророки остерегались говорить о нем. Как намекали на это мудрецы: «Все пророки говорили только о времени Машиаха, но в будущем мире никто не увидит другого Творца, кроме Тебя». Это известно имеющим знание, и нечего больше добавить.

И это совершенство в изречениях Торы, Пророчестве и высказываниях мудрецов выражено простым словом «слияние». Но из-за многократного употребления этого слова вслух массами, оно почти потеряло свой первоначальный смысл.

Но если ты на мгновение вникнешь в смысл этого слова, то замрешь в изумлении от величия чуда. Представь себе величие Божественного и низменность творения, и тогда сможешь оценить, что представляет собой их слияние. И тогда поймешь, почему этим словом мы выражаем цель всего этого грандиозного творения.

И выходит, что Цель всего творения заключается в том, чтобы низшие создания, постепенно развиваясь посредством исполнения Торы и Заповедей, смогли бы подниматься все выше и выше, пока не удостоятся слиться со своим Создателем.

Однако, остановились здесь мудрецы Каббалы и задали вопрос: «Почему изначально мы не сотворены во всем желаемом величии, чтобы смогли слиться с Творцом? И для чего Ему нужно было возложить на нас это бремя творения, Торы и Заповедей?». И ответили: «Горек хлеб стыда». Это означает, что тот, кто ест и наслаждается добытым тяжелым трудом товарища, боится смотреть ему в лицо, т.к. это унижает его, и идущий этим путем постепенно теряет человеческий облик.

И невозможно, чтобы в том, что исходит из Его Совершенства, содержался бы какой-либо недостаток, поэтому предоставил нам возможность самим заслужить свое величие своими занятиями Торой и Заповедями. И в этих словах заключается глубокий смысл.

Я уже объяснял суть этих вещей в книгах «Древо жизни» и ТЭ"С, поэтому здесь объясню покороче, чтобы смог понять любой.

Это похоже на то, как один богач привел к себе человека с базара, кормил, поил его, каждый день дарил ему золото и серебро, с каждым днем все увеличивая свои дары, и чем дальше, тем больше. Наконец, спросил богач: «Скажи мне, выполнил ли я уже все твои желания?». И ответил ему бедняк: «Пока еще не исполнились все мои желания. Ведь как мне было бы хорошо и приятно, если бы все это имущество и вся эта прелесть достались бы мне заработанным путем, так же, как и тебе, чтобы не быть получающим милостыню из твоих рук». И сказал ему богач: «Если так, то не сотворен еще человек, который смог бы удовлетворить твои потребности».

И это состояние естественно, потому что, с одной стороны, он испытывает огромное удовольствие, постоянно растущее по мере увеличения получаемых им даров, а с другой стороны, ему тяжело терпеть стыд из-за того множества добра, которое богач дает ему, увеличивая раз за разом. Это естественный для нашего мира закон, когда получающий ощущает нечто похожее на стыд и нетерпение в момент получения бесплатного дара от дающего из милости и жалости к нему.

Из этого следует второй закон: не найдется во всем мире человека, который мог бы полностью выполнить все желания товарища, т.к. несмотря ни на что не сможет придать этому подарку характер самостоятельного приобретения, что только и может завершить совершенство.

И сказанное относится только к творениям, но ни в коем случае не может относиться к величественному совершенству Творца.

И это то, что приготовил нам посредством усилий и трудов, благодаря занятиям Торой и исполнением Заповедей — самим нам создать наше величие.

Тогда все благо и наслаждение, приходящее к нам от Него, т.е. все, заключенное в понятии «слияние с Творцом», будет нашим собственным приобретением, которое досталось нам благодаря нашим собственным усилиям. Только тогда мы сможем почувствовать себя хозяевами, и только так, а не иначе, ощутим совершенство.

Однако, здесь нам стоит вглядеться в суть и источник этого закона природы. Откуда берется эта заноза стыда и нетерпения, которую мы ощущаем, когда получаем от кого-то из милости? Явление это, однако, проистекает из хорошо известного естествоиспытателям закона природы, гласящего, что природа каждой ветви близка своему корню и подобна ему. И все существующее в корне будет желанно ветви его, и возлюбит она это, и будет вожделеть к нему, и извлечет из этого пользу. И наоборот, все, что не свойственно корню, и ветвь его будет избегать, и не сможет вытерпеть, и это причинит ей страдания. И закон этот действует между любым корнем и его ветвью, и не может быть нарушен.

И здесь нам открывается возможность понять источник всех наслаждений и страданий, находящихся в нашем мире.

Поскольку Творец — корень всех творений, которые Он создал, то все явления, все, содержащееся в Нем и нисходящее от Него к нам прямым образом, будет притягательно для нас и приятно, потому что природа наша близка к нашему корню — Творцу. А все, что несвойственно Ему, и не исходит от Него напрямую, а является результатом проявления полярности самого творения, будет противно нашей природе и это нам будет тяжело вытерпеть. То есть мы любим покой и ненавидим движение настолько, что любое движение мы совершаем только ради достижения покоя.

И это так, потому что наш корень находится не в движении, а в покое, в Нем нет абсолютно никакого движения. И потому это также против нашей природы и ненавидимо нами. По той же причине мы очень любим мудрость, мужество, богатство и т.д. Ведь все это находится в Нем, ибо Он — наш корень. И потому ненавидим мы все противоположное им: глупость, слабость, нищету, т.к. они совершенно отсутствуют в нашем корне. И это приводит к ощущению отвращения, ненависти и нестерпимым страданиям. Это и дает нам этот испорченный привкус ощущения стыда и нетерпения во время получения нами чего-нибудь от других в виде милости, т.к. у Творца нет даже намека на получение, ведь от кого же получит?

Вследствие того, что явление это не свойственно нашему корню, оно отвратительно и ненавидимо нами, как сказано. И напротив, мы ощущаем наслаждение, приятность и мягкость каждый раз, когда мы отдаем нашим ближним, потому что это есть в нашем корне, ибо Он — Дающий всем.

Теперь мы получили возможность выяснить — что же на самом деле представляет собой цель творения — «слияние с Ним». Все то величие и «слияние», достижение которых гарантируется нам нашими занятиями Торой и Заповедями — не более и не менее, чем подобие ветвей своим корням, в соответствии с чем вся приятность и нега и все возвышенное являются естественно исходящими. Таким образом, наслаждение — это не что иное, как подобие свойств Создателю. И если мы уподобляемся в наших делах всему, что присуще нашему корню, тем самым мы испытываем наслаждение. А все, что отсутствует в нашем корне, становится невыносимым и отвратительным или очень болезненным, как к тому и обязывает это явление. Таким образом, вся наша надежда зависит и основывается на степени нашего подобия нашему корню.

И вот слова мудрецов, задававших вопрос: «Какая разница Творцу, что кто-то режет скотину с шеи, а кто-то — с затылка? — Не даны заповеди ни для чего другого, как очистить ими творения.» И «очищение» это означает очищение грязного тела-желания, что и является целью, вытекающей из всего исполнения Торы и Заповедей.

Так как «человек родится диким ослом»: ведь когда рождается и выходит из лона творения, он находится в совершенно грязном и низменном состоянии, что является следствием заложенной в нем величины его любви к себе.

И все его движение — движение вокруг собственного полюса, без каких бы то ни было искр отдачи ближнему. Так, что находится на конечном удалении от корня, т.е. на противоположном конце.

Ведь корень Его — абсолютный альтруизм, без каких бы то ни было искр получения, а тот новорожденный весь погружен в получение для себя, абсолютно без искр отдачи. Поэтому его состояние считается нижней точкой низменности и грязи, находящейся в человеческом мире. И по мере своего продвижения и роста получит от своей среды частичные уроки «отдачи ближнему». И это, конечно, зависит от степени развития ценностей этой среды.

Но и тогда начинают его воспитание с выполнения Торы и Заповедей ради любви к самому себе, чтобы получить награду в этом или в будущем мире, что называется «ради себя». Потому что невозможно приучить его другим путем. А когда вырастет и войдет в лета, тогда открывают ему, как прийти к выполнению заповедей «ради Творца», что представляет собой особое намерение только доставлять радость Творцу.

Как писал Рамбам, женщинам и детям не раскрывают, как заниматься Торой и Заповедями «ради Творца», потому что не смогут вынести это. Только когда подрастают и приобретают знания и разум, тогда обучают их исполнению «ради Творца».

И как говорили мудрецы: от «ради себя» переходит к «ради Творца», что означает намерение доставить радость своему Создателю, а не ради любви к себе.

Благодаря естественной возможности, заранее заложенной в занятиях Торой и Заповедями «ради Творца» Давшим Тору (как говорили мудрецы, сказал Творец: «Я создал злое начало, я создал Тору — лекарство»), творение продвигается и развивается, шагая по ступеням и поднимаясь по ним к высотам величия, пока окончательно не потеряет в себе все искры эгоистической любви.

И возвеличиваются в его теле все заповеди, и все его движения — только ради отдачи. Так что даже то насущное, которое он получает, сливается также с намерением отдачи, т.е. чтобы смог отдавать. И об этом говорили мудрецы: «Заповеди даны лишь затем, чтобы очистить ими творения».

И хотя в Торе существуют две части:
1) Заповеди, действующие между человеком и Творцом;
2) Заповеди, действующие между человеком и ближним.

Обе они подразумевают одно — привести творение к конечной цели — слиянию с Творцом. И более того, даже их практическая сторона на самом деле — единое целое.

И в то время, когда делает что-то «ради Творца», без всякой примеси любви к себе, т.е. не извлекая для себя никакой пользы, не почувствует человек никакой разницы в своих действиях — работает ли он для любви к товарищу, или он работает для любви к Творцу.

Потому что для любого творения как закон природы действует то, что все, находящееся за пределами его тела, считается им пустым и совершенно несущественным.

И каждое движение, которое человек совершает из любви к ближнему, он совершает как одолжение или за какое-либо вознаграждение, которое в конце концов вернется к нему и послужит его пользе, и поэтому такие действия не могут называться «любовью к ближнему», так как судятся по конечному результату.

И это подобно найму, оплачиваемому в конце, и совершенно не может считаться любовью к ближнему.

Однако, «в чистом виде» совершить какое-либо действие или усилие из-за любви к ближнему, т.е. без искр одолжения или какой-либо надежды на вознаграждение, которое вернется к нему, — это, по природе вещей, совершенно невозможно. И о том, что из этого следует, «Тикуней Зоар» говорит о народах мира: «все милосердие их — лишь для блага их».

Это означает, что все их милосердие, с которым они относятся к своим ближним, или к поклонению своим богам, исходит не из любви к ближнему, а из любви к самому себе, потому, что любовь к ближнему находится вне границ природы.

Поэтому только исполняющие Тору и Заповеди подготовлены к этому. Лишь приучая себя исполнять Тору и Заповеди, чтобы доставлять радость Творцу, медленно-медленно отделяется и выходит из пределов природного творения, и обретает вторую природу — любовь к ближнему, о которой шла речь.

И это то, что заставило мудрецов «Зоар» во всем вывести народы мира за пределы любви к ближнему. И сказано мудрецами, что все милосердие их — лишь для блага их, т.е. не может быть любви к ближнему у народов мира, потому что они не занимаются Торой и Заповедями ради Творца. А все поклонение их богам заключается, как известно, в награде и спасении в этом мире и в будущем. Так что даже их поклонение своим богам основано на любви к самим себе.

И поэтому никогда не увидим у них действие, которое будет совершено за пределами их собственного тела, хотя бы на волосок выше уровня природы.

И вот мы ясно видим, что даже в отношении исполнения Торы и Заповедей «ради Творца», даже в практической части Торы не ощущается разницы между этими двумя частями Торы. Поскольку, прежде чем усовершенствуется в этом, обязательным является то, что всякое действие — будь то «ради ближнего» или «ради Творца», — ощущается им пустым и бесполезным.

Однако, посредством больших усилий возвышается и медленно-медленно приближается ко второй природе. И тогда сразу же удостаивается конечной цели — слияния с Творцом.

А поскольку это так, то это говорит о том, что та часть Торы, которая определяет отношения между человеком и его ближним, более способна привести человека к желаемой Цели, так как работа в заповедях, определяющих отношения человека с Творцом, постоянна и определена, и нет спрашивающих за нее, и человек легко привыкает к ней, а все, что делает по привычке, как известно, не способно принести пользу.

В то время, как часть заповедей, которая между «человеком и его ближним» непостоянна и неопределенна, спрашивающие за нее окружают человека, куда не повернись, а потому являются более надежным средством и цель их более близка.

Теперь можно понять ответ Гилеля человеку, желающему достичь слияния с Творцом, что сутью Торы является заповедь «возлюби ближнего своего как самого себя», а остальные 612 Заповедей — это пояснения и подготовка к ее исполнению. И даже заповеди между человеком и Творцом также включены в подготовку к исполнению этой заповеди, по сути являющейся конечной целью, вытекающей из всей Торы и Заповедей. Как говорили мудрецы: «Тора и Заповеди не были даны ни для чего другого, кроме как очистить ими народ Израиля», что представляет собой «очищение тела» до тех пор, пока не приобретет вторую природу, заключенную в любви к ближнему, т.е. в одной заповеди «возлюби ближнего своего, как самого себя», которая является конечной целью, достигнув которую, немедленно удостаиваешься слияния с Творцом.

И не следует испытывать затруднений, почему это не определено высказыванием «возлюби Всевышнего своего всем сердцем своим и всей душой, и всем своим естеством».

И причина этого, как уже указывалось выше, в том, что на самом деле для человека, который еще находится в рамках природы творения, нет совершенно никакой разницы между любовью к Творцу и любовью к ближнему, так как все, что находится вне его, является для него нереальным.

И поскольку этот человек, желающий достичь слияния с Творцом, просил Гилеля аНаси объяснить ему желаемое обобщение всей Торы, чтобы цель стала близка ему и чтобы путь не был труден, как сказано им: «Научи меня всей Торе, покуда стою я на одной ноге», то определил ему любовь к ближнему, так как цель эта наиболее близка и достижима. Так как она застрахована от ошибок и есть у нее проверяющие.

И после сказанного появилась возможность понимания того, что обсуждалось выше, в основе смысла заповеди «возлюби ближнего своего как самого себя» — как Тора обязывает нас исполнять то, что исполнить невозможно.

И надо уяснить, что по этой причине Тора не была дана нашим святым праотцам: Аврааму, Ицхаку и Яакову, а затянулось это до выхода из Египта, когда вышли, будучи целой нацией в 600 000 человек, от 20 лет и выше.

И был спрошен каждый из нации, согласен ли он на эту возвышенную работу. И после того, как каждый всем сердцем и душой согласился с этим и воскликнул: «Совершим и услышим», — тогда появилась возможность исполнить всю Тору, и из недостижимого это стало возможным.

И это действительно так, если 600 000 человек перестанут заниматься удовлетворением собственных потребностей, и не будет у них другой цели в жизни, кроме как стоять на страже интересов их ближних, чтобы те ни в чем не нуждались. Но и это еще не все. Заниматься этим они будут с огромной любовью, всем сердцем и душой, в полном соответствии с заповедью «возлюби ближнего своего как самого себя». И тогда без всякого сомнения ясно, что любому из народа нет никакой необходимости заботиться о собственном существовании.

И поэтому, после того, как весь народ согласился на это, тут же им была дарована Тора, так как теперь стали способны исполнять ее.

Но прежде, чем выросли до размера целого народа, и тем более во времена праотцов, когда в стране были лишь единицы, не были в самом деле способны исполнять Тору желаемым образом. Так как малым количеством людей невозможно даже начать исполнение заповедей между человеком и его близким в полном объеме заповеди «возлюби ближнего своего, как самого себя», и поэтому им не была дарована Тора.

И из сказанного сможем понять высказывание из разряда самых непонятных высказываний мудрецов, которые говорили, что весь народ Израиля ответственен друг за друга, что, на первый взгляд, совершенно несправедливо, так как разве возможно, что кто-то согрешил или совершил преступление и гневит своего Создателя, а ты совершенно с ним не знаком, но тем не менее Творец взыскивает его долг с тебя?

Ведь написано: «не будут умерщвлены отцы за сынов, ...каждый за свой грех умрет». Как же можно сказать, что ты будешь ответственен за грехи совершенно чужого тебе человека, а ты незнаком ни с ним, ни с местом его обитания.

И если мало тебе этого, посмотри в разделе «Кидушин», там написано: «рабби Эльазар сын рабби Шимона говорит, что мир судится по большинству, и один человек судится по большинству. Исполнивший одну заповедь — счастье ему, что склонил чашу весов, свою и всего мира, на сторону заслуг. Совершивший одно преступление — горе ему, что склонил чашу весов, свою и всего мира, на сторону вины». Как сказано: «из-за одного грешника теряется много доброго».

И рабби Эльазар сын рабби Шимона говорит, что ответственен и за весь мир тоже. То есть по его мнению, весь мир ответственен друг за друга. И каждый добавляет своими действиями заслугу или вину всему миру. И это совершенно странно.

Однако, в соответствии с вышесказанным, слова мудрецов становятся понятны в их самом естественном смысле. Ведь, как было доказано, каждая часть из 613 заповедей Торы вращается лишь вокруг одного полюса — заповеди «возлюби ближнего своего, как самого себя». И выходит, что полюс этот находится за пределами осуществимого, пока весь народ целиком и каждый из него не будет готов к этому.

ПОРУЧИТЕЛЬСТВО
Весь народ Израиля ответственен друг за друга

И стал весь народ Израиля ответственен друг за друга, так как Тора была дарована ему только после того, как был опрошен каждый: согласен ли он принять на себя выполнение заповеди «возлюби ближнего» именно так, как написано: «возлюби ближнего своего, как самого себя». Чтобы каждый принял на себя обязанность заботиться обо всех и заботился бы об удовлетворении потребностей каждого в степени не меньшей, чем природой заложено в человеке заботиться об обеспечении собственных потребностей.

И только после того, как весь народ согласился и, как один, воскликнули все: «Сделаем и услышим», были удостоены дарования Торы, и не ранее. Ведь только когда каждый из народа Израиля стал ответственен за то, чтобы никто из них ни в чем не нуждался, так как это всеобщее поручительство освободило всех от забот о своих потребностях, стало возможным полностью выполнить заповедь «возлюби ближнего своего, как самого себя» и дать все, что имеешь любому нуждающемуся, и не заботиться больше о потребностях своего тела, так как каждый знает и уверен в том, что шестьсот тысяч преданно любящих его находятся рядом, готовые все для него сделать в любую секунду.

И потому еще не были готовы принять Тору во времена Авраама, Ицхака и Якова. Только после исхода из Египта сложилась реальность, когда ни у кого не было никаких сомнений в том, что каждому будет гарантировано обеспечение всех его потребностей.

Но в то время, когда находились среди египтян и были связаны с ними, заботу о некоторой части своих нужд были вынуждены передать в руки чужих, полных любви лишь к себе. И, таким образом, каждому из народа Израиля не могло быть гарантировано обеспечение той части его нужд, которая была передана в руки чужих; а ведь до тех пор, пока хотя бы один занят заботами о себе, весь народ не может даже приступить к выполнению заповеди «возлюби ближнего своего, как самого себя».

Таким образом, дарование Торы должно было быть отложено до исхода из Египта и становления народа Израиля как единой нации, чтобы обеспечение всех ее потребностей ни в чем не зависело бы от чужих. Только тогда стали способны принять на себя упомянутое поручительство, и Тора была дарована им. Но и после принятия Торы, если даже единицы, не считаясь с остальными, изменят народу Израиля и вернутся в грязь эгоистической любви, то забота о потребностях, которая была возложена на них, заставит остальных заботиться о самих себе. И единицы эти не пожалеют большинства, и так или иначе, помешают выполнению заповеди «возлюби ближнего» всем народом Израиля. Эти разгильдяи заставят изучающих Тору остаться в трясине эгоистической любви, поскольку не смогут те выполнить заповедь «возлюби ближнего своего, как самого себя» и достичь любви к ближнему без помощи этих разгильдяев.

Таким образом, оказался народ Израиля в ответе друг за друга, как с положительной, так и с отрицательной сторон. Исполнение поручительства, когда каждый заботится обо всех и обеспечивает потребности каждого, позволяет выполнять заповеди Торы в совершенстве, то есть, доставляя наслаждение Творцу. Отрицательная же сторона заключается в том, что если часть народа не захочет исполнять поручительство, а останутся они погруженными в любовь к самим себе, то тем самым и остальных вынудят оставаться погруженными в эту грязь и низость, без всякой возможности выбраться из этого мерзкого положения.

Поэтому мудрецы образно сравнивали поручительство с двумя людьми, плывущими в одной лодке, когда один начал сверлить дыру в дне лодки под собой и на вопрос другого, зачем же он это делает, ответил: «Какое тебе дело? Я же сверлю дыру под собой, а не под тобой.» На что второй сказал: «Глупец! Ведь находясь в одной лодке, мы утонем вместе.» Так что эти разгильдяи, погруженные в любовь к самим себе, строят тем самым железный забор, не позволяющий изучающим Тору даже приступить к выполнению Торы в указанной степени: возлюби ближнего своего, как самого себя, — что является лестницей, ведущей к слиянию с Творцом. И как же были правы в приведенном примере мудрецы, сказав: «Глупец! Ведь находясь в одной лодке, мы утонем вместе.»

Рабби Эльазар, сын РАШБ"И в вопросе о поручительстве пошел еще дальше, заявив, что не только народ Израиля ответственен друг за друга, но и все народы мира. Но существует и другое мнение, согласно которому, для начала выполнения Торы, то есть, только для начала исправления мира, достаточно взаимопоручительства одного народа, так как невозможно начинать исправление мира всем народам одновременно. Как писали мудрецы, Творец предлагал Тору всем народам мира, но никто не захотел принять ее, так как были задраны их носы кверху из-за непомерной любви к самим себе, в то время как сами погрязли в разврате, грабежах и убийствах так, что в те дни невозможно было даже помыслить говорить с ними о том, чтобы согласились отказаться от эгоистической любви.

И потому Творец не нашел ни одного народа, с которым можно было бы найти общий язык, достойного принять Тору, кроме сыновей Авраама, Ицхака и Якова, которым зачлись заслуги отцов их. Как написано мудрецами, отцы их выполняли Тору еще до того, как она была дарована им, так как вследствие возвышенности их душ была дана им возможность идти дорогами Творца. То есть, из-за их приверженности Творцу, им было дано постичь духовный смысл Торы без предварительного выполнения ее практической части, выполнять которую у них не было никакой возможности. И нет сомнения, что телесная чистота и возвышенность душ наших святых отцов оказали огромное влияние на их сыновей, и на сыновей их сыновей — так, что заслуги эти были зачтены и тому поколению, в котором каждый принял на себя эту возвышенную работу, и все, как один, воскликнули: «Сделаем и услышим». И потому мы обязаны были стать избранным народом среди всех народов. Таким образом, только сыны Израиля приняли на себя требуемое поручительство, а не другие народы мира, которые не принимали в этом никакого участия, поскольку сама действительность обязывала к этому. И как мог рабби Эльазар быть не согласен с этим.

Однако, окончание исправления мира наступит, когда все соединятся в своем стремлении к Творцу, и Он откроется всем народам мира, как писали мудрецы: «И станет Творец Царем Вселенной. В тот день станут Он и Имя Его едины». И уточнил написавший: «в тот день», — и не ранее, как написано: «И наполнилась земля знанием о Нем, и устремились к Нему все народы мира». Однако, роль народа Израиля по отношению ко всему миру похожа на роль наших святых праотцов по отношению к народу Израиля. Если бы не заслуги праотцов наших, что были зачтены нам и помогли возвыситься так, что стали мы достойны получения Торы, если бы не праотцы наши, которые выполняли Тору еще до того, как она была дарована им, разумеется, не стали бы мы избранным народом среди других народов. И потому возложено на народ Израиля, изучением Торы и выполнением заповедей ради Творца, совершенствовать себя и все человечество, чтобы стало возможным принятие на себя этой высокой работы любви к ближнему, что является лестницей, ведущей к достижению цели творения — слияния с Творцом.

И каждая заповедь, выполненная любым из народа Израиля, направленная на доставление наслаждения Творцу, без требования какой-либо платы и любви к самому себе, служит толчком к развитию всего человечества. Ведь невозможно это сделать одним скачком, а лишь медленным поступенчатым развитием до степени, необходимой для достижения всем человечеством желательного очищения. Как образно написано мудрецами: «Пока не склонится чаша весов на сторону заслуг». Словно происходит взвешивание на чашах весов, когда масса, которая очищается, достигает необходимой величины, и тогда перевешивает чаша, что означает окончание взвешивания.

И вот слова рабби Эльазара, сына рабби Шимона, который говорил, что о мире судят по большинству, имея в виду роль народа Израиля в совершенствовании мира до определенной степени очищения, при которой они станут достойными принятия на себя работы Творца. И эта степень очищения будет не меньше, чем та, которую достиг народ Израиля, когда удостоился получения Торы. Так называли мудрецы то достижение большинства заслуг, которые перевешивают чашу вины грязной эгоистической любви. И ясно, что если велика чаша заслуг высокого понимания свойств любви к ближнему, то перевесит она чашу вины. И тогда удостоятся согласия в решении воскликнуть: «Сделаем и услышим!», — как это сделал народ Израиля, что невозможно раньше достижения большинством заслуг, когда эгоистическая любовь еще мешает возложению на себя бремени служения Творцу.

Как сказано: «Выполняющий одну заповедь, перевешивает себя и весь мир на сторону заслуг». То есть, в конце концов, каждый из народа Израиля вносит свою лепту в вынесение окончательного решения, подобно тому, как взвешивающий семена кунжута добавляет по зернышку на чашу весов до тех пор, пока не закончит взвешивание. И конечно, каждое зернышко имеет значение, так как без него невозможно закончить взвешивание. И это же имеется в виду, когда говорится, что каждое действие любого из народа Израиля перевешивает весь мир на сторону заслуг, когда завершение его действия склоняет мир, стоящий на чаше весов, на сторону заслуг. И каждый вносит свой вклад в принятие этого окончательного решения, которое было бы невозможным без его действия.

Таким образом, рабби Эльазар, сын РАШБ"И, не опровергает сказанного мудрецами, что весь народ Израиля ответственен друг за друга. Просто рабби Эльазар говорит о будущем исправлении всего мира, в то время как мудрецы имели в виду настоящее время, когда только народ Израиля получил Тору.

И рабби Эльазар, сын РАШБ"И поддерживает высказывание, в котором говорится, что один грешник приводит к потере многих благ, поскольку, как уже говорилось выше, человек, выполняющий заповедь между ним и Творцом, получает такое же ощущение вдохновения, как и человек, выполняющий заповедь между ним и его ближним. Ведь выполнять любую из этих заповедей требуется ради Творца, без всякой примеси эгоистической любви, без всякого света и надежды на получение в ответ хоть какого-нибудь вознаграждения или уважения за свои усилия, когда здесь, в этой высокой точке, соединяются любовь к Творцу и любовь к ближнему, становясь единым целым.

Таким образом, это приводит к определенному продвижению всего человечества по лестнице любви к ближнему. И эта ступенька, достигнутая выполнением заповеди, большой или маленькой, одним человеком, приведет в конце концов к тому, что чаша весов, со стоящим на ней человечеством, будет склонена на сторону заслуг, так как принятие решения зависит от вклада каждого.

И совершающий одно нарушение, то есть, не сумевший преодолеть эгоистическую любовь и таким образом совершающий кражу, перевешивает себя и весь мир на сторону вины. Ведь в грязи эгоистической любви обнажается низменность природы творения, которая каждый раз, по мере ее использования, поднимается заново и укрепляется. И таким образом человек уменьшает вес находящегося на чаше заслуг, как если бы он вернулся и забрал с чаши весов то единственное зернышко кунжута, которое положил там его товарищ. Тем самым он хоть немного, но приподнял бы чашу вины, и нужно было бы начинать взвешивание заново. Так один человек тянет назад весь мир, и об этом сказано: «Один грешник приводит к потере многих благ», когда из-за того, что не смог удержаться от совершения маленькой ошибки, духовность всего мира оказалась отброшенной назад.

Все вышесказанное объясняет, почему Тора была дарована лишь тогда, когда объединился весь народ Израиля. И не может быть двух мнений по поводу цели творения, ведь она едина для всех: для черных, белых и желтых, — без различия в происхождении, до самого нижнего уровня творения, которым является эгоистическая любовь, что владеет человечеством не хуже, чем египтяне владели народом Израиля. А в этом состоянии ни с кем нет никакой возможности даже начать какие-либо переговоры, как-то объяснить, убедить согласиться принять на себя достижение цели творения, добиться хотя бы простого обещания постараться выйти из узких рамок в широкий мир любви к ближнему, кроме как с народом Израиля, получившим силу сопротивления через неимоверные страдания в четырехсотлетнем рабстве у жестоких египтян. И становятся понятны слова мудрецов, говоривших: «как соль «подслащивает» мясо, так и страдания делают человека человеком», то есть приводят тело к возвышенному очищению. И кроме того, засчитана им чистота их святых праотцов, что является главным, как о том свидетельствуют главы из Торы.

И на основании этого были подготовлены к такому состоянию, и потому о них пишется в единственном числе, как сказано: «И предстал Израиль перед горой...», что означает — все, как один, так как каждый из народа Израиля полностью отказался от эгоистической любви к себе, и все их стремления были направлены на благо ближнего, во исполнение заповеди «возлюби ближнего, как самого себя». Таким образом были объединены в единый народ, став как один человек, одно сердце, и только тогда были удостоены получения Торы.

Таким образом, вследствие вышеуказанных обязательных условий, Тора была дарована только народу Израиля, потомкам Авраама, Ицхака и Якова, так как невозможно было даже помыслить о том, что кто-то посторонний согласится принять в этом участие. Именно поэтому народ Израиля был исправлен и стал своеобразным проводником искр очищения для всего человечества, которые умножаются день ото дня, что похоже на увеличивающего свое богатство, пока не достигнет оно желаемой величины, то есть пока не достигнут понимания блаженства и покоя, находящихся в ядре любви к ближнему. И тогда поймут они необходимость склонить чашу весов на сторону заслуг и примут на себя бремя работы на Творца, и тогда чаша вины будет стерта с лица земли.

И осталось только разъяснить, почему Тора не была дарована праотцам. Ведь заповедь «возлюби ближнего, как самого себя», которая является сутью всей Торы — так что все остальные заповеди лишь разъясняют и толкуют ее — невозможна для исполнения одним человеком, а только при предварительном согласии всего народа, которое было достигнуто только после исхода из Египта, когда стали достойны ее выполнения. И каждый был спрошен — согласен ли он принять на себя выполнение этой заповеди. И лишь после того, как все согласились, была дарована им Тора. Однако следует разъяснить, каким образом в Торе было отражено то, что народу Израиля был задан этот вопрос, и все согласились, еще до дарования Торы?

Ответ на это становится очевиден любому, если вспомнить о приглашении, которое Творец послал через Моше народу Израиля еще до принятия Торы. «И сейчас, имеющий уши да услышит глас Мой. Храните союз, заключенный со Мной, и будете избраны из всех народов, потому что Мне вся земля. И будете вы Мне царством служителей (Коэнов) и святым народом», — вот слова Его, обращенные к народу Израиля, когда говорил с ними. И вернулся Моше, и передал старейшинам слова Творца, обращенные к ним. И весь народ, как один, воскликнул: «Сделаем все, что предназначил нам Творец!». И передал Моше Творцу сказанное народом».

И на первый взгляд существует противоречие, ведь разум подсказывает, что если кто-то предлагает своему товарищу какую-то работу и хочет получить его согласие, то он должен объяснить суть работы и назначить вознаграждение за нее. Тогда лишь может получающий работу решить — принимает он ее или нет. Однако, в сказанном мы не находим, на первый взгляд, ни описания сути работы, ни предполагаемого вознаграждения. Ведь говорится: «имеющий уши, да услышит глас Мой. Храните союз, заключенный со Мной», но никак не толкуется — что означает «глас», а что — «союз», и на что это распространяется. И далее говорится: «И будете избраны из всех народов, потому что Мне вся земля», — что воспринимается неоднозначно: или возложено на нас исполнение заповеди приложить усилия, чтобы стать избранными из всех народов, или этим дается обещание из благоволения к нам.

Необходимо также понять связь со сказанным в конце: «...потому что Мне вся земля». Три переводчика: Ункалус, Йонатан бен Узиэль и Иерусалимский Талмуд, а также комментаторы РАШ"И и РАМБА"Н вынуждены были здесь исправить простой смысл написанного. Ибн Эзра от имени рава Маринуса трактует слова «потому что» как «несмотря на то, что», превращая написанное в «... и будете избраны из всех народов, несмотря на то, что Мне вся земля». Однако его комментарий не соответствует сказанному мудрецами, которые говорили, что слова «потому что» имеют четыре значения: «или», «может быть», «однако» и «что», — и он добавляет еще и пятое — «несмотря на то, что». И заканчивается это: «... и будете вы Мне царством служителей и святым народом». И это тоже не воспринимается однозначно: или возлагается на нас исполнение заповеди приложить усилия, чтобы достичь этого, или дается обещание из благоволения к нам. Да и слова «царство служителей» никак не толкуются, и нет им аналога в ТАНА"Хе. И в принципе, надо дать определение различия между «царством служителей» и «святым народом». Ведь в соответствии с обычным толкованием, статус «служителя» означает одно из проявлений святого народа, и таким образом, понятно, что царство, где все — «служители», и означает царство святого народа, так что слова «святой народ» оказываются лишними.

И в соответствии с тем, о чем говорится в этой статье, становится понятным смысл написанного, который сводится к подобию переговоров-предложения и получения согласия, то есть, описывает суть и предлагает способному услышать все возможные формы работы в занятиях Торой и в выполнении ее заповедей, а также соответствующее этому вознаграждение. Ведь суть работы определена в словах «... и будете вы Мне царством служителей», что означает — будете как «служители», от мала до велика, то есть, как у Коэнов (служителей) нет никакой доли во владении и никакой личной собственности в этом мире, поскольку Творец — их удел, так и весь народ ваш, вся земля ваша, со всем, находящимся на ней, — все будете посвящены лишь Творцу. Так, что не будет никого, занимающегося чем либо, кроме выполнения заповедей Творца и удовлетворения потребностей ближнего своего, чтобы не возвнуждался он ни в чем, и не найдешь ты никого, заботящегося о себе.

И таким образом, даже повседневная работа: сев, жатва и т.д., — будет приравнена к священнодействию «служителей», приносящих в Храме жертвы Творцу. Казалось бы, какая связь между выполнением исполнительной заповеди жертвоприношения Творцу, и выполнением исполнительной заповеди «возлюби ближнего своего, как самого себя», однако жнец, выгоревший на солнце в заботах накормить ближнего, подобен стоящему перед алтарем и приносящему жертвы Творцу. Более того, эти соображения приводят к заключению, что исполнительная заповедь «возлюби ближнего своего, как самого себя» намного важнее, чем заповедь жертвоприношения.

Но это еще не все, ведь Тора и заповеди даны для того, чтобы очистить ими Израиль, и это ничто иное, как возвышенность чистых желаний, и затем он удостоится настоящей награды — слияния с Творцом, что является целью творения. И эта награда выражена словами «святой народ» — в стремлении к слиянию с Творцом удостоимся святости, как написано: «Святыми будете, ибо свят Я, Творец ваш».

И, таким образом, видно, что в словах «царство служителей» выражена вся суть работы на пике «возлюби ближнего своего, как самого себя», которая заключается в создании царства, в котором все — «служители», все достояние которых — Творец, и нет у них никакой личной собственности. И мы вынуждены признать, что это единственное определение, которое только можно понять из этих слов «царство служителей», поскольку невозможно истолковать жертвоприношение, как принесение жертв на алтаре всем народом, ибо кто они, чтобы приносили жертвы? И кто они, чтобы раздавать подарки, что положено лишь священнослужителям?

А что касается святости Коэнов (служителей), то разве не сказано — «святой народ»? Однако это может означать лишь то, что только Творец — их достояние, и лишены они любой личной собственности в степени «возлюби ближнего своего, как самого себя», что включает в себя всю Тору. И слова «святой народ» выражают полностью форму вознаграждения, которой является слияние с Творцом.

И теперь полностью становится ясным значение слов «имеющий уши да услышит глас Мой, и храните союз, заключенный со Мной». То есть, заключим союз, о котором Я говорю вам здесь, в том, что будете вы избранным народом из всех народов, то есть, будете избраны служить Мне. И через вас искры очищения будут переданы всем народам мира, объединив их в одно целое. А пока не готовы к этому остальные народы мира, чтобы начать, станете вы избранными из всех народов, и заканчивает: «... потому что Мне вся земля», что означает — все народы мира принадлежат Мне, как и вы, и все придут к слиянию со мной.

«Однако сейчас, пока другие еще не готовы к этой роли, Мне нужно избрать народ, и если согласны вы стать народом, избранным из всех народов, Я буду повелевать вами, и станете вы «царством служителей», что означает возлюбить ближнего своего в высшем понимании заповеди «возлюби ближнего своего, как самого себя», которая является сутью всей Торы и всех заповедей». «И святой народ» — вознаграждение в своей высшей форме — в слиянии с Творцом, включающем в себя все возможные вознаграждения, которые только можно себе представить.

И вот толкование выражения: «Вот слова, с которыми Творец обратился к народу Израиля», — что донесли до нас мудрецы, уточнившие: «вот слова» — «не более и не менее». И откуда они взяли, что Моше добавит или убавит к словам Творца, так, что Творец даже должен был предостеречь его. И нет больше такого примера во всей Торе, напротив, написано о нем: «в любой малости верен он».

И из сказанного ясно видно, что описание сути работы в окончательной форме выражено словами «царство служителей», которые являются конечным определением заповеди «возлюби ближнего своего, как самого себя». И на самом деле Моше могла прийти мысль сдержаться и не открыть сразу суть работы на таком высоком уровне, чтобы народ Израиля не смог найти оправдания своему нежеланию отказаться от всякой личной собственности и передать все свое достояние Творцу, следуя указанию, заключенному в словах «царство служителей». Это перекликается с написанным РАМБА"Мом, который указывал, что женщинам и маленьким детям запрещено открывать смысл «чистой работы», которое обязывает не получать никакого вознаграждения. Можно только ждать до тех пор, пока они не подрастут и не поумнеют, и тогда станут способны воспринять это на деле. И в соответствии с этим, Творец заранее предостерёг Моше: «Не убавь», чтобы передал им истинное значение этой работы, со всем величием, заключённым в словах «царство служителей».

И в отношении вознаграждения, определённого словами «святой народ», Моше могла прийти мысль максимально расширить для них толкование блаженства и возвышенной утончённости, скрытых в слиянии с Творцом, сделав их пригодными для восприятия и приблизив их, чтобы приняли и согласились на участие в этом великом деле, подобно «служителям», полностью отказавшись от всех личных благ этого мира. И в соответствии с этим было дано ему предостережение «и не добавь», скрыть и не разъяснять всего смысла вознаграждения, а ограничить его словами «святой народ». Ведь если бы он открыл им всё блаженство, заключённое в вознаграждении, то обязательно они были бы ввергнуты в заблуждение и приняли бы работу на Творца только для того, чтобы получить это вознаграждение для себя, что означало бы работу на себя и проявление эгоистической любви, и исказило бы все первоначальные намерения.

Таким образом, выяснено, почему о сути работы, заключённой в словах «царство служителей», Моше было сказано: «Не убавь», а о степени сокрытия смысла вознаграждения, заключённого в словах «святой народ», — «Не добавь».

СУЩНОСТЬ РЕЛИГИИ И ЕЕ ЦЕЛЬ

Здесь я хотел бы ответить на три вопроса:
1) в чем суть религии?
2) цель ее достигается в этом мире или в будущем?
3) целью религии является благо Творца или благо творений?

На первый взгляд, читатель удивится моим словам и не поймет, в чем суть этих трех вопросов, которые я избрал темой для этой статьи. Ведь кто же не знает, что такое религия? И тем более, кто же не знает, что ее награду и наказание ожидают и надеются получить в основном в будущем мире?

Не говоря уже о третьем вопросе. Все знают, что она направлена на благо творений — услаждать их добром и богатством. И что же можно к этому добавить?

И верно, мне нечего добавить. Однако из-за того, что эти три вопроса так известны, так привычны и впитаны с детства, в течение всей жизни к ним не могут ничего ни добавить, ни прояснить в них что-то еще.

И это говорит о незнании этих возвышенных понятий, действительно являющихся основами фундамента, на котором построено и на который опирается все религиозное «здание». А если так, то скажите мне: «Как это возможно, что подросток 13-ти или 14-ти лет уже готов вникнуть и понять всю глубину этих трех понятий? Да еще в таком исчерпывающем виде, что ему больше не потребуется добавить к этому еще какое-то мнение и знание в течение всей его жизни»?

Здесь и зарыта собака! Ибо такое поверхностное отношение привело и к поверхностному знанию и к выводам дичайшего характера, которые заполнили воздух нашего мира в этом поколении и привели нас к состоянию, когда второе поколение почти ускользнуло из-под нашего влияния.

Абсолютное добро

И чтобы не занимать читателя длинными рассуждениями, я буду руководствоваться только написанным в предыдущих статьях, в основном, статьей «Дарование Торы», — всем тем, что является предисловием этой возвышенной темы, обсуждаемой нами. И буду говорить кратко и просто, чтобы было понятно каждому.

Для начала надо понять, что Творец — абсолютное добро.

То есть, невозможно, чтобы Он причинил кому-либо какое-то зло, и это воспринимается нами как главный закон. Здравый смысл явно подсказывает нам, что основанием для совершения всех плохих поступков является не что иное, как «желание получать». Именно страстная погоня за собственным благополучием, вызванная «желанием получать», является причиной для причинения зла ближнему, так как «желание получать» стремится к наполнению себя. Да так, что если бы творение не находило никакого удовлетворения в собственном благополучии, то не было бы никого в мире, кто причинял бы зло ближнему. И если иногда мы встречаем какое-то создание, причиняющее зло себе подобному не из-за «желания получать» наслаждение для себя, то оно совершает это лишь в силу привычки, которая изначально была порождена желанием получать. И эта привычка является сейчас единственной причиной и освобождает от поиска иной.

А поскольку Творец воспринимается нами как совершенный по своей сути и не нуждается в чьей-либо помощи для своего совершенства, так как является причиной всего сущего, то ясно, что нет в Нем никакого «желания получать». И поскольку нет в Нем ничего из «желания получать», то отсутствует и всякое основание для причинения вреда кому-либо. И это совершенно ясно.

Но кроме того, всем сердцем принято нами также, как основа основ, что есть у Него «желание отдавать», то есть, желание творить добро своим творениям, что со всей очевидностью вытекает из созданного Им великого творения, предстающего перед нашими глазами.

Ведь на самом деле есть в нашем мире творения, которые испытывают или хорошие ощущения, или плохие. И что бы они не ощущали, все действительно ощущается как посылаемое им Творцом. И после того, как окончательно выяснено и принято как закон, что у Творца нет намерения причинить зло, становится ясно, что в самом деле все творения получают от Него только благо, ведь создал Он их лишь для того, чтобы насладить.

Таким образом, нами установлено, что у Творца есть лишь желание насладить, и ни в коем случае нельзя представить в Нем даже грамма ущерба или огорчения, исходящего от него. И потому мы дали Ему имя — «Абсолютное добро». И после того, как мы узнали это, спустимся и посмотрим на настоящую действительность, управляемую и контролируемую Им, на то, как Он творит одно лишь добро.

Управление Творца — целенаправленное управление

Это понятно из самого развития объектов окружающей нас природы. Взяв любое, даже самое малое, создание, принадлежащее к одному из 4-х видов: неживой, растительный, животный, говорящий, — мы увидим, что как отдельная особь, так и весь ее вид в целом, управляются целенаправленно. То есть, медленное и поступенчатое развитие, обусловленное рамками причины и следствия, подобно плоду на дереве, управление которым преследует благую конечную цель сделать его сладким и приятным на вкус.

Спросите у ботаников: сколько состояний проходит этот плод с момента появления до достижения своей цели — окончательного созревания? И все состояния, предшествующие последнему, не только не содержат даже намека на его конечное состояние — красивое и сладкое, а наоборот, как будто для того, чтобы рассердить, показывают нам противоположность его конечной формы. То есть, чем более сладок плод в конце, тем он более горек и безобразен в предыдущих стадиях своего развития.

На уровнях «животный» и «говорящий»: животное, чей разум остается мал и по завершении роста, не претерпевает значительных изменений в процессе развития, в то время как в человеке, чей разум многократно увеличивается в конце своего развития, происходят огромные изменения. Теленок — однодневка уже называется быком, так как есть у него сила, чтобы стоять на ногах и ходить, и разум, чтобы избегать опасностей, встречающихся на его пути.

В то же время, человек одного дня от роду подобен существу, лишенному чувств. И если бы кто-то, кто не знаком с реалиями этого мира, глядя на этих двух новорожденных, попытался бы описать ситуацию, то, конечно же, о младенце сказал бы, что он не преуспеет в достижении своей цели, а о теленке сказал бы, что родился великий герой. То есть, если судить по степени развития разума теленка и новорожденного, то последний — несмышленое и не ощущающее ничего существо.

Таким образом, явно бросается в глаза, что управление Творца действительностью, которую Он создал, — не что иное, как форма «целенаправленного управления», которое не принимает в расчет порядок уровней развития. Наоборот, как будто с их помощью пытается специально обмануть нас, отвлечь от понимания цели их существования, всегда показывая состояния, обратные своему окончательному варианту.

Имея это в виду, мы говорим: «Нет человека, более умного, чем опытный». Ибо только человек, приобретший опыт, то есть, имеющий возможность наблюдать творение на всех стадиях развития до конечной, совершенной, может успокоить страсти, чтобы совершенно не бояться всех этих искаженных картин, в которых находится творение на разных этапах своего развития, а только верить в красоту и совершенство завершенного развития. (И смысл этого ступенчатого развития, обязательного для каждого творения, хорошо разъясняет наука Каббала. И к этому нечего больше добавить).

Таким образом, детальное выяснение путей управления Творца в нашем мире указывает на то, что это управление может быть только целенаправленным, так что его хорошее отношение вообще не ощущается, прежде чем творение не достигнет своей окончательной точки, то есть законченной формы и окончательного развития. А до тех пор, напротив, всегда намеренно предстает перед наблюдателем завернутой в обертку порчи. И из этого понятно, что Творец всегда творит для творений одно лишь добро, однако это добро управляется Им целенаправленным управлением.

Два пути: путь страданий и путь Торы (Каббалы)

Таким образом, выяснено, что Творец — это «Абсолютное добро». Он управляет нами целенаправленно, исходя из Своего совершенства абсолютного добра, и без всякой примеси зла. И это означает, что целенаправленность Его управления обязывает нас принять на себя порядок прохождения различных состояний, связанных законом причины и следствия, пока не станем достойными получить желаемое благо, тем самым достигнув цели нашего создания. И это будет подобно великолепному плоду в конце его созревания.

Таким образом, понятно, что результат обеспечен абсолютно всем нам. И если ты не согласен с этим, то тем самым бросаешь тень на управление Творца, говоря, что оно, якобы, недостаточно для достижения цели.

И говорили мудрецы, что шхина у низших — необходимость Творца. Поскольку управление Творца целенаправленно и имеет своей целью привести нас в конце к слиянию с Ним, чтобы Он обитал в нас, это называется необходимостью Творца. То есть, если мы не достигнем этого, то тем самым как бы обнаружится изъян в Его управлении.

И это похоже на могущественного царя, у которого в старости родился сын. И он очень его любил. И потому со дня рождения сына задумал царь дать ему все. И собрал для этого все мудрые и бесценные книги, которые только были в стране, и построил ему школу для постижения мудрости, и созвал знаменитых строителей, и выстроил ему чертоги наслаждения, и собрал всех певцов и музыкантов, чтобы обучили его музыке и искусству пения, и созвал самых искусных поваров и кондитеров, чтобы готовили ему самые вкусные блюда мира. И вот вырос сын и возмужал. И он оказался глуп и нет у него тяги к знаниям. И он слеп и не видит и не ощущает великолепия зданий. И он глух и не слышит пения и голосов инструментов. И он болен и не может позволить себе вкушать приготовленное ему, а питается лишь куском хлеба с отрубями. Стыд и позор.

Такая ситуация может сложиться у земного царя, но такое невозможно сказать в отношении Творца, которого, естественно, невозможно обмануть.

И потому приготовил нам два пути развития. Один из них — это путь страданий. Он представляет собой порядок саморазвития творения, которое, исходя из своей природы, вынуждено следовать ему, переходя от одного состояния к другому, связанному с предыдущим зависимостью причины и следствия. Так мы очень медленно развиваемся до осознания необходимости выбора добра, отрицания зла и достижения целенаправленной связи, желательной Творцу. Этот путь, однако, долог по времени и полон страданий и боли.

Но наряду с этим, Он приготовил нам легкий и приятный путь Торы и заповедей, способный сделать нас достойными нашего предназначения за короткое время и без страданий.

Из этого следует, что наша конечная цель — очищение для слияния с Творцом, чтобы Он обитал в нас. И эта цель обязательна, и нет никакой возможности уклониться от нее. Ибо Высшая сила твердо управляет нами двумя способами, представляющими собой, как было выяснено, путь страданий и путь Торы.

Однако, в окружающей нас действительности мы видим, что Его управление нами осуществляется по двум путям одновременно. И они были названы мудрецами «путем Земли» и «путем Торы».

Суть Каббалы — развить в нас чувство осознания зла

И вот слова мудрецов: «Какая разница Творцу, как мы будем резать животное, используемое нами в пищу, с шеи или с затылка?» И ответили: «Не даны заповеди ни для чего другого, а только для очищения ими создания.»

И понятие «очищение» было хорошо разъяснено в статье «Дарование Торы». И посмотри, что написано там. Здесь же я поясню, что представляет собой суть этого развития, достигаемого занятиями Торой и заповедями.

И знай, что это — осознание зла, находящегося в нас. А исполнение заповедей медленно и постепенно способно сделать исполняющего их более утонченным, возвышенным. И истинная величина уровня утонченности заключается в степени осознания зла в нас.

Это одинаково в каждом создании, и все отличие между ними заключается лишь в осознании зла.

Более развитое создание осознает большую степень зла в себе, и потому различает и отталкивает от себя зло в большей степени. А неразвитое создание ощущает в себе маленькую степень зла, и потому отталкивает от себя только маленькую степень зла, оставляя в себе всю грязь, так как совсем не ощущает этой грязи.

И чтобы не запутать читателя, поясним, что составляет основу добра и зла, как об этом говорилось в статье «Дарование Торы». Основа всего зла — не что иное, как любовь к самому себе, называемая эгоизмом. Естество его противоположно Творцу, в котором нет желания получать для себя, и Он не что иное, как желание отдавать. И суть наслаждения заключается в степени подобия свойствам Творца, а суть страданий и нетерпения — в различии с Его свойствами. И в соответствии с этим, отвратителен нам эгоизм, и причиняет боль осознание отличия от свойств Творца.

Однако, это ощущение отвратительности эгоизма неодинаково в каждой душе и имеет различную степень. Дикий, неразвитый человек совсем не считает эгоизм плохим качеством, и поэтому открыто пользуется им, без всякого стыда. Он беззастенчиво грабит и убивает всякого, находящегося в пределах досягаемости.

Чуть более развитый уже ощущает некоторую степень своего эгоизма как зло и стесняется публично им пользоваться — грабить и убивать души там, где это могут увидеть, но втайне продолжает заниматься этим все время. Еще более развитый ощущает эгоизм действительно как мерзость, так, что не может терпеть его в себе, и отталкивает, и совершенно изгоняет его, в соответствии со своей степенью осознания — так, что больше не захочет и не сможет получать удовольствие за счет других.

И тогда начинают пробуждаться в нем искры любви к ближнему, называемые альтруизмом, который является основой добра. И это тоже развивается в нем поступенчато. Вначале развивается в нем чувство любви к семье и близким и желание заботиться о них, как сказано: «и от плоти своей не убегай». А когда еще больше развивается, растет в нем степень отдачи всем, кто окружает его — жителям его города, своему народу. Так это растет до тех пор, пока не разовьется в нем любовь ко всему человечеству.

Развитие осознанное и развитие неосознанное

И знай, что две силы толкают нас и побуждают подниматься, взбираясь по ступеням указанной лестницы, пока не достигнем ее вершины на небе — конечной цели равенства наших свойств с Творцом. И разница между этими двумя силами в том, что одна толкает нас «без осознания нами», то есть, без нашего выбора.

Эта сила толкает нас сзади, и мы назвали это «путем страданий», или «путем земли». Отсюда берет свое начало философия системы «Мусар», которая называется этикой. Она основывается на опытном познании, то есть, на проверке с помощью практического разума. И вся суть этой системы представляет собой не что иное, как оценку суммы вреда, нанесенного проросшими зернами эгоизма.

И эти опытные данные попали к нам случайным образом, то есть, «неосознанно нами» и не по нашему выбору. Тем не менее, они достаточно убедительно служат своей цели, так как степень зла, проявляющегося и увеличивающегося в наших ощущениях, в той мере, в которой мы осознаем его вред, заставляет нас избегать его, и тем самым, мы достигаем более высокой ступени лестницы.

Вторая сила толкает нас способом, «осознанным нами», то есть, мы сами выбираем эту силу. Эта сила притягивает нас спереди, и мы назвали это путем Торы и заповедей.

Исполнение заповедей и работа с намерением доставить наслаждение Творцу с огромной скоростью развивают в нас это ощущение осознания зла, как это описано в статье «Дарование Торы». И мы выигрываем дважды. Первое — мы не должны ждать, пока жизненный опыт начнет толкать нас сзади, ведь каждый толчок означает боль и разрушения, причиненные нам обнаружением зла в нас. В то время как работа на Творца развивает в нас то же осознание зла без предварительных страданий и разрушений.

Напротив, в приятности и неге, которые мы ощущаем во время чистой работы на Творца, чтобы насладить Его, в нас развивается отношение, позволяющее осознать низменность этих искр любви к самому себе. Осознать, насколько их наличие мешает ощутить на нашем пути вкус наслаждения от отдачи Творцу. Ведь ступенчатое ощущение раскрытия зла развивается в нас на фоне ощущения наслаждения и полного покоя, то есть, получения блага во время работы на Творца. И это ощущение приятности и наслаждения возникает в нас из-за равенства Творцу.

И второе — мы выигрываем время, так как это действует «осознанно», и в наших силах сделать больше и ускорить время, как сами того пожелаем.

Религия — не для пользы творений, а для пользы исповедующего ее

Многие по ошибке сравнивают нашу святую Тору с системой «Мусар» (этика).

Однако, это происходит оттого, что в свое время они не попробовали вкус Торы (раскрытия Творца), и я призываю их:

«Вкусите и увидите, что благ Творец». По правде сказать, и этика и Каббала направлены на одно — воодушевить человека подняться из грязи горькой любви к самому себе на вдохновенную вершину любви к ближнему. И вместе с тем, далеки они друг от друга, как далек замысел Творца от мыслей творений. Так как Каббала происходит из замысла Творца, а система «Мусар» является плодом мыслей творений из плоти и крови, и их жизненного опыта. И разница между ними очевидна как в используемых средствах, так и в конечной цели.

Ведь осознание добра и зла, развивающееся в нас при пользовании системой этики, применимо только к успеху общества, тогда как использование Каббалы в нашем осознании добра и зла применимо только к Творцу. То есть, от различия с Творцом до отождествления с Его свойствами, что называется слиянием, как сказано об этом в статье «Дарование Торы».

И совершенно далеки они друг от друга по своим целям. Цель этики — счастье общества, как его понимает практический разум, опирающийся на жизненный опыт. И, в конце концов, цель не обещает пытающемуся ее достичь никакой выгоды, сверх рамок, ограниченных природой.

А если так, то эта цель не выходит за пределы досягаемости критики, так как кто может раз и навсегда доказать индивидууму справедливость меры имеющегося у него блага, чтобы заставить его отказаться от какой-то части полагающегося ему по его разумению в пользу общества?

В отличие от этого, цель развития каббалистической методикой обещает стремящемуся к ней счастье для самого человека. Ведь как мы уже знаем, человек, постигший любовь к ближнему, по закону равенства свойств находится в слиянии с Творцом, и вместе с этим выходит из своего узкого мира, полного страданий и камней преткновения, в широкий и вечный мир отдачи Творцу и творениям.

Еще одним известным и очень бросающимся в глаза отличием, говорящим в пользу Каббалы, является то, что система этики руководствуется принципом приобретения благорасположения людей, что похоже на аренду, деньги за которую возвращают в конце. И привычка человека к такой работе не дает подняться даже по ступеням «Мусар», так как он привык к работе, хорошо оплачиваемой окружением, которое платит за его добрые дела.

В то время как занимающийся Каббалой ради наслаждения Творца, без получения какого-либо вознаграждения, действительно взбирается по уровням морали, как того и требует дело. Ведь он не получает никакой оплаты на своем пути, по крупицам собирая необходимое для оплаты великого счета за приобретение другой природы — отдачи ближнему, без всякого получения для себя, кроме как для поддержания собственного существования. Только так мы действительно освободимся от всех запретов Природы. Ведь когда человеку отвратительно любое получение для себя, и душа его свободна от всех лишних и мелких удовольствий тела, и не стремится получить уважение, или что-нибудь подобное, то он свободно обитает в мире Творца. И гарантировано, что ему никогда не будут грозить здесь никакие неприятности и не будет причинен никакой ущерб, ведь весь вред, ощущаемый человеком, приходит к нему лишь со стороны получения ради себя, внедренного в него, и это надо хорошо понять.

Таким образом, очевидно, что Каббала служит человеку, использующему ее и не несет никакой пользы созданиям, не использующим ее. И даже если все дела этого человека служат их пользе, и она определяет все его действия, — это лишь средство достижения возвышенной цели, которой является тождественность Творцу.

И внимательно прочитай статью «Дарование Торы» — ту часть, в которой говорится о целях общества и индивидуума.

Однако, вознаграждение в будущем мире — отдельная тема, которую я разъясню в дальнейшем, в отдельной статье.

СУЩНОСТЬ НАУКИ КАББАЛА

Прежде чем приступить к описанию основ науки Каббала, которую многие пытались объяснить, я счел нужным сначала хорошенько разъяснить ее суть, о которой, по-моему, знают немногие.

И конечно, нельзя говорить об истоках предмета прежде, чем мы не узнаем о самом предмете.

Знание это широко и глубоко, как море, но несмотря на это, постараюсь я изо всех сил и знаний, что приобрел в этой области, дать истинное исследование и осветить со всех сторон мудрость Каббалы — так, чтобы стала доступной каждой душе, и сделать из этого правильные выводы, каковы они на самом деле.

Чтобы не осталось у изучающих возможности обмануться, что часто случается.

Что является основой науки Каббала

Вопрос этот, конечно, возникает у каждого разумного человека. И чтобы дать удовлетворительный ответ на этот вопрос, я приведу верное, выдержавшее испытание временем, определение.

Наука эта представляет собой не более и не менее, как порядок нисхождения корней, обусловленный связью причины и следствия, подчиняющийся постоянным и абсолютным законам, которые связаны между собой и направлены на одну возвышенную, но очень скрытую цель, называемую «раскрытие Божественности Творца Его творениям в этом мире».

И здесь действует закон общего и частного

«Общее» означает, что все человечество в конце своего развития неизбежно должно прийти к раскрытию Творца, и завершив свой долгий путь развития, достичь того, о чем сказано мудрецами: «и наполнилась земля знанием о Творце, как воды моря покрывают сушу». «И не будет больше человек учить ближнего своего и братьев своих постижению Творца, так как все будут знать Меня от мала до велика». И сказано: «и не скроется больше твой Учитель, и глаза твои увидят Учителя твоего».

«Частное» означает, что перед тем, как все человечество придет к совершенству, в каждом поколении будут существовать избранные, достигающие его первыми.

Это те отдельные личности в каждом поколении, которые удостоились постижения определенных ступеней в раскрытии Творца. И это — пророки и служители Творца (так их называют). Как сказано мудрецами: «Нет поколения, в котором не было бы таких, как Авраам и Яков». Ведь по словам мудрецов, раскрытие Творца происходит в каждом из поколений. По этому поводу нет разногласий, и мы полагаемся на их слова.

Множественность духовных тел, сфирот, миров

В соответствии со сказанным возникает вопрос: поскольку у этой науки есть лишь одна особая обязанность (как уже было выяснено ранее), то откуда же возникает множество духовных тел, сфирот и их взаимосвязи, которыми наполнены книги по Каббале?

Однако, если взять какое-нибудь маленькое животное, вся роль которого заключается лишь в том, чтобы прокормить самого себя и просуществовать в мире определенное время, необходимое для того, чтобы родить себе подобных, тем самым обеспечив существование своего вида, и посмотреть внимательно, то можно увидеть, что оно представляет собой сложное соединение из тысячи тысяч волокон и жил, как и установлено физиологами и анатомами в результате исследований (хотя есть в них еще тысячи десятков тысяч соединений, еще пока неизвестных человеку). И по аналогии можно понять то многообразие великого множества различных соединений и связей между ними, которое необходимо изучить, чтобы достичь этой возвышенной цели.

Два пути: сверху вниз и снизу вверх

И в общем, наука Каббала разделена на два параллельных пути постижения Творца, которые равны друг другу, и нет между ними никакого различия, как нет его между двумя каплями воды. И нет между ними никакой разницы, кроме той, что первый путь ведет сверху вниз до этого мира.

А второй начинается в этом мире и поднимается снизу вверх по всем тем ступеням, которые были образованы при нисхождении корней и их раскрытии сверху вниз. И первый путь на языке Каббалы называется «порядок нисхождения миров, парцуфим и сфирот во всех их состояниях, постоянных и переменных». А второй путь называется «постижения, или ступени пророчества и Высшего света», и человек, удостоившийся этого, обязан идти теми же путями, постепенно постигая каждую мелочь и каждую ступень в полном соответствии с теми законами, которые установлены при нисхождении света сверху вниз.

Но полное раскрытие Творца не происходит за один раз. Оно проявляется в течении определенного времени, зависящего от степени очищения постигающего, пока он не постигнет всех свойств всего множества ступеней, нисходящих сверху вниз.

И постижение их предопределено и происходит последовательно, одно за другим, и каждое последующее выше предыдущего, так что они напоминают лестницу, и потому были названы ступенями.

Абстрактные названия

Многие полагают, что все названия и понятия, используемые в науке Каббала, относятся к разряду абстрактных, и это потому, что Каббала изучает связь с Творцом и духовные миры, находящиеся вне времени и пространства.

И даже самому смелому воображению не дано это постигнуть.

И потому решили, что все, относящееся к духовным мирам, является лишь абстрактными категориями, или более того, некими еще более возвышенными и закрытыми, чем абстрактные категории, понятиями, которые абсолютно оторваны от их основ, от действительных корней.

Но это не является правдой. Совсем наоборот, Каббала не пользуется никакими другими именами и названиями, кроме тех, которые реальны и отражают действительность. И это железное правило всех мудрецов Каббалы: «Все то, что не постигнуто, нельзя назвать по имени и определить словами».

И тут ты должен понять, что слово «постижение» означает высшую ступень в понимании.

И это взято из выражения «и достигнет рука твоя».

То есть, пока не достигнуто абсолютно ясное осознание — такое, как будто держишь это в руках, каббалисты не называют это постижением, а обозначают другими названиями: понимание, знание и т.д.

Реальность, заключенная в науке Каббала

Но и в материальной действительности, предстающей в наших ощущениях, также существуют реальные вещи, суть которых нам не дано постичь даже в нашем воображении. Такие явления, как электричество и магнетизм, называемые «флюиды». Кто скажет, что они нереальны? В то время, как наши знания об их проявлениях нас абсолютно удовлетворяют, нам совершенно неважно, что мы не имеем ни малейшего представления об их сути (например, о сути электричества). Эти названия так реальны и близки нам, как будто мы действительно ощущаем их. Так, что даже маленьким детям название электричества знакомо так же хорошо, как названия хлеба, сахара и т.д.

И более того, если бы ты захотел немного утомить себя познанием, я бы сказал тебе, что как не дано нам постичь суть Творца, так в точно такой же степени не дано нам постичь суть его творений. И даже материальные вещи, которые мы можем пощупать руками, и все наше понимание своих друзей и близких в мире действия, который лежит перед нами, есть не что иное, как «знакомство с действиями», которое рождается и дает нам впечатление в результате взаимодействия с ними наших органов ощущений.

И это дает нам абсолютное удовлетворение, несмотря на то, что нет у нас никакого представления о сути.

И более того, не дано тебе постичь суть даже самого себя. И все, что известно тебе о себе самом — не больше, чем процесс воздействий, исходящих из твоей сути.

И теперь ты можешь легко понять, что все названия и термины, встречающиеся в книгах по Каббале, так же реальны и осязаемы, несмотря на то, что мы не постигаем их сути. Так как есть у изучающих их совершенное удовлетворение от полного, абсолютно завершенного знания, хотя это всего лишь постижение действий, рожденное в результате взаимодействия Высшего света с постигающим его.

Однако этого совершенно достаточно, так как существует закон: «все, определенное Его управлением и исходящее от Него, достигая действительной природы творений, воспринимается ими как полное удовлетворение». Так же как не возникнет у человека никакой потребности в шестом пальце на ладони, так как ему вполне достаточно пяти пальцев.

Материальные ценности и названия частей тела, встречающиеся в книгах по Каббале

Любому здравомыслящему человеку понятно, что там, где речь идет о духовных мирах и (не стоит даже напоминать) о Божественном, — нет ни букв, ни слов, чтобы произносить их. Ведь весь наш словарный запас не что иное, как буквенное выражение нашего воображения и ощущений наших органов восприятия. И как можно полагаться на него там, где нет места ни воображению, ни ощущениям нашего мира? Даже если взять самые утонченные слова, которыми только и подобает пользоваться в таких случаях, например, слова «Высший свет», или «Простой свет», то ведь все равно это воображаемые понятия, так как проистекают из аналогии со светом солнца, или свечи, «светлым» чувством удовлетворения, возникающим у человека при разрешении от мучившего его сомнения. И как можно пользоваться этим при описании духовности и Божественного провидения, ведь это не приведет ни к чему другому, кроме как к фальши и обману изучающих. А тем более там, где мы должны передать словами какое-то знание, полученное путем обсуждения, как это принято в исследованиях этой науки, когда для передачи постигающим каббалист должен пользоваться абсолютно точными определениями.

И представь себе, как могли мудрецы Каббалы, используя эти лживые слова, объяснять с их помощью связи в Каббале? Ведь как известно, пустые слова ничего в себе не содержат, так как у лжи нет ног и опоры. И прежде чем продолжить, необходимо изучить закон корня и ветви, определяющий отношения между мирами.

Закон корня и ветви в отношении миров

Определено мудрецами Каббалы, что четыре мира, называемые Ацилут, Брия, Ецира и Асия, начиная с высшего из них мира, называемого Ацилут, и кончая этим материальным, ощущаемым миром, называемым Асия, имеют одинаковое строение, полностью совпадающее во всех деталях. То есть, реальность и все ее проявления, существующие в первом мире, существуют и во втором, расположенном под ним, более нижнем мире, без каких-либо изменений. И так во всех последующих мирах вплоть до этого, ощущаемого нами мира.

И нет между ними никакого отличия, кроме как в качестве материала проявлений реальности, что и определяет ступень каждого из миров. Так что материал проявлений реальности первого, наивысшего из миров, наиболее «тонок», по сравнению со всеми низшими. А материал проявлений реальности второго мира грубее материала первого мира, но тоньше, чем на всех низших, по отношению к нему, ступенях.

И такой порядок сохраняется до нашего мира, в котором материал проявлений реальности грубее и «темнее», чем во всех предшествующих мирах. В то же время формы проявлений реальности в каждом мире неизменны и одинаковы во всех подробностях, как по количеству, так и по качеству.

И можно сравнить это с печатью и ее оттиском, когда мельчайшие детали печати полностью переходят на оттиск. Так и с мирами: низший мир является оттиском высшего, по отношению к нему, мира. И все формы, существующие в высшем мире, как их количество, так и качество, полностью отпечатаны в низшем мире.

Так что нет в низшем мире ни одной детали действительности или ее проявления, чтобы ее отображение не нашлось в высшем мире, похожее на нее, как две капли воды. И это называется «корнем и ветвью» и означает, что деталь, находящаяся в низшем мире, является ветвью, отображающей свой оригинал, находящийся в высшем мире и являющийся ее корнем, так как она, эта деталь, берет свое начало из высшего мира и отпечатывается в низшем.

Вот что имели в виду мудрецы, когда писали, что «нет ни одной травинки внизу, у которой не было бы надсмотрщика наверху, который не бил бы ее, приговаривая: «Расти!» То есть, корень, называемый «судьбой», заставляет ее расти, количественно и качественно приобретая свойства, присущие оттиску с печати.

И это закон корня и ветви, действующий в каждом мире, во всех проявлениях реальности по отношению к высшему миру.

Язык каббалистов — это язык ветвей

И это означает, что он создан на основании указаний, полученных ветвями от их корней, обязательно существующих в высшем мире и являющихся эталоном для своих ветвей.

Ведь нет ничего в низшем мире, что не брало бы свое начало и не проистекало бы из высшего, по отношению к нему, мира, подобно тому, как оттиск повторяет форму печати. И корень, находящийся в высшем мире, заставляет соответствующую ему ветвь в низшем мире принять свою форму и приобрести свои качества.

Как писали мудрецы: «Рок из высшего мира, соответствующий травинке в низшем мире, наносит удары этой травинке, заставляя расти в соответствии с ее назначением». И в соответствии с этим, каждая ветвь в этом мире точно отражает свой оригинал, находящийся в высшем мире.

Так, для своих целей, каббалисты создали обширный словарный запас, совершенно достаточный для разговорного языка — что поражает воображение — и позволяющий им, общаясь друг с другом, говорить о духовных корнях высших миров, даже просто упоминая друг другу название низшей ветви, четко определяемой в ощущениях этого мира.

И это позволяет слышащему понять высший корень, так как данная материальная ветвь ясно указывает на него, поскольку она, по сути, является слепком, оттиском этого корня.

Так любая часть ощущаемого мироздания и все ее проявления стали для них абсолютно определенными словами и названиями, указывающими на высшие духовные корни, несмотря на то, что их невозможно выразить никакими словами и звуками, поскольку находятся они выше всякого воображения. Однако, благодаря наличию ветвей, доступных ощущениям в нашем мире, словесное выражение духовных корней обрело право на существование.

Такова суть разговорного языка каббалистов, с помощью которого их духовные постижения передаются от одного к другому, от поколения к поколению, устно и письменно. И понимание друг друга является абсолютно достаточным, так как имеет такую степень точности, которая необходима для общения в исследованиях этой науки. То есть, установлены такие точные рамки, которые не позволят ошибиться, так как каждая ветвь имеет естественное определение, присущее только ей, и потому с абсолютной точностью указывает на ее духовный корень.

И знай, что язык ветвей Каббалы наиболее удобен для объяснения понятий этой науки, чем любые обычные наши языки, которые стерлись от массового употребления.

Как известно из теории номинализма, от частого употребления слов выхолащивается их содержание, что приводит к появлению больших трудностей в передаче точной информации от одного к другому — как устно, так и письменно.

Но это не так в «языке ветвей Каббалы», составленном из названий созданий и их проявлений, определенных законами природы и никогда не меняющихся, предстающих перед нами готовыми. И нечего опасаться, что слушающий или читающий ошибется в понимании смысла, заключенного в словах, так как законы природы абсолютны и неизменны.

Передача из уст постигшего каббалиста к способному услышать

РАМБА"Н в предисловии к комментариям Торы писал: «И я заключаю союз с каждым, читающим эту книгу, и провозглашаю, что никто, каким бы умом он не обладал, ничего не узнает из тех намеков, которыми я описываю тайны Торы, и не будут постигнуты мои слова иначе, как из уст постигшего каббалиста к способному услышать». Об этом же писал рав Хаим Виталь в предисловии к книге «Древо жизни». И как писали мудрецы: «Не объясняют «действие системы» даже одному, а только если он мудрец и понимает из своего постижения».

Понятны их слова в отношении того, что получать надо из уст постигшего каббалиста, но что это за обязывающее условие, когда еще и ученик прежде должен быть умен и понимать сам? Да так, что если оно не будет выполнено, то даже самому великому праведнику запрещено учиться. Но если он уже настолько мудрый и понимает сам, то ему нет необходимости учиться у других.

И упрощенно сказанное мудрецами надо понимать так, что все слова, произносимые вслух устами, не в состоянии передать суть даже одного духовного понятия из того Божественного, что находится вне времени, пространства, движения. И только особый язык, специально предназначенный для этого — «язык ветвей» — способен выразить соотношения ветвей и их духовных корней.

Однако, несмотря на то, что этот язык обладает несравнимо большими возможностями в исследованиях науки Каббала, чем любой другой обычный язык, он может быть услышан лишь тем, кто сам мудр, то есть, кто знает и понимает соотношения корней и ветвей.

Так как невозможно постичь эти связи снизу вверх, то есть, глядя на низшие ветви, совершенно невозможно найти никакой аналогии высшим корням, или с помощью фантазии представить себе их.

Наоборот, низший учится у высшего. То есть, сначала надо постичь высшие корни, количество которых в духовном выше всякого воображения, и постичь на самом деле. И только после того, как сам постиг высшие корни, он может, глядя на ветви, ощущаемые в нашем мире, полностью понять все количество и качество соотношений между каждой ветвью и ее корнем в высшем мире.

И только после того, как узнает все это и хорошенько поймет, у него будет общий язык со своим Равом — «язык ветвей». С его помощью мудрый каббалист сможет передать ему все нюансы своей мудрости и знание о происходящем в высших духовных мирах — все то, что получил от своих учителей, и то, что постиг самостоятельно. Потому что теперь есть у них общий для обоих язык, и они понимают друг друга.

Но если ученик еще недостаточно умен и не понимает сам этого языка, не понимает, каким образом ветвь указывает на корень, то совершенно очевидно, что у его Рава нет никакой возможности объяснить ему ни одного слова из этой духовной мудрости. И с ним невозможно разговаривать об исследованиях Каббалы, так как нет с ним совершенно никакого общего языка, и они как немые. То есть, нет другого способа передать мудрость Каббалы, кроме как знающему и понимающему самому.

Но возникает вопрос, откуда у ученика появится мудрость постичь соотношения корня и ветви, если он пока лишь стремится постичь высшие корни? Ответ таков: спасение человеку придет, когда возжуждается он в помощи Творца. И нашедший милость в Его глазах, наполняется Им, наполняясь тем самым светом хохма, бина и даат, постигая Высшее. И невозможно помочь здесь ничем земным. Только после того, как удостоился милости Творца и высшего постижения, может прийти и получить бескрайнюю мудрость Каббалы из уст знающего каббалиста, так как есть у них сейчас общий язык, и никак иначе.

Названия, чуждые человеческому слуху

Учитывая вышесказанное, надо понять, почему в книгах по Каббале иногда встречаются термины и названия, совершенно чуждые человеческому слуху. И наиболее часто они повторяются в книгах, являющихся основными в Каббале: в «Зоар» и дополнениях к ней, в книгах АР"И. Почему мудрецы пользовались этими «низменными» терминами для выражения таких возвышенных и святых идей?

Однако, после того, как приобретаешь знания, приведенные выше, становится ясна суть вещей: для объяснения этой науки совершенно невозможно воспользоваться никаким другим языком в мире, кроме особого «языка ветвей», который специально для этого предназначен, и соответствует своим высшим корням. И потому само собой разумеется, невозможно отказаться от какой бы то ни было ветви или ее проявления из-за низости ее уровня и не использовать ее для описания связей в Каббале, потому что не существует в нашем мире другой ветви, которую можно взять вместо нее.

Подобно тому, как нет двух волосков, питающихся от одного корня, так нет у нас и двух ветвей, относящихся к одному корню. И если отказаться от использования какого-то названия, я не только потеряю соответствующее ему понятие из высшего духовного мира, так как нет больше никакого слова, способного заменить его в описании этого корня, но и нанесу ущерб всей науке в целом. Ведь таким образом выпадает одно звено из общей цепи науки, а оно является связующим звеном.

И этим наносится ущерб всей науке, так как нет никакой другой науки в мире, составляющие которой были бы так тесно переплетены и связаны друг с другом по закону причины и следствия, как Каббала, которая действительно связана от начала и до конца, как длинная цепочка. И поэтому, при исчезновении от нас даже небольшого знания, меркнет сияние всей мудрости, поскольку все ее части так переплетены между собой, что представляют одно целое.

И не должно теперь вызывать удивления использование чуждых названий, так как нет свободы в их выборе, и нельзя поменять хорошее на плохое и плохое на хорошее. И должны всегда точно использовать ветвь или явление, указывающие на их высшие корни, во всей полноте, необходимой для дела. И обязаны дать подробное толкование, сформулировав точное определение, достаточное для изучающих.

МИР

Научное исследование пользы и необходимости работы Творца на опытной основе

«И волк будет жить рядом с агнцем, и тигр будет лежать с козленком, и телец, и молодой лев, и вол будут вместе, и маленький мальчик будет управлять ими». (Пророк Иешаяху, 11)

«И будет в тот день: Господь снова, во второй раз, протянет руку свою, чтобы возвратить тех из народа своего, которые остались в Ассирии и Египте, в Патросе и Кушае, в Эйламе и Шинарке, в Хамате и на островах моря». (Вавилонский Талмуд, Трактат Окцин)

Сказал рабби Шимон бен Халафта: «Не счел Творец нужным дать иное благословение Израилю, кроме как мир, как сказано: «И дал Творец силу народу своему, благословив его миром».

После того, как в предыдущих статьях я пояснил общую форму служения Творцу, суть которой не что иное, как любовь к ближнему, что практически можно определить как «отдача ближнему».

И можно сказать, что оказание блага ближнему является практической частью проявления любви к нему. И потому любовь к ближнему можно определить как «отдачу ближнему», что наиболее близко к ее истинной сути и призвано помочь нам не забывать о намерении.

И после того, как убедились в правильности этого метода работы на Творца, мы должны проверить, основывается ли наша работа только на вере, без всякой научной основы, или существует для этого также и опытная основа, что я и хочу доказать в этой статье.

В начале, конечно, я должен хорошо представить саму тему. Кто Он, который принимает нашу работу?

Я не любитель формальной философии и ненавижу любые виды исследований, проведенные на теоретической основе, и, как известно, большинство людей моего поколения согласны в этом со мной, потому как слишком много испробовали мы в этой области. И известно, что если шатка основа, то при малейшем движении рухнет все здание. И потому, я не пишу здесь ни одного слова, не прошедшего проверку опытом, — начиная с простого осознания, по поводу которого нет разногласий, далее продвигаясь и получая доказательства аналитическим путем (путем разделения на составляющие) и до познания самых возвышенных объектов. Учитывая это, пойдем путем синтеза (путем объединения и взаимодействия таких методов, как аналогия, сравнение и практика) и покажем, каким образом простое осознание позволяет подтвердить работу Творца на практике.

Контрасты и противоречия управления

Любой здравомыслящий человек, посмотрев на окружающую нас действительность, найдет в ней две противоположности. Когда мы смотрим на творение с точки зрения его существования и выживания, то бросается в глаза постоянное управление, глубина мудрости и степень талантливости которого поражает воображение, как в отношении всей действительности, так и ее частей.

Возьмем в качестве примера существование человеческого рода. Любовь к детям и наслаждение быть родителями является главной причиной рождения детей. И причина эта весьма основательна для того, чтобы вся порожденная ею система отлично справлялась со своей ролью.

Капля-носитель естества отца помещается природой в безопасное, с великой мудростью созданное для зарождения жизни место, где изо дня в день в точной мере получает все необходимое. Природа позаботилась также и о создании удивительной колыбели в чреве матери, где никто не сможет причинить вреда новой жизни.

И ухаживает за ней с мастерством художника, не оставляя без присмотра ни на секунду, пока новая жизнь не наберется достаточно сил для выхода в наш мир, и тогда природа дает ей на короткое время силы и мужество, которых хватает для разрушения стен, окружающих ее, и тогда, как опытный герой, привыкший к битвам, она рушит преграду и появляется на свет.

Но и тогда природа не отворачивается от нее, а как милосердная мать, заботливо передает ее к преданно любящим отцу и матери, которым можно доверить теперь заботу о новой жизни, и которые будут опекать ее все то время, пока еще слаба она, до тех пор, пока не подрастет и не сможет заботиться о себе сама и обходиться собственными силами.

И так же, как и о человеке, природа заботится обо всех видах творения: животных, растениях и неживом уровне творения. И делает это разумно и милосердно, чтобы обеспечить и само их существование, и продолжение рода.

Однако, если посмотреть с точки зрения получения необходимого для выживания и приспособленности к существованию в этой реальности, то бросается в глаза беспорядок и большая путаница, как будто нет никакого управляющего, никакого надзора, и каждый делает то, что он хочет, и каждый строит собственное благополучие на несчастье другого, и грешники набрали силу, а праведники попираемы без жалости.

И знай, что это противоречие, заметное любому образованному и чувствующему человеку, занимало человечество еще в древние времена. И существовали многочисленные методы, оправдывающие эти два противоречия в управлении природы, существующие в одном мире.

Теория первая: природа

Это очень древняя теория. Исходя из этих, бросающихся в глаза противоречий, не найдя никаких способов как-то сгладить их, пришли к общему предположению, что Творец жестко управляет существованием созданного Им — так, что ничего не ускользает от Него, и нет у Него ни разума ни чувств.

И тогда, несмотря на то, что придумал и управляет существованием действительности с великой мудростью, достойной всяческого удивления, но у Него самого нет разума (что предполагать неразумно), так как, если бы у Него были разум и чувства, конечно, не допустил бы такого беспорядка в добыче средств к существованию в нашей действительности — без милосердия и жалости к мученикам. И в соответствии с этим назвали эту теорию «Природой», что означает управление без разума и чувства. А потому и не на кого сердиться, некому молиться, и не перед кем оправдываться.

Теория вторая: две власти

Есть такие, которые пошли дальше, так как им трудно было согласиться с предположением, что всем управляет природа. Поскольку видя, что управление осуществляется с великой мудростью, превышающей любую человеческую, они не могли согласиться, что у руководящего всем этим отсутствует мудрость. Так как невозможно дать то, чего нет у тебя. И ты ничему не можешь научить друга, если ты сам глупец.

И как можно сказать о том, кто организовал все это чудесным образом, что он не знал, что делает, и все вышло у него случайно, в то время как известно, что случайность не может совершать никаких разумных действий. И больше того — обеспечить вечный порядок существования.

И поэтому пришли ко второй теории, согласно которой существует два управляющих: один — Творец, творящий добро, и другой — Творец, творящий зло.

И очень развили эту теорию, подкрепив ее различными доказательствами и примерами.

Теория третья: множество богов

Эта система родилась из подражания второй системе двух властей, то есть общее влияние было разделено на отдельные действия, такие, как сила, богатство, власть, красота, голод, смерть, беспорядки и прочее, и ответственность за каждое из этих действий возложили на какого-то определенного божка. И развивали эту систему в соответствии с необходимостью.

Теория пятая: прекратил опеку

В последнее время, когда обрели люди мудрость и увидели более сильную связь между всеми частями Творения, они совершенно отказались от идеи многобожия, и поэтому опять встал вопрос о противоречиях, ощущаемых в Высшем управлении. И тогда была выдвинута новая теория, состоящая в том, что на самом деле Создатель и Руководитель действительностью мудр и чувства ведомы ему. Однако, с высоты Его величия, с которым ничто не сравнится, наш мир видится ему как горчичное зернышко, и ничего не стоит в его глазах. И не пристало ему заниматься такими мелкими делами, и потому существование наше столь беспорядочно, и каждый делает, что хочет.

Одновременно с вышеописанными теориями существовали также религиозные доктрины о Божественной Единственности, которые я тут не рассматриваю, т.к. хотел только показать источники различных неверных теорий и удивительных предположений, которые, как известно, господствовали и были широко распространены в разные времена в разных местах.

Таким образом, основа, на которой выстроены все вышеназванные теории, зародилась и появилась на свет из противоположности и противоречия между двумя видами управления, ощущаемыми в нашем мире.

И все эти теории были предназначены ни для чего иного, как для преодоления этого глубокого разрыва и соединения частей в одно целое.

Однако, мир все еще управляем неизменными законами. И этот огромный и страшный разрыв не только не уменьшается, а наоборот, превращается в ужасную бездну, без видимого выхода из нее и надежды на спасение. И глядя на все вышеописанные безуспешные попытки, которыми пользовалось человечество на протяжении нескольких тысяч лет до настоящего времени, я задаю вопрос: может быть нет смысла просить у Творца исправления этого разрыва, потому что это главное исправление находится в наших руках?

Обязанность осторожного отношения к законам природы

Все мы понимаем, осознавая даже на простом уровне, что человек должен жить в обществе. Другими словами, без общества он не может существовать и добывать себе средства к существованию.

И подтверждением тому служат реальные события. Если мы видим, например, что какой-то одиночка уходит из общества в пустынное место и живет там жизнью полной горя и страданий, то у него нет никакого права сердиться на свою судьбу и на Высшее управление из-за невозможности самому обеспечить свои потребности. И если он все-таки делает это, то есть, сердится и проклинает свою горькую долю, то тем самым он лишь обнаруживает и провозглашает собственную глупость. Ведь в то время, как Высшее управление приготовило для него удобное и желательное место, нет никакого оправдания его бегству в пустынное место. И такой человек недостоин жалости, так как идет против природы творения, несмотря на то, что есть у него указание жить так, как велит ему Высшее управление. И потому нет к нему жалости. И с этим согласно все человечество без исключения.

Я могу дополнить это и, переложив на религиозную основу, сформулировать так: поскольку управление Творением исходит от Творца, и без сомнения во всех Его действиях есть цель (ведь нет работающего без цели), то каждый, кто преступает законы природы, данные нам, вредит цели, к которой мы идем. Ведь без сомнения цель построена на всех законах природы без исключения.

И умному работнику приличествует ни на волос не отступать от действий, вынуждаемых целью к их совершению, и не пропускать ничего и не предпочитать одно в ущерб другому. И потому будет наказан природой нарушающий даже один закон, так как это нарушение наносит ущерб и вредит всей цели, которую установил Творец. А так как мы тоже созданы Творцом, то нельзя нам жалеть того, кто пренебрег законами природы, которые плоть от плоти Творца и служат Его цели. Таково мое мнение.

Я думаю, что не стоит кому бы то ни было спорить о форме, в которую я облек свои слова, так как суть закона одна. Ведь в чем разногласие? Называют ли Управляющего природой, отказывая Ему в наличии знания и цели, или говорят, что Он невероятно мудр, знает и чувствует, и что есть цель в Его действиях, — в конце концов, все признают и согласны с тем, что на нас возложена эта обязанность — выполнять заповеди Высшего управления, другими словами — законы природы. И все признают, что нарушающий заповедь Высшего управления достоин наказания, возлагаемого на него природой, и наказание даже желательно для него, и нельзя кому бы то ни было жалеть такого. То есть, суть закона одна, и нет между нами разногласий, кроме как в мотиве — одни воспринимают его как обязывающий, а по-моему он — целенаправленный.

И для того, чтобы не понадобилось в дальнейшем пользоваться этими двумя названиями: природа и Управляющий, — так как, как я уже доказал, нет никакого различия в выполнении их законов, то нам лучше углубиться в сравнение и принять мнение каббалистов о том, что числовое выражение слов «природа» и «Элоким» (одно из имен Творца) одинаково и составляет 86. И тогда законы Творца можно назвать заповедями природы, и наоборот, так как это одно и то же. И незачем больше пустословить.

Теперь нам очень важно посмотреть на заповеди природы, чтобы узнать, что она требует от нас, и чтобы не быть безжалостно наказанными ею. Мы уже говорили о том, что природа обязывает человека жить жизнью общества, и это просто. Однако, нам стоит взглянуть на заповеди, которые природа обязывает нас выполнять с этой точки зрения, то есть, с точки зрения жизни общества. Если мы посмотрим в целом, то в обществе на нас возложено выполнение только двух заповедей, которые можно определить как «кабала» — получение и «ашпаа» — отдача. То есть, каждый член общества обязывается природой получать все необходимое ему от общества, но также обязывается и отдавать обществу, работая на его благо. И если не выполнит хотя бы одну из этих двух заповедей, будет немилосердно наказан.

В отношении заповеди получения нам не нужны многочисленные наблюдения. Поскольку наказание следует тут же и немедленно, то мы не можем пренебрежительно относиться к ним. Что же касается второй заповеди «отдачи обществу», когда наказание не только не приходит немедленно, но еще и воздействует на нас не прямым, а косвенным путем, то эта заповедь не выполняется должным образом.

И потому человечество поджаривается на сковородке на страшном огне, а разрушения, голод и их последствия не оставили его до сих пор. И удивительно, что природа, как профессиональный судья, наказывает нас в соответствии с нашим развитием, поскольку видно, что по мере развития человечества и достижения экономического и технического прогресса, страдания и несчастья возрастут.

Такова научно-практическая основа того, что управлением Творца мы были выделены всем естеством исполнять заповедь «отдачи ближнему» со всей точностью. Да так, чтобы ни один из нас не уменьшил бы свои усилия, работая в полной мере, необходимой для процветания и благоденствия общества. И пока мы ленимся исполнять это в полной мере, природа не прекратит наказывать нас и мстить нам.

И исходя из тех ударов, которые мы получаем в наше время, мы должны принять во внимание меч, занесенный над нами в будущем, и сделать правильный вывод, что природа победит нас, и мы будем вынуждены все вместе, как один, выполнять ее заповеди в полной мере, требуемой от нас.

Доказательство работы Творца на основании опыта

Однако у человека, критически воспринимающего мои слова, все еще остается вопрос. Ведь до сих пор я лишь доказал необходимость работы на людей, а где же практическое доказательство того, что надо исполнять заповеди ради Творца?

Однако, об этом позаботилась сама история и приготовила нам неопровержимые факты, которых нам вполне достаточно для полной оценки и выводов, не вызывающих никакого сомнения. Огромное многомиллионное общество в такой стране, как Россия, занимающей площадь, превышающую площадь всей Европы, имеющей запас полезных ископаемых, почти не имеющий аналогов во всем мире, решило ввести в жизнь коллективное хозяйство и практически ликвидировало всю частную собственность.

И так как ни у кого не было другой заботы, кроме заботы о благе общества, то, на первый взгляд, они уже постигли все благо заповеди «отдачи ближнему своему» в ее полном смысле, насколько может постичь ее человеческий разум. И вместе с тем, посмотрите, чего им это стоило. Вместо того, чтобы возвыситься и опередить буржуазные страны, они опускались все ниже и ниже, пока не оказались не способными обеспечить своим работникам даже уровень жизни рабочих буржуазных стран, они не могли даже обещать им хлеб насущный и возможность хоть как-то прикрыть наготу. И действительно, этот факт сильно поражает, ведь, на первый взгляд, принимая во внимание богатства этой страны и огромное население, они, по человеческому разумению, не должны были опуститься до такого.

Один грех совершила эта нация, и Творец не простил им. А дело в том, что та возложенная на них драгоценная работа, которой является «отдача ближнему своему», и которую они начали выполнять, должна быть ради Творца, а не ради человечества. И вследствие того, что выполняли свою работу не ради Творца, с точки зрения самой природы не было у них права на существование.

Ведь если представить себе, что каждый из этого общества старался бы выполнять заповедь Творца, как это написано: «Возлюби Творца своего всем сердцем, всей душой и всем своим естеством», и заботился бы об удовлетворении потребностей и запросов ближнего своего в такой же мере, как вычеканено в нем самом заботиться о собственных нуждах, как написано: «Возлюби ближнего своего, как самого себя», и целью каждого во время его работы на благо общества был бы сам Творец — то есть, работающий ожидал бы от своей работы на общество, что удостоится тем самым единения с Творцом, источником всей истины и блага, всей радости и нежности, — то без всякого сомнения, в течении нескольких лет они стали бы счастливее всех стран вселенной, вместе взятых. Только так была бы у них возможность использовать те природные ресурсы, которыми столь богата их земля, и они действительно стали бы примером для всех стран, и были бы названы благословенными Творцом.

Однако, когда вся работа по отдаче ближнему совершается лишь во имя общества — это шаткая основа: ведь кто и что заставит индивидуума выкладываться во имя общества?

Невозможно надеяться, что безжизненный принцип даст мотивацию — силу двигаться, даже достаточно развитым людям, не говоря уже о неразвитых. И возникает вопрос: откуда рабочий или земледелец получит силу, достаточную, чтобы побудить его работать? Ведь количество хлеба насущного, получаемого им, не уменьшится и не увеличится из-за того, что он тратит свои силы, и он не видит перед собой никакой цели и вознаграждения. Изучающим природу известно, что даже самое маленькое движение человек не может совершить без движущей силы — то есть, без того, чтобы не улучшить как-то свое положение. Например, когда человек переносит руки со стула на стол, то происходит это потому, что ему кажется, что, облокотив руки на стол, он почувствует себя удобнее, и если бы так не казалось ему, то он оставил бы руки на стуле все семьдесят лет своей жизни, не говоря уже о большем усилии.

И если посоветуешь поставить над ними надзирателей, чтобы наказывали каждого ленящегося работать и отбирали у него за это хлеб насущный, то откуда у самих надзирателей возьмется движущая сила для этой работы? Ведь нахождение в определенном месте и надзор за людьми с целью заставить их работать — само по себе большое усилие, может быть, еще большее, чем сама работа. И это похоже на желающего завести автомобиль без бензина.

И потому противоестественны человеческие законы, а законы природы накажут людей, так как они не выполняют установления природы — отдавать ближнему ради Творца, чтобы в этой работе прийти к цели творения — к единению с Творцом, что описано в статье «Дарование Торы». И это единение ощущается изобилием все возрастающего огромного наслаждения до той желанной степени, когда происходит истинное осознание Творца, пока все развивающееся не удостаивается великого чуда, намек на которое содержится в написанном: «Никто не увидит Творца, кроме тебя».

И представьте себе, что если бы крестьянин и рабочий чувствовали эту цель во время их труда на благо общества, то, естественно, не нуждались бы ни в каких надсмотрщиках, так как уже имелась бы у них абсолютно достаточная движущая сила для совершения огромных усилий, до вознесения общества на вершину счастья.

И правда в том, что понимание этого требует огромных усилий в верном направлении. Но все видят, что нет у них права на существование, кроме как по законам упрямой природы, не знающей уступок. И это все, что я хотел доказать здесь.

Как я уже доказал выше, опираясь на опытные данные — историческую практику, предстающую перед нашими глазами, — нет для человечества никакого другого лекарства в мире, кроме принятия к исполнению закона Высшего управления — «отдачи ближнему ради Творца», включающую, как написано, два аспекта.

Один из них — «возлюби ближнего, как самого себя» — означает, что степень усилий для отдачи ближнему во имя счастья общества должна быть не меньше, чем степень природной потребности человека заботиться о своих нуждах. И более того, забота о благе ближнего должна опережать заботу о своем благе, как это описано в статье «Дарование Торы».

А второй аспект — «возлюби Творца своего всем сердцем, всей душой и всей сутью своей», цель которого обязывает каждого в то время, когда он заботится о благе ближнего, делать это лишь для того, чтобы обрести благоволение в глазах Творца, чтобы мог сказать, что выполняет Его желание.

И если возжелаете и услышите, то вкусите благие плоды желания, и преобразится нищий, и всяк измученный да порабощенный желанием, и счастье каждого превзойдет всякую меру. Но если откажемся и не захотим заключить союз для выполнения работы Творца в той мере, как описано ранее, то природа и ее законы обрушат на нас свое мщение и не дадут нам покоя, как было доказано выше, пока не победят нас, и не вкусим мы всю горечь во всем, что заповедано нам.

Разъяснение Мишны: «Все дано под залог, и ловушка расставлена на всю жизнь»

И только после всего того, что мы узнали выше, нам удастся понять сложнейшую Мишну в «Изречениях мудрецов»: «Он говорил (рабби Акива), что все дано под залог, и ловушка расставлена на всю жизнь. Магазин открыт, и лавочник дает в кредит. И книга открыта, и пишет рука. И каждый, кто захочет взять взаймы, пусть придет и возьмет. Но сборщики налогов возвращаются изо дня в день, и взимается плата с человека, осознает он это, или нет. И есть им на что опираться. И судья вершит правосудие, и все подготовлено к трапезе.»

Мишна недаром оставалась скрыта от нас, не давая даже малого намека на разгадку, и это говорит нам о том, что есть в ней бездонная глубина, которую еще предстоит постичь. Однако, она прекрасно разъясняется на основании тех знаний, которые мы обрели ранее.

Кругооборот изменения формы

Сначала я представлю сказанное мудрецами о нисхождении поколений мира. Когда мы видим тела, сменяющиеся и переходящие из поколения в поколение, то мы видим только тела. Однако, души, составляющие суть тела, не исчезают в процессе замены тела, а отпечатываются и переходят из тела в тело, из поколения в поколение. И те души, которые были в поколении потопа, отпечатались и перешли в поколение строителей Вавилонской башни, затем в египетское изгнание, далее в поколение вышедших из Египта и т.д., до нашего поколения, и так до окончательного исправления.

Таким образом, нет в нашем мире новых душ, несмотря на обновление тел. Только определенное количество душ вращается в круговороте изменения формы. И так как души в новом поколении каждый раз «одеваются» в новые тела, все поколения, от начала творения до гмар тикун, (конечного исправления), можно считать одним поколением, существующим несколько тысяч лет до того, как оно разовьется и придет к исправлению, как и должно быть. И с этой точки зрения, абсолютно не имеет значения, что за это время каждый сменил свое тело несколько тысяч раз, так как душа — суть тела, не страдала от этих смен.

И есть тому многочисленные доказательства и глубокая мудрость, называемая «тайной кругооборота душ», для объяснения которой здесь нет места. Но необходимо отметить, что тайна кругооборота душ распространяется также и на самые маленькие ощутимые частицы действительности, каждая из которых движется по своему пути вечной жизни. И несмотря на то, что в соответствии с нашими органами ощущения все существующее исчезает, это только на наш взгляд. А на самом деле существуют только кругообороты, и любая частица не имеет ни секунды покоя, находясь в постоянном движении кругооборота изменения формы, ничего не теряя из своей сути на этом пути, как и подтвердили это ученые-физики.

А сейчас перейдем к разъяснению сказанного в Мишне, что «все дано под залог». И это подобно тому, как если бы кто-то одолжил своему приятелю определенную сумму денег на собственное дело, чтобы быть компаньоном в получении прибыли. А чтобы быть уверенным в том, что не потеряет свои деньги, он дает их под залог, что освобождает его от всех опасений.

Так и сотворение мира и его существование. Творец создал его для людей, чтобы с Его помощью они достигли эту возвышенную цель слияния с Творцом, как сказано в статье «Дарование Торы». Однако, следует разобраться — кто заставит человечество выполнять работу Творца, чтобы в конце достичь этой возвышенной и величественной цели? Об этом говорит нам фраза «все дано под залог». То есть, все, что Творец предопределил в творении и дал людям, дано не в качестве бесхозного имущества. Он дал в залог Самого Себя.

А если спросить, какой залог дан Ему? На это ответ: «и ловушка расставлена на всю жизнь». Это значит, что Творец приготовил для человечества такую великолепную ловушку, что никто не избежит ее, и всю жизнь должен будет провести в этой западне и вынужден будет принять на себя работу Творца, пока не достигнет величественной цели. Это и есть тот залог Творца, который гарантирует, что творение его не обманет.

И далее разъясняется более подробно: «магазин открыт» означает, что несмотря на то, что этот мир в наших глазах выглядит открытым магазином без хозяев, где любой прохожий может взять товар и все, чего душа пожелает, бесплатно и без оглядки, рабби Акива настаивает и предупреждает нас, что «лавочник дает в кредит». То есть, несмотря на то, что ты не видишь здесь никакого хозяина, знай, что хозяин есть, а то, что он не требует оплаты, так это потому, что дает он тебе в кредит. И если спросишь: откуда известен мой счет, — на это ответ: «книга открыта, и пишет рука». То есть, существует общая книга, куда записывается каждое действие, без исключения. И смысл этого в том, что существует встроенный Творцом в природу человечества закон развития, который всегда толкает нас вперед.

Это означает, что неверные действия в поведении, обычные для человечества, сами являются причиной хороших состояний, то есть, сами создают их. И каждое хорошее состояние — ни что иное, как плод труда предыдущего плохого состояния.

И действительно, оценка добра и зла должна даваться не по оценке состояния, как такового, а в соответствии с общей целью творения, когда каждое состояние, приближающее человечество к цели, считается хорошим, а отдаляющее от цели — плохим. Только на этом основан «закон развития», в соответствии с которым, неисправленность и грех, заключенные в состоянии, являются причиной возникновения и процессом построения хорошего состояния.

И время существования каждого состояния — это строго определенное время, требуемое для роста величины зла, заключенного в состоянии, до такого уровня, что общество не сможет больше находиться в нем. И тогда общество вынуждено будет сплотиться, разрушить его и перейти в лучшее, с точки зрения его исправления, состояние, данное этому поколению. И время существования нового состояния продлится до тех пор, пока искры зла в нем не разгорятся до такой степени, что станет невозможно выносить его. И тогда снова должны будут разрушить это состояние и построить на его месте более удобное.

И так, одно за другим чередуются состояния, и проверяются одно за другим, ступень за ступенью, пока не наступит состояние, исправленное настолько, что в нем совершенно не будет искр зла.

Таким образом, находим, что суть всех семян и зерен, из которых произрастают и берут свое начало хорошие состояния, не что иное, как сами неисправленные действия. То есть, все зло, совершаемое грешниками поколения, накапливается и взвешивается, пока не получаем такую его массу, которую общество уже не может выдержать. И тогда поднимаются, разрушают его и создают более желательное состояние. Ведь видно, как каждое частное зло становится силой неприятия, возникшей из осознания состояния.

И вот слова рабби Акивы: «Книга открыта, и пишет рука», означающие, что каждое состояние, в котором находится то или иное поколение, похоже на книгу, и каждый, совершающий зло, похож на пишущую руку. И каждое зло принимается и записывается в книгу, пока не накопится до такой степени, что общество не сможет больше находиться в нем. И тогда разрушают это плохое состояние и переходят, как было сказано, в более желательное состояние. И каждое действие принимается во внимание и записывается в книгу, и речь, как сказано, идет о состоянии.

И сказано: «Каждый, кто хочет взять взаймы, пусть придет и возьмет». Каждый, кто верит, что мир — не открытый беспризорный магазин без хозяина, а есть в нем хозяин-лавочник, который требует с каждого берущего, чтобы заплатил ему цену, соответствующую товару, который берет из магазина. Что означает, что он должен стараться выполнять работу Творца в течении того времени, пока пользуется этим магазином, и таким образом, который гарантирует достижение цели творения, как желает того Творец. Такой человек считается «желающим взять взаймы» еще до того, как он протянет руку взять что-то в этом мире — магазине, ведь он берет взаймы с тем, чтобы заплатить установленную цену.

И это означает, что он принимает на себя обязательство работать и достичь цели Творца в течение времени, пока пользуется магазином, и гарантирует оплатить долг настойчивостью в достижении желаемой цели. Поэтому называется он желающим взять взаймы, так как поработает себя обещанием погасить долг и расплатиться.

Рабби Акива описывает нам два типа людей. Первый тип — считающие, что «магазин открыт», и относящиеся к этому миру, как к открытому магазину без хозяина. Это о них сказано: «Книга открыта, и пишет рука». То есть, несмотря на то, что они не видят никакого учета, все их дела, как сказано выше, записаны в книгу. Так действует закон развития, встроенный в природу творения для обязательного исполнения человечеством, когда действия грешников сами порождают действия хорошие.

Второй тип людей называется «желающими взять взаймы». Это те, кто считаются с хозяином и когда берут что-либо в магазине, то не просто берут, а берут взаймы, обещая хозяину заплатить установленную цену, удостоившись тем самым цели творения. И это о них сказано: «Каждый, кто хочет взять взаймы, пусть придет и возьмет».

И возникает вопрос, в чем разница между первым типом, который постигает неизбежность достижения конечной цели через закон развития, и вторым типом, который соприкасается с конечной целью через собственное закрепощение в работе Творца? Разве оба типа не равны в достижении цели?

И рабби Акива продолжает: «Но сборщики налогов постоянно возвращаются каждый день, и взимается плата с человека, осознает он это, или нет». А истина в том, что и те, и другие каждый день оплачивают свои долги соответственно мере долга. Те особые силы, появляющиеся во время этой работы, являются преданными сборщиками налогов, каждый день взимающими долг в точном размере, до полного его погашения. Именно прочные, незыблемые силы, встроенные в закон развития, считаются надежными сборщиками налогов, ежедневно и в постоянном размере взимающими долг, пока он не будет уплачен полностью. В этом смысл сказанного: «И сборщики налогов постоянно возвращаются, каждый день требуя плату с человека.»

Однако, между состояниями «осознанно и неосознанно» есть различие и огромное расстояние. В одном из них долги взимаются сборщиками налогов по закону развития. Люди, относящиеся к этому типу, возвращают свои долги «неосознанно». Бушующие волны, поднятые ураганным ветром закона развития, настигают их, толкают сзади, и заставляют творения шагать вперед. Оплата долга взимается насильно, через непомерные страдания от проявления сил зла, давящих на них сзади.

Вместе с тем, для людей второго типа оплатой долга является достижение цели «осознанно» и по собственному желанию, как результат исправляющей работы, ускоряющей развитие чувства осознания зла, как описано в статье «Сущность религии и ее цель». Выполняя эту работу, мы выигрываем дважды. Один выигрыш в том, что эти силы, которые появляются при выполнении работы, притягивают, как магнит. Так, что спешат и тянутся к ним по собственному желанию, движимые чувством любви. И нет надобности упоминать, что при этом пропадают все страдания и горести, присущие первому типу. Второй же выигрыш в том, что ускоряется приближение желаемой цели. И это праведники и пророки, которые удостаиваются и достигают цели в каждом поколении.

И огромное отличие между теми, кто платит осознанно, и теми, кто делает это неосознанно, заключается в преимуществе света наслаждения и радости перед тьмой страданий и болезненных ударов. И сказано еще: «И есть им на что надеяться, и суд — суд истины». То есть, тем, кто платит осознанно и по собственному желанию, он обещает, что «есть им на что надеяться». В работе Творца заключается великая сила, способная привести их к возвышенной цели. И им стоит взвалить на себя бремя Его работы. А о тех, кто платит долги неосознанно, говорит: «И суд — суд истины». На первый взгляд, кажется странным управление Творца, что позволяет и дает власть всем тем несправедливостям и страданиям, которые проявляются в мире, и человечество безжалостно поджаривается на них. И об этом говорится, что этот суд — «суд истины», потому что все исправлено и готово к трапезе, в соответствии с конечной справедливой целью.

И высшее наслаждение раскроется в будущем, вместе с достижением творениями конечной цели Творца, когда любой труд, любое усилия и страдания, проходящие круговорот в поколениях и во времени, напоминают нам образ хозяина дома, который трудится и совершает огромные усилия, чтобы приготовить роскошную трапезу для приглашенных гостей. А ожидаемая цель, которая, в конце-концов, должна быть достигнута, напоминает трапезу, которую с огромным наслаждением вкушают гости. И об этом сказано: «Суд — суд истины, и все исправлено и готово к трапезе».

Похожее на это можно найти в «Берешит» о создании человека. «И спросили Творца ангелы: «Зачем Тебе человек, какова его роль? Зачем тебе это несчастье?» И ответил им Творец басней о короле, у которого был дворец, полный всякого добра, и не было гостей. И что за удовольствие королю от этого добра?»

Ангелы, которые видели, какая боль и страдания в будущем обрушатся на человечество, удивились и спросили: зачем Творцу это несчастье? И ответил им Творец, что несмотря на то, что есть у него дворец, полный всякого добра, — нет у него других приглашенных гостей, кроме этого человечества. И конечно, когда ангелы взвесили все те наслаждения, которые есть в этом дворце, ожидающем своих приглашенных, и сравнили их со страданиями и неприятностями, которые испытает в будущем человечество, и увидели, что человечеству стоит вытерпеть их, ради ожидающего его блага, то согласились с созданием человека, в точном соответствии со словами рабби Акива: «суд — суд истины, и все исправлено и готово к трапезе». С самого начала творения все творения занесены в список приглашенных гостей. И замысел Творца обязывает их прийти к трапезе, осознанно или неосознанно.

И из сказанного во всей истине раскрываются слова пророка: «И волк будет жить рядом с агнцем, и тигр будет лежать с козленком» и т.д. И объясняет это: «Потому что наполнится земля знанием о Творце, как вода наполняет море». Это значит, что мир во всем мире пророк ставит в зависимость от наполнения мира знанием о Творце.

Как мы и говорили выше, жесткое эгоистическое противостояние между человеком и ближним его обостряют национальные отношения. И все это не пройдет само по себе, и не помогут человечеству никакие советы и уловки — будет то, что должно быть. Ведь видно, как несчастный больной скрючивается и переворачивается от нестерпимой человеческой боли, причиняемой ему со всех сторон. И человечество уже бросало себя к крайне правым, как в Германии, или к крайне левым, как, например, в России, (и не только), но не только не облегчило свое положение, а еще более ухудшило болезнь и боль. И стенания, как всем нам известно, поднимаются до небес.

И нет им другого совета, кроме как взвалить на себя бремя Творца и узнать Его. То есть, направить свои действия на отдачу Творцу, на достижение Его цели, как было задумано Им перед созданием творения. И когда сделают это, раскроется каждому, что в работе Творца исчезнет у человечества даже память о зависти и ненависти, как я уже говорил в этой статье. Так как тогда все человечество объединится в единое целое с одним сердцем, наполненным знанием Творца. То есть мир во всем мире и постижение Творца едины.

И сразу после этого говорит пророк: «И будет в тот день, когда во второй раз простер Творец руку для объединения остального народа. И, разбросанная по четырем сторонам света, соединилась Иудея». Таким образом, мир во всем мире предшествует объединению изгнанных.

И теперь можно понять слова мудрецов: «Не нашел Творец другого кли, способного вместить Его благословение народу Израиля, кроме как мир». Как сказано: «Творец даст силу народу Своему и благословит его миром». И на первый взгляд странным кажется образное выражение — «кли, способное вместить благословение Израилю». И действительно, как найти этому объяснение в написанном? Однако, написанное объясняется пророчеством Иешаяху, в котором говорится, что мир во всем мире предшествует объединению изгнанных. А слова «Творец даст силу народу Своему» означают, что когда Творец даст Израилю — народу Своему — силу, то есть, возрождение навечно, то тем самым «Он благословит народ Свой миром». Другими словами, сначала благословит народ Израиля миром во всем мире. И только после этого «во второй раз простер Творец руку для объединения остального народа».

Сказано мудрецами: «Благословение всего мира предшествовало освобождению», потому что «не нашел Творец другого кли, способного вместить Его благословение народу Израиля, кроме как мир». То есть, пока любовь к себе и эгоизм царят среди народов, сыны Израиля тоже не смогут выполнять работу Творца для очищения и отдачи ближнему так, как написано: «и будете вы мне царством избранных». И это мы видим на практике, ведь вхождение в землю Израиля и построение Храма не смогли бы осуществиться и получить благословение без клятвы Творца нашим праотцам.

И сказано: «Не нашел Творец кли, способного вместить Его благословение». Другими словами, до сих пор не было у сынов Израиля кли, содержащего благословение праотцов, и еще не осуществилась клятва, чтобы смогли благословить землю навечно. Потому что только мир во всем мире является тем единственным кли, позволяющим нам получить благословение праотцов, как сказано в пророчестве Иешаяху.

СВОБОДА ВОЛИ

«Высечено на скрижалях завета».
Читай не «высечено» («харут»), а «свобода» («херут»),
что означает, что освободились от ангела смерти...

Сказанное требует разъяснения, потому что непонятно, каким образом получение Торы освобождает человека от смерти? И кроме того, как случилось, что мы, уже получив Тору и удостоившись вечного тела, над которым не властвует смерть, вернулись назад и утратили его? Может ли вечное исчезнуть?

Для того, чтобы понять глубину выражения «свобода от ангела смерти», необходимо сначала выяснить, что означает термин «свобода» в его обычном, человеческом понимании. При общем рассмотрении свободу можно отнести к закону природы, пронизывающему все стороны жизни. Мы видим, что даже животные, пойманные нами, плохо выживают, когда мы лишаем их свободы.

И это верное свидетельство того, что Высшее Управление не согласно с порабощением любого творения. И не случайно человечество воевало сотни лет, пока не достигло некоторой степени свободы личности.

В любом случае, наше представление о понятии, выражаемом словом «свобода», очень туманно, и если мы углубимся в его внутреннее содержание, то от него почти ничего не останется. Ведь прежде, чем требовать свободы личности, мы должны предположить наличие этого свойства, называемого «свобода», в каждой личности, то есть, надо убедиться, что личность имеет возможность действовать по своему выбору и свободному желанию.

Наслаждение и страдание

Однако, если проанализировать действия человека, то мы увидим, что все они являются вынужденными, и были совершены по принуждению. И нет у него никакой возможности выбора.

И этим он похож на варево, кипящее на плите, у которого нет никакого выбора. И оно обязано свариться. Ведь Высшее Управление поместило всю нашу жизнь меж двух огней: наслаждением и страданием. И у животных нет никакой свободы выбора — выбрать страдания или отвергнуть наслаждения. И все преимущество человека над животными состоит в том, что человек способен видеть отдаленную цель, то есть, сейчас согласиться на известную долю страданий при выборе будущего наслаждения или пользы, которую получит через какое-то время.

Но на самом деле, тут нет ничего, кроме расчета, который, на первый взгляд, является коммерческим. То есть, оценив будущие наслаждения или пользу, «свободные личности» находят в них столько преимуществ и предпочтений над болью, причиняемой страданиями, что согласны перенести эту боль сейчас. И все дело в разности, когда вычитанием беды и страдания из ожидаемого наслаждения получают определенный остаток.

Ведь все тянутся непременно к наслаждению. Но иногда случается, что страдают, и сравнивая достигнутые наслаждения с перенесенными страданиями, не находят предполагаемого «остатка». И остаются в убытке — все, как в правилах торговцев.

Отсюда следует, что нет разницы между человеком и животными, а если так, то не существует свободного, разумного выбора. А просто притягивающая сила тянет их к наслаждениям, случайно подворачивающимся в той или иной форме, и гонит от страданий. И с помощью этих двух сил Высшее Управление ведет всех туда, куда хочет, совершенно никого не спрашивая.

И более того, даже определение характера наслаждения и пользы происходит абсолютно не по выбору и свободному желанию индивидуума, а в соответствии с желаниями других, когда они хотят, а не он.

Например, я сижу, одеваюсь, говорю, ем — все это не потому, что я хочу так сидеть или так одеваться, говорить, или так есть, а потому что другие хотят, чтобы я сидел или одевался, или говорил, или ел таким образом. Все это происходит в соответствии с желаниями и вкусами общества, а не моего свободного желания. Более того, все это я делаю, подчиняясь большинству, вопреки моему желанию. Ведь мне удобнее вести себя проще, ничем не обременяя себя, но все мои движения скованы железными цепями вкусов и манер других, то есть, общественными условностями, превращенными в законы.

А если так, то скажите мне, пожалуйста: где же моя свобода желания? А с другой стороны, если предположить, что нет свободы желания, то каждый из нас — не что иное, как своего рода машина, созданная и действующая по указанию внешних сил, заставляющих ее работать именно в таком режиме. Это значит, что каждый из нас заключен в тюрьму Высшего Управления, которое с помощью двух своих надзирателей: наслаждения и страдания, — тянет и подталкивает нас по своему желанию — туда, куда хочет оно. А значит, вообще не существует никакого «Я» в этом мире, поскольку нет никого, кто бы имел право принятия решений и обладал бы хоть какой-то самостоятельностью.

Не я хозяин своих действий: я делаю что-то не потому, что я хочу сделать, а потому, что на меня воздействуют, вынуждают, притом без всякого моего ведома. И если так, то получается, что нет мне ни вознаграждения, ни наказания.

И это совершенно непонятно не только людям религиозным, которые поневоле верят в Управление Творца и полагаются на Него, считая, что в заведенном Им порядке есть добрая и желаемая цель. Это еще более странно для верящих в природу. Ведь в соответствии со сказанным, каждый из нас закован в кандалы слепой природы, у которой нет ни разума, ни расчетов. А мы, существа избранные и разумные, стали игрушками в руках этой слепой природы, безжалостно ведущей нас. И кто знает — куда?

Закон причинно-следственной связи

Стоит потратить время на то, чтобы понять одну важную вещь — как мы существуем в мире, с точки зрения сущности нашего «Я», когда каждый из нас ощущает себя особым миром, действующим самостоятельно, совершенно независимым от внешних, чуждых, неизвестных нам сил, и в чем проявляется по отношению к нам эта сущность?

Существует единая связь между всеми частями ощущаемой нами действительности, каковая существует по закону причинно-следственной связи и развивается в соответствии с причиной и следствием. И это справедливо как для целого, так и для каждой части в отдельности. То есть, в каждом творении этого мира, во всех четырех его видах: «неживой», «растительный», «животный», «говорящий», — действует закон причинно-следственной связи, в рамках причины и следствия.

Более того, любая частная форма индивидуального поведения, которым руководствуется творение в каждое мгновение своего существования в этом мире, определяется предшествующими факторами, вынуждающими эту форму поведения изменяться именно так, и никак иначе. И это понятно и ясно всем, кто посмотрит на порядок действия вещей в природе с чисто научной точки зрения и без личного пристрастия. Итак, мы должны препарировать предмет, чтобы иметь возможность рассмотреть его со всех сторон.

Четыре фактора

Знай, что любой элемент, действующий в созданиях этого мира, надо понимать не как произошедший «из ничего» («еш ме-аин»). Наоборот, все произошло как «сущее из сущего» («еш ми-еш»). То есть, из реальной сущности, изменившей свою предыдущую форму и облачившейся в новообразующуюся форму.

И поэтому нам надо понять, что при любом созидании в этом мире совместно существуют четыре фактора, которые создают и определяют творение, и называются они:

1) основа;
2) причинно-следственные связи, относящиеся к свойствам собственно основы, которые не изменяются;
3) ее внутренние причинно-следственные связи, которые изменяются под воздействием внешних сил;
4) причинно-следственные связи внешних факторов, воздействующих на нее снаружи.

И я рассмотрю каждый в отдельности.

Фактор первый: основа, первичный материал

1. Основа — это первичный материал данного создания, так как «нет ничего нового под солнцем». И все новообразования в нашем мире не происходят «из ничего», а возникают лишь как «сущее из сущего» («еш ми-еш»), когда какая-то сущность теряет свою предыдущую форму и принимает другую форму, отличную от предыдущей. И сущность, потерявшая предыдущую форму, называется основой, и в ней скрыта сила, которая раскроется в будущем и определится в конечной форме этой сущности, а потому по праву считается главным фактором, воздействующим на нее.

Фактор второй: причина и следствие, как таковые

2. Это порядок причины и следствия, относящийся к свойствам собственно основы, и он не меняется. Например, гниение зерна пшеницы в земле превращает его в росток пшеницы, и это разложившееся состояние называется основой. Таким образом, надо понять, что сущность пшеницы, изменившей свою предыдущую форму и принявшей новую форму в виде разложившегося зерна, называется основой, свободной от всякой формы. И после того, как она сгнила в земле, она стала пригодной для принятия другой формы, то есть, формы ростка пшеницы, способного произрасти и выйти из той основы, являющейся семенем.

И всем известно, что эта основа никогда не примет форму других хлебных злаков, например, овса, а лишь, по подобию — предшествовавшую ей форму, которая сейчас потеряна ею, — то есть, форму пшеницы. И несмотря на то, что есть определенные изменения в количестве и качестве (ведь в предыдущей форме было одно зерно пшеницы, а теперь их десять), и по красоте и по вкусу, — однако, основа формы пшеницы не претерпевает никаких изменений.

В этом прослеживается порядок причины и следствия, относящийся к свойству самой основы, который не меняется никогда, так что пшеница не станет другим злаком. Это и есть второй фактор.

Фактор третий. Внутренние причина и следствие

3. Это порядок внутренних причинно-следственных связей основы, изменяющихся под воздействием внешних сил окружающей ее среды, с которыми она соприкасается. Это означает, что из одного сгнившего в земле пшеничного зерна получается много пшеничных зерен, иногда еще больших и лучших по качеству, чем посеянное зерно.

То есть обязательно есть здесь дополнения, вызванные воздействием факторов окружающей среды, участвовавших в процессе и присоединившихся к скрытой силе, то есть к основе. В результате этого и происходят все те качественные и количественные изменения, которых совершенно не было в предыдущей форме пшеницы. И эти факторы: соли и минералы, находящиеся в земле, дождь, солнце, которые воздействовали на нее тем, что влияли своей силой и присоединили ее к скрытой силе самой основы, что, в соответствии с законом причины и следствия, привело ко множеству количественных и качественных изменений данного новообразования.

И надо понять, что этот третий фактор соединяется с основой на ее внутреннем уровне, поскольку скрытая в основе сила контролирует все эти изменения так, что в конце концов, они относятся к виду пшеницы, а не к чему-то другому.

И поэтому мы относим их к внутренним факторам, отделяя от факторов второй группы, которые, в соответствии со своим определением, неизменны, в то время как третий фактор изменяется как по количеству, так и по качеству.

Фактор четвертый. Причина и следствие под воздействием внешних факторов

4. Это порядок причины и следствия во внешних ей факторах, действующий на ее окружение. То есть нет у него прямого отношения к пшенице, подобно соли, дождю, солнцу, а именно к факторам, внешним к ней, как, к примеру, соседние посадки, или к таким внешним событиям, как град или порыв ветра.

Таким образом, мы находим, что четыре фактора соединяются в пшенице в течение всего процесса ее роста. И любое состояние, которое пшеница проходит за это время, обусловлено этими четырьмя факторами, ими определяются и количественные, и качественные характеристики состояния. И так же, как в случае с пшеницей, этот закон действует во всех вариациях любых явлений и состояний в этом мире, он справедлив и по отношению к мыслям и приобретению знаний человеком.

Например, если проследить процесс воспитания, образования любого человека — верующего или атеиста, ультрарелигиозного или умеренно религиозного, — то мы поймем, что состояние человека, возникшее в результате этого процесса, формировалось теми же четырьмя факторами.

Наследственные факторы

Фактор первый — это основа, то есть, его первичный материал. Поскольку человек создан как «сущее из сущего», то есть, из самой сердцевины родивших его, то соответственно, он, в определенной степени, как бы является их копией, перепечатывающейся «из книги в книгу». И почти все, что было принято и постигнуто отцами и дедами, также переходит и к нему, и отпечатывается в нем.

Однако, разница в том, что происходит потеря формы, аналогично посеянной пшенице, которая пригодна для появления нового семени только после того, как сгнила и потеряла предыдущую форму. Так и в капле семени, из которой рождается человек, — нет в ней больше ничего от формы отца, кроме этих скрытых сил.

И те знания, которые были у отца, в сыне становятся предрасположенностью и называются инстинктами или привычками, пользуясь которыми он даже не знает, почему он так делает: ведь это скрытые силы, унаследованные от отца. Однако, не только материальные приобретения наследуются нами, но и духовные, и все знания, способствовавшие этим приобретениям, также наследуются нами, переходя из поколения в поколение.

Так формируются и проявляются различные наклонности, которые мы обнаруживаем в людях. Например: склонность доверять или недоверчивость, удовлетворение материальной жизнью или стремление к знаниям, и презрение к жизни, к которой нет желания, жадность или расточительность, дерзость или стеснительность и т.д.

И все эти проявления в людях оказываются не их собственным приобретением, а лишь простым наследством, по частям доставшимся им от отцов и дедов. Как известно, в мозгу человека есть особая область, ответственная за наследственность, называемая «продолговатый мозг», или подсознание, где проявляются все эти склонности.

Однако, поскольку знания и свойства наших отцов, являющиеся плодами их опыта, у сына становятся просто склонностями, то подобны посеянной пшенице, утратившей предыдущую форму и ставшей в чистом виде силами, скрывавшимися в ней. И теперь они могут получить новую форму, что в нашем случае соответствует предрасположенностям, которые способны обрести форму знаний. И это является первичным материалом — основным первым фактором, называемым «основой», в котором сосредоточены все силы особых наклонностей, унаследованных от родителей, официально называемые наследственностью.

И знай, что среди этих предрасположенностей есть и обратные проявления, то есть, противоположные тому, что было у отца.

И потому говорят, что все, что скрыто в сердце отца, у сына проявляется открыто.

Смысл этого в том, что основа теряет предыдущую форму, чтобы облачиться в новую, и потому близка к противоположности формы знаний отцов, как пшеница, сгнивающая в земле, которая теряет всю свою форму пшеницы. И вместе с тем, все зависит и от трех прочих факторов, о которых я писал ранее.

Влияние окружения

Фактор второй — это прямой порядок причины и следствия, относящийся к собственным качествам основы, которая не изменяется. Пояснить это можно на описанном выше примере с зерном пшеницы, которое разлагается, находясь в земле. Окружающая среда, в которой находится основа, — это земля, соли, дождь, воздух и солнце. Она долгое время медленно и поступенчато воздействует на зерно, в соответствии с порядком причины и следствия, изменяя состояние за состоянием, пока оно не дойдет до определенной стадии. И тогда основа возвращается к своей первоначальной форме, то есть, к форме зерна пшеницы, но с изменением в количестве и качестве. Главная часть основы совершенно не изменяется, из нее не вырастет овес или другой злак, хотя некоторая ее часть изменяется как количественно (например, из одного зерна может выйти 10 или 20 зерен), так и качественно (качество может быть лучше или хуже прежнего).

Таким же образом и человек, как основа, находится в окружающей среде, то есть, в обществе. И он обязательно подвержен его влиянию, как пшеница подвержена влиянию окружающей ее среды. Ведь основа — это всего лишь сырье, которое, непрерывно соприкасаясь с внешней средой и обществом, претерпевает ступенчатые изменения, переходя от состояния к состоянию, в соответствии с законом причины и следствия.

В это же время изменяются и наклонности, содержащиеся в его основе, приобретая форму знаний. Например, если человек получил по наследству склонность к жадности, то подрастая, он находит себе разумные оправдания, позволяющие прийти к выводу, подтверждающему, что для человека хорошо быть жадным. И уже известно, что несмотря на то, что отец его был щедрым, он может унаследовать от него противоположное качество — жадность, потому что противоположное — это такое же наследство, как и существовавшее изначально.

Или кто-то унаследовал от предков склонность к свободомыслию, он строит для себя обоснование, позволяющее прийти к заключению, что очень важно и хорошо для человека быть свободным. Но откуда он берет эти суждения, аналогии и заключения? Все это он неосознанно берет из окружения, влияющего на его мнение и вкус постепенными переходами от причины к следствию.

Человек думает, что это его собственные открытия, к которым он пришел путем свободного изучения, однако, как и в случае с зерном пшеницы, есть одна неизменная общая часть основы, т.е. в конце концов, у него остаются унаследованные наклонности, которые проявляются в нем так же, как они проявлялись и у его предков. Это и называется вторым фактором.

Привычка становится второй натурой

Третий фактор — это то, что по закону причины и следствия непосредственно воздействует на основу и изменяет ее. Так, унаследованные наклонности человека под воздействием окружающей среды становятся натурой, и потому действуют в тех направлениях, которые определяются ее осознанием. Например, у жадного от природы, эта склонность под воздействием окружающей среды становится осознанной, и тогда он ограничивает ее с помощью разумных критериев — например, защищает себя от страха и страдания, возникающих в нем ввиду свойства жадности, тем, что разумно ограничивает себя во власти этого свойства над собой.

Таким образом, многое из того, что он унаследовал от предков, меняется к лучшему, и иногда удается совсем избавиться от плохой склонности. И все это благодаря привычке, положительное воздействие которой становится его второй натурой.

В этом преимущество силы человека над силой растительного уровня, так как пшеница не может измениться полностью, а как сказано выше, лишь частично, тогда как у человека есть возможность измениться под воздействием окружающих факторов причины и следствия, даже в общих чертах, то есть, полностью изменить наклонности и искоренить их, превратив в противоположные.

Внешние факторы

Четвертый фактор — это совершенно посторонние факторы, по закону причины и следствия воздействующие на основу снаружи. То есть, это те факторы, которые не имеют никакого отношения к развитию основы и влияют на нее не прямым, а косвенным образом. Например, материальная обеспеченность, или заботы, или атмосфера в обществе вокруг и тому подобные обстоятельства — все, что имеет свой последовательный и медленный порядок причинно-следственных состояний, вызывающих изменения в сознании человека в лучшую или в худшую сторону.

Таким образом, я описал четыре естественных фактора, и весь наш разум, любая наша мысль — не что иное, как всего лишь их производная. И даже если человек сутки будет проводить в исследованиях, все равно ничего не сможет изменить или добавить к тому, что предоставлено ему этими четырьмя факторами.

И любое добавление, которое только сможет найти, будет лишь количественным, определенным большей или меньшей степенью разума, в то время как качественно здесь абсолютно нечего добавить. Ведь эти факторы принудительно определяют наш характер и форму мышления и выводов, совершенно не считаясь с нашим мнением. Так что мы находимся во власти этих четырех факторов точно так же, как глина в руках ваятеля.

Свобода выбора

Однако, когда мы рассматриваем эти четыре фактора, то видим, что несмотря на то, что наши силы слабы для того, чтобы устоять перед первым фактором, который называется основа, есть у нас возможность свободного выбора защититься от остальных трех факторов, под воздействием которых частично изменяется основа, иногда даже в более общей части. И все это в силу привычки, ставшей второй природой.

Окружение как фактор

И защита эта заключается в том, что мы всегда можем добавить что-то при выборе нашего окружения, каковым являются друзья, книги, учителя и т.п. Это аналогично тому, что человек наследует от отца поле пшеницы, и на нем он может из небольшого количества зерен вырастить много пшеницы только за счет выбора окружения для ее основы — плодородной почвы, в которой есть все соли и полезные вещества, в изобилии снабжающие пшеницу всем необходимым, — а также за счет улучшения условий среды, делая ее более подходящей для успешного созревания посева. Умный поразмыслит, выберет наилучшие условия и получит благословление. А глупец возьмет то, что подвернется под руку, и потому его посев обернется неудачей, а не благословлением.

Ведь и качество, и количество зависят от выбора среды для посева пшеницы. А после посева в выбранном месте окончательная форма пшеницы уже определяется тем, что способна дать среда.

Так и в предмете нашего обсуждения. По правде говоря, нет свободы желания, а только возбуждение под воздействием упомянутых четырех факторов, и обязан думать и размышлять так, как они предлагают ему, при отсутствии у него какой-либо возможности властвовать над ними, как в примере с пшеницей, которую уже посеяли в определенной среде.

Изначально существует все же свобода желания выбрать среду из таких книг и учителей, которые вызовут хорошие мысли. И если человек не сделает этого, а будет готов войти в любую случайную среду и читать любую случайную книгу, то, конечно, попадет в плохое окружение или будет проводить время за чтением бесполезных книг (их больше, и они намного приятнее), а в результате обязательно получит плохое образование, что приведет к греху и злодеянию.

И конечно, наказание понесет не за плохие мысли и дела, в которых у него нет выбора, а за то, что не выбрал хорошее окружение, т.к. в этом безусловно есть возможность выбора.

Поэтому, прилагающий усилия в своей жизни и каждый раз выбирающий лучшую среду, достоин похвалы и награды. Но и здесь, не за его хорошие дела и мысли, принудительно возникающие у него без всякого выбора с его стороны, а за старание выбрать каждый раз лучшее окружение, приводящее его к этим мыслям и делам. Как сказал рав Йошуа бен Пархия: «Сделай себе Рава и купи себе товарища».

Необходимость выбора хорошего окружения

И надо понять сказанное рабби Йоси бен Кисма, когда некий человек предложил ему переехать жить в свой город, и просил он рабби Йоси и предложил ему за переезд тысячи тысяч золотых динаров. И ответил ему рабби Йоси бен Кисма: «Даже если ты дашь мне все серебро и золото, все драгоценные камни и жемчуг всего мира, я не буду жить нигде, кроме места, где занимаются Каббалой».

На первый взгляд, эти слова кажутся слишком высокопарными для нашего простого разумения. Как он мог отказаться от тысяч тысячей золотых динаров ради такой малости, и не захотел жить в городе, где не учат Каббалу, в то время как сам был очень знающим и великим мудрецом и уже не должен был учиться у кого-либо? И это совершенно не понятно.

Однако суть сказанного очень проста и достойна того, чтобы утвердиться в каждом из нас. Несмотря на то, что у каждого есть «своя основа», в действительности ее силы всегда проявляются только под воздействием окружения, в котором она находится, как в случае с пшеницей, посеянной в определенной почве. Силы, заложенные в ней, реально проявляются только под воздействием окружающей среды: земли, дождя и солнца.

Поэтому рабби Йоси бен Кисма прекрасно оценил, что если оставит свое благоприятное окружение, которое выбрал, и перейдет в окружение плохое и приносящее вред, то есть, в город, где нет Каббалы, то он не только растеряет свою предыдущую мудрость — все скрытые в его основе силы тут же прекратят реально проявляться и останутся нераскрытыми. Так как не будет у них подходящего окружения, чтобы смог их задействовать и превратить из потенциальных сил в действующие. И, как сказано выше, только выбором окружения определяется вся власть человека над собой, и за этот выбор он достоин награды или наказания.

Поэтому нет ничего удивительного в том, что такой мудрец, как рабби Йоси бен Кисма, выбрал хорошее и пренебрег плохим и не соблазнился материальными вещами и понятиями, как сказано в заключение, что «после смерти не остаются с человеком ни деньги, ни золото, ни драгоценные камни и жемчуга, а только Тора и хорошие дела». И предостерегают мудрецы: «Сделай себе Рава и купи себе товарища». И, как известно, также имеет значение выбор книг.

Итак, только выбор окружения может принести успех или позор человеку. Но после того, как выбрал окружение, он отдан в их руки, как глина в руках ваятеля.

Власть разума над телом

И известно мнение современных передовых ученых, которые, рассмотрев вышеупомянутый вопрос и увидев, что разум человека является ничем иным, как плодом, произрастающим из жизненных ситуаций, пришли к выводу, что у разума нет никакой власти над телом ни в чем. Доминируют лишь жизненные события, записанные в материальных клетках мозга и заставляющие человека действовать. А разум человека похож на зеркало, принимающее формы того, что находится перед ним. И несмотря на то, что зеркало является носителем этих форм, оно никак не может повлиять или воздействовать на то, что отражается в нем.

Так и разум, несмотря на то, что жизненные события во всех своих причинно-следственных отношениях запечатлены и известны ему, — сам по себе он совершенно не имеет власти над телом. Такой власти, чтобы мог приводить тело в движение, т.е., приближать его к полезному и отдалять от вредного, потому что материальное и духовное абсолютно далеки друг от друга. И никогда не будет создано никакого средства связи между ними, чтобы духовный разум смог бы приводить в действие тело, которое материально. И это описано вдоль и поперек.

Однако, там, где острота их ума, там и их ошибка, так как воображение человека пользуется разумом так же, как глаза микроскопом, которые без микроскопа не видят ничего вредящего из-за его малых размеров. Однако, после того, как с помощью микроскопа увидел вредящее ему создание, человек отдаляется от этого вредителя.

Таким образом, микроскоп, а не ощущение позволяет человеку избежать вреда, так как вредитель не чувствуется. И с этой точки зрения разум действительно полностью властвует над телом человека, позволяя избегать плохого и приближаться к хорошему. То есть, там, где возможности тела невелики и не в состоянии распознать вред или пользу, возникает необходимость в разуме.

И по мере того, как человек понимает, что разум — это верный признак жизненного опыта, он способен принять разум и мудрость человека, которому доверяет, возведя это в ранг закона, несмотря на то, что его собственный жизненный опыт недостаточен для обретения такой мудрости. Это похоже на то, как человек спрашивает совета у врача, выслушивает его и выполняет совет, несмотря на то, что ничего не понимает своим разумом. Таким образом, он пользуется разумом других, что помогает не меньше, чем его собственный разум.

И как мы уже выяснили ранее, существуют два пути управления, которые гарантируют человеку, что он достигнет этой предопределенной и прекрасной цели:
1) путь страданий;
2) путь Торы.

И весь свет и ясность, заложенные в «пути Торы» (каббалистической методике), происходят из четкой разумности, проявление которой стало возможной благодаря мощной и длинной цепочке событий, происходивших в жизни пророков и каббалистов — людей, служивших Творцу. Человек же может воспользоваться этим опытом в полной мере и извлечь из него много пользы — так, словно этот разум явился результатом его собственного жизненного опыта.

Итак, вы видите, что тем самым человек освобождается от того горького жизненного опыта, который обязан был бы приобрести, пока не достиг сам такого же здравого смысла. И значит, тем самым он и освобождается от страданий, и выигрывает время.

А в противном случае его можно сравнить с больным, который не хочет слушать советов врача до тех пор, пока сам не поймет, каким образом этот совет поможет ему вылечиться, и потому сам начинает изучать медицину. Но ведь он может умереть от болезни прежде, чем успеет изучить ее.

Таков путь страданий по сравнению с «путем Торы». Тот, кто не верит мудрости, которую Тора и пророки советуют ему принять, может пытаться достичь этой мудрости сам, путем включения в цепочку причинно-следственных жизненных перипетий, в то время как есть опыт, сильно ускоряющий процесс, позволяющий развить ощущение осознания зла, как уже объяснялось ранее, не по собственному выбору, а вследствие усилий для приобретения хорошего окружения, побуждающего к появлению правильных мыслей и дел.

Свобода индивидуума

Таким образом, мы подошли и к точному пониманию смысла свободы индивидуума, о которой можно говорить только с точки зрения первого фактора — основы, которая является первичным материалом человека. Имеются в виду различного рода наклонности, которые мы получаем по наследству от отцов и дедов и которыми один человек отличается от другого. Таким образом, ясно, что есть в нас нечто, что вообще от нас не зависит. Мы получаем это из прошлых перевоплощений, от наших праотцов, и это находится в нас как неотъемлемая часть. Это и есть наша суть, основа, базис.

Ведь несмотря на то, что тысячи людей живут в одной и той же среде и подвергаются одинаковому воздействию трех последних факторов, практически нельзя найти среди них двух людей с одинаковыми свойствами. И это потому, что в каждом заложена особая, характерная только для него, основа. Это можно сравнить с основой пшеницы, которая, несмотря на то, что сильно изменяется под действием трех последних факторов, все равно сохраняет свой предыдущий вид, и никогда она не превратится в овес.

Общая форма исходных данных не исчезает

Дело в том, что любая основа, когда меняет свою первичную форму исходных данных и под влиянием трех факторов, оказывающих на нее воздействие и значительно изменяющих ее, приобретает новую форму, все-таки не теряет общую форму исходных данных, и никогда не сможет приобрести облик другого человека, подобно тому, как ячмень никогда не будет похож на пшеницу. Ведь любая основа представляет собой длинную цепочку, в несколько сот поколений. И эта основа содержит знания всех этих поколений. Они только не проявляются в ней в тех формах, в которых они были у предков — т.е., в форме знаний — но присутствуют в свободном от формы виде, в виде простых сил, называемых склонностями и инстинктами, без осознания того, почему все происходит именно так. И в соответствии с этим, не может быть в мире двух людей с одинаковыми свойствами.

Необходимость охраны свободы личности

И знай, что это является настоящей, подлинной собственностью каждого индивидуума, которую запрещено изменять или наносить ей повреждения, т.к. в конце концов все эти склонности, содержащиеся в основе, должны проявиться и получить форму знаний, когда этот индивидуум вырастет и обретет сознание, как разъяснено выше. И сила закона развития, властвующего во всей цепочке, всегда толкает ее вперед, как сказано в статье «Мир». Получается, что завершение любой наклонности в том, чтобы превратиться в очень высокие и важные знания.

И тот, кто разрушает какую-либо склонность у индивидуума, способствует исчезновению из мира этого неповторимого и возвышенного знания, которое должно проявиться в будущем в конце цепочки, потому что эта склонность никогда больше не появится в мире ни в каком другом теле, кроме того, в котором была.

И надо понять, что в то время, когда какая-то склонность изменяется, получая форму знаний, больше невозможно распознать в ней различие между добром и злом. Так как это различие осознаваемо лишь во время его существования в склонностях или в неполном знании. И никоим образом, даже в самой малой степени, нельзя распознать его, когда склонность приобретает форму истинного знания.

Таким образом, нам становится понятен размер ущерба, который наносят народы, навязывающие свое господство меньшинствам, ограничивая их свободу, не позволяя им продолжать жить в соответствии с их наклонностями, доставшимися им в наследство от предков. И они считаются убийцами душ.

И даже нерелигиозные и неверящие в целенаправленность Управления люди из природного устройства вещей могут понять необходимость охраны свободы личности. Всем понятно, что нет возможности установить мир во всем мире, если не считаться со свободой личности. Без этого невозможно существование мира. И умножатся разрушения.

Итак, мы хорошо и очень точно определили сущность индивидуума за вычетом всего, что он получил от общества. Однако, в конце концов встает вопрос: что представляет из себя сам индивидуум? Все сказанное о нем до сих пор относится только к приобретенному им, унаследованному от праотцов. Однако, что представляет из себя сам индивидуум, т.е., наследник и носитель приобретенного, требующий от нас защиты своей собственности?

Во всем, сказанном до сих пор, мы все еще не нашли ту точку «Я» человека, которая была бы собственно его сутью. И что мне первый фактор — эта длинная цепочка тысяч людей, которые один за другим, из поколения в поколение, сформировали личность индивидуума лишь как своего наследника?

И что мне остальные 3 фактора — эти тысячи людей, осуществляющих это в течении одного поколения? В конце концов, каждый индивидуум подобен лишь впитывающей машине, всегда находящейся в распоряжении общества и подвергающейся его воздействию. То есть, становится пассивным накопителем двух видов воздействия:

1) со стороны первого фактора он становится пассивным накопителем огромного и последовательного воздействия предыдущих поколений;
2) со стороны 3-х других факторов становится пассивным накопителем воздействий от тех, кто находится с ним в одном поколении.

Поэтому для описания своих представлений о духовной сути человека и того, как она облачена и связана с телом в качестве души, большинство исследователей выбирают дуалистические или трансцендентальные направления мысли, чтобы для самих себя определить какой-то духовный объект, находящийся во внутренней части нашего тела, в виде души человека. И эта душа разумна и приводит в действие тело, являясь сутью человека, его «Я».

Может, и было во всех этих толкованиях кое-что, позволившее дать некие формулировки, но нет в них никакого научного объяснения того, каким образом духовная сущность может хоть как-то соприкасаться с материальными атомами тела и иметь возможность приводить их в движение. И вся мудрость этих толкований не помогает найти хоть какой-то мостик, достаточный для того, чтобы перейти эту широкую и глубокую пропасть, разделяющую духовную сущность и материальные атомы. И потому все эти метафизические методы бесполезны для науки.

Желание получать создано из ничего

И для того, чтобы продвинуться хотя бы на шаг в научном смысле, нам нужна только наука Каббала, так как она включает в себя все науки мира. И в разделе «Духовные света и келим» книги «Паним масбирот» разъясняется, что все обновление в творении, созданном Творцом из ничего, относится лишь к одному — к «желанию получать». А все прочее, находящееся в творении — вообще не новое, и создано не как нечто из ничего, а как существующее из существующего. Другими словами, исходит напрямую из сути Творца, как свет исходит из солнца, в котором нет ничего нового. То, что представляет из себя солнце, то, преобразуясь, и выходит наружу.

В то время как вышеупомянутое «желание получать» представляет собой нечто совершенно новое, что не существовало в реальности до творения. В Творце, который предшествует всему, совершенно отсутствует желание получать, ведь от кого получит? Поэтому желание получать, которое Творец создал из ничего, является новшеством. Тогда как все прочее не является тем новым, что можно было бы назвать творением. И поэтому все келим и все тела, как духовных, так и материальных миров, считаются разновидностями духовного, или материального вещества, природа которого — «желать получать».

Две силы в желании получать: притягивающая и отталкивающая

Еще надо знать, что в этой силе, называемой желанием получать, мы различаем две силы, называемые притягивающей силой и силой отталкивающей. А смысл в том, что в любом кли или теле, находящихся в рамках желания получать, само это желание получать ограничено тем, сколько оно получает и какого качества. И соответственно — количество и качество, находящееся вне этих границ, воспринимается как нечто, противное природе получающего. И поэтому он отталкивает его. Ведь в рамках «желания получать» притягивающая сила каждый раз обязательно становится и силой отталкивающей.

Единый закон для всех миров

И несмотря на то, что Каббала ничего не говорит о нашем материальном мире, все-таки существует закон, единый для всех миров (он описан в статье «Суть науки Каббала» и называется — закон корня и ветви). В соответствии с ним, все виды материальных сущностей нашего мира, все, находящееся в этом пространстве, что бы это ни было: неживое, растительное, животное, суть духовного и суть материального, — если рассмотреть индивидуальность каждого элемента (чем он отличается от всех остальных), то даже самая маленькая молекула представляет собой не больше, чем «желание получать». Оно является частной формой созданного творения, ограничивающей данную молекулу, как сказано выше, количественно и качественно, вследствие чего, в ней действуют сила притягивающая и сила отталкивающая.

Но все, что присутствует в ней кроме этих двух вышеупомянутых сил, считается изобилием, исходящим из сути Творца, в равной степени для всего сотворенного, и нет тут ничего нового, относящегося к творению, а исходит как сущее из сущего. И это не относится лишь к чему-то конкретному, а является общим для всех частей творения, как малых, так и больших, которые получают от изобилия Творца в соответствии с границей их желания получать, и граница эта является разделом между ними.

И очевидно, что нет никакой разницы, является ли эта сила — желание получать — результатом химических процессов в материи, или же материя является порождением этой силы, так как главное мы узнали — только лишь эта сила, отпечатанная в каждом создании и атоме желания получать, в его пределах, и есть та индивидуальность, которой он отличается и выделяется из остального окружения.

И это справедливо как для одного атома, так и для соединения атомов, называемого телом. А все прочее, в котором есть нечто, кроме этой силы, никоим образом не относится к самой молекуле, или соединению молекул, с точки зрения ее «Я», а лишь к общему, что представляет собой изобилие, исходящее к ней от Творца, что является общим для всех частей творения вместе взятых, и нет здесь тел, созданных отдельно.

А сейчас выясним, что представляет собой «свобода индивидуума» как понятие, входящее в первый фактор, названный нами «основой», которой все предыдущие поколения: отцы и отцы отцов этого индивидуума, передали свою природу, как это разъяснено выше. И в соответствии со сказанным, вся суть, заключенная в слове индивидуум — не что иное, как границы «желания получать», отпечатанные в соединении его молекул.

Очевидно, что все те склонности, которые индивидуум приобрел от своих предков, являются только рамками, конечной мерой этого желания получать — или в виде притягивающей силы, заключенной в нем, или силы отталкивающей, которые предстают перед нашими глазами в виде особых склонностей: к расточительству или скаредности, общительности или замкнутости и т.п. И потому они являются его истинно личностными качествами, его эго, которое борется за право существования. Так что, если мы уничтожаем какое-то свойство в человеке, то мы считаемся отсекающими подлинную часть от его сущности, и это считается настоящей потерей для всего творения, потому что нет и не будет уже подобного ему во всем мире, как сказано выше.

И после того, как мы выяснили право индивидуума на свободу, исходящее из природных законов, посмотрим, насколько его осуществление возможно в действительности, без ущерба для морали и принятых норм, и главное — каким образом осуществляется это право в соответствии с законами Каббалы.

Следовать за большинством

Написано: «следовать за большинством» — т.е., всюду, где возникает разногласие между индивидуумом и большинством, мы обязаны принять решение в соответствии с желанием большинства. Ведь очевидно, что у большинства есть право ограничивать свободу индивидуума.

Но тогда возникает другой, еще более серьезный вопрос, поскольку, на первый взгляд, этот закон возвращает человечество назад, а не продвигает вперед: в то время, как большинство человечества неразвито, а развитые — всегда малочисленное меньшинство, то если мы будем принимать решения согласно желанию неразвитого и легкомысленного большинства, то получится, что мнение и стремление мудрецов и развитых членов общества, которых всегда меньшинство, не будет услышано и принято в расчет. И таким образом, мы обрекаем человечество на регресс, поскольку оно не сможет продвинуться даже на один шажок.

Однако, в статье «Мир» в главе «Необходимость осторожного отношения к законам природы», разъясняется, что поскольку Высшим управлением назначено нам жить в обществе, то мы обязаны выполнять все законы, касающиеся существования общества. А если мы хоть в чем-то проявим легкомыслие, то природа отомстит нам, и взыщет с нас, независимо от того, понимаем мы смысл законов или нет.

И очевидно, что нет у нас никакого иного способа жить в обществе, кроме как по закону «следования за большинством». Этот закон регламентирует любой конфликт и любой порок в обществе и является единственным инструментом, обеспечивающим обществу право на существование. И потому он считается одной из естественных заповедей Управления, и мы обязаны принять на себя его исполнение и соблюдать со всей осторожностью, совершенно не принимая в расчет наше понимание.

И он подобен остальным заповедям Торы (действиям по исправлению эгоизма), и все они — законы природы и Управления Творца, данные нам свыше. И я уже разъяснял (в статье «Суть науки Каббала», в главе «Закон корня и ветви»), что эта незыблемость, наблюдаемая в природе в этом мире, является следствием того, что все проистекает и определяется законами и правилами, действующими в Высших, духовных мирах.

И вместе с тем надо понять также, что заповеди Торы — не что иное, как законы и правила, установленные в Высших мирах, которые являются корнями законов природы в этом нашем мире. И потому всегда законы Торы соответствуют законам природы в этом мире, как две капли воды. Таким образом, мы доказали, что закон «следовать за большинством» — это закон Высшего управления и природы.

Путь Торы и путь страданий

Вместе с тем, это еще не разъясняет затруднения по поводу возможного регресса, проистекающего из этого закона.

И это беспокоит нас, подвигая к поиску уловок, призванных исправить ситуацию. Но Высшее Управление предопределяет цель и движение к ней человечества двумя путями: «путем Торы» и «путем страданий» — так, что нет сомнения в том, что человечество развивается в постоянном прогрессивном движении к цели. И нет ничего выше этого (как сказано в статье «Мир», в главе «Поручительство»). И само существование этого закона является естественным и непременным обязательством, как уже было сказано.

Право большинства подавлять свободу индивидуума

И надо, однако, задать еще один вопрос, поскольку все сказанное оправдано лишь в том, что касается отношений между людьми. В этом случае мы принимаем закон «следовать за большинством», исходя из законов Высшего Управления, возлагающего на нас долг всегда заботиться о существовании и благополучии товарищей.

Однако, закон этот — «следовать за большинством» — Тора обязывает нас выполнять также и при возникновении разногласий, касающихся отношений человека с Творцом, что, на первый взгляд, не имеет никакого касательства и отношения к существованию общества.

И значит, вновь возникает вопрос: как оправдать этот закон, обязывающий принять мнение большинства (которое, как было сказано, неразвито), и отвергнуть, не принимать во внимание мнения развитых, которые всюду составляют малочисленное меньшинство?

Однако, согласно тому, что мы уже доказали (в статье «Суть религии и ее цель», в главе «Сознательное и бессознательное развитие») — вся «Тора и заповеди» (каббалистическая методика исправления эгоизма) были даны лишь для того, чтобы развить в нас чувство осознания зла, заложенного в нас с рождения и определяемого нами, в общем-то, как наша любовь к самому себе. И прийти к абсолютному добру, которое носит название любовь к ближнему, и это единственный и особый переход к любви к Творцу.

Согласно этому определяются и заповеди, касающиеся отношений между человеком и Творцом, как чудесные инструменты, которые отдаляют человека от любви к самому себе, вредящей обществу.

Из этого следует, что и разногласия по поводу заповедей об отношениях между человеком и Творцом касаются проблемы права на существование общества. Таким образом, они тоже входят в рамки закона «следовать за большинством».

И тогда становится понятным смысл традиции различать между Галахой (сводом законов) и Агадой (Сказанием). Ибо только в Галахе принят закон: «индивидуум и большинство — закон в соответствии с большинством». В Агаде же иначе, поскольку сказанное в Агаде относится к тому, что находится выше существования жизни общества. В Агаде говорится только о вещах, определяющих отношения человека и Творца — в той части, которая не имеет никакого отношения к физическому благополучию общества.

И потому нет никакого права и оправдания у большинства взять и отменить мнение индивидуума, и каждый пусть поступает так, как считает правильным. В то время как законы, касающиеся исполнения заповедей Торы, находятся в рамках существования общества, в которых невозможно установление другого порядка, кроме закона «подчинения меньшинства большинству», как объяснено выше.

В жизни общества действует закон «подчинения меньшинства большинству»

В результате исследования мы пришли к пониманию определения «свобода личности». Однако существует большой вопрос: откуда, на каком основании, большинство взяло на себя право подавлять свободу личности и лишать ее самого дорогого, что есть у нее в жизни — ее свободы? Ведь на первый взгляд, нет тут ничего, кроме насилия?

Мы уже объяснили, что это закон природы, заповеданный свыше: поскольку Управление обязало нас жить в обществе, то само собой разумеется, что каждому из членов общества вменяется в обязанность служить обществу, заботиться о его существовании и способствовать его процветанию. А это не может осуществляться иначе, как только исполнением закона «подчинения меньшинства большинству», когда мнение одной личности не учитывается.

Из вышеизложенного следует, что это и есть источник права и оправдания того, что большинство принудительно лишает личность свободы, порабощая ее. Но совершенно ясно, что во всех тех случаях, когда не затрагиваются интересы материальной жизни общества, нет никакого права и оправдания у большинства ограничивать и ущемлять в какой бы то ни было мере свободу индивидуума. И те, кто делают это — преступники и разбойники, которые предпочитают силу какому бы то ни было праву и справедливости. Ибо в данном случае Управление не обязывает личность подчиняться желанию большинства.

В духовной жизни действует закон, предписывающий большинству следовать за личностью

И выясняется, что в том, что касается духовной жизни, нет никакой естественной обязанности личности перед обществом. А как раз наоборот, тут действует естественный закон — большинству склониться перед личностью и служить ей. И это ясно из сказанного в статье «Мир»: есть два пути Управления, идти по которым оно обязало нас, воздействуя так, чтобы привести к конечной Цели творения:

1) **Путь страданий**, заставляющий нас развиваться **без нашего осознания**.

2) **Путь Торы (Каббалы)**, ведущий к нашему **осознанному** развитию, без каких бы то ни было страданий и принуждения.

А поскольку в действительности в любом поколении более развиты отдельные индивидуумы, то когда большинство осознает необходимость избавиться от невероятных страданий, начав развиваться по своей воле и по собственному желанию, то есть путем Торы (исправлением), то они обязаны подчинить индивидууму себя и свою телесную свободу. И выполнять распоряжения и принять тот бесценный дар, который он предложит им.

Таким образом, в том, что касается духовного, право большинства становится их долгом. И действует закон **следовать за индивидуумом**, то есть за развитой личностью. Ведь каждому ясно, что развитые и образованные личности составляют очень незначительную часть общества. Это значит, что успехи и достижения всего общества в духовной сфере определяются меньшинством.

Исходя из этого, общество обязано как зеницу ока беречь идеи этих личностей, дабы не исчезли из этого мира. Так как они должны знать с полной уверенностью и несомненной очевидностью, что прогрессивные и истинные идеи находятся в этом мире не в руках властвующего большинства, а именно у самых слабых, то есть, именно в руках незаметного меньшинства. Так как вся мудрость и истина приходит в этот мир в незначительном количестве. Поэтому мы призваны охранять идеи каждой личности, потому что слаба способность подавляющего большинства общества разобраться в них.

Критика — средство достижения успеха. Отсутствие критики — причина остановки развития

Необходимо добавить к сказанному, что реальность предоставляет нам по этому вопросу крайнюю противоположность между физическими телами и тем, что относится к развитию знания и науки по обсуждаемой теме. Единство общества, призванное быть источником успеха и счастья, действует только между телами людей и различными аспектами, связанными с ними, а разъединение между ними — источник всех несчастий и бед.

Однако, по отношению к знанию и науке это полярно противоположно. Ибо единство взглядов и отсутствие критики является источником всех неудач и мешает прогрессу и успешному творчеству. Ведь достижение правильных выводов зависит именно от количества споров и разногласий, обнаруживающихся во мнениях. Чем больше разногласий, противоречий, чем сильнее критика, тем больше знание и разум, и проблемы становятся доступными для разъяснения и разрешения. А все неудачи и вырождение разума происходят только из-за недостаточного количества критики и разногласий.

Таким образом, очевидно, что основа материального успеха лежит в как можно большем объединении общества. А основа успешного продвижения в области разума и идей — в споре и разногласиях между членами общества.

Отсюда проистекает закон, что когда человечество поднимется на совершенную ступень любви к ближнему, когда все тела людей мира сольются в единое тело и в единое сердце (как сказано об этом в статье «Мир»), — только тогда раскроется счастье, так ожидаемое человечеством, во всей своей полноте. И вместе с тем, и тогда нужно будет проявлять осторожность, дабы не сближались мнения людей настолько, чтобы исчезли разногласия и критика между мудрецами и учеными. Так как любовь тел влечет за собой естественное сближение взглядов. И если исчезнут критика и разногласия, то исчезнут и развитие идей и разума, и, конечно, пересохнет источник знания.

Таким образом, тут полностью доказана необходимость бережного отношения к свободе личности в том, что касается идей и разума, поскольку любое развитие знания и мудрости основано на личной свободе индивидуума. Поэтому мы должны охранять ее с большой ответственностью, охранять каждое качество внутри нас, которое мы называем индивидуумом, — то, что является личной силой каждого индивидуума, называемой в общем «желанием получать».

Наследие отцов

Все элементы картины, которые включает в себя желание получать, определенное нами как «основа» или первый фактор, несущий в себе все склонности и особенности поведения, унаследованные человеком от отцов и отцов отцов своих, вырисовываются нам в виде длинной цепочки из тысяч людей, которые существовали в свое время, один за другим. И каждый из них — капля-экстракт своих родителей, через которую донесено каждому все духовное приобретение его родителей в его продолговатый мозг, называемый подсознанием.

Таким образом, в подсознании личности, находящейся перед нами, присутствуют тысячи духовных наследий всех личностей, представленных династией его родителей и предков.

Поэтому так же, как лица людей отличаются друг от друга, так и мнения их разнятся. И нет двух людей в мире, мнения которых были бы одинаковы. Ибо у каждого есть огромное и прекрасное приобретение, которое ему оставили в наследство тысячи предков. А у других нет от них даже самой малости.

И потому все это имущество считается принадлежащим личности, а обществу предписывается охранять его особенность и дух, дабы не было затушевано его окружением. Каждый останется целиком со своим наследием. И тогда контраст и противоречие между ними останется навечно, чтобы обеспечить нам навсегда критический подход и развитие мудрости, в которой и заключено все преимущество человечества и все его истинные и извечные желания.

И после того, как мы пришли к осознанию эгоизма человека как силы и желания получить (как независимой точки), нам ясна мера наследия каждого индивидуума — мера исходного имущества каждого индивидуума, «наследия отцов», — как сила склонностей и свойств, которые переходят к человеку по наследству в его «основу». Проясним теперь две ступени в желании получить: 1) «в силе»; 2) «в действии».

Две ступени в желании получить:
1) «в силе», 2) «в действии»

Вначале необходимо понять, что эгоизм, который мы определили как силу «желания получать», несмотря на то, что он — вся суть человека, не может существовать в реальной действительности даже мгновение. Ибо любая реальная сила в мире существует лишь в то время и в той мере, когда она проявляется в действии — так же, как невозможно сказать о младенце, что он обладает великой силой, в то время как он не может поднять даже легкой вещи. Но можно сказать мы знаем наверняка, что когда он вырастет, то раскроется в нем великая сила.

Так или иначе, мы говорим, что та сила и мощь, которую мы видим в человеке, когда он вырос, была заложена в органах и теле ребенка уже в младенчестве. Но сила эта была **скрыта** в нем. И не раскрывалась **в действии**.

На самом деле, мысленно можно себе представить те силы, что должны в нем раскрыться в будущем, и разум нас к этому обязывает. Однако, в реальном теле младенца, конечно же, нет никакой силы мужества и вообще ничего, поскольку никакая сила не проявляется в действиях младенца. Так же, как и сила аппетита. Эта сила не проявится в теле человека в то время, когда его органы не способны воспринять пищу — т.е., когда он сыт.

Однако, даже когда он сыт, сила аппетита существует, но она скрыта в его теле. Позже, после того, как пища усвоится, аппетит возвращается, появляется и реализуется от силы к действию.

Однако, это утверждение (о силе, которая все еще не проявилась в действии), относится к мыслительным процессам, поскольку эта сила не существует в реальности. Ведь когда мы сыты, нам ясно — так мы ощущаем — что сила аппетита пропала. Взгляни на место, где была — и нет ее.

Таким образом, совершенно невозможно представить себе силу как сущность, находящуюся в покое и существующую сама по себе — а только лишь как процесс. То есть, в то время, когда действие реально осуществляется, тогда же проявляется «сила», заключенная в действии.

И если объяснять научно, обязательно присутствуют два понятия: объект и процесс, то есть, сила и действие. Так, сила аппетита является **объектом**, а прием съедаемой пищи является **процессом** и представляет собой категорию действия. Хотя в действительности они представляют собой одно. И никогда не будет такого, чтобы у человека пробудился аппетит без того, чтобы в его мозгу возник образ пищи. Это две половины одного целого, и сила аппетита должна облачиться в этот образ. И следует усвоить, что объект и процесс присутствуют одновременно, либо одновременно отсутствуют.

И ясно, что не подразумевается, что «желание получать», которое мы обозначили как эгоизм, существует в человеке как сила желания, желающая получать, находясь в покое. Речь идет о том, что это объект, который облачается в образ чего-то пригодного в пищу, и его действие проявляется в образе пищи, в которую он и облачается. Это действие мы называем «желание». То есть, сила аппетита, раскрывающаяся в работе воображения.

Так и в отношении обсуждаемого нами общего желания получать, которое является сутью и основой человека. Оно проявляется и существует, лишь облачаясь в форму вещей, которые должны быть получены. Ибо только тогда оно реализуется в объекте. И ничто другое. И это действие мы называем «жизнь», то есть, «жизненная сила человека» — и смысл его в том, что сила «желания получать» облачается в то, что желает получить и действует там. А мера раскрытия этого действия есть мера жизни человека. Так объяснено действие, которое мы называем «желание».

Два создания: 1) человек, 2) живая душа

Из объясненного выше нам становится понятным сказанное: «И создал Б-г человека — прах земной, и вдохнул в его ноздри душу жизни, и стал человек живой душой». Мы находим здесь два создания: отдельно — человек и отдельно — живая душа. Из текста следует, что вначале был сотворен человек как прах земной, т.е., как совокупность определенного числа частиц, в которых содержится сущность человека, т.е., его «желание получать». И сила этого желания получать находится во всех частицах существующей действительности, как объяснялось выше, и из них были созданы и произошли все 4 типа: неживой, растительный, животный, говорящий. И в этом нет у человека никакого преимущества над остальными частями творения. И в этом смысл, заключенный в словах: «прах земной».

Однако объяснялось уже, что не бывает так, чтобы эта сила, называемая желанием получать, существовала, не облачаясь и не действуя в тех вещах, которые желанны для получения. И это действие называется «жизнь». И отсюда следует, что прежде, чем к человеку пришли человеческие виды наслаждения, отличные от свойственных остальным созданиям, — он считается человеком, лишенным жизни, мертвым, ведь в его желании получать не было места, чтобы проявились в нем действия уровня «человек», что и есть проявление жизни.

И об этом сказано: «И вдохнул в ноздри его душу жизни». И это обобщенная форма получения, свойственная человеческому роду. И слово «душа» (нешама) понятно из выражения «оценивать» (шамин) землю, т.е. указывает на «ценность». И «душа» относится к страдательному залогу, как, например «вложен», «обвинен», «привлечена к суду».

И смысл сказанного: «И вдохнул в ноздри его», — т.е., привнес внутрь него душу и ценность жизни, иными словами, всю совокупность форм, достойных, чтобы быть полученными его «желанием получать». И тогда та сила желания получить, которая была заключена в его отдельных частицах, нашла место для того, чтобы облачиться и действовать там, т.е., в тех формах получения, которые постиг от Творца, и действие это называется «жизнь», как объяснялось выше.

И поэтому написано в конце: «И стал человек живой душой», — т.е., поскольку желание получать начало действовать согласно этим формам получения, сразу же раскрылась в нем жизнь, и стал он живой душой. Чего не было до того, как постиг эти формы получения, несмотря на то, что уже была отпечатана в нем сила «желания получать», тем не менее считался человек пока еще мертвым, безжизненным телом, поскольку не было в нем места, чтобы проявить в себе действия и качества уровня «человек».

И как разъяснялось выше, несмотря на то, что основа человека — «желание получать», тем не менее оно воспринимается как половина целого, поскольку обязано облачиться в какую-либо реальность, подходящую ему. И тогда оно и обретенный образ составляют единое целое. Ибо иначе нет у желания получать права на существование ни единого мгновения, как уже объяснялось.

Таким образом, в то время как механизм тела подготовлен к работе и укомплектован, человеческое «эго» предстает во весь рост таким, каким оно было отпечатано в нем с рождения. И поэтому ощущает в себе желание получать во всей полноте и силе. То есть, он желает приобрести большое богатство и почет, и все, что попадается ему на глаза. И это благодаря целостности человеческого «эго», которое притягивает к себе всевозможные формы и понятия, в которые оно облачается и за счет которых существует.

Однако, после того, как миновала середина жизни, приходят дни падения, которые по своей сути — время смерти, ибо человек не умирает в одно мгновение, так же, как не получает окончательную форму жизни в одно мгновение. А свеча его, т.е. его «эго», угасает постепенно. И вместе с этим исчезают и образы обретений, которые он желает получить.

Так как он начинает отказываться от многих материальных благ, о которых мечтал в юности. И материальные приобретения теряют свою значимость на закате его дней, так что в старости, когда тень смерти витает над ним, для человека наступает период, в котором нет никаких удовольствий, ибо его желание получать, его «эго», угасает, и остается от него лишь малая, незаметная глазу искра, еще облаченная во что-то. И потому в эти дни уже нет никакого желания и надежды на получение чего-либо.

Таким образом мы доказали, что желание получить вместе с образом желаемого им предмета представляют собой единое целое. Проявления их равны и величина их равна, и одна у них продолжительность жизни. Однако, имеется важный отличительный признак в форме отказа, который, как мы говорили, проявляется на закате жизни. Причина отказа не в пресыщении, как у сытого человека, отказывающегося от еды, а от безнадежности. Иными словами, «эго», начиная умирать в дни падения, само ощущает свою слабость и смерть. И потому усиливается отчаяние, и человек отказывается от своих надежд и мечтаний, что были у него в дни юности.

И вникни в отличие этого от отказа из-за насыщения, когда нет сожаления, и невозможно назвать его «частичной смертью», это подобно работнику, закончившему свою работу. Отказ же из-за безнадежности полон сожаления и боли, и потому можно назвать его «частичной смертью».

Свобода от ангела смерти

И теперь, после всего разъясненного выше, мы нашли возможность понять слова мудрецов так, как они того требовали: «Высечено на скрижалях» — читать как предложение человеку свободы от ангела смерти. Как объясняется в статьях «Дарование Торы» и «Поручительство», прежде дарования Торы, должно быть принято условие отказа от всего частного имущества, в мере, отражающей цель творения, т.е. слиться с Ним в единении свойств: как Он, Творец, дает наслаждение и не получает, так и они будут отдавать и не будут получать, что является высшей степенью слияния, выраженной словами «святой народ», как сказано в конце статьи «Поручительство».

И уже подвели вас к осознанию того, что основа сущности человека, т.е., его эгоизм, определяемый как желание получать — это лишь половина целого. И нет у него права на существование, если не воплощается в материальный образ или надежду на его приобретение, ибо тогда становится целым, и только так можно назвать его «сущностью человека» и не иначе.

Таким образом, когда сыны Израиля удостоились полного слияния, их сосуд получения был совершенно опустошен и не имел никакой собственности, которая только есть в мире, и были они слиты с Ним тождественностью свойств, что означает, что не было у них никакого желания приобрести что-либо для самих себя, а только в той степени, в которой доставят этим радость Создателю, чтобы Он насладился ими.

И поскольку их желание получать облачилось в форму этого приобретения, то облачившись, соединилось с ней в единую сущность. Таким образом, конечно же, стали свободны от ангела смерти, поскольку смерть — это непременно отсутствие существования и лишение чего-либо, а это возможно, лишь когда есть некая искра, желающая существовать ради самого приобретения. Тогда можно сказать, что эта искра не существует, поскольку исчезла, умерла.

Однако, если нет в человеке такой искры, а все искры его сущности облачаются в отдачу Творцу, то это не исчезает и не умирает. Ибо даже когда тело аннулируется — это происходит лишь с точки зрения получения ради самого себя, в которую облачено желание получать, и кроме этого нет у него права существования.

Но когда получает намерение творения, и Творец получает наслаждение от него, от того, что выполняется Его желание, находим, что суть человека облачена в желание доставить наслаждение Творцу, и удостаивается абсолютной вечности, как сущность Его. И таким образом, удостаивается свободы от ангела смерти. И об этом сказано в Мидраше: «свобода от ангела смерти», — а в Мишне: «Высечено на скрижалях» — читай не «высечено», а «свобода», ибо свободен лишь тот, кто занимается изучением Каббалы как средством исправления.

СТАТЬЯ К ЗАВЕРШЕНИЮ КНИГИ «ЗОАР»

Известно, что желаемая цель работы в Торе и заповедях — это слиться с Творцом, как сказано: «и слиться с Ним» [Тора, Дварим, 11:22]. И следует понять, в чем смысл этого слияния с Творцом. Разве мысль способна охватить Его? И уже опередили меня мудрецы этим трудным вопросом, вопросив о написанном «и слиться с Ним»: как же можно слиться с Ним? Разве не «пожирающий огонь Он» [Тора, Дварим, 4:24]?

И ответили: слейся со свойствами Его. Как Он милосерден, так и ты милосерден, как Он милостив, так и ты милостив, и т.д. И на первый взгляд, трудно понять, из чего сделали мудрецы такой вывод. Разве не ясно написано: «и слиться с Ним»? Ведь если бы имелось в виду: «слейся со свойствами Его», то следовало написать: «И слиться с путями Его». Почему же сказано «и слиться с Ним»?

Дело в том, что при рассмотрении материальных объектов, занимающих место в пространстве, слияние понимается нами как пространственная близость, а разделение понимается как пространственное отдаление. Однако, что касается духовных объектов, которые вообще не занимают никакого места, под слиянием и разделением в них не подразумевается пространственная близость и пространственное отдаление — ведь они вообще не занимают никакого места. Лишь подобие свойств двух духовных объектов понимается нами как слияние, а различие их свойств понимается нами как отдаление.

И как топор разрубает материальный предмет, разделяет его надвое, отделяя его части друг от друга, так и отличие свойств создает различие в духовном объекте и разделяет его надвое. И если различие их свойств мало, то говорится, что далеки они друг от друга в незначительной мере; если различие их свойств велико, то говорится, что очень далеки они друг от друга; а если они противоположны по свойствам, то говорится, что полярно далеки они друг от друга.

Например, когда два человека ненавидят друг друга, говорится о них, что отдалены они друг от друга, как восток далек от запада. А если любят друг друга, то говорится о них, что они слиты друг с другом, как единое целое. И речь здесь идет не о пространственной близости или пространственном отдалении — имеется в виду подобие свойств или различие свойств. Ибо когда люди любят друг друга — это потому, что есть меж ними подобие свойств. И поскольку один любит все, что любит его товарищ, и ненавидит все, что ненавидит его товарищ — слиты друг с другом и любят друг друга.

Однако, если есть меж ними какое-либо различие свойств, т.е., когда один любит что-то, хотя его товарищ ненавидит, — в мере этого различия свойств ненавистны они друг другу, и разделены, и удалены друг от друга. Если же они противоположны настолько, что все, что любит один, ненавистно его товарищу, то говорится о них, что разделены и далеки они, как далек восток от запада.

Итак, ты видишь, что различие формы действует в духовном, как расчленяющий топор в материальном. А мера пространственного отдаления и величина их разделения зависят от меры различия свойств меж ними. Мера же их слияния зависит от меры подобия их свойств.

Таким образом, мы понимаем, насколько справедливы были слова мудрецов, объяснивших, что написанное «и слиться с Ним» — это слияние с Его свойствами: как Он милосерден, так и ты милосерден, как Он милостив, так и ты милостив. И не лишили написанное прямого смысла, а наоборот, истолковали написанное напрямую, потому что духовное слияние вообще не истолковывается иначе, как подобие свойств. И посему посредством того, что мы уподобляем свои свойства Его свойствам, мы сливаемся с Ним.

И об этом сказано: «как Он милосерден...», — то есть, как все Его действия — отдавать и приносить благо ближнему, а вовсе не для собственной пользы (ведь Он не обладает недостатком, который нужно восполнить и не от кого Ему получать), так и все твои действия будут для того, чтобы отдавать и приносить пользу ближнему твоему, и в этом уподобишь свои свойства свойствам Творца, что является духовным слиянием.

И есть в вышеупомянутом уподоблении формы качество «моха» (мозг) и качество «либа» (сердце). Занятие Торой и заповедями ради того, чтобы приносить радость Создателю своему — это уподобление свойств в моха. Ибо как Творец не думает о Себе: а есть ли Он, управляет ли Он созданиями своими, — и тому подобные сомнения, так и желающий удостоиться подобия свойств не должен думать об этих вещах, поскольку ясно ему, что Творец не думает об этом, ибо нет отличия свойств большего, чем это. А посему каждый, кто думает таким образом, несомненно находится в отрыве от Него. И никогда не достигнет подобия свойств.

И об этом говорили мудрецы: «Все дела твои будут ради небес, — имея в виду слияние с небесами, — не делай ничего, не ведущего к этой цели — к слиянию». То есть, все твои действия будут для того, чтобы отдавать и приносить пользу ближнему твоему, и тогда придешь к уподоблению свойств с небесами: как все Его действия — отдавать и приносить благо ближнему, так и все твои действия будут только для того, чтобы отдавать и приносить пользу ближнему твоему, что и является полным слиянием.

И не следует затрудняться тем, как такое возможно, чтобы человек совершал все свои действия для пользы другого, ведь он обязательно должен работать для пропитания своего и своей семьи? Ответ таков: все действия, которые совершает по необходимости, т.е., чтобы получить то немногое, что требуется для его существования, не подлежат ни осуждению, ни одобрению. Это вообще не считается, что он совершает что-либо для себя.

И каждый, углубляющийся в суть этих слов, конечно же, удивится — как возможно человеку достичь абсолютного подобия свойств, чтобы все его действия были бы — отдавать ближнему, в то время как все существование человека есть не что иное, как получение для себя? И в силу своей природы, природы творения, не способен совершить даже малое действие на пользу другого, ведь когда отдает другому, он обязан ожидать, что в итоге получит за это достойную оплату. Даже если он удовлетворен оплатой, то сразу же лишает себя возможности совершить данное действие. Так как же возможно, чтобы все его действия были бы только для того, чтобы отдавать другим, и ничего — для собственных нужд?

Действительно, я признаю, что это очень трудно, и не в силах человека изменить свою природу, которая заключается в том, чтобы получать только для себя. И нечего думать, что сможет изменить свою природу на противоположную, т.е., так, чтобы ничего не получать для себя, чтобы все его действия были для того, чтобы отдавать. Но потому и дал нам Творец Тору и заповеди, которые нам предписано исполнять только ради того, чтобы доставить наслаждение Творцу. И если бы не занятие Торой и заповедями лишма, т.е., чтобы доставить этим радость Создателю своему, а не для собственной выгоды — ни одно ухищрение в мире не помогло бы нам перевернуть нашу природу.

И отсюда пойми меру строгости в занятиях Торой и заповедями ради Творца. Ибо если намерение человека и в Торе, и заповедях не ради Творца, а для собственной выгоды, то не только не изменит свою природу желания получать, а напротив, его желание получать станет намного больше, чем то, которое было у него от природы. Я разъяснил это в «Предисловии к комментарию Сулам», в первом томе (см. параграф 30, 31), и нет нужды продолжать это здесь.

Каковы же достоинства того человека, который удостоился слияния с Творцом? Они нигде не описаны явно, а лишь тонкими намеками. Однако, чтобы разъяснить сказанное в моей статье, я обязан раскрыть немного в соответствии с мерой необходимости. И объясню я это на примере.

Тело со своими органами составляет единое целое. И организм думает о каждом отдельном органе и чувствует его. Например, если организм думает, что один из его органов послужит ему и насладит его — сразу же тот самый орган узнает о его мысли и доставляет ему наслаждение, о котором думает. И так же, если какой-нибудь орган думает и ощущает, что тяжело ему там, где он находится, сразу же узнает организм о его мысли и ощущении и переводит его в удобное для него место. Однако, если случилось так, что какой-либо орган отделился от тела, то становятся они двумя различными частями, наделенными собственной властью, и организм уже не знает нужд этого отделенного органа. А орган не знает больше мыслей тела, чтобы иметь возможность служить ему и приносить пользу. И если врач соединит этот орган с телом так, как было раньше, орган снова будет знать мысли и нужды организма, а организм снова будет знать нужды органа.

Из этого примера следует понять также, каковы достоинства человека, удостоившегося слияния с Творцом, поскольку я уже доказал в своем «Предисловии к книге Зоар» (параграф 9 в 1-м томе, а также в брошюре на «Идра Зута», которую я выпустил специально по случаю Лаг ба-Омер), что душа — это свечение, исходящее из сущности Творца, и свечение это отделено от Творца тем, что Творец облачил его в желание получать, ибо тот самый замысел творения — дать наслаждение Своим творениям, создал в каждой душе желание получать наслаждение. И это отличие формы желания получать отделило это свечение от сущности Творца и сделало его частью, отдельной от Него. Обратись к оригиналу, так как здесь не место продолжать об этом.

Из этого следует, что каждая душа была включена до своего создания в Его сущность, но при сотворении, вместе с природой желания получать наслаждение, отпечатанного в ней, приобрела отличие свойств и отделилась от Творца, вся суть которого — лишь отдавать, ибо, как сказано выше, отличие свойств разделяет в духовном подобно топору в материальном. И душа находится теперь в состоянии, полностью подобном приведенному примеру об органе, отрезанном от тела и отделенном от него, хотя до этого разделения были оба (орган и организм) единым целым и обменивались друг с другом мыслями и чувствами. Однако после того, как орган был отрезан от тела, стали благодаря этому двумя, наделенными собственной властью, и один уже не знает мысли другого и нужды его. А тем более, после того, как душа облачилась в тело этого мира, прекратились все связи, которые были у нее до того, как отделилась от сущности Творца. И как двое, наделенные собственной властью они.

И посему сами по себе понятны достоинства человека, удостоившегося вновь слиться с Ним, что означает, что удостоился подобия свойствам Творца тем, что силой Торы и заповедей обратил в противоположность желание получать, отпечатанное в нем, которое и было тем, что отделяло его от сущности Творца, и сделал из него желание отдавать. И все действия его — лишь отдавать и приносить пользу ближнему своему. И тем, что уподобил свойства Создателю своему, он действительно подобен тому органу, который был отрезан когда-то от тела и вернулся, и соединился вновь с телом, и снова знает мысли организма, как знал их прежде, чем отделился от тела. Так же и душа: после того, как приобрела подобие Ему, она возвращается и вновь знает мысли Его, как знала прежде, чем отделилась от Него по причине отличия свойств желания получать. И тогда исполняется в нем сказанное: «Познай Б-га, отца твоего» [Писания, Диврей а-Ямим, 28:9]. Ибо тогда удостаивается совершенного знания, являющегося Б-жественным разумом. И удостаивается всех тайн Торы, ибо помыслы Его и есть тайны Торы.

И так сказал рабби Меир: «Каждый, изучающий Тору лишма, удостаивается многого, и раскрывают ему тайны и вкусы Торы, и становится как усиливающийся источник». То есть, как было сказано нами, занятие Торой лишма — что означает намерение доставить радость Создателю своему занятием Торой, а вовсе не для собственной пользы, — обещает ему слияние с Творцом. А это значит, что достигнет подобия свойств, когда все его действия будут на пользу ближнего, а вовсе не для собственной выгоды, т.е., в точности как Творец, все действия которого — лишь отдавать и приносить благо ближнему, благодаря чему снова человек сливается с Творцом, как и была душа до своего создания. А посему удостаивается многого, и удостаивается тайн и вкусов Торы, и становится как усиливающийся источник, благодаря устранению преград, отделявших его от Творца, ведь снова стал единым целым с Ним, как и до своего создания.

В действительности же вся Тора (как открытая, так и скрытая), есть помыслы Творца без какого бы то ни было отличия. Это похоже на человека, тонущего в реке, когда его товарищ бросает ему веревку, чтобы спасти его. И если тонущий поймает веревку за ближайший к нему конец, то может его товарищ спасти его и вытащить из реки. Так и Тора, которая вся — помыслы Творца, подобна веревке, которую Творец бросил людям, чтобы спасти их и вытащить из клипот. И конец веревки близок к каждому и является сутью открытой Торы, не нуждающейся ни в каком намерении и мысли. Более того, даже если при исполнении заповеди есть порочная мысль — это также принимается Творцом, как сказано: «Всегда будет заниматься человек Торой и Заповедями ло лишма, ведь от ло лишма приходит к лишма».

А потому Тора и заповеди — это конец веревки, и нет в мире человека, который не смог бы удержать его. И если держит его крепко, т.е., удостаивается заниматься Торой и заповедями лишма, т.е., чтобы доставить удовольствие Создателю своему, а не ради собственной выгоды, тогда Тора и заповеди приводят его к подобию свойств с Творцом, что является смыслом сказанного выше: «и слиться с Ним». И тогда удостаивается постичь все помыслы Творца, называющиеся тайнами и вкусами Торы и являющиеся оставшейся частью веревки, чего не удостаивается, пока не достигнет, как сказано выше, полного слияния.

А то, что мы сравниваем помыслы Творца, т.е., тайны и вкусы Торы, с веревкой, это потому, что есть множество ступеней в уподоблении свойствам Творца, и потому есть множество ступеней в той части веревки, которая в Нем, т.е., в постижении тайн Торы. И степени подобия свойств Творцу соответствует степень постижения тайн Торы, т.е., знания помыслов Его, в которых обычно 5 ступеней: нефеш, руах, нешама, хая, ехида. И каждая состоит из всех, и в каждой есть 5 ступеней, подразделяющихся так, что в каждой из них есть по меньшей мере 25 ступеней.

И именуются также мирами, как сказали мудрецы: «Передаст Творец в дар каждому праведнику 310 миров». А смысл того, что ступени Его постижения называются мирами, обусловлен тем, что два значения есть у названия «мир»:

1) Всем, приходящим в один и тот же мир, дается равное чувство и ощущение, и все, что видит, слышит и ощущает один, видят, слышат и ощущают все, приходящие в этот мир.

2) Все, приходящие в этот «скрывающийся» мир, не могут узнать и постигнуть что-либо в другом мире.

И два этих определения есть также и в постижении:

1) Каждый, удостоившийся какой-либо ступени, знает и постигает в ней все, что постигли поднявшиеся на эту ступень во всех поколениях, которые были и будут, и находится с ними в общем постижении, как находящиеся в одном мире.

2) Все, поднимающиеся на одну и ту же ступень, не могут узнать и постигнуть что-либо из того, что есть на другой ступени, так же, как в этом мире не могут узнать что-либо из того, что находится в истинном мире. И потому называются ступени «мирами».

В соответствии с этим, могут постигнувшие писать книги и записывать свои постижения в виде намеков и притч, которые понятны каждому, кто удостоился тех ступеней, о которых говорят книги, и есть у них общее постижение. Однако, тот, кто не удостоился всех ступеней, как авторы, не сможет понять их намеков. И нет надобности говорить, что те, кто не удостоился постижения, не поймут в них ничего, поскольку нет в них общих постижений.

И уже говорилось, что полное слияние и совершенное постижение делятся на 125 общих ступеней, а посему до прихода Машиаха невозможно удостоиться всех 125-ти ступеней. И существует два отличия всех поколений от поколения Машиаха:

1) Только в поколении Машиаха можно постичь все 125 ступеней, но не в прочих поколениях.
2) Во всех поколениях взошедшие, удостоившиеся постижения и слияния, малочисленны, как сказали наши мудрецы: «одного человека из тысячи нашел Я: тысяча входит в комнату, и один выходит к свету» (т.е., к слиянию и постижению). Но сказано о поколении Машиаха: «И наполнится земля знанием Творца... И не будут более учить один другого и брат брата, говоря: «Познайте Творца», — ибо все познают Меня, от мала до велика».

Только Рашби и его поколение — то есть написавшие Зоар — полностью постигли все 125 ступеней, несмотря на то, что было это до прихода Машиаха. И о нем и его учениках сказано: «Мудрец предпочтительнее пророка». И поэтому много раз говорится в Зоар, что не будет поколения, подобного поколению Рашби, до поколения Машиаха. И потому его великая книга произвела на мир столь сильное впечатление, ибо тайны Торы, находящиеся в ней, поднимаются на высоту всех 125 ступеней. И потому сказано в Зоаре, что книга Зоар раскроется лишь в конце дней, т.е., во дни Машиаха, поскольку, как мы говорили, если ступени изучающих не равны ступени автора, то не поймут его намеков, потому что нет у них общего постижения. А поскольку ступень авторов Зоара — на всю высоту 125 ступеней, то невозможно постичь их до прихода Машиаха. Получается, что в поколениях, предшествующих приходу Машиаха, нет общего постижения с авторами Зоара, и потому не мог Зоар раскрыться в тех поколениях, что предшествовали поколению Машиаха.

Отсюда, явное доказательство того, что наше поколение уже подошло к периоду Машиаха, поскольку видно, что все предшествующие разъяснения на книгу Зоар не разъяснили даже десяти процентов из его трудных мест. Да и в той малости, которую разъяснили, — туманны их слова, почти как слова самого Зоара. А в нашем поколении удостоились мы комментария «Сулам», являющегося полным комментарием на все, сказанное в Зоаре.

И помимо того, что не оставляет во всем Зоаре ни одной неясной вещи, не объяснив ее, разъяснения также основаны на простом здравом смысле, и любой изучающий может их понять. И тот факт, что Зоар раскрылся в этом поколении, есть явное доказательство того, что мы уже находимся в периоде Машиаха, в начале того поколения, о котором сказано: «И наполнится земля знанием Творца...».

И следует знать, что в духовном не так, как в материальном, в котором передача и получение приходят одновременно, поскольку в духовном время передачи и время получения различны. Вначале Творец дает получающему, но тем самым лишь предоставляется ему возможность получить, однако еще не получает ничего, пока не освятится и не очистится до нужной степени — и тогда удостаивается получить. Так что от отдачи до получения может пройти много времени. И сказанное об этом поколении — что уже достигли написанного: «И наполнится земля знанием Творца...», — сказано лишь с точки зрения отдачи, но получения мы, конечно, еще не достигли. И когда очистимся и освятимся, научимся и приложим усилия в желательной мере — придет время получения и осуществится в нас сказанное: «И наполнится земля знанием Творца...».

И известно, что избавление и совершенство постижения переплетены друг с другом. Знамение же в том, что каждого, имеющего тягу к тайнам Торы, притягивает земля Израиля, и потому обещано нам, что «наполнится земля знанием Творца» лишь в конце дней, т.е., во время избавления.

И как в отношении совершенства постижения мы не удостоились еще времени получения, а лишь времени вручения — в силу чего дана возможность достичь совершенства постижения — так и в отношении избавления — удостоились мы только этапа вручения. Ведь тот факт, что Творец освободил нашу святую землю от власти чужаков и вернул ее нам, еще не означает, что мы получили эту землю, поскольку не пришло еще время получения, как мы пояснили и о совершенстве постижения.

Таким образом, Он дал, но мы еще не получили. Ведь нет у нас экономической независимости, а государственной независимости не бывает без независимости экономической. И более того, нет избавления тела без избавления души. И покуда большинство населяющих эту землю находятся в плену чуждых культур и совершенно не способны воспринять Каббалу и культуру Израиля, то и тела находятся в плену чуждых сил. И с этой точки зрения, эта земля все еще находится в руках чужаков, на что указывает тот факт, что нет никого, кто бы вдохновился избавлением, как это должно было бы произойти при избавлении после двух тысяч лет.

И мало того, что изгнанники не только не рвутся к нам, чтобы насладиться избавлением, но значительная часть тех, кто спаслись и уже живут среди нас, с нетерпением ждут возможности освободиться от этого избавления и возвратиться в страны рассеяния. То есть, несмотря на то, что Творец освободил эту землю из-под власти иных народов и дал ее нам, мы еще не получили ее и не наслаждаемся этим.

Но этим даром предоставил нам Творец возможность избавления, т.е. возможность очиститься, освятиться и принять на себя работу Творца в Торе и заповедях лишма. И тогда будет отстроен Храм, и мы получим эту землю в свое распоряжение, и тогда ощутим и почувствуем радость избавления. Но пока мы не достигли этого, ничего не изменилось, и нет никакой разницы между жизнью на этой земле сейчас и тогда, когда она еще была под властью чужаков: и в законах, и в экономике, и в работе на Творца. И нет у нас ничего, кроме возможности избавления.

Таким образом, выходит, что наше поколение — это поколение Машиаха. И потому удостоились мы избавления нашей святой земли от власти чужаков. Удостоились мы также и раскрытия книги Зоар, что является началом исполнения сказанного: «И наполнится земля знанием Творца...», «И не будут учить..., ибо все познают Меня, от мала до велика». Но удостоились мы этого лишь в качестве дара Творца, и в руки еще ничего не получили. Этим лишь дана нам возможность начать работу Творца, заняться Торой и заповедями лишма, и тогда удостоимся мы великого достижения — получить все, что обещано поколению Машиаха, чего не знали все предшествующие нам поколения: «совершенства постижения» и «полного избавления».

Итак, мы выяснили, что ответ мудрецов (на вопрос, как можно слиться с Ним?), «слейся с Его свойствами», верен по двум причинам. Первая: поскольку духовное слияние не в пространственной близости, а в подобии свойств. Вторая: поскольку душа отделилась от Него лишь из-за желания получать, которое внедрил в нее Творец, то после того, как отделилось от нее желание получать, возвратилась она к изначальному слиянию с

Его сутью. Однако, все это лишь теоретически. Практически же еще никак не разъяснен смысл этого комментария — «слейся с Его свойствами», а он означает — отделить желание получать, внедренное в природу творения, и достичь желания отдавать, которое является противоположностью ее природе.

Мы разъяснили, что тонущий в реке должен крепко держаться за веревку, но пока он не занимается Торой и заповедями лишма — так, чтобы уже не возвращаться более к своей глупости, — то не считается он крепко держащимся за веревку. И тогда вновь встает вопрос: откуда возьмет он энергию, чтобы прилагать усилия для одной цели — доставлять радость своему Создателю от всего сердца и всем своим естеством — ведь не может человек сделать ни одного движения без какой бы то ни было пользы для себя, как не может машина работать без горючего. И если не будет никакой пользы ему самому, а лишь радость его Создателю, то не будет у него энергии для работы.

А ответ таков: для всякого, постигающего величие Творца должным образом, отдача, которую он совершает для Него, становится получением, как сказано в трактате «Кидушин» (лист 7, стр. 1) о важном человеке, которому невеста дает деньги, но считается, что этим она получает и потому посвящается ему. Так же и у Творца — если человек постигает Его величие, то нет получения более важного, чем наслаждение Творца, и этого вполне хватает для энергии, чтобы трудиться и прилагать усилия всем сердцем своим, душой, и всем своим существом, чтобы доставить Ему радость.

Однако, ясно, что если еще не постиг Его величие, как подобает, то доставление радости Творцу не является для него получением в такой мере, чтобы отдал все свое сердце, и душу, и все свое естество Творцу. И потому всякий раз, когда будет истинно намереваться доставить только радость своему Создателю, без своей пользы, — он тут же совершенно потеряет силы для работы, так как станет, как машина без горючего. Потому что не может человек пальцем пошевелить без того, чтобы извлечь какую-либо пользу для себя, а тем более приложить столь большое усилие — вкладывать всю душу свою и всего себя, как обязывает Тора. И несомненно, не сможет этого сделать, если не получит для себя хоть какое-то наслаждение.

И на самом деле, постижение Его величия в такой мере, чтобы отдача обратилась в получение, как в случае с важным человеком, вовсе несложно. И все знают о величии Творца, который сотворил все и вершит все без начала и без конца, и нет предела его величию. Однако, трудность здесь в том, что оценка величия зависит не от индивидуума, а от окружения. Например, даже если у человека много хороших качеств, но окружение не будет ценить и уважать его, такой человек всегда будет в плохом настроении и не сможет гордиться своими достоинствами, несмотря на то, что не сомневается в их истинности. И наоборот, человек, вовсе не имеющий никаких достоинств, но которого, однако, чтит окружение, словно есть у него многие достоинства, — этот человек будет наполнен гордостью, ибо оценка важности и величия всецело зависит от окружения.

И когда видит человек, как легкомысленно его окружение относится к работе Творца, не ценя Его величия, как подобает, не может он в одиночку преодолеть мнение окружения, и тогда он также не способен постичь Его величие и будет легкомысленно относиться к своей работе, как и они. А поскольку нет у него основы для постижении величия Творца, само собой разумеется, что не сможет работать не для своей выгоды, а чтобы доставлять радость своему Создателю, по причине отсутствия энергии для усилия. И нет для него никакого совета, кроме как: работать для своей пользы, либо не работать вовсе, ибо наслаждение Создателя не будет для него настоящим получением.

И надо понять сказанное: «Во множестве народа — величие царя», поскольку в получении ощущения величия от окружения есть две составляющие: первая — мера значимости для окружения, вторая — многочисленность окружения. И потому — «во множестве народа — величие царя».

И из-за большой трудности, заключенной в этом, советуют нам мудрецы: «Сделай себе Рава и приобрети себе друга», — т.е., нужно выбрать себе важного и известного человека, который стал бы человеку Равом, чтобы с его помощью он смог прийти к занятию Торой и заповедями ради доставления радости своему Создателю, так как в отношении Рава есть два облегчающих обстоятельства. Первое: поскольку Рав — человек важный, то ученик может доставлять ему удовольствие, основываясь на его величии — так, что отдача превращается для него в получение и является естественным источником энергии, и значит, он сможет всякий раз умножать действия отдачи. А после того, как привыкнет к действиям отдачи для своего Рава, он может перейти к занятию Торой и заповедями лишма в отношении Творца, ибо привычка становится натурой.

Второе смягчающее обстоятельство состоит в том, что подобие свойств с Творцом не помогает, если оно не закреплено навечно, т.е. не засвидетельствовано Знающим тайны (что не вернется более к своим ошибкам), тогда как подобие свойств с его Равом (поскольку его Рав находится в этом мире и во времени), помогает, даже если оно временное, и человек потом вновь вернется на свой неправильный путь.

И получается, что всякий раз, когда достигает подобия свойств со своим Равом и сливается с ним на время, тем самым он, в мере своего слияния, постигает знание и мысли своего Рава, как в примере с органом, отрезанном от тела и вновь слившимся с ним (см. выше). И потому ученик может пользоваться постижением величия Творца своего Рава, обращающим отдачу в получение и в энергию, достаточную, чтобы смог вкладывать свою душу и все свое естество. А тогда и ученик сможет заниматься Торой и заповедями лишма всем сердцем своим, душой и всем своим существом, что является чудесным средством, ведущим к вечному слиянию с Творцом.

И тогда ты поймешь сказанное мудрецами («Брахот», лист 7, стр. 2): «Более важно служение Торе, чем ее изучение, как в случае с Элишей, сыном Шафата, который лил воду на руки Элияу. И не сказано — учил, а только лил». И странно, на первый взгляд, как простые действия могут быть более значительными, чем изучение мудрости и приобретение знания? Но из сказанного очевидно, что служение своему Раву телом и душой ради того, чтобы доставить ему радость, приводит к слиянию с Равом, т.е. к подобию свойств, и ученик получает тем самым знания и мысли своего Рава «из уст в уста», т.е. слиянием духа его и Рава, чем удостаивается постижения величия Творца в такой мере, что обратится отдача в получение, став энергией, достаточной, чтобы вкладывал душу свою и все свое существо, пока не достигнет слияния с Творцом, как сказано выше.

Изучение же Торы у его Рава — всегда происходит для собственной пользы ученика и не приводит к слиянию, а называется «из уст в уши». Таким образом, служение приносит ученику мысли его Рава, а учеба — лишь речи Рава. И преимущества служения выше преимуществ учебы, как мысли Рава важнее речей его, как «из уст в уста» важнее, чем «из уст в уши».

Однако, все это верно, если служение — ради того, чтобы доставить ему удовольствие. Если же служение — ради самого себя, то подобное служение не способно привести его к слиянию со своим Равом, и конечно же, учеба у Рава в таком случае важнее, чем служение ему.

Однако, как мы говорили о постижении величия Творца: если окружение не ценит Его, как подобает, то это ослабляет индивидуум и препятствует его постижению величия Творца, — точно таким же образом происходит и в отношении его Рава. Окружение, не ценящее Рава подобающим образом, препятствует тому, чтобы ученик смог постичь величие своего Рава, как подобает. И потому сказали наши мудрецы: «Сделай себе Рава и приобрети себе товарища». То есть, чтобы смог человек создать себе новое окружение, которое помогло бы ему постичь величие Рава с помощью любви товарищей, ценящих Рава. Ведь в товарищеской беседе о величии Рава получает каждый ощущение его величия, так что отдача своему Раву обратится получением и энергией в такой мере, что приведет к занятию Торой и заповедями лишма. И сказали об этом мудрецы, 48-ю свойствами приобретается Тора: служением мудрецам и тщательным выбором товарищей. Поскольку помимо служения своему Раву, человек нуждается также в тщательном выборе товарищей, т.е. во влиянии товарищей, чтобы те способствовали постижению величия Рава, ибо постижение величия полностью зависит от окружения, и если человек один — невозможно тут что-нибудь сделать, как и было разъяснено.

Два условия действуют в постижении величия. Первое: всегда выслушивать и принимать оценку общества по мере его величия. Второе: чтобы окружение было большим, как сказано: «Во множестве народа — величие царя» [Писания, Мишлей 14:28]. Чтобы принять первое условие, обязан каждый ученик ощущать себя наименьшим из всех товарищей, и тогда сможет получить степень величия ото всех, ибо не может больший получить от меньшего и, тем более, проникнуться его речами, но лишь малый воспринимает оценку большого. Согласно же второму условию, обязан каждый ученик превозносить достоинства каждого товарища и почитать его, как если бы тот был величайшим из поколения. И тогда будет воздействовать на него окружение, как если бы было оно действительно большим, ибо качество важнее, нежели количество.

Избранные отрывки из писем

*рав Йегуда Ашлаг
(Бааль Сулам)*

ОГЛАВЛЕНИЕ

Предисловие 377
Избранные отрывки из писем 382

ПРЕДИСЛОВИЕ
*рав Барух Ашлаг (Рабаш),
старший сын рава Йегуды Ашлага*

Мы различаем множество ступеней и отличий в мирах, но необходимо знать, что все, что говорится о ступенях и отличиях, все это говорится только относительно получающих от этих миров, согласно правилу: «Непостигаемое невозможно выразить».

Причина состоит в том, что «имя» выражает постижение — как человек дает имя только после постижения объекта, согласно этому постижению.

И потому во всем существующем выделяются относительно духовного постижения 3 отличия:

1) Ацмуто (сущность) — об этом мы вообще не говорим, потому что корень и источник творений начинается от замысла творения, где они включены как «конец действия в начальном замысле».

2) Бесконечность — это суть замысла творения, состоящая в том, чтобы «дать творениям наслаждение, называемое Бесконечностью» (бесконечное наслаждение).
И это связь между Высшей силой и душами. Эта связь понимается нами, как желание насладить творения. Бесконечность — это начало действия. И называется светом без сосуда, но там начинается источник творений, т.е. связь Творца с творениями, называемая желанием насладить творения. Это желание начинается с мира Бесконечности и нисходит до мира Асия.

3) Души, получающие наслаждение, находящееся в желании дать наслаждение.

Бесконечность называется так потому, что та связь, которая существует между Ацмуто и душами, понимается нами, как желание насладить творения. А кроме этой связи между нашим желанием насладиться и желанием Творца насладить нас, нет у нас никакой возможности ничего исследовать, ощущать, выяснять о нашем существовании. И только с того места, где начинается это действие. И называется эта связь «свет вне сосуда», и там находится корень творений, т.е. связь, существующая между Творцом и творениями, называемая «желание насладить творения». И это желание начинается от Мира Бесконечности и продолжается до мира Асия.

А все миры относительно себя определяются как свет вне сосуда, где нет возможности обсуждать что либо, потому что без душ миры определяются как Ацмуто. И нет никакой возможности их постижения не относительно постигающих их душ.

А то, что мы определяем так много деталей в мирах, — это оттого, что детали эти там — в виде сил (потенциальных) — чтобы затем, когда появятся души, раскрылись детали эти в душах, получающих высшие света в мере своего исправления и готовности — тогда раскрываются эти детали в действии. А пока души еще не постигают высший свет, то миры относительно самих себя определяется как Ацмуто.

А относительно душ, получающих от миров, определяются миры как Бесконечность. И это оттого, что эта связь, которая существует между мирами и душами, т.е. то, что миры дают душам, это исходит из замысла творения, являющегося отношением Ацмуто к душам. И эта связь называется бесконечностью. А когда мы молимся и просим Творца о помощи, чтобы дал нам все, что просим, то подразумеваем Бесконечность, где и находится корень всех душ — состояние, которым Он желает насладить нас, поскольку цель — «насладить творения».

А молитва — она к Творцу, сотворившему нас, имя которого «Желание насладить творения», и Он называется по имени «Бесконечность», потому что это уровень выше сокращения. Но даже после цимцума не произошло в Нем никакого изменения, ведь нет изменения в свете. И остается постоянно это имя.

А все множество имен — они только относительно получающих. Поэтому первое имя, раскрывшееся как корень творений, называется Бесконечность. А раскрытие этого имени остается без всяких изменений. Все сокращения, скрытия, изменения происходят только относительно получающих. А Он — постоянно светит в своем первом имени и называется «Желание бесконечно насладить творения». И поэтому мы молимся Творцу, называемому «Бесконечность», который светит без сокращения

Предисловие

и конца. А то, что возникает затем как конец — это исправления относительно получающих, чтобы смогли получить свет.

Высший свет состоит из двух составляющих: постигающий и постигаемое. И все, что мы говорим о высшем свете, это только впечатления постигающего от постигаемого. Но каждый в отдельности, т.е. постигающий отдельно и постигаемое отдельно, не называются именем «Бесконечность». И постигаемое называется именем Ацмуто, а постигающий называется «души», новое, часть от общего. И оно новое в том, что создано в нем желание получать. И оттого творение называется «созданным из ничего».

Относительно себя определяются все миры как единое целое, и нет изменений в божественном, как сказано: «Я свое явление АВА"Я не менял». А в божественном нет места для сфирот и деталей. И даже названия самые высокие не обозначают свет, когда он сам по себе: ведь это Ацмуто, непостигаемое. А все сфирот и детали, описывающие то, что в них, это только то, что человек постигает в Нем. Потому что Творец желал, чтобы мы постигли и поняли (нисходящее) изобилие, как Его желание насладить творения.

А чтобы мы смогли постичь желание Творца насладить творения, — Он создал и дал нам органы ощущений, которые постигают свои впечатления от высшего света.

В этой мере определились в нас различные детали. Потому что общий орган ощущений называется желанием получить, и он делится на множество частей, согласно мерам, которые получающие готовы получить. В этом соотношении появляется множество различий и отличий, называемых «подъем», «падение», «нисхождение», «распространение», «исчезновение» и прочее.

Поскольку желание получить называется «творение», «новосозданное», то именно с проявлением этого желания возможно говорить о мироздании.

«Говорить» — это определять детали впечатлений. Потому что здесь есть уже общие отношения между высшим светом и желанием получить.

И это называется — свет и сосуд. Но о свете вне сосуда нельзя «говорить», как сказано выше, потому что свет, который не постигается получающим, определяется как Ацмуто, о котором запрещено «говорить», потому что не дано постичь. А тому, что не постигаем, как можно дать имя?

Отсюда поймем, что молитва, с которой мы обращаемся к Творцу, чтобы послал нам спасение, излечение и пр., содержит две составляющих:

1) Творец. Это относится к Ацмуто, об этом запрещено говорить, как сказано выше.
2) То, что нисходит от Него. Это определяется как свет, распространяющийся в наших сосудах, т.е. внутрь нашего желания получить, и называется именем Бесконечность. Это связь, которая есть у Творца с творениями относительно Его желания насладить творения, где желание получить определяется как распространяющийся свет, достигающий в своем конце желания получить.

А когда желание получить получает распространяющийся свет, то называется распространяющийся свет по имени «Бесконечность», и он приходит к получающему с помощью множества скрытий, чтобы низший смог получить его.

Находим, что все детали и различия создаются именно в получающем, относительно и согласно его впечатлениям, ощущениям. Но необходимо отличать в сказанном: когда говорим о мирах, говорим о «потенциале», а когда получающий постигает эти отличия, они называются «в действии».

Духовное постижение — это когда постигающий и постигаемое являются вместе. Потому что если нет постигающего — нет ничего постигаемого, потому что нет того, кто бы мог определить вид постигаемого. Поэтому определяется это как Ацмуто, и нет там места для слов. А как можно сказать, что постигаемое обретает какой-то вид относительно самого себя?

Мы можем говорить только о месте, в котором наши органы чувств получают ощущения от распространяющегося света, являющегося желанием Творца насладить творения, и приходящего к получающему в действии.

И это подобно тому, как если мы смотрим на стол. Наши органы чувств ощущают его как твердую вещь, а также фиксируют его размеры. Но это не обязывает к тому, что стол так же будет выглядеть для того, у кого иные органы чувств: например в глазах ангела — когда он смотрит на стол, он видит его согласно своим органам ощущений. И мы не можем ничего определять относительно ангела, потому что не имеем его органов ощущений.

Отсюда следует, что поскольку нет в нас постижения Творца, не можем мы сказать, какую форму имеют миры относительно Него, мы постигаем их только относительно наших органов чувств и своих ощущений. И таково желание Творца, чтобы именно так мы постигали Его.

В этом и заключается смысл сказанного: «Нет изменения в свете». А все изменения только в сосудах, т.е. в наших органах ощущения, и все измеряется согласно нашим представлениям. Отсюда пойми, что если много людей смотрят на один духовный объект, то каждый постигает его согласно своему представлению и ощущению. Поэтому каждый видит иные свойства. Так же в самом человеке меняются свойства в зависимости от его подъемов и падений, как сказано выше, что свет — он простой, а все изменения только в получающих его.

ИЗБРАННЫЕ ОТРЫВКИ ИЗ ПИСЕМ

Письмо со страницы 14
легенда о Царе и его сыне

Давно уже подготовил тебе два письма, и все никак не выходило отправить их. Теперь же сочту для себя честью дать тебе вкусить от «брызг медового нектара».

Написано: «Растеряет убийца все речения мои, словно вытекшее по каплям, и лгун осквернит Творца.» Это подобно Царю, который привлек к себе своего сына, чтобы обучить его приемам царствования и чтобы показать ему всю землю, и ненавидящих его, и любящих его.

И дал Царь сыну меч из упрятанных своих сокровищ — и чудесное свойство в том мече: при появлении меча пред врагами, вмиг падут они пред ним на землю, словно груда мусора, — чтобы отправился Царский сын и завоевал множество государств, и завладел тем, что есть у них.

В один из дней сказал Царь своему сыну: «Вот поднимусь Я на башню и скроюсь там. Ты же унаследуешь Престол Мой и править будешь всей землей в мудрости и силе. А еще тебе — щит этот, что до этого дня скрыт был в тайниках царства, и никакой враг, замышляющий недоброе, не сможет причинить тебе зла, покуда щит этот находится в твоем владении.» И возложил Царь меч и сложил его со щитом, и отдал сыну. Сам же Царь взошел в башню и скрылся там.

Но не знал Царский сын, что меч и щит соединены один с другим. И поскольку щит ничего не значил в его глазах — не уберег его, и был щит украден у него, а с ним и меч.

И как прослышали враги о том, что сын Царя правит землею, и что украдены у него меч и щит, тут же стали дерзкими, осмелев. И начали воевать с ним, покуда не попал к ним в плен. И теперь, когда их ненавистник был у них в руках, излили на него всю ярость своей мести. И взыскали с него за все, что сделано было с ними во дни правления Отца. И изо дня в день избивали его. И стыдно стало сыну Царя пред своим Отцом, ибо несчастье Отца причиняло боль сильнее собственной беды. И явилась советом мысль, и вознамерился он сделать меч и щит, подобные прежним, чтобы доставить Отцу радость и показать Ему свою мудрость и силу. И всяческими способами сделал подобие меча, похожее на изначальный меч. И сделал и щит, тоже похожий на прежний.

И когда приготовленные им орудия войны были уже в руке его, воззвал к Отцу своему, что на вершине башни: «Гордись за меня, ибо «мудрый сын возрадует своего Отца». Но пока взывает он к Отцу, ненавистники его продвигаются и ранят его. И в мере усиления ударов, он выдерживает их и гордиться, показывая себя героем своему Отцу. И кричит: «Теперь я не страшусь ничего. Да и кто сможет сразиться со мной, когда меч твой и щит в руке моей.»

Но сколько ни хвалится — враги его множат удары и раны. Камни и палки летят ему в голову, и истекает он кровью. Старается он вознести голову свою, величественно подняв ее, подобно сильным духом, показать своему Отцу, что теперь ничего не убоится, и что недруги уподобились пыли против его мощи, ибо остался неизменным меч его, и устоял его щит.

И это имелось в виду в словах «растеряет речения Мои, словно вытекшее по каплям...» Как подобие обезьяны перед человеком — те, что силами своего тела создают меч, уподобляя его творению Создателя. Но и это еще не все, а хотят возгордиться этим ремеслом, как горд Создатель за Свое творение. И о них сказано: «...убийца и обманщик осквернит Творца», т.к. деянием человеческим создает щит и восхваляется, что не ощущает никакой боли — и этим тоже осквернит Создателя. То есть то, чем обладает он — обращается им на себя, ибо говорит, что **он сам** обладатель мудрости и силы и ничего не устрашится, а сам при этом полон лжи и выпрашивает различные уловки — это осквернит Творца.

Однако, все совершенство заключено в тайне святого Имени «Б-г мой — моя справедливость», когда всеми фибрами души постигает он, что место «проявления присутствия Творца» — оно там, где справедливость и правда. Познание это абсолютно: ведь все его мысли, соединившись в нем воедино, становятся справедливы и верны, и ясно ему, что не сделал еще ни один человек в мире шага дурного подобно тому, так же как не продвинется вперед собственными силами ни на один верный шаг.

И, хотя именно так все и верят, но для познания должны они все свое внимание сосредоточить на сердце, чтобы стало это для них «главным поучением». Ведь излияние верного и истинного сердца к Творцу, способно раскрыть этот разум в мире, как нечто простое и обычное, все нужды которого селятся в сердце.

И это суть сказанного «и просили **оттуда** Творца, Создателя своего, и достигли Его». Это так же заключено и в благословении «Добрый, делающий Добро», где Он — «делающий Добро вслед за мной», ведь настоящее постижение Творца покоится на проявлении счастья, удовольствия, поэтому-то и зовется «Добрым», и это Имя открывается каждому человеку.

Но во всей работе в изгнании и в выполнении Торы раскрыто воочию всем частям души работающего ради Творца святое Имя «Мой Б-г — моя справедливость». То есть, что **в действительности вообще ничего плохого не существовало, даже в самое короткое мгновение**. И сокровенная тайна «Создатель Един и Имя Его едино» — понятие ясное и простое для тех, чье состояние совершенно.

Письмо со страницы 17

...Когда ты описываешь свои открытия в Торе, свои комментарии, старайся писать их без названий сфирот и парцуфим, а только разговорным языком и самым простым, самым близким к человеческим ощущениям, и тогда не ошибешься в выяснении истины. И еще: если необходимо выяснить что то особенно близкое, никогда не смотри в книги...

Письмо со страницы 25

Все верят в личное управление Творца творениями, но не сливаются с этим управлением, потому что трудно им отнести нечистую, недобрую мысль или действие, происходящее с ними или перед ними, к Творцу, который является наивысшим и наилучшим. Как же может недоброе исходить от Творца? И только истинно близким к Творцу раскрывается вначале знание личного управления, что Он все это Сам посылал им — как хорошее, так и плохое, одинаково все исходило от Него — и тогда, постигая это, они сливаются с личным управлением, потому что сливающийся с высшим становится как Он.

А поскольку соединились управляющий и управление в понимании человека, то совершенно неразличимо отличие между плохим и хорошим, и все любящие, исправленные, потому что все являются сосудом Творца, готовые светиться и гордиться Его заполнением. А в мере наполнения рождается знание о том, что все произошедшее, все действия и все мысли, как плохие, так и хорошие, все они являются сосудом, вместилищем Творца, и Он создал их, и из Него они вышли, и это станет известно всем в конце исправления.

Но пока — это длительное и страшное изгнание. И главное, что когда видит человек недостойное действие, немедленно падает с духовной ступени, забывая, что он только орудие в руках Творца, потому что мнит себя самостоятельно действующим в этом недостойном действии и забывает Источник всех причин, и что все от Него, и нет никого действующего в мироздании, кроме Него.

И это требуется четко усвоить, потому что хотя и известно это, но дается просто как начальная информация, и поэтому в нужный момент человек не сможет владеть этим знанием, чтобы отнести все действия к Единственному их Источнику, тем самым перевешивая на сторону добра.

И два известия указывают одно на другое, но перевешивает сила скрытия.

Это подобно истории царя, один из слуг которого возвысился в его глазах настолько, что царь пожелал поднять и поставить его выше всех министров, потому что увидел в его сердце абсолютную преданность и любовь.

Но не подобает царю поднять вдруг простолюдина выше всех без особой, всем ясной причины. А подобает царю раскрыть причину поступков всем в великой мудрости.

Что сделал царь? Поставил своего слугу стражником охранять казну. И приказал одному министру, умеющему устраивать розыгрыши, переодеться и притвориться бунтовщиком, который будто бы выходит на войну, чтобы захватить царский дворец, именно в то время, когда отсутствуют охранники.

Министр сделал, как ему было указано царем, все очень скрыто, умно и продуманно, и выступил с намерением захватить царский дворец. А бедный раб сражался насмерть и вызволял

Избранные отрывки из писем

своего царя, борясь против переодетого министра с великой отвагой и не жалея ни сил, ни жизни, пока не раскрылась всем его абсолютная любовь к царю.

Тогда сбросил свои доспехи министр — и вспыхнуло веселье, потому что воевал в великой отваге раб, а теперь раскрылось, что все это было придумано, а вовсе не на самом деле. И более того, смеялись, когда рассказывал министр об изощренности своих придуманных козней и то, какой ужас наводили они. И каждая деталь ужасной этой войны становилась причиной большого веселья.

Но все-таки раб — он совсем не обучен. Так как же можно вознести его выше всех министров и служащих царя?

Думал царь в сердце своем и сказал тому же министру, что он должен переодеться в разбойника и убийцу и выйти на захватническую войну против царя. Потому что знает царь, что в этой, второй войне раскроет он своему рабу чудесную мудрость, так, что удостоится после этого стоять во главе всех министров.

Поэтому поставил своего раба охранником всех кладовых и сокровищниц царства. А тот министр переоделся на этот раз в злого разбойника и убийцу. И явился завладеть богатствами царя.

Несчастный, уполномоченный охранять сокровища, воевал с ним во всю свою силу, не жалея жизни, пока не наполнилась мера его. Тогда снял с себя министр одеяния и вспыхнуло большое веселье, и смех во дворце царя, еще большие, чем в первый раз. Потому что все притворные действия переодетого министра со всеми деталями и подробностями вызывают неудержимый смех, так как в этом случае обязан был министр более умно разыгрывать нападение и потому что было ясно заранее, что нет никакого разбойника во всем царстве царя. А все беспощадные нападения и ужасные угрозы — только розыгрыш, и тот министр с огромной выдумкой предстал все-таки перед ним, обратившись разбойником.

Но как бы то ни было, постепенно обретает раб разум, постигая конец происходящего, и любовь от постижения в начале. И тогда он встает в вечности.

Не в состоянии больше передать текст, но знай, что управление земное подобно управлению высшему в том, что само управление передано министрам, но несмотря на это, все происходит только по указанию царя и по его утверждению. И сам царь только утверждает план, подготовленный министрами, и если находит какой-то изъян в плане, не исправляет его, а снимает этого министра и ставит вместо него другого, а первый увольняется со своей должности.

Также и человек, подобный миру, и поступает согласно буквам, отпечатанным в нем, потому как они ангелы-управляющие над 70 народами мира, что в человеке, как сказано в «Книге Ецира»: «ставит управлять определенную букву», а каждая буква — она как временный министр на час, составляет план, и царь утверждает, а если буква ошибается в каком-то плане, тут же она увольняется со своей должности, и удостаивается иная буква быть вместо прежней.

Потому сказано: «Поколение, поколение и судьи его», что в конце исправления возцарствует буква, называемая «Машиах» (Избавитель), и исправит, и свяжет все поколения в венец Творца. Отсюда можно понять, что каждый обязан раскрыть в себе все, что возложено на него, раскрыть самому во всех деталях и исправить в себе Единство Творца, и все раскроется вследствие кругооборотов.

Письмо со страницы 31

...Что делать, если не могу скрыть истину, даже тогда, когда она горькая. Поэтому скажу я тебе правду: никак не могу успокоиться из-за всего, что сказано тобой, и при том, что страдаешь ты от этого, но Истина любима мной более всего. Ведь написано: «Возлюби ближнего своего, как себя самого», «Не делай другу своему того, что тебе самому ненавистно», так как же оставлю тебе «нечто приятное», если «неистинное» оно, ненавистно мне и отторгаемо мною, настолько, что в конце концов истреблю его окончательно.

В частности, о том, наиболее важном, что зовется «любовью» и является духовной связью между Израилем и его праотцами, соответственно написанному: «Избирающий народ Израиля **в любви**». В этом начало спасения и конец исправления, которое Творец раскрывает созданным Им творениям, вся та любовь, что прежде была скрыта в сердце Создателя, как известно тебе из моего учения.

И поэтому должен я раскрыть тебе недостатки, что ощутил я в тех двух местах, которые ты подчеркнул. По поводу первого из них, со стороны той безгранично возвышенной троекратной основы — вечной любви к ближнему. Ты очень ошибся в этом примере, приравняв и уподобив любовь духовную, лежащую в корне всего, любви между близкими, которая всегда зависима от конкретных вещей, и с их исчезновением — тут же пропадает. А что по поводу второго — ты «усугубил проступком вину»: что значит получить поддержку нашей любви со стороны любви, основанной на естественном подобии и существующей среди нас в огромном количестве?

И удивительно мне, ведь наша любовь — вечная, исходит из корня. И ее ставить в зависимость от обычной любви, основанной на природной схожести? О таком сказано: «Ослаб помощник и помощь отпала».

Я тебе говорю: если ты проводишь аналогии, то не уподобляй любовь духовную, исходящую из корня, любви между близкими, зависимой от любой мелкой причины, которая в конце концов должна исчезнуть. Лучше уподобить ее любви между отцом и сыном, которая также исходит из корня, но ни от чего не зависит.

Взгляни, такая любовь проявляется самым изумительным образом. Ведь на первый взгляд, если сын — единственный ребенок у отца с матерью, получается, что он должен сильнее любить их, потому что любовь родителей к нему проявляется сильнее, чем у тех, у кого много сыновей.

Но в действительности это не так, а совершенно наоборот: если родители очень сильно привязаны к своему сыну узами любви, тогда степень сыновней любви становится незначительной и совсем маленькой, настолько, что иногда такого рода любовь воспринимается сыном как нечто само собой разумеющееся. «И угасло в их сердцах всякое чувство любви» — это управление природных законов в мире, и если поразмыслишь, то найдешь этому объяснение.

А смысл всего этого прост: любовь отца к своему сыну — она в корне своем естественна, и так же, как отец желает того, чтобы сын любил его, так же и сын стремится к тому, чтобы быть любимым отцом. И это страстное желание, находящееся в их сердцах постоянно и беспрестанно, является поводом для возникновения такого качества, как страх. А именно: отец очень опасается, чтобы сын его вдруг не возненавидел его, даже в самой незначительной мере, но также и сын страшится того, чтобы отец не возненавидел его в самой малой мере.

И этот «постоянный страх» толкает их только к добрым делам друг относительно друга: отец старается постоянно

Письмо со страницы 31

раскрывать сыну свою любовь в действии, и сын тоже стремится раскрывать свою любовь к отцу постоянно, при малейшей возможности. И, таким образом, чувство этой любви растет и множится в их сердцах, до такой степени, что добрые дела одного по отношению к другому вырастают максимально и в полной мере. То есть, сердечная любовь отца раскрывается сыну в своем предельном совершенстве — так, что к этому нельзя ни прибавить ничего и невозможно от этого убавить.

Когда приходят к такому состоянию, видит тогда сын в сердце отца свойство «окончательно установившейся любви». Хочу я этим сказать, что сын совершенно не страшится того, что уменьшится его любовь, но нет у него также и надежды на то, что станет она больше, и это зовется «любовь окончательная». И тогда постепенно пропадает у сына желание проявлять свои добрые дела по отношению к отцу, а по мере уменьшения добрых дел — уменьшения проявления любви к отцу в сыновнем сердце — абсолютно в той же мере угасают и искры «любви, исходящей из корня», начертанные в сердце сына от природы. И раскрывается в нем иная природа, близкая к ненависти, ведь все то доброе, что отец делает для него, видится ему мелким и ничтожным по отношению к тому, несомненно положительному, что есть в «абсолютной любви», которой пропитаны все его органы. И об этом написано: «И увидел себя я ниже всех». И поразмысли над этим, т.к. в этом — глубокая суть во всех своих проявлениях.

И потому как путь мой — воспевать, восхваляя, законы природы, которые укоренил и обустроил Создатель, делая добро нам во все дни наши, — я открою тебе то, что определяет эту границу. Ведь не злое же это желание, а наоборот, — это и есть то разветвление и преумножение чувств, что существует в духовном. Ведь самый главный принцип, что требуется от работающих ради Творца — это слияние, и нет этому иного образа, кроме образа, основанного на любви и наслаждении. И об этом написано: «И приблизь нас, Царь наш, к Себе великому, навеки в истине и в любви». О какой любви сказано? В «совершенной любви», т.к. Совершенный не покоится на неполном, а совершенная любовь — именно она и является «любовью абсолютной».

И поэтому, как еще можно представить себе все то множество, порожденное слиянием, столь желанным, возвышающим и влекущим к себе из всех трудностей пути возвышения к Нему. И в этом тайна написанного, что одел Творец душу в тело и в грубую материю, таким образом, что в конце концов мы приведем это тело в согласие с тем, что оно должно раскрывать любовь в действии, при всем том, что само сердце чувствует недостаток проявления любви, потому как природа материи — гасить сразу же всякое ощущение любви, уготовленной ему заранее.

И точно так же «Совершенный проявляется на совершенном», т.е. со стороны здравого смысла есть абсолютное знание в любви несомненной и полной, но при всем том есть возможность прибавить в любви. Если же не добавить, то, конечно же, уменьшится и угаснет все то ценное, что приобрел окончательно. И это тайна сказанного: «И землю не предавай изнурению». И все это — вещи фундаментальные и очень истинные, и вложи их в свою казну разума на недалекое, с Б-жьей помощью, будущее.

Письмо со страницы 37

«Четверо вошли в пардес», потому что до сотворения мира «был Творец и Имя его Едины», потому что души еще не были душами, а все раскрытие имени Творца происходит вследствие раскрытия Его лика, подобно тому, как незнакомый со спины оборачивается, поворачивает свое лицо и оказывается знакомым, которого немедленно можно назвать по имени.

До сотворения мира души были совершенно полностью слиты с Творцом, и дал Он им короны и великолепие, даже больше чем желали, потому что Он знает их желания лучше их самих. А потому нет возможности назвать имя Его, ведь имя возникает в состоянии возбуждения человека к постижению какого-то явления. А поскольку здесь еще проявляется только простой свет, то невозможно в таком свете определение познания, т.е. обретение мудрости.

Поэтому мудрецы называют такой свет — «простой» (пшат), поскольку он корень всего, и о нем не говорят в книгах. Он не составной и постигаем, как единый и простой. И хотя в низшем мире в решимо этого простого света различаются две части, он — простой, не составной, это сердце разделяет его.

А в месте, о котором мы говорим, нет совершенно никаких изменений. Это подобно царю, который вдруг взял своего сына и поставил посреди огромного красивого сада (пардес), и когда открыл царский сын глаза, он не посмотрел, на каком месте стоит, потому что от большого света всего сада потянулся его взгляд вдаль, на самые дальние здания и дворцы в западной стороне, и пошел в ту сторону, и шел много дней, все более поражаясь великолепию западной стороны.

По прошествии нескольких месяцев, когда поутих его пыл и возросло желание, наполнил свое зрение видами западной стороны, успокоилась его мысль, и начал думать, что же находится на всем его пути, который перед ним? Направил он взгляд свой в восточную сторону, в сторону, откуда вошел в сад, и поразился! Ведь весь восток с его красотой был так близок ему, и не понимает он, как он мог не почувствовать все это вначале, а смотрел только в западную сторону. И конечно, с тех пор только к сиянию восточной стороны устремился, пока не вернулся к воротам, в которые когда-то вошел.

Какое же отличие есть между днями входа и днями выхода, ведь все, что видел в последние месяцы, видел тоже и в первые, но не осознавал и не мог оценить, потому что сердце и глаза ощущали только свет, исходящий с запада. И только после того, как насытился им, обратил лицо, сердце и глаза свои на восток, и начало сердце впитывать свет, идущий с востока. Но что же изменилось!?

За воротами сада есть второе раскрытие, называемое «ремез» (намек) — подобно тому, как царь намекает своему любимому сыну и страшит его чем-то, но сын не понимает ничего и не ощущает внутреннего страха, скрытого в намеке, но вследствие его слияния с отцом, немедленно удаляется оттуда в другую сторону.

И это называется «второе лицо», ремез (намек), потому что два лица, пшат и ремез, вписываются в творениях, как один корень. Сказано, что нет слова, состоящего менее чем из двух букв, называемых основой корня, потому что из одной буквы невозможно понять ничего, и поэтому начальные буквы слов пшат и ремез образуют «ПаР» (в иврите гласные не пишутся), что является корнем слова «пар» — бык в нашем мире. Также и слова прия, рэвия — зачатие, размножение — происходят от этого корня. (Когда имеется в виду бык как вид животного, говорят «шор», а когда хотят подчеркнуть мужское начало и участие в зачатии, то говорят «пар», и соответственно «пара» — корова, женская сторона в зачатии и размножении).

Затем раскрывается «третье лицо», называемое «друш»-требование: до этого не было никакого требования к какому бы то ни было проявлению закона «Творец и имя его едины», но в «третьем лице» вычитают и прибавляют, требуют и находят по правилу «трудился и нашел» (игати вэ мацати). И потому это место предусмотрено для низших, так как там есть просьба снизу, — не как свет восточной стороны, который светил в соответствии со сказанным: «прежде чем позовете, я отвечу вам». Здесь же была сильная просьба, и даже усилие, и наслаждение.

А затем начинается четвертое лицо, называемое «сод» — тайна, которое вообще подобно намеку, но там не было осознания, а подобие тени, следующей за человеком. Или шепотом, как говорят беременной, что Йом Кипур сегодня, и только по необходимости — если она так решает — можно его нарушить, чтобы не было выкидыша (намек на духовные состояния, конечно, как и обычно во всех каббалистических текстах). Но почему это раскрытие лица, а не скрытие? — Это постигается постигающим в последовательности: пар — перед — пардес.

А теперь рассмотрим проблему четырех мудрецов, вошедших в пардес, т.е. в четвертое лицо, называемое «сод», тайна. Потому что в низших есть предшествующие ему высшие, и поэтому все четыре лица включены в четвертое вместе: правое, левое, лицевое и обратное.

Два первых лица, правое и левое, «пар», соответствуют Бен Азария и Бен Зома, души которых питаются от двух лиц пар. Два вторых лица, лицевое и обратное, это лицевая часть — рабби Акива, который вошел с миром и вышел с миром, и обратная часть — Элиша бен Абуя, который вышел в дурной путь (яца ле тарбут раа).

Все, что сказано про них: смотрел и умер, смотрел и ранен, вышел в дурной путь — все это сказано о том поколении, которое собралось вместе, но исправлены все полностью, в последовательных кругооборотах жизней, одно за другим.

Только сказал: «Возвращайтесь, блудные дети, кроме Ахера». И его место занял рабби Меир, ученик рабби Акивы. Спрашивает Талмуд: «Как же мог рабби Меир учить Тору у Ахера?» — ответ в том, что исправил всю его клипу (неисправленные мысли и желания), как сказано, что поднял дым над его могилой.

Отсюда понятно сказанное Элишей бен Абуя: «Обучающий ребенка подобен пишущему на чистой бумаге», как душа рабби Акивы; «обучающий старика подобен пишущему на стертой бумаге», — сказал так про себя. Поэтому сказал рабби Меиру: «Здесь заканчивается субботнее расстояние» (2000 ама, на которые можно удаляться в Субботу за пределы поселения, которые измерил по шагам коня, ведь никогда не сходил с коня...).

Письмо со страницы 43

Не могу более сдерживать себя, потому что обязан я знать, насколько велика оценка истины в нашей земле, ведь это постоянно мой путь: исследовать все деяния творения и понимать их значение, хорошие или плохие, и так познать до конца... именно благодаря ничтожным картинам, проходящим передо мной, ведь не зря проходит передо мной эта человеческая масса: она рождает понятия всей мудрости во мне, и сотворена только для постижения знания сквозь нее.

Вначале оценим свойство лени, низошедшее в этот мир... которое по сути и не такое уж плохое и заслуживающее пренебрежения. А основание для такой оценки в изречении мудрецов: «Сиди и ничего не делай — это предпочтительней!», хотя есть высказывания против этого правила...

Ясно, что нет иной работы в этом мире, кроме как работа ради Творца. А все остальные виды работ — даже для душ, если они ради себя, — лучше, чтобы и не рождались в этом мире, потому что выполняющий их как бы переворачивает сосуд своей души вверх дном, ведь из получающего не получится дающий никогда.

Поэтому не стоит даже оценивать работу, если она с намерением «ради себя», потому что она совершенно пустая, а потому, конечно, «сиди и ничего не делай — предпочтительней!», потому что не может быть никакой пользы от действия с намерением «ради себя» и, по крайней мере, не вредит этим бездельем себе или другим.

А поскольку это высшая истина, то не нуждается в согласии и одобрении рожденного женщиной, каким бы великим он не был. А потому тот, кто познал большую мудрость, стоит на ней с большей уверенностью и упорством.

Письмо со страницы 48

...главное, что стоит перед нами сегодня — это единство товарищей, и необходимо приложить в этом все усилия, потому что единство может покрыть все наши недостатки.

Сказано: «Если нисходит в изгнание ученик, изгоняется и его учитель». Но как могут помешать злые силы ученику и сбросить его в изгнание от духовности, если он связан со своим учителем? (имеется в виду, что учитель — истинный каббалист). Это потому, что во время падения ученика кажется ему, что и Рав его также находится в падении, что и верно, ведь не может получить от своего Рава никакой помощи, ведь помощь можно получить только в мере, в которой представляется ему величие и силы его Рава. А потому Рав его сейчас низок и слаб. В соответствии с его мнением о Раве, так и падает Рав с ним.

Начало египетского изгнания начинается с того, что: ...«Встал новый царь в Египте, который не знал Йосефа», и это означает, что раскрылась новая власть в разуме каждого, новая власть вблизи, потому что упали с прежнего уровня по принципу «Если нисходит в изгнание ученик, изгоняется и его учитель», а потому-то и «не знал Йосефа», т.е. не постиг его, каким представлял его.

А потому изображали Йосефа в своем воображении подобным себе, а потому «не знали Йосефа», и начался этим период рабства, потому что если бы не так, то праведник защитил бы их и не ощущали бы рабства и изгнания.

Письмо со страницы 55

...Вам необходимо приложить еще больше усилий в том, что касается той главной цели, к которой мы стремимся. Известно вам, что писал я по поводу сказанного — «И благословит тебя Творец, твой Создатель, во всем, что бы ты не делал»: что человек в нашем мире должен сделать все, что в его силах, и только тогда возникает основание для нисхождения благословения. Но глупо было бы думать, что Всевышний становится тем самым обязанным послать благословение именно в момент совершения действия. В большинстве случаев — наоборот: действие производится в одном, а благословение приходит в ином, да еще в том, в чем сам человек совершенно ничего не сделал, т.к. либо не знал, что делать, либо не имел возможности что-либо сделать со своей стороны. И в истинном благословении это является непреложным законом. И в этом тайна сказанного «приложил усилие и нашел».

Когда же в себе я, то наслаждаюсь от того, что добыто мною трудом. Поэтому «У тех, кто возжуждался в Творце, не иссякнут всякие блага», подобно написанному «Близится спасение мое, и правда моя раскроется».

И главное — огромная моя просьба — **сплачивайтесь** и будьте мужественными, и будет Творец с вами. **И взывайте к сердцам тех друзей, у которых ослабла способность к единению с нами, и пусть изгонят страхи чужие из себя.** Ведь если освободят свое жилище, полное идолов, то не увидят миражи раскаленного зноя на пути древа жизни.

Больше новостей нет, мое самое большое стремление — объединиться с вами в полнейшем единстве.

Письмо со страницы 55

Если не осознается Творец в изгнании (из духовного), то невозможно достичь освобождения (из духовного изгнания), а ощущение изгнания само по себе и есть причина освобождения.

Истина проявится в том, что сожалеющий сам заявит о своем ощущении и нет необходимости в ином объявлении, и невозможно скрыть и сдержать свое сожаление. Но я ощущаю вас всех вместе, чем оборачивается вам день сегодняшний в завтрашний, и вместо «сейчас», скажете «потом». И нет этому никакого излечения и исправления, кроме как постараться понять ошибку и искажение в том, что исходящее от Творца требует освобождения сегодня, а кто в состоянии ждать до завтра, тот достигнет через много лет.

И это — вследствие лености вашей в приложении усилия в любви к товарищам, о чем объяснял я вам всеми возможными способами, что достаточно только этого для исправления всех ваших недостатков. А если не сможете подняться до этого, то не для вас вообще духовная работа.

И кроме того, что заложено в этом великое чудо спасения, о котором не имею права говорить, должны вы верить, что множество святых искр есть в каждом из вас, и если собрать их всех в одно место, в братском единении, в любви и дружбе, конечно же достаточно было бы этого количества духовных искр, чтобы создать всем вам большой духовный уровень. А главное в этом — усилие видеть величие товарищей, а не их недостатки. А затем есть место вопросу: «А ждал ли ты освобождения?»...

Письмо со страницы 57

Суббота светит благодаря предшествующим ей будням, как сказано: «Тот, кто не работал в течение недели, что он будет есть в Субботу?», т.е. свет Субботы готовится и состоит из светов, заработанных в будни, называемые «тысяча буден».

Отсюда понятно выражение: «Пойдем к Фараону», это раскрытие Шхины, потому что когда сыны Израиля думали, что Египет порабощает их и мешает работать на Творца, в той мере и находились в египетском изгнании. А все усилие Освободителя заключалось только в том, чтобы раскрыть им, что нет здесь иной силы: «Я это, а не посланник», потому что нет иной силы кроме Него. И это и есть свет освобождения, как объясняется в «Пасхальном сказании».

И это то, что дал Творец Моше в словах: «Идем к Фараону», т.е. объедини истину, что все представление пред Царем Египта не более, чем снять Фараона, раскрыть Шхина. И об этом сказано: «потому что я ожесточил сердце Фараона ради двух знаков этих в нем». Потому что в духовном нет букв. И рождение, и развитие в духовном лежат на буквах, извлекаемых из материального в этом мире, как сказано: «И создает тьму», что нет в этом ничего нового, дополнительного к прошлому, а только создание тьмы, что является соединением, годным раскрыть свет как добро. Находим, что Творец Сам лично ожесточил сердце Фараона. Зачем? Потому что человек нуждается в буквах.

И это смысл сказанного: «Ради моих двух знаков, ...чтобы считали, ...и знали, что Я — Творец». Потому что после того, как получите знаки (буквы), т.е. после того, как поймете, что Я дал вам и Я все приготовил для вас, то поймете смысл моих неявных действий и будете выполнять неявные действия Мне и ради Меня. Тогда свет совершит свое действие, и заполнит знаки (буквы), и обратятся свойства в сфирот, так как до их заполнения называются свойства (мидот), а после достаточного наполнения называются сфирот, потому что светят миру, от его начала и до конца, из конца в конец, в чем и смысл сказанного: «Ради этого сосчитай». И все это Я желаю, потому что это необходимо ради конца, когда исполнится: «И узнаете, что Я — Творец, а не посланник», в чем и скрывается тайна 50-х ворот, которые могут раскрыться только после 49 лицевых и обратных, чистых и нечистых, одно против другого, в которых «праведник 49 раз против грешника».

Поэтому сказано: «Да не возгордится мудрый мудростью своею, и сильный силою своею, а только разум, постигающий Творца.»

Письмо со страницы 61

Сказал Бааль Шем Тов: «Перед выполнением Заповеди не должен человек совершено думать о личном управлении, а наоборот, обязан сказать: «Если не я себе, никто не поможет мне». Но после совершения Заповеди обязан разобраться и поверить, что не своими силами выполнил Заповедь, а только силой Творца, который заранее все продумал за него, а потому обязан был человек совершить это действие».

Такой же порядок и в нашем мире, так как соответствуют духовное и земное, поэтому прежде, чем человек выходит на рынок заработать свой дневной хлеб, обязан он удалить из своих дум мысль о личном управлении, и сказать себе: «Если не я себе, никто не поможет мне», и делать все необходимое, как все люди, чтобы заработать свой хлеб, как они.

Но вечером, когда вернулся домой и заработанное при нем, ни в коем случае не подумать, что своими усилиями заработал это, а даже если бы весь день лежал, также оказалась бы его выручка при нем. Потому что так заранее думал о нем Творец, и потому так обязано было произойти.

И несмотря на то, что нашим разумом это воспринимается как противоречие и никак одновременно не укладывается на сердце, обязан человек верить, что именно так узаконил Творец в Торе и через тех, кто передает нам ее.

И это суть единения АВА"Я — ЭЛОКИМ, где АВА"Я означает личное управление: т.е. все делается Творцом и совершенно не нуждается в помощи низшего. А ЭЛОКИМ означает природу, когда человек, поступая согласно природным законам, которые впечатаны Творцом в наш мир, соответственно им поступает, как остальные люди, и одновременно с этим верит в управление АВА"Я, в личное управление, т.о. соединяет их вместе в себе как одно, чем дает большую радость Творцу и вызывает свет во всех мирах.

Это соответствует 3 деталям:
— Заповедь — место святости (духовности);
— Прегрешение — место нечистых сил (ситра ахра);
— Выбор (свобода) — не Заповедь и не Прегрешение, а то место, за которое воюют чистые и нечистые силы. И если человек, совершая свободные действия, не соединяет их с властью чистых сил, все это место падает под власть

нечистых сил. А если человек усилием делает свободный поступок, единение, насколько позволяют ему силы, возвращает этим выбор в место святости.

Сказано: «Дано врачу право лечить», несмотря на то что врачевание, конечно, в руках Творца, и никакие человеческие усилия не сдвинут болезнь с места, сказано: «Врач да вылечит», сообщая о месте выбора, месте, где сталкиваются Заповедь и Прегрешение (чистая и нечистая силы). Если так, то обязаны мы сами захватить под власть чистых сил место выбора. А каким образом можно это место завоевать? Именно если человек идет в опытному врачу, который дает ему испытанное лекарство, и после того, как удостоился получить от врача лекарство, выздоровел, обязан верить, что и без врача Творец вылечил бы его. Потому что это было заранее предопределено. И вместо того, чтобы восхвалять врача, восхваляет Творца. И этим захватывает место выбора под власть святости.

И подобно этому в иных случаях выбора. И этим продвигается и расширяет границы святости, пока святость не захватывает все ей подобающее во всей своей мере, и вдруг он видит себя, свой духовный уровень, уже находящийся в цельной святости. Потому что настолько расширилась святость и ее границы, что достигла своего истинного размера.

Знание вышесказанного избавляет от общей у всех ошибки, превращающейся в камень преткновения для несведущих, и вместо работы они хотят больше верить, и еще больше аннулировать сомнения в своей вере и обрести себе всякие знаки и чудеса вне границ нашего мира, и только страдают от этого. Потому что начиная с прегрешения Адама, создал Творец исправление этого прегрешения в виде единения АВА"Я — ЭЛОКИМ, как объяснено выше. И это смысл сказанного: «В поте лица своего добудешь хлеб свой». А природа человека такова, что если достигнуто что-то тяжелым трудом, трудно уступить результат своего труда Творцу. Отсюда — есть у человека место работы: усилием полной веры в личное управление решить, что даже без всяких его усилий, также получил бы все достигнутое. И этим исправляет прегрешение.

Письмо со страницы 63

Есть случаи, когда «двигаться хуже, чем сидеть без дела» (или «сидеть предпочтительней, чем двигаться»), чтобы не отступить с дороги, ведь путь истины — это очень тонкая линия, по которой поднимаются по ступенькам, пока не достигают царского дворца. А каждый, кто начинает идти в начале линии, обязан очень остерегаться, чтобы не уклониться вправо от линии или влево, даже на толщину волоса, потому что если в начале его погрешность с толщину волоса, и даже если далее идет по истинной прямой, все равно ни в коем случае не придет к царскому дворцу, потому что не идет по истинной линии.

Смысл средней линии заключается в выполнении условия: «Тора, Творец и Исраэль». Потому что цель вселения души в тело заключается в том, чтобы именно находясь в теле, вернулась она к своему корню и слилась с Творцом, как сказано: «И возлюбите Творца вашего, и идите путями Его, и храните Заповеди Его, и слейтесь с Ним». Видно отсюда, что конец пути в «слейтесь с Ним», т.е. как и было с душой до ее вселения в тело.

Но необходима большая подготовка, которая заключается в движении по всем путям Творца. А кому известны Его пути? Это и есть «Тора, состоящая из 613 светов», потому что идущий по ним в конце своем исправляет себя настолько, что его тело (желания) не будет препятствием между человеком и Творцом. Это смысл сказанного: «Очистите свое мясо от каменного сердца» и тогда сольетесь с Творцом вашим, точно как было ваше слияние с Ним, прежде чем оделась душа в тело.

Находим, что существуют три детали:
1) Исраэль — прилагающий усилия вернуться к своему Творцу;
2) Творец — Корень, к которому стремятся;
3) 613 светов Торы, называемые «приправы», которыми очищается душа и тело, как сказано: «Я создал дурное начало, и я создал ему Тору в приправу».

Но все три детали эти, на самом деле, одно целое, и такими раскрываются каждому постигающему в конце пути, как «эхад, яхид, меухад» (одно, единое, несоставное). А то, что кажутся состоящими из трех частей, это по причине несовершенной работы ради Творца.

Поясню немного, но только с одного конца, а другой узнаешь только при раскрытии тебе Творца: душа является частью Творца свыше. И до своего нисхождения в тело она соединена с Творцом, как точка в своем корне. Как сказано в книге «Эц

Хаим», что Творец создал миры, потому что его желанием было раскрыть свои святые имена «Милосердный и Добрый», потому что если бы не было творений, не было бы кому проявлять милость. Глубоки эти понятия...

Но насколько позволяет описать перо, «вся Тора — это имена Творца». А признак управления — «все, что не сможем постичь, не знаем, как назвать». Потому что все эти имена — это вознаграждение души, не по своей воле нисходящей в тело, а именно с помощью тела получающей возможность постичь имена Творца. И согласно своему постижению — ее уровень. По правилу: «Любая духовная вещь, вся ее жизнь в размере ее знания». Ведь животное ощущает себя, потому что состоит из разума и материи. Поэтому ощущение духовного — это знание, а духовный уровень — мера знания, как сказано: «По своему уму да восхвалится муж». Но животное не знает, но чувствует.

Теперь пойми вознаграждение, которое получает душа: до своего входа в тело душа была, как маленькая точка, хотя она при этом и слита со своим корнем, как ветвь дерева. И точка эта называется корень души и ее мир. И если бы не снизошла в тело этого мира, не было бы у нее больше этой точки, т.е. ее меры в корне.

Но если удостаивается все далее идти путем Творца, т.е. 613 светами Торы, обращающимися именами Творца, то растет ее уровень в мере познания этих имен. Это смысл сказанного, что Творец приготовил для каждого праведника 310 (310 числовое значение слова «ШаЙ» — подарок, на иврите) миров: душа состоит из двух праведников — высшего и низшего, как делится тело выше и ниже пояса (на уровне «табур»). А потому удостаивается этим письменной и устной Торы, каждая из которых — 310, что дает вместе 620, что соответствует 613 Заповедям Торы и 7 Заповедям мудрецов.

Поэтому сказано в книге «Эц хаим», что все миры сотворены только для того, чтобы раскрыть имена Творца. Отсюда видно, что поскольку спустилась душа и оделась в зловонную эту материю, не смогла уже возвратиться к своему корню в том виде, в котором была до своего нисхождения в этот мир, а обязана увеличить свой уровень в 620 раз, по сравнению с тем, как было в корне, что является ее совершенством, светом всех светов На-РаНХа"Й (нефэш-руах-нэшама-хая-яхида), до света яхида.

Поэтому яхида называется кетэр, ведь ее гематрия, как и слова кетер, равна 620.

Отсюда видно, что все 620 имен (613 Заповедей Торы и 7 Заповедей мудрецов) — это в сущности 5 частей души, НаРаНХа"Й, потому что сосуды НаРаНХа"Й — это 620 Заповедей, а света НаРаНХа"Й — это свет Торы, находящийся в каждой Заповеди. Получается, что Тора и Душа — это одно.

Но Творец — это свет бесконечности, одетый в свет Торы, находящийся в 620 Заповедях. И это смысл сказанного: «Вся Тора — это имена Творца», где Творец — обобщающий в себе, а 620 имен — отдельные части по шагам и ступеням души, потому что душа не сразу получает весь свет, а постепенно, ступенями.

Из всего вышесказанного следует, что цель души — постичь все 620 имен, получить свой уровень, увеличенный в 620 раз по сравнению с тем, что был до нисхождения в тело. Причем, уровень ее из 620 Заповедей, в которые одет свет Торы, а Творец является общим светом Торы, из чего следует, что «Тора, Творец и Исраэль — одно».

Так вот, до включения в работу Творца, выглядят Тора-Творец-Исраэль, как три отдельные работы:

1) Иногда стремится человек к возвращению души в ее корень, что называется Исраэль.

2) Иногда стремится понять пути Творца и тайны Торы, «Ведь не зная Заповедей, нельзя работать», что называется Тора.

3) Иногда стремится к постижению Творца, т.е. к слиянию и полному познанию Творца, и только этого желает, а не постичь тайны Торы и вернуть душу к ее корню, где она находилась до нисхождения в тело.

Поэтому идущий по правильной линии в работе Творца обязан постоянно проверять себя: стремится ли он одинаково ко всем трем частям работы, потому что конец действия равен его началу. А если стремится к одной части более, чем к другим, то сходит с прямого пути.

Поэтому желающий держаться за цель должен стремиться к пониманию путей Творца и тайн Торы, как к самому надежному средству держаться истинной линии.

Поэтому сказано: «Откройте мне отверстие с игольное ушко, а я открою вам огромные ворота». Отверстие игольного ушка предназначено только для работы. Стремящемуся только к познанию Творца, только ради работы, Творец раскрывает врата мира, как сказано: «И наполнится земля знанием Творца».

Письмо со страницы 67

Остерегайся растягивать время, потому что «Там, где мысли человека — там он». Поэтому когда человек уверен, что не будет ему недостатка ни в чем, только тогда может он все свои усилия приложить в Торе, потому что «Благословенный сливается с Благословенным».

(Главное, чего во что бы то ни стало человек должен достичь, это «веры в Творца», т.е. состояния, что когда нет у него ничего, зависим от всего мира, стыдят и преследуют его все вокруг, постоянно угрожают ему и семье, вплоть до физического уничтожения, и более того, достичь такого состояния, чтобы и в таких обстоятельствах находиться в полной, истинной радости, как если бы обладал всем, — настолько, что если бы ему предложили изменить его состояние, ни за что бы не согласился. Такое обретенное свойство человека называется «хафэц хесед» (стремящийся к отдаче, потому что не обращает совершенно внимания на свои желания, будто их нет). Только после достижения этой ступени, говорит Бааль Сулам, человек может прилагать свои усилия в Торе, потому что уже находится в намерении «не ради себя, а ради Творца». А далее следуют ступени получения высшего света ради Творца.)

Но при отсутствии уверенности в Творце, обязан будет прилагать усилия и действия, компенсировать отсутствие уверенности, а всякие усилия происходят вследствие нечистых сил (желаний), и «проклятый не сливается с Благословенным», потому что не может все свои усилия приложить в Торе. Но если все же чувствует он, что необходимо ему «уйти в дальние страны» (пройти еще много состояний), пусть не задумывается об этом, а быстро пройдет эти состояния, будто убегая от нечистой силы, — и вернется к своему обычному состоянию.

Письмо со страницы 74

...Почему ты ничего не написал мне о **единении друзей, членов группы, становится ли это единство сильнее и успешно** ли продвижение именно в этом? **Ведь это основа всего нашего счастливого будущего**, и «От ваших успехов в преподавании…»

Письмо со страницы 74

Сказано: «Подобен возлюбленный мой оленю, обращающему свое лицо назад», т.е. во время удаления и скрытия Творца видна только Его обратная часть, ощущающаяся как мера страдания от удаления и скрытия Творца. Но эта обратная сторона — на самом-то деле Его лицо, как точно сказано: «…обращающий свое лицо назад», поэтому сзади, в скрытии и отдалении обращается к человеку лицо Творца, в соответствии с правилом: «Я себя не меняю»…

Письмо со страницы 80

Твое письмо я получил и был очень им доволен. **Очень похвально все то, что ты делаешь, стараясь сплотить членов группы, да воздаст тебе Творец тем, что удостоишься намерения совершенного.**

И прошу тебя, друг мой, приложить еще больше усилий в изучении Торы, как открытой, так и тайной, ведь не нужно тебе ничего более, а только укрепить себя, ибо злое начало правит только тем сердцем, что свободно от мудрости, от света «хохма». И очень остерегаться лени, т.к. в то время, как ты относишься к чему-то с ленцой, с тобой происходит нежелательное. И это самая тяжелая клипа в мире, в соответствии с величиной дел, а признак лентяев — это печаль, признак же того, кто старается — радость.

Уже известно тебе, что молитва и вера в помощь Творца восходят из одной ветви. И должны верить полной верой, что Творец внемлет каждой молитве. Такой верой приобретается уверенность в помощь Всевышнего, и тогда молитва его станет полной, в уверенности, что получит избавление, а затем удостоится того, что будет полагаться на Творца и пребывать в радости весь этот день, словно спасение уже пришло.

Письмо со страницы 81

Что значит — «умышленно совершенные проступки обращаются в добрые деяния» (здонот наасу ке зхует)? Когда возвращаясь к Творцу, ясно видит, что это Творец насильно заставил его совершать проступки, но несмотря на это, всей душой исправляет эти проступки, будто совершил их умышленно, по своему желанию, чем и обращаются умышленные проступки в добрые деяния. Но ведь этим обращает насильственно совершенные проступки в добрые деяния, а не умышленно совершенные? Отсюда, душа Адама, совершив грех, должна пройти изгнание, как от насильственного проступка, как от греха ошибочного, а не от умышленного.

И слово выражающие возвращение (тшува) должно было произойти от слова совершенство (шлемут). И то, что это не так, указывает на то, что каждая душа уже находится в вечности и совершенстве, полная света и всего наилучшего. И только вследствии «стыда» прошла сокращение (Ц"А) и одеяние в низкое тело, именно и только благодаря этому она возвращается к своему корню, где находилась до сокращения, с вознаграждением от всего пройденного ужасного пути. С вознаграждением в виде истинного слияния, т.е. освобождения от «стыда», вследствие изменения желания получить на желание отдавать, чем стала подобной своему Создателю.

Отсюда понятно, что если падение ради возвышения, само падение считается возвышением, потому что просьба, буквы молитвы, наполняются светом. Но в малой молитве мало света вследствие недостатка букв, как сказано: «Если бы не грешил Израиль, получили бы только Тору и книгу Иошуа».

Подобно богачу, у которого родился сын. Пришлось как-то богачу уехать на много лет из дому по своим делам. Страх закрался в его сердце, как бы сын, когда вырастет, не растранжирил его богатство. Обменял он богатство на драгоценные камни, выстроил большой, темный подвал, поместил в него драгоценные камни и сына своего. Приказал своим верным слугам не выпускать сына из подвала, пока не исполниться ему 20 лет, не подавать ему туда свет, ежедневно спускать еду и питье, но ради здоровья, выводить его на один час в день гулять по улицам города, а затем снова помещать в темный подвал. А когда исполнится сыну 20 лет, подать ему туда свет и разрешить выйти.

Неописуемо горе сына, когда, гуляя под стражей свой час по улицам города, он видел, как люди его возраста свободны, счастливы, гуляют неограниченно, без стражи, а он под стражей и в темноте всю свою жизнь, за исключением считанных минут! А если бы пытался убежать, получил бы страшные удары. И более всего горько было ему слышать, что это его родной отец указал так с ним обращаться своим рабам, а они только верно выполняют его указания. Естественно, отец казался ему страшной и жестокой личностью, каких нет в мире!

Когда исполнилось ему 20 лет, спустили ему свечи, осмотрелся он вокруг и увидел мешки, полные драгоценностей. И тогда понял, насколько добр и милосерден его отец, что все это собрал для него. И понял, что теперь он свободен выйти из подвала — вышел, и действительно, нет больше жестокой стражи, а он самый богатый в стране человек.

Но ведь нет ничего нового в его состоянии, а только раскрылось ему то, что было и ранее. Ведь и ранее был таким же богатым. Только в своих ощущениях был бедным и несчастным, а теперь в одно мгновение разбогател и поднялся из низины на вершину.

Это сможет понять тот, кто понимает, что намеренные прегрешения — это темный охраняемый подвал, из которого невозможно сбежать. А подвал и стража — это «заслуги» (зхует), милосердие отца к сыну, без которых не смог бы никогда стать богатым, как отец. Но умышленные прегрешения — они по-настоящему умышленные прегрешения, а не ошибки, и не насильственно совершенные проступки. Прежде чем раскрыл свое богатство, им владело ощущение униженности, а после того как обнаружил богатство свое, видит это как милосердие отца, а не жестокость.

Необходимо понять, что вся связь любви между отцом и его единственным сыном зависит от осознания милосердия отца к сыну в создании темного погреба и заключения в него сына, потому что большие раздумья и усилия видит сын в этом действии отца.

Зоар рассказывает, как мать страдает от разлуки с сыном, зная, что нет иного пути для его счастья, но каково матери видеть все страдания сына, насколько она страдает при этом. И это называется «страданиями Шхины». А затем она рассказывает: «Вот здесь напали на нас разбойники, но спаслись мы от них, а здесь спаслись мы в глубокой яме»... И кто же не поймет великой любви и тепла, бьющих из этих слов!

До встречи лицом к лицу ощущалось страдание тяжелее смерти, но перемещение буквы «аин» с последнего места, соответствующее страданию, «нэга», на первое место, соответствующее наслаждению, «онэг», соединяются две точки, которые светят только если находятся в одном мире. Поэтому, когда отец и сын встречаются в конце, то, бывший слепым и глухим, сын уже в состоянии любить, и поэтому главная любовь в наслаждениях (а не в предыдущих несовершенных состояниях).

Письмо со страницы 107

...Известно от Бааль Шем Това, как можно точно знать, насколько Творец обращается и близок к тебе: посмотреть в свое сердце и увидеть, насколько оно само обращается и близко к Творцу. И так же все остальные связи с Творцом по принципу «Творец — тень твоя». Поэтому тот, кто ощущает еще разницу между окружающим и окружаемым, должен работать над ощущением единственности Творца в своем сердце, потому что со стороны Творца все — одно целое. И это очень глубокое понятие, потому что действительно Творец находится в сердце каждого, стремящегося к нему, но это с Его стороны. А чего же тогда не достает человеку? — Только знать это, потому что знание этого завершает все и приводит к совершенству.

Письмо со страницы 115

...что же выясняется далее в книге: что «бхина далет», малхут, владеющая экраном, есть кли, сосуд, но не получающее, а отдающее, и этим становится кетер. А постижение света — это постижение в общем всей мудрости, потому что все, что говорится об этом знании, говорится относительно «ор хозэр», отраженного света, но в прямом свете все равны, согласно 4 бхинот, 4 ступеням, а о разделении 9 низших сфирот отраженного света сказано, что они соединяются в келим прямого света.

...также сказано, что вертикальная линия относится к прямому свету, а горизонтальная — к отраженному. Отсюда видно, что главное в отраженном свете определяется количеством притяжений прямого света хохма в кли, который без отраженного света не нисходит к творению, вследствие чего свечение называется тонкой линией.

Письмо со страницы 116

Укрепись и не бойся, не преклоняйся перед лицом их. И да будет тебе ясен принцип, что при приближении к успеху увеличивается страх и трепет от них, однако, вперед!

А стоит ли тебе ехать в Америку — возможно, что это ненавистники нашли слабое место, чтобы отдалить тебя от работы Творца, несмотря на то, что сказано: «Выполняющего Заповедь невозможно поразить». То есть пока он занят ее выполнением и когда не теряет ни одного мгновения на нее, больше чем необходимо для ее выполнения. Но если слабеет и растягивает время, более чем необходимо для выполнения, то возникает место для присасывания нечистых сил.

Поэтому сделай опыт: начни приготовления для выезда, и проверь свои силы, не мешают ли тебе все время мысли, не во время действия, а только после необходимого действия. Если не мешают, то можешь ты работать на Творца и сможешь оттолкнуть все помехи этого мира, и знай, что ты силен и получишь благословение Творца.

Но если не сможешь ты оттолкнуть лишние мысли, также и когда нет в них потребности, когда не занят Заповедью, то не тебя еще избрал Творец для этого великого дела, и ты еще должен очиститься и торопиться во всем, как должен спешить посланник Творца.

Письмо со страницы 116

Моему сыну Баруху-Шалому. Получил твое письмо и да благословит тебя Господь всем наилучшим за полученное тобою удостоверение рава. Этим упала первая стена на твоем пути вперед, и надеюсь я, что с этого дня ты пойдешь дальше до самого замка Творца. Хотел бы я, чтобы ты сдал экзамены еще на одно удостоверение рава, но поторопи себя в подготовке к пути Творца быть «как бык под ярмом и осел под грузом», чтобы не терять ни минуты.

А если спросишь меня, в чем эта подготовка, я скажу тебе слышанное мною от рава из Кальшин: в прошлом для того, чтобы постичь Творца, необходимо было прежде постичь все семь земных наук, называемых «семь девушек, прислуживающих дочери царя», и кроме того пройти ужасные страдания. И все-таки не многие удостаивались милости Творца. Но с тех пор как удостоились учения АР"И и внутренней работы по Бааль Шем Тову, доступно теперь достичь Творца каждому, совершенно одинаково всем, и нет необходимости в какой-то подготовке.

Руководствуясь двумя этими методами, и я также удостоился милости Творца, получил обе их в обе руки, и мое мнение близко к твоему, как близок отец к сыну. Надеюсь, что смогу передать тебе оба знания, когда сможешь получить их методом «ми пэ эль пэ». Но главное — это усилие, т.е. стремление прилагать усилия в работе Творца, потому что обычная работа не считается вообще, а только работа, большая привычной, называется «усилием», подобно человеку, которому необходимо для насыщения 1 кг хлеба, но все, что съедает меньше этого количества, не считается, что наелся, а именно последний кусок насыщает его. Так же и в духовной работе, Творец отбирает из всей работы человека себе только то, что свыше его обычных усилий, и они-то становятся сосудами для получения высшего света.

Письмо со страницы 118

Несмотря на мою чрезвычайную осторожность в том, чтобы ни в коем случае не раскрывать секреты ни одному человеку, я, видя это поколение, которое не в состоянии познать работу ради Творца, спрашиваю: «И кто поможет им?!»

Нечистые силы постоянно находят себе посыльных ставить мне препятствия, где бы я ни старался помочь другим, но Творец не задерживает плату, и хоть и медленно, но постепенно освобождаю я путь, раз больше, раз меньше, но всегда с выгодой, пока не преуспею свалить всех ненавистников Творца ради Его великого Имени.

А ты не дрожи в страхе внезапном... Так желает Творец и таким сотворил меня, а кто скажет Ему, как творить и как действовать! Потому что мера раскрытия и воздействия моего Учения больше, чем у всех предшествующих мне. А как известно, современники пророка Амоса унижали его, говоря, что не было Творцу на кого опустить Шхину, как только на такое ничтожество. Но в конце-то идущие к истине побеждают, как Амос остался в вечности, а кто слышал о его обвинителях?

Также и здесь — не могут злоязычники вредить, кроме как только подобным себе, поэтому все упадет на головы злопыхателей, а правда останется в вечности, не ослабеет от лжи и наветов, а еще более окрепнет от них, подобно полю, которое только укрепляет себя за счет навоза, который в него бросают, и все выходит в благословение.

Я пока еще не знаю, какой вред они мне нанесут, но если почувствую, то немедленно встану и чем смогу отвечу, как обязывает Тора, потому что Б-га боюсь, и нет иной силы кроме Него.

Письмо со страницы 118

Зная, что писал я не для своей славы, а ради Творца, потому что видел большую путаницу в сочинениях АР"И, вследствие того, что не сам АР"И писал и упорядочивал тексты по их глубине, как принято в этой высокой и сложной науке. А рав Хаим Виталь, когда писал это во время уроков АР"И, еще не был на таком высоком духовном уровне, чтобы мог достичь сказанного АР"И в их корнях, потому что был еще молод в свои 30 лет, когда пришел к АР"И, как пишет в книге «Шаар аГильгулим» — «Введение в кругообороты душ» (шар 8, стр. 49): «...сегодня в 5331, я, 29-летний...», а в Пейсах уже прислуживал АР"И. Перед Субботой «Матот-Масэй» в новомесячье месяца Ав 5332 года АР"И заболел, во вторник, после 5 ава умер. Было в это время Хаиму Виталю только 30 лет, когда в свои 38 лет умер АР"И, как пишет он в книге «Шаар аГильгулим» (шар 8, стр. 71).

В момент смерти АР"И не было рядом с ним Хаима Виталя, как он пишет: «Рассказал мне Ицхак Коэн, в предсмертные часы, когда вошел он к АР"И, сел там и начал плакать: «Такими ли были наши надежды видеть Тору и Высшую мудрость, заполняющие весь мир!?»

И ответил ему АР"И: «Если бы я нашел хотя бы одного совершенного праведника между вами, не забирали бы меня сейчас преждевременно, ранее положенного мне времени от вас».

Затем АР"И спросил обо мне: «Куда ушел Хаим, в такое время покинул меня!» И очень сожалел. И понял присутствующий, что хотел передать мне некую тайну.

Спросил он у АР"И: «Как же будем мы без тебя?»

И ответил АР"И: «Передай от моего имени товарищам, чтобы с сегодняшнего дня и далее не занимались тем, чему учились у меня, потому что не правильно понимали меня, а только Хаим Виталь один, только сам, чтобы занимался ею скрыто».

И спросил он у АР"И: «Так что, неужели нам нет никакой надежды?!»

И ответил АР"И: «Если заслужите, я приду и буду обучать вас!»

Спросил он: «Да как сможешь прийти ты, ведь уходишь сейчас из этого мира?»

И ответил АР"И: «Не тебе еще заниматься тайнами мира, каким образом явлюсь я к вам!» — ...и сразу же ушел к жизни в высшем мире.

Избранные отрывки из писем

Я привожу этот отрывок из книги «Шаар аГильгулим», чтобы показать, что АР"И запретил Хаиму Виталю обучать других тому, чему учился у АР"И, потому что в то время еще не постиг досконально то, что учил у АР"И, и это также причина того, что Хаим Виталь не желал упорядочить записи того, что слышал от АР"И.

И их постепенно упорядочили следующие поколения, третье поколение — Цемах, Папарш и внук Хаима Виталя. Но у каждого из них была лишь часть из всех записок Хаима Виталя, потому что еще при его жизни были украдены у него 600 листов записей, из которых собрал рав Цемах основную часть книги «Эц хаим» («Древо жизни») и еще некоторые сочинения.

Часть записей Хаим Виталь спрятал. Вторую часть записей указал положить в могилу — так и поступили. А третью часть оставил в наследство своему сыну Шмуэлю Виталю, который собрал из них известные «Шмонэ шеарим» («Восемь врат»). Затем, со временем, рав Цемах извлек из могилы оставшуюся часть записей и собрал из них новое издание книги «Эц Хаим», а также другие сочинения.

Отсюда видно, что в каждом поколении у тех, кто занимались собиранием книг из записей Хаима Виталя, была только третья часть из всех записей. А записи представляют собою совершенно единое собрание, неразделимое на части. А поскольку не было у них полного собрания записей, то не поняли глубины науки и перепутали многое в своем новом порядке.

Так знай, что со времени АР"И и до сего дня еще не было никого, кто бы действительно понял его, потому что проще понять вдвойне более сложные и высшие понятия, чем постичь АР"И, после того, как побывали эти записи во многих руках, от первых издателей и до последних, в то время как сами не постигли сказанного в записях в их высшем духовном корне, а поэтому каждый только запутал излагаемое.

И вот, высшим желанием Творца удостоился я того, что душа АР"И вошла в меня, и не вследствие моих великих деяний, а только вследствие Высшего Желания Творца, причины которого скрыты даже от меня самого, почему именно меня избрал он носителем столь великой души, чего не удостоился никто со времени смерти АР"И до наших дней. Не хочу я много говорить об этом, потому что не в моих правилах говорить о чудесах и тайнах. Но считаю, что обязан я действовать ...вследствие ущерба, наносимого непонимающими. Нельзя бояться этих сил, которые желают только уничтожить все святое, да спасет нас от них Творец.

Я думаю, ты поверишь мне, потому что не в моих правилах лгать и скрывать, стремиться за почестями и приобретением уважения и имени у этих глупцов, что до сего дня страдал я, но не было у меня даже желания воевать с ними.

И необходима большая сила, чтобы не смешаться с нечистыми силами, а знак, полученный мною из уст АР"И — знание того, кто истинный праведник, а кто не истинный, но может им быть, вследствие чего также и к нему необходимо относиться с почтением, как считаешь ты — что мы обязаны знать заранее, кто работает на Творца, а кто нет, потому что чудеса и фокусы совершенно не доказывают в этом ничего, как известно между посвященными, а потому мы нуждаемся в знаке.

Знай, что этот же вопрос задавал Хаим Виталь АР"И, о чем сказано в книге «Шаар руах акодэш», являющейся восьмой книгой из серии «Шмонэ шеарим» АР"И (стр. 1): «Принак, по которому можно выяснить истинный ли он во всем учении его, все ли его деяния ради Творца, истинна ли вера его, умеет ли разбирать тайные части Торы — тогда можем мы верить ему». И дополняет Хаим Виталь сам к сказанному им АР"И: «По его действиям и словам сможем мы знать величие и уровень, согласно знаниям его».

Дело в том, что если человек праведен в Торе, молится в правильном намерении, этими его действиями рождаются ангелы и святые духи, которые вызывают души первых праведников свыше вниз обучать Торе этого человека.

А если его Заповеди несовершенны, возникают ангелы и духи несовершенные, называемые «Магидим». И на это дал знак, совершенны ли Тора и Заповеди его, удостаивается ли совершенного познания и может ли объяснить все тайны Торы. А если нет в нем этого всего, т.е. может выяснить только часть тайн Торы, значит, деяния его несовершенны. Так вот, все, кто могут нападать на меня, делают это потому, что не понимают моих слов. Так как же можно считать их праведниками, после того как дан нам такой верный признак?!

Уже писал я, что книги мои не нуждаются ни в чьем согласии (потому что не добавил я в своих книгах к словам АР"И совершенно ничего, даже одного слова), как АР"И не нуждался в согласии на его труды от своего поколения.

Но составил я указатель в моих трудах на определенные места в книгах АР"И, потому что во всех путях моих идет против меня нечистая сила, и если будут обвинять меня в написанном, то знаком я с трудами АР"И больше их...

Письмо со страницы 126

Я удивлен, что товарищи не скучают по мне, не ждут, чтобы вернулся я скорее домой... Все зависит от ученика, от его веры в своего учителя...

Как только человек находит милость в глазах Творца, и Творец зовет его слиться с Собой, ясно, что человек готов на это всем разумом и сердцем, потому что если бы не было так, не получил бы приглашения свыше. А если полно веры сердце его, понимает призыв Творца и постигает свое место, получает все прямо от Творца, и уже ничего не помешает ему, потому как его знание и вера совершенны. И сливающийся стремится к еще большему истинному слиянию.

И пойми истинность сказанного на себе, потому что когда ты был в готовности к связи со мной, немедленно я уже был с тобой, хотя ты меня материально не видел, но ощутил мою любовь и высоту святости в глубине сердца твоего. А что оставалось тебе делать после этого, как не прийти ко мне и получить всю мою любовь. И стремление делает свое, а потому так и поступил ты, и свои чувства посылал мне всю дорогу, от своего дома до подхода к дому моему, своей верной привязанностью.

Но при подходе к дому, когда уже должен был почти увидеть меня, начали веселье и радость уменьшаться вследствие недостаточной веры в меня и прямой любви ко мне. И это первая помеха между нами, потому что вследствии этих сомнений сразу же отдалился ты от меня, такова природа всех духовных явлений, которые проходят с огромной быстротой, а зачатие и роды очень близки.

...И очутился я этим совершенно удаленным от тебя, а все мои усилия отложил в сторону, на более благоприятное время.

А когда пришло оно, вернулся я к тебе, как прежде, а также и ты вернулся к своим прежним действиям, но должен ты еще исправить свои желания, ...а пока не в состоянии ты понять это, потому что нет у тебя еще места в тайнах бытия, но знай, что я не препятствую ни в чем, а более того, еще больше чем теленок желает сосать, корова желает кормить.

Письмо со страницы 126

Приведу пример: человек идет своей дорогой, вдруг видит чудесный сад. И слышит он голос царя, гуляющего в том саду, зовущий его. От огромного воодушевления одним прыжком перемахнул он стену сада — и вот он в саду, и от большого волнения не чувствует, что идет перед царем, что царь находится недалеко и гуляет за ним.

Так он идет и воспевает благословения царю всеми силами души в намерении подготовить себя к встрече с царем. И вовсе не ощущает, что царь-то находится совсем рядом с ним. Но вдруг он оборачивается и видит, что царь совсем рядом! Естественно, мгновенно вспыхивает в нем огромная радость и начинает идти за царем, воспевая его всеми силами, потому что царь впереди, а он позади него.

Так они ходят и гуляют до места выхода из сада. И человек выходит из сада и возвращается на свое прежнее место, а царь остается в своем саду и затворяет его. А когда человек видит, что остался один, и нет царя с ним, он начинает просить возможности войти в сад, с того места, откуда он вышел, просить, чтобы царь был пред ним, ...но нет вообще такого входа в тот сад. Но только с того места, с которого вошел первый раз в сад, когда он был впереди царя, а царь был позади него, — так, что человек не ощущал этого — так должно быть и сейчас, ...но для этого нужно большое умение.

Письмо со страницы 128

Сказано: «Трепещи перед равом своим как перед Небом». Но если так, то как же сможет человек трепетать перед Творцом? Ведь никак не может трепет перед человеком быть подобен трепету перед Величием Творца?

Необходимо понять, что вера обретается не вопросом, потому что такую веру могут обрести и дети, а ощущением величия и могущества и возвышением души от мудрости мудрецов, получивших ее от Творца.

Велика эта работа, потому что есть очень большое скрытие в работе находящихся в Эрэц Исраэль, так как властвует здесь нечистая сила «клипат Кнаан», и каждый ничтожен, как прах земли, но остальные — еще ниже праха, а Рав его — как он сам.

Сказано: «Оставили бы меня, но стерегли Тору мою», т.е. хвастаются величием, несмотря на то, что «не можем я и они быть вместе». (Лучше бы вместо всего изучали Каббалу, потому что свет ее исправляет душу человека и сближает ее с Творцом). Но хотя бы «стерегите Тору мою». То есть если бы были привязаны к истинному праведнику истинной верой в мудрецов, — тогда есть надежда, что праведник вернет их к Источнику и перевесит их весы к заслугам в сторону Творца. А что может быть из смирения и ничтожества их, чтобы не оставили Творца, если нет истинного праведника, который мог бы направить их в Торе, молитве, усилиях в место Торы и мудрости.

Сказано: «Запрещено выдавать дочь за простолюдина (ам аарэц), и этим постепенно вянут, как сухие кости. А чем можно помочь им? Только повторять сказанное время от времени, пока не обратят на это внимание.

Сказано: «И поставил Моше шатер свой...», — что означает, что поставил свой шатер вне стана народа. Глупцы считают, что поступил так, чтобы закрыть истоки мудрости вследствие греха. Ни в коем случае нельзя даже подумать так, потому что после греха тем более они нуждаются в источнике Торы в тысячи раз больше, чем ранее. Не зря сказано мудрецами: «Если бы не согрешил Израиль, то получили бы только Тору и книгу Иошуа». То есть именно чтобы открыть источники высшей мудрости поставил Моше свой шатер вне стана, ведь от этого возросло стремление к нему в стане, потому что почувствовали исчезновение. А ранее, когда Моше был среди них, не ощущали необходимости в нем. А теперь удостоились слиться с его душой, а потому удостоились названия «поколение знающих» (дор дэа).

Сказано: «Подобен оленю друг мой», — как олень, когда отдаляется, поворачивает голову назад, когда за неимением возможности ощутить лицо, принимаем возможность обернуть лицо назад, так и Творец, когда удаляется от человека, поворачивает лик свой человеку. Потому что от ощущения удаления, обратной стороны и невозможности ощутить лицо, усиливаются стремления настолько, что обратная сторона выглядит лицом, как скрижали завета, высеченные с двух сторон, и уже пришло время обратить внимание на это.

Письмо со страницы 130

Я не отвечаю каждому прямо на его личные вопросы, а посылаю ответы не тем лицам, кто задал вопросы, чтобы не дать места для нечистых сил вмешаться между нами. Поэтому обязан каждый из вас стараться понять все мои письма, не обращая внимания на адресата. ...Невозможно достичь полного и вечного избавления (исправления), прежде достижения «Таамей Тора» (вкус Торы) и «Таамей Мицвот» (вкус Заповедей), поэтому необходимо сожалеть только о постижении Торы. Ведь сказано, что Творец не выдает свою дочь за простолюдина, а известно, что жена называется по имени мужа, как например, у царя — царица, мудрая — у мудреца и пр.. А у простолюдина жена называется простушкой, потому что муж простой, в том, что не остерегается в почитании царя (трепете перед Творцом). Ведь постоянное место злого начала — в сердце, свободном от Торы, а Тора и мудрость выталкивают постепенно зло и глупость из сердца. А потому что прост, уготовлена ему простушка, клипат нога, соблазнившая Хаву, жену Адама. ...Но если устремишься за постижениями вкуса Торы и Заповедей, то во всем преуспеешь в слиянии двух желаний...

Письмо со страницы 133

Есть отличие в смыслах слов: облик (тмуна), свойство (тхуна), качество (эйхут), признак, форма (цура). Совпадение и отличие форм — это и есть отличие Создателя от создания, ведь обязано быть отличие между ними, вследствие чего называется творением, а не Творцом. Это отличие и называется «Имя», чтобы было возможным говорить о нем.

Поэтому назвал я это подобием (сравнением) свойств и отличием свойств, а иногда называется слиянием (двекут), полным и частичным, а можно назвать любым иным словом.

...Сказано в «Мидраш анээлам, Рут», что Моше — тиферет, а Райя миэмна (так назвал Моше Творец: «верный поводырь») — это бина. Но если бы была дана Тора от бины, то не было бы у нечистых сил одеяния в Тору, а Творец желал, чтобы и нечистым силам было дано место, как поднялись первые 320 искр света, в соответствии со сказанным: «Так это задумано мною» (ках ала бэ махшава).

Письмо со страницы 140

...О том, что сказал, что не видит в наше время ни одного каббалиста, — неудивительно, ведь как можно находиться в ограниченном окружении и видеть весь мир?! Тем более видеть кто истинный каббалист. И хотя я тоже не вижу в наше время истинного каббалиста, но я понимаю, что не одинок Израиль, что нет такого поколения, в котором не было бы таких, как Авраам, Ицхак, Яаков, а то, что не видно — это не доказательство.

Когда возникает слияние дающего и получающего? «Когда увидишь, что я получаю от тебя, когда ты получаешь от меня».

А потому получил я от учителей своих жесткое правило: невозможно видеть ступень своего Рава, прежде чем сам не удостоился ее. Поэтому сказали мудрецы: «Не может человек достичь знания учителя своего до 40 лет, и даже уровень товарища не может видеть, если не достиг этого уровня сам».

Письмо со страницы 144

Получил все ваши письма, и то, что пишет мне ... по поводу тех унижений и оскорблений, которым он подвергается. Так пусть он мне поверит, что я получаю в равной с ним мере все те страдания, что проходят через него. Более того, да будет ему известно, что я чувствую его боль сильнее него самого.

...**И поблагодари ... за его сообщение о застолье группы** в пятый день Суккот. И относительно того, что между членами группы, я уже писал, что не стоит делать из этого большой работы, а таким образом, что с Б-жьей помощью Творец завершит за нас то, что мы начали ради величия Его Имени...

Письмо со страницы 145

Вместе с тем, что дам вам задания, обязав выполнять все мои предписания в исполнении Торы и Заповедей, преданно и по-настоящему, **вот я вам приказываю, чтобы начали вы в полной отдаче сил любить один другого — словно себя самого, страдать нуждой товарища и радоваться в веселье друга**, насколько это возможно. И буду надеяться, что исполните тем самым то, чему я вас учу, и возьметесь за дело во всей его полноте.

По поводу же того, о чем я вам наказывал, **о любви между вами, мною имелось в виду именно между товарищами нашей каббалистической группы,** ведь написано «ближнего своего», и тот, кто понимает — поймет меня. А о людях с улицы — как надо относиться к ним — по этому поводу нужно еще многому учиться, т.к. проигрыш тут гораздо вероятней, чем выигрыш, потому что связаны они материальным. И очень остерегайтесь принять подобных людей в группу.

Раскрыть добро

ОГЛАВЛЕНИЕ

Кому можно изучать Каббалу 419
Единство 422
Веселье и наслаждение 427
Время и движение 429
Истинные действия и работа 431
Тайное и открытое 436
Понятие и язык 440
Соответствие свойств и слияние 442
Вера и трепет 445
Цель учебы 448
Особое свойство исправления в изучении Каббалы 454
Молитва 458
Духовное постижение 460
Каббалисты и их труды 463
Важность распространения Каббалы 466
Пристыжение противников распространения Каббалы 471
Пророчество 476
Было б достаточно мне 480

Творец называется «Очищающим глаза человека» — по имени того действия, которое Он производит, убирая малхут с глаз парцуфа. Когда Творец убирает эгоизм с глаз человека, удостаивается человек раскрыть добро.

Даргот а Сулам. Статья 389.
«Очищающий глаза»

КОМУ МОЖНО ИЗУЧАТЬ КАББАЛУ

Тот, кто после многих попыток чувствует, что его душа успокаивается только тогда, когда занимается он тайнами Торы, знай, что это верное свидетельство того, что для этого родился он. И чтобы не запутали его никакие помехи в мире — материальные, а также духовные — в его стремлении к источнику жизни и истинного совершенства...

Рав Кук, «Орот Кодэш т. 1», 88-89

Даже если встретит человек больших знатоков Торы, которые не занимаются тайнами Торы — хотя и большие, и уважаемы они, и знатоки открытой Торы — да не упадет при виде их сердце человека, ведь ощущает он внутри себя стремление к высшему...

Рав Кук, «Орот а Тора», часть 10, глава 4

Закон, по которому не должен человек гулять в пардесе, прежде чем наполнит себя мясом и вином (не заниматься тайнами Торы прежде, чем закончил изучать все остальное), справедлив только относительно тех, кто учит Тору как обязанность. Но кто чувствует в себе стремление учить внутреннюю часть Торы, удостовериться в наличии Творца, тот соотносится уже с правилом: «Всегда да учит человек только то, что желает сердце его», потому что, очевидно, есть у него к этому особая предрасположенность. И отсюда следует, что это желание Творца, чтобы занимался он познанием Его... ведь все источники эти говорят о знании Творца... Поэтому тот, кто ощущает стремление узнать Творца, да укрепится он в своем пути, и да знает он, что получит мудрость и преуспеет..., а главное в учебе — устремление сердца, чтобы постоянно душа его желала слиться с Творцом..., а если видит, что большинство изучающих Тору не имеют этих стремлений, знай, что вправду необходимо им не разрушать то, что есть у них, пока не будут в состоянии идти постепенно по ступеням, и это не зависит от воодушевления, а только различаются таким образом созданные души.

Рав Кук, «Орот а Тора», часть 9, глава 12

Из глубины души человека взывает к нему голос Творца, но жизненные потрясения заглушают его настолько, что не слышен он. Но ни в коем случае не исчезает этим сам голос, потому что он-то и является основой и причиной всего существующего... А те, кто силой пытается заглушить в себе этот голос, только усиливают этим связь души и голоса, вплоть до того, что постоянно звучит в них, и уже нет у них никаких средств убежать от него или заглушить.

Рав Кук, «Орот а Тора», часть 9, глава 12

Подготовить себя ко входу в чертоги высшей мудрости может не каждый, а сменивший одеяние на подобающее святости (одеянием в Каббале называется отраженный свет, намерение «ради Творца»), освободившийся от старого одеяния нечистых желаний и гордости, мешающей постичь высшее, и устремивший сердце к небу, дабы не ошибиться...

Рав Моше Кордоверо, «Да эт Элокей Авиха», 158

Когда придет время, несомненно, удостоится человек войти в мудрость Каббалы, но не прежде чем женится и очистит свои мысли, забудет прошлые знания, ведь не все знания равны...

Рав Моше Кордоверо, «Да эт Элокей Авиха», 160

Да не скажет непонимающий: «Как я могу приблизиться к святому в книгах Каббалы?» Потому что согласились все праведники, что это советы нечистых и лживых сил в наши дни. И хотя он не понимает этого, но язык книги «Зоар» исправляет душу и доступен всем, как малым, так и большим, каждому в соответствии с его разумением и душой.

Рав Цви Гирш, «Анагот Яширот» глава 5

Если бы прислушались ко мне мои современники, в которых устрашающе возгорается нечистота, начинали бы изучать книгу «Зоар» и книгу Тикуней «Зоар» с 9-летними, чтобы подражать ей, тогда бы страх прегрешения упредил знания и устояли бы.

«Ноцер Хэсэд», глава 4, учение 20

Изучение книги «Зоар» имеет особую чудесную силу, даже если человек не понимает, что учит, важно это Творцу и любимо Им — как младенец говорит, не понимая, какая радость для родителей слышать голос его! А когда изучающий понимает, что этим он доставляет радость Творцу своему, то нет места возражению, что не знает и не умеет, — не уберегает его это и не оправдывает в День Суда.

«Пэле еэц». Глава «Зоар»

Так говорит Великий Мудрец и Праведник рабби Шломо Блох от имени Хафэц Хаим, что на изучение книги «Зоар» нет никаких ограничений, потому что она — в основном иносказание. И Хафэц Хаим побуждал всех учить каждую субботу недельную главу книги «Зоар», даже еще неженатых юношей.

«Осафот Биньян Йосеф»

Без знания Каббалы человек подобен животному, ведь выполняет заповеди без вкуса, как обученный этому простолюдин (мицвот анашим мелумадам), и подобен животному поедающему сено, в котором нет вкуса пищи человека. И даже если он очень занят повседневными проблемами, обязан заниматься этим учением.

Ребе из Зидищева, «Сур Ми Ра вэ Асэ Тов»

ЕДИНСТВО

Если бы все люди постигали бы все одинаково и равно, без всякого отличия, то все души считались бы, как одна. И мера ее была бы, как свет солнца, который светит во всех существах в мире. И несмотря на это, не считается, что есть в нем различные части и свойства. Так же была бы одна постигающая душа, одевающаяся во множество тел, ведь тела не разделяют одно духовное на несколько, если нет отличия свойств.

Бааль а Сулам, «Пи Хахам», введение к черновику книги «Талмуд Десяти Сфирот»

В творении нет никакой иной силы, кроме Творца, у которой была бы возможность действовать и производить что-либо самостоятельно. Иногда видится человеку, что есть в мире силы, которые отрицают в его глазах единство и совершенство Творца. Причина в том, что это делается самим Творцом, чтобы исправить человека.

«Шамати», статья 1 «Нет иного кроме Него»

Несмотря на помехи, человек обязан постоянно стремиться быть в слиянии с Творцом, чтобы все его мысли были всегда связаны с Создателем. И даже если находится в самом ужасном положении, в самом глубоком духовном падении, также чтобы не выходил из-под власти Творца, т.е. чтобы не подумал, что есть иная сила, кроме Творца, или какая-то нечистая сила, которая не позволяет ему войти в духовное, т.е. что кто-то иной, кроме Творца, может делать хорошее или плохое.

«Шамати», статья 1 «Нет иного кроме Него»

Если человек ощущает себя в состоянии духовного подъема, т.е. ощущает вкус в духовном, возвышенность и стремление к духовному, все равно не должен думать, что это он сейчас понимает, что стоит оставить все ради духовного. А обязан знать, что это сейчас он понравился Творцу, и это Творец приближает его к Себе. Поэтому он ощущает сейчас вкус в духовном. И должен остерегаться не подумать, что есть еще кто-либо, кто действует в мире, кроме Творца.

«Шамати», статья 1 «Нет иного кроме Него»

Цель сотворения человека — в приведении его к совершенству и вечности, что делает человека равным Творцу. И для того чтобы достичь такого совершенства, человек обязан отменить весь свой эгоизм, настолько, что будет веселиться только от того, от чего есть радость Творцу. В этом реализуется цель Творца насладить человека. И таким образом соединяются Творец и человек в совершенстве навечно.

«Шамати», статья 1 «Нет иного кроме Него»

Все в мироздании одно и едино. Известно нам, что зло, эгоизм (ецер ра) и добро, альтруизм (ецер тов) — одно творение, родившееся как одно в мир, и все поднимается в духовном исправлении, и все подчиняется Высшему Желанию, как сказано Творцом: «Сказал Я и создалось все по Моему желанию».

Рав Кук, «Орот», глава 24

Желания человека связаны с его действиями. Также и прошлые поступки — они не пропадают, не отделяются от нас, от нашей жизни, потому что нет ничего, что бы совершенно переставало быть связанным, а есть в желании свойство включить в себя также и прошлые действия. Отсюда и возникает возможность возвращения (тшува), которую Творец создал еще до сотворения мира. То есть расширил силу создания души в соответствии с деяниями, в которые можно включить и прошлое. Злое деяние возвращается и зло влияет до тех пор, пока желание человека не отпечатает на нем новое качество, хорошее, и оно само возвращается как добро и свет Творца.

Рав Кук, «Орот а Тшува», часть 6, глава 5

Стоит, недоумевая, человек посреди множества действий и всего происходящего и не понимает, как все это связывается вместе, как каждая мельчайшая часть необходима и выполняет свое предназначение для общего мироздания. Но все поднимается и выявляется постепенно вместе с тобой, хотя и скрыто от тебя.

Ребе из Бреслава, «Ликутэй Эдут Мэшулаш», глава «Эмэт вэ Цэдэк», 16

Все отличия и все различия, все они разделяют и отдаляют только в представлении творений, но относительно создавшего всех их Творца — все едино, все в одном, все сливаются как один.

Рав Кук, «Олам Рэия т. 1», 50

Знание простое и прямое состоит в том, что все то, что мы видим, слышим, ощущаем во всем материальном и, тем более, в разуме, душе, и особенно, в духовном — все это в одеяниях (снаружи), а внутри все это в одном простом единстве. Все наше познание — не более, чем различные стороны единой внутренней структуры, и в нас, вследствие множества форм постижения, все объединяется затем в единое целое, хотя вначале и противоположны все друг другу.

Рав Кук, «Письма, том 1», 59

Верящий в единство Творца и понимающий его, обязан верить, что Творец Един, Один и Единственен, что нет Ему преград ни в чем, ни от кого ни в каком случае, а только Он Один властвует над всем.

Рав Хаим Луцато, «Даат Твунот», стр. 15

Можно сказать, что весь мир и все, что в нем, что только сможем раскрыть, все зависит от совершенства и единства Творца, желающего раскрыться всем творениям.

Рав Хаим Луцато, «Даат Твунот», стр. 18

Не было места работы человеку и не было места получения вознаграждения. Но выбрал раскрытие совершенства...

Рав Хаим Луцато, «Даат Твунот», стр. 23

Когда все части творения врозь — есть место для зла, но когда раскрывается их связь с одной целью, все проясняется как добро.

Рав Хаим Луцато, «Даат Твунот», стр. 118

Все творения в общем называются вместилищем Творца. И множество их, но это внешне, а внутри все они — одно творение, но когда это так — когда желание их одно, к слиянию с Творцом, одно желание одного творения к Одному Творцу — это слияние соединяет их обоих вместе, чтобы творения существовали от Творца.
Рав Мэшулам Файвош, «ешэр Диврэй Эмэт», стр. 30

Но в конце будет мир в мире, и все творения соединятся в одну общину работать на одного Творца, потому что все будет исправлено, т.е. раскрыто единство всего.
Рав Хаим Луцато, «Адир бэ Маром», стр. 26

Нет никакого зла в мире творениям, а только добро исходит от Единственного Творца, кроме которого нет никого.
Рав Хаим Луцато, «Адир бэ Маром», стр. 86

Все действия, хотя они и кажутся отличными, но исходят от одной причины — любви.
Рав Хаим Луцато, «Адир бэ Маром», стр. 174

Единственная большая тайна — познание единства, ведь в действительности — все работают только для достижения состояния бесконечности, где все сливается в одно и становится одним.
Рав Хаим Луцато, «Адир бэ Маром», стр. 174

Поскольку все творение — это один человек, то если исправится все, достигнет он совершенства.
Рав Хаим Луцато, «Адир бэ Маром», стр. 204

И тогда достигнет совершенства человек во всем своем здании, т.е. во всех мирах. Это и есть полное исправление.
Рав Хаим Луцато, «Адир бэ Маром», стр. 205

Все исправления должны соединиться здесь, внизу, в Исраэль, потому что все корни связаны и воздействуют в своих ветвях, будет все в единстве, слиянии и любви со всех сторон. И это называется Мир (Шалом).
Рав Хаим Луцато, «Адир бэ Маром», стр. 227

Творец абсолютно добр, и Его желание — только доставлять наслаждение творениям. Вследствие этой цели, также и зло обратится в добро. Это — следствие единства Творца, потому что Он един, все Его действия едины, все желания — только насладить творения, и не найдется места злу.

Рав Хаим Луцато, «Адир бэ Маром», стр. 393

Необходимость в Каббале велика, потому мы обязаны знать ее, как сказано: «И знай сегодня и вмести в сердце твое, что Творец — Он Создатель на небе и выше, на земле и ниже, нет иного» (Дварим 4,39). То есть обязаны мы знать, а не только верить. Знать, что Творец — единственный управляющий всем, как высшими, так и низшими, и что нет иного.

Рав Хаим Луцато, «Шаарэй Рамхаль», статья «Викуах», стр. 77

Совершенно управление во всех деталях, нет тьмы и нет смерти, ведь глаза Творца на всем.

Китвей Рамбан, статья «Иов», стр. 102

Он управляет и знает тебя всего в совершенном знании своем, зло и добро является тебе от Него, дабы познал и пожелал в управлении совершенство и справедливость.

Китвей Рамбан, статья «Иов», стр. 108

Творец один — означает, что все в Нем одно, нет границы знания и мудрости Его, нет конца Его возможностям, нет Ему начала и конца, все создал и обо всем знает, нет Ему высоты, ширины, толщины, ведь нет исчисления и цели всему, что есть в Нем, и нет Ему границы, нет у Него частей — у Творца всех миров.

Китвей Рамбан, Письмо — 2, стр. 346

ВЕСЕЛЬЕ И НАСЛАЖДЕНИЕ

Кто обнаруживает, что не весел, как другие люди, причина этого в том, что он находится на более высоком уровне, чем они. Поэтому он обязан знать, что Творец дает ему этим возможность начать заниматься Торой и внутренней работой. И это принесет ему настоящее веселье, называемое веселье заповеди.

Рав Барух Ашлаг, «Даргот а Сулам, том 2», статья 540 — «May Симха»

Человек создан, чтобы наслаждаться Творцом. Наслаждение это невозможно представить ни в каком человеческом воображении. Ощущается оно в стремлении сердца выше всех остальных стремлений.

Рав Кук «Мусар Кодэш», 167

Книга «Зоар» («Книга Свечения») названа так потому, что излучает свет высшего источника. И через этот свет получают высшее воздействие все ее изучающие, получают воздействие выше своего знания, тайны Торы, потому что исходит от самого тайного и высшего через эту книгу.

Рав Моше Кордоверо, «Да эт Элокей Авиха», 2

То, что я ощущаю наслаждение в изучении тайн Творца, развития души — это основная моя цель. Все проявления всех остальных моих способностей, действий, мыслей — ничто, потому что ниже моей сути.

Рав Кук, «Арпилей Тоар», 31

Изучающий Каббалу наполняет сердце свое трепетом перед Творцом, страхом выполнения заповедей, весельем перед Творцом, будто занимается с праведниками в Райском саду. Несомненно, это и есть занятие душ праведников в Райском саду.

«Ор Нээрав», часть 5, глава 2

Перед приходом Машиаха зло и дурные склонности возвысятся в мире при посредничестве «Смешанных сил» (эрэв рав), раскроется высший скрытый свет с неба книгой «Зоар» и книгами Ари. С помощью этих книг исправим колючки в наших душах, сольемся с высшим светом, обретем высшие свойства. Для этого раскроется высший свет. А главное, что во время учебы постигается свет Творца в душе, все тайны становятся явью.

«Эйхаль а Браха», Дварим, 208

ВРЕМЯ И ДВИЖЕНИЕ

Движение духовное — не как физическое: с места на место, но намерение — оно в обновлении свойств, и это обновление мы называем «движение».

Бааль а Сулам, «Талмуд Десяти Сфирот» часть 1, «Внутренние Созерцание» глава 1, параграф 33, стр. 62

У нас время — это ощущение движения, потому что мозг представляет картины движения между тем и этим и копирует их в своем представлении в категории «время» таким образом, что если человек и его окружение были бы в абсолютном покое, не было бы понятия времени вообще.

Бааль а Сулам, «Талмуд Десяти Сфирот» часть 1, «Внутренние Созерцание» глава 1, параграф 34, стр. 62

Понятие времени, даже понятие прошлого, настоящего и будущего — это понятие человеческое и не является абсолютным. Поэтому нет ничего существующего в силе без действия со стороны абсолютно существующего высшего. Потому что все, что существует в силе, затем воплощается в действии в течение времени. А протяженность времени не влияет на высшую действительность. Поэтому можно сказать: то, что было, уже есть. А кто приближает себя к слиянию с Творцом, — находящиеся выше всего в мироздании и выше течения времени, согласно мерке высшего, где создаются различия между силой и действием (а потому и между будущим и настоящим), — настолько ничтожные, что совершенно не разделяют их, — тот поднимается выше времени.

Рав Кук, «Письма, том 2», 38

Истина в том, что Книга «Зоар» не говорит об этом мире совершенно, а только о высших мирах, где нет порядка времени, как в материальном, а духовное время — это изменение свойств ступеней, и потому оно выше материальных места и времени.

*«Зоар», часть «ВаЯцэ», стр. 62,
статья «Цадик Элион Цадик Тахтон»*

Эгоизм человека постоянно берет верх над ним, и если бы Творец не помогал приближению души к Нему, светя в определенные времена своим светом, особенно в дни Нового Года или Дня Искупления (Рош Ашана и Йом аКипурим), являющиеся разумом и сердцем (моха и либа) всего года, потому что время — это части тела, среди которых есть относящиеся к голове, к сердцу, к ногам, к мозгу и пр., и Рош Ашана (глава года, новый год) — это голова, а Йом аКипурим — это сердце, в котором есть подпись и конец, как в сердце человека происходит окончание всех мыслей и после них, потому и называется Йом аКипурим свет бины.

Рав Мэшулам Файвош, «Ёшер Диврей Эмет», стр. 35

Все времена во всех своих действиях существуют в своей вечности, как сказано: «Нет забытья перед Тобою...». И также будущее, после настоящего, получает влияние от прошлого и даже от того, что произойдет впоследствии... Поэтому есть большие изменения и влияния во времени, которое подвластно влиянию сил, действующих и в прошлом, и в настоящем, и в будущем, и каждый фактор замедляет другие факторы, пока властвует время.

Рав Хаим Луцато, «Адир бэМаром», стр. 187

Все, что светит сейчас переменно, в будущем будет светить как постоянное. Потому что вечность строится на основе происшедшего во все времена... когда все происшедшее получит вечное состояние.

Рав Хаим Луцато, «Адир бэМаром», стр. 188

ИСТИННЫЕ ДЕЙСТВИЯ И РАБОТА

Прегрешение не зачеркивает заповедь и заповедь не покрывает преступление. Цель работы в том, чтобы продвигаться хорошим путем и хотя зло в человеке не дает ему идти добрым путем, но необходимо знать, что человек не должен уничтожить свое зло, потому что это вообще невозможно, а необходимо только возненавидеть зло, как сказано: «Любящие Творца, ненавидят зло...», что необходимо достичь только ненависти к злу, а ненависть уже отделяет нас от зла.

«Шамати», статья 52 «Эйн Авира Мэхаба Мицва»

Путь правды — это очень тонкая линия, по которой шагают и идут до прихода в чертоги Творца. И каждый, кто начал идти, в начале линии должен особенно остерегаться, дабы не уклониться от нее вправо или влево даже на толщину волоса, ведь даже если далее будет продвигаться прямо, но уже никогда не достигнет чертогов Творца, потому что идет не по истинной линии.

Бааль а Сулам, «При Хахам. Письма», стр. 64

Цель души и причина ее нисхождения в тело — достичь в состоянии облачения в тело возвращения к корню и слиться с Ним, как сказано: «Возлюби Творца и иди путями Его, и стереги Его заповеди, и слейся с Ним». Как видно, конец всего развития в «...и слейся с Ним», т.е. каким и было состояние души до ее одевания в тело. Но необходимо обрести определенные навыки, чтобы достичь этой цели. Они и обретаются в пути. Но кто знает путь к Творцу? Сказано, что в Торе есть 613 светов, идя по которым человек очищает свое тело, так что оно не является преградой между ним и Творцом (а наоборот, еще и возвышает его в 620 раз). И достигает слияния с Творцом,

как и до нисхождения и облачения души в тело. Таким образом, есть три участника пути:
1) Исраэль, стремящийся к своему корню.
2) Творец, корень, к которому стремится душа.
3) 613 светов пути Торы, называемые «тавлин», по которым человек исправляет свои душу и тело, как сказано: «Я создал эгоизм и создал Тору как «тавлин» к нему».

Но по правде, эти трое — одно, и так они являются человеку в конце его пути, когда он постигает их как одно, единое, целое. А то, что казалось ему ранее как разделенное на части, было только относительно его несовершенного состояния в работе Творца.

Бааль аСулам, «При Хахам. Письма», стр. 64

Если человек из Исраэль возвышает и уважает внутреннюю часть свою, т.е. Исраэль, что в нем, над внешней частью, народами мира, что в нем, т.е. отдает большую часть усилий возвысить внутреннюю часть ради возвышения души, и только необходимое для существования отдает части народов мира, что в нем, т.е. для существования тела, он вызывает этими своими действиями и внутри себя, и снаружи в мире то, что сыны Исраэля возвышаются в своем совершенстве, а народы мира, т.е. внешняя часть, осознают важность внутренней части Исраэль.

Бааль аСулам, Введение в книгу «Зоар», глава 67, стр. 90

И не удивляйся тому, что даже один человек может вызвать своими действиями возвышение или падение всего мира, потому что есть строгий и четкий закон мироздания, что общее и частное равны, и все действующее в общем действует и в частном. И более того, части создают и определяют общее, и не раскроется общее до тех пор, пока не раскроются все части, его составляющие, и раскроется общее только в мере количества и качества раскрытия частей. Поэтому каждое действие части общего — одного человека — возвышает или опускает все общее. Поэтому только изучением книги «Зоар» заслужат выхода из духовного изгнания.

Бааль аСулам, Введение в книгу «Зоар», глава 67, стр. 90

Также и в Торе есть внутреннее и внешнее. И занимающейся внутренней частью Торы, ее тайнами, вызывает этим возвышение

Истинные действия и работа

внутренней части мира — Исраэль — над внешней частью мира — народами мира.
Бааль а Сулам, Введение в книгу «Паним Мэирот вэ Масбирот», глава 5, стр. 205

Подтверждаю я перед Небом и Землей: Исраэль или Гой, мужчина или женщина, раб или рабыня — только по их действиям высший Дух нисходит на них.
Тикуней «Зоар»

Мы должны выполнять все в действии, но не только это. Ничего не достигнем мы своими усилиями, если не приложим к действиям высшую цель. Останутся наши заповеди как выполняемые механически (мицвот анашим мелумада), и не только не помогут нам, но и унизят нас и нашу цель, а конец будет в том, что и выполнение оставим, ...а подъем — он по лестнице с помощью тайн Торы.
Рав Кук, «Орот», 61

Если в человеке светит душа, он обязан много уединяться. Посторонние своими более земными интересами уменьшают свечение души, и вместо того чтобы принести обществу пользу своими уединенными занятиями, он вызывает падение общества своим падением.
Мусар а Кодэш Руна, глава 200, 35

Три части во внутренней работе человека:
— «Исраэль» — стремиться к исправлению всей души, возвращая ее к корню.
— «Тора» — понять пути Творца, тайны Торы, ведь если не знать указаний Творца — как работать на Него?
— «Творец» — стремиться постичь Творца, т.е. стремиться к слиянию с Ним подобием свойств.

Главное из них — стремиться к познанию указаний Творца.
Рав Барух, «Даргот а Сулам, том 1», статья 36, «Сэдэр Авода»

Я вижу, что основная причина неудачи укрепления иудаизма в Израиле в том, что пренебрегают светом Творца, пренебрегают им и в сердце, и в разуме. Все обращаются сейчас только к выполнению глупо-напыщенных действий, будто можно выполнять заповеди только в теле, без души.
Рав Кук, «Письма, том 1», 160, 161

Мы обязаны стремиться всеми силами души и сердца к Каббале.

«Мэирот Эйнаим», глава «Рээ»

В той мере, в которой человек исправляет свою душу над телом в этом мире, он подготавливает тело получить вечное вознаграждение.

Рав Хаим Луцато, «Даат Твунот», стр. 19

Необходимо выяснить: суть человека, его действия, плоды его действий.

Рав Хаим Луцато, «Даат Твунот», стр. 53

Знай, что хотя в начале пути и учил я каванот (намерения, медитация), но я совсем не использую их, потому что основное намерение должно быть в устремлении всего сердца к Творцу — с трепетом, любовью и откровенно.

Рав Мэшулам Файвош, «Ёшер Диврей Эмэт», стр. 28

«Семь раз упадет праведник и встанет». «Семь» означает множество раз. Хотя и видно тебе, что праведник упал уже много раз, но это только ради последующего восхождения, ведь страдания очищают в той мере, в которой ощущается падение. Но на самом же деле: «...и встанет» на том же месте, а затем поднимается на большую ступень. И это вообще не падение.

«Биур а Мэкубалим ба Нигле», часть 2, стр. 462

Три вещи расширяют разум человека:
1) Хорошая жена — сказано у Ари, что это чистая душа.
2) Хорошие сосуды — сказано у Ари, что это действия человека.
3) Хороший дом — сказано у Ари, что это сердце.

«Биур а Мэкубалим ба Нигле», часть 2, стр. 462

Злое начало человека отыскивает себе новый путь убивать человека: оно не мешает в течение дня и ночи, а ищет момента украсть одну минуту, и в течение этой минуты оно отыскивает тонкое, как волос, желание в сердце человека и убивает ощущение истины в сердце, а потом оставляет человека работать, молиться, кушать, пить в веселии,... ведь после того как вытащил

Истинные действия и работа

из него точку истины, совершенно уже неважно, чем занимается человек.

Изречения Ребе из Коцка, «Нет более цельного, чем разбитое сердце», стр. 99

Если присутствует в духовной работе личный интерес, подобна идолопоклонству, ведь нет отличия, делает ли человек идола или работает для себя.

Изречения Ребе из Коцка, «Нет более цельного, чем разбитое сердце», стр. 99

Сказано: если видишь, что страдания идут к тебе, проверь свои деяния. Проверил и не нашел причины, прими это как следствие уклонения от Торы. Принял, но не увидел, что это причина, очевидно, что эти страдания — от любви Творца к тебе.

Китвей Рамбан, «Торат аАдам», стр. 269

Творец посылает своим избранникам испытания, чтобы получили Его заповеди и выполняли их в трудных условиях, чтобы вознаграждение за выполнение было многократным. И хотя известно Творцу все заранее, но испытывает человека, потому что вознаграждение в силу веры не то, что вознаграждение в силу действия. Поэтому дает возможность человеку выявить себя в действии. И хотя известен исход заранее, но все равно называется испытание и опыт, потому что от человека зависит, желать или нет выполнить заповедь. Поэтому испытание это относительно человека, но не Творца, которому известно все.

Китвей Рамбан, «Торат аАдам», стр. 279

Выполняя добрые действия, человек желает только усиления души в спасении от болезни и укрепления ее здоровья, чтобы могла вернуться к своему корню по выходе из тела, как сказано, что не дал иного вознаграждения в этом мире, только возможность укрепить тело и помочь ему в тех случаях, в которых действие может осуществиться и отдалить от него причины, препятствующие хорошим действиям и приводящие к нехорошим поступкам.

Китвей Рамбан, «Торат аАдам», стр. 379

Принято относить мудрость человека к сердцу, потому что оно является местом всех сил человека.

Китвей Рамбан, статья «Иов», стр. 48

ТАЙНОЕ И ОТКРЫТОЕ

Сказано: «Скрытое — Творцу нашему, а открытое — нам и сыновьям нашим навечно, делать все, сказанное в Торе». Открытым называется действие, скрытым называется намерение. Намерением называется причина, обязывающая совершить действие. Намерение тайно, скрыто от людей, потому что человек не видит, что в сердце другого. И даже то, что в своем сердце, человек не может видеть, знать свои намерения, и ему кажется, что причина, вынуждающая его совершать действия — она ради Творца. А возможно, что на самом деле, причина поступка — собственная выгода. Поэтому скрытое относится к намерению.
Бааль а Сулам, «Даргот а Сулам, том 1», статья 403, «а Нистарот ла Шем Элокейну»

В наше время не видно, кто каббалист, а кто нет...Это верно, я также не вижу истинного каббалиста в наше время. Но я верю в сказанное: «В каждом поколении есть такие как Авраам, Ицхак, Яаков...», поэтому то, что не видим — это не доказательство.
Бааль а Сулам, «При Хахам. Письма», стр. 140

Мудрецы разделяют мудрость на две части: открытая и скрытая. Открытая часть состоит из всего, что мы просто понимаем, из наших действий вокруг себя. Анализ, выводы строятся на основе действительного опыта, как сказано мудрецами: «Нет для судьи более, чем видят глаза его». Скрытая часть состоит из всего того, что мы слышали от людей, в мнении которых уверены, или есть у нас самих осознание этого, но нет никакой возможности приблизиться к высшей мудрости, на достаточное для исследования разумом расстояние. И это называется скрытая наука. И советуют нам принять эти данные «простой верой». И строго-настрого запретили нам исследовать все, что относится к вере, даже смотреть в то, что является причиной этого стремления и исследования.

Но названия открытая и скрытая не постоянны, не налагаются на различные аспекты данных и фактов, как думают массы, а они налагаются на отношение человека: все факты, которые человек уже осмыслил своим опытом, называются им «открытое». А все данные, в которых еще человек не достиг полного осознания, называются человеком «скрытое, тайное». Получается, что у любого из нас есть разделение его знаний и понятий на эти две части «открытое» и «скрытое», где открытую часть можно исследовать и делать выводы, потому что есть в ней действительная основа, а в скрытой части есть запрет даже задумываться об анализе и выводах, потому как нет там никакой истинной основы.

Бааль аСулам, «При Хахам. Статьи», статья «Гуф ваНэфеш», стр. 56

У истинного праведника мнение о себе столь низкое, потому что он знает величину зла, находящегося в нем ... но несмотря на это он не показывает свое ничтожество.

Рав Кук, «Орот аКодэш 3», 249

Отличие материального от духовного — только в постижении нашими чувствами и разумом, но по своей сути и тем более относительно Творца нет никакого отличия. Когда мы желаем объяснить это, мы говорим, что в духовном мы видим часть, более раскрываемую нам из существующего, а в материальном все более скрыто. Но в источнике все совершенно и так раскрывается каббалистам.

Рав Кук, «Письма, том 2», 39

Как одетый человек, которого, исходя из его одеяния, мы можем представить без оного, так из одеяний Торы мы постепенно входим в ее внутреннюю скрытую часть. И нет раскрытой части Торы, которая бы не исходила из скрытой, как копия из оригинала.

Рав Моше Кордоверо, «Да эт Элокей Авиха», 67

В Торе есть открытая и скрытая части. Скрытая — называется Тора Творца, а открытая — называется Тора человека. Скрытую часть Торы не каждый удостаивается постичь, но несмотря на это желательно, чтобы стремился к этому, как сказано: «Если Тора Творца, т.е. скрытая часть Торы, Его желание, несмотря на то что не постигает ее, все-таки желает ее, а раскрытой частью Торы — Торой человека — занимайся днем и ночью». Открытая часть Торы называется страсть, потому что скрытая часть скрыта в ней. Скрытая часть называется скрытая страсть. Скрытая часть — это высший свет, которыми создан мир, как сказано: «Торой создан мир», т.е. скрытой ее частью, тайнами, называемыми страсть, потому что желательно пылать к ним страстью, хотя постичь невозможно.

Рав Алших, «Авот 8», глава 3, «Хавивин Исраэль» 26

Изучение книги «Зоар» превыше всего потому что во всей Торе есть Пардэ"с (изучение ПРД"С: пшат-простое, ремез-намек, друш-иносказательное, сод-тайное), и в учении никак не ощущается тайна. Изучающий простое толкование вовсе не представляет себе, что вообще есть тайное. Но изучающий книгу «Зоар» знает, что есть в ней тайна, и это очень помогает исправлению его души.

«Нэфеш Хаим», глава 7

Учение простого толкования называется рабским, а изучающий называется рабом. Изучение тайн Торы называется сыновним, а изучающий — сыном. Когда человек не знает своего Творца, а только знает Его по простому толкованию его действий, называется рабом. А когда он сын? Когда знает все тайны Торы, находящиеся в мире Ацилут, как сын, входящий во все покои отца.

«Решит Хохма», часть «Кдуша», глава 7

Это правда, что могли бы люди удостоиться своими действиями постичь Истину, оставить ложь этого мира в своем желании сблизиться со своим Творцом, если бы знали и понимали, что все это обратно указываемому Творцом, что это все проявление зла и эгоизма, а добро создано Творцом в скрытии.

Рав Хаим Луцато, «Даат Твунот», стр. 27

Творец творит только добро, а зло рождается отсутствием света Творца.

Рав Хаим Луцато, «Даат Твунот», стр. 91

В Коцке исполняли заповеди скрыто, а грешили открыто. В других местах — наоборот. Легче увидеть тайные грехи в других местах, чем тайные заповеди в Коцке.
Изречения Ребе из Коцка, «Нет более цельного, чем разбитое сердце», стр. 69

Отличие тайной мудрости от открытой в том, что находящийся в тайной мудрости постоянно думает о Творце. Отличие это невозможно передать, оно либо воспринимается сердцем, либо нет. И это называется «Тайное учение», потому что не может человек предать его другому человеку, как вкус блюда невозможно передать тому, кто ни разу не вкушал его. Это и называется «скрытое» — невозможность передать и объяснить другому. Также и любовь к Творцу, и страх перед Ним — невозможно предать другому, потому что это ощущение сердца, а потому называется «тайное».
Рав Хаим Луцато, «Адир бэМаром», стр. 235

Тайна вещей: «Ты, скрывающийся Творец» (пророк Ишаяу 45,15), а не говорит пророк: «Скрытый», а именно «Скрывающийся», ведь желания Его скрыты одно в другом. И Он называется Шхина.
Рав Хаим Луцато, «Адир бэМаром», стр. 28

Кому неизвестна мудрость Каббалы, тот может постичь только внешнее, видимое, материальное. Но главное — это внутреннее, постигаемое путями внутреннего управления.
Рав Хаим Луцато, «Адир бэМаром», стр. 235

Если есть в тебе мудрое сердце, поймешь из раскрытого скрытое, т.е. из низшего высшее.
Рав Хаим Луцато, «Адир бэМаром», стр. 337

О людях Нинве рассказывает нам пророк, что в трудный час воззвали они к Творцу. Это работа крестьян. К Творцу взывают не криком, а тихо в себе, из самых глубин сердца. Никто не должен вне человека знать, что происходит внутри его сердца.
Изречения Ребе из Коцка, «Нет более цельного, чем разбитое сердце», стр. 111

ПОНЯТИЕ И ЯЗЫК

Язык каббалистов — это совершенно полный язык, очень точный относительно корня и его ветви, причины и ее следствия. Особое отличие этого языка в том, что им можно передать мельчайшие детали, прямо перейти к каждой из них, без необходимости связывать описываемое с предыдущим ей.

Бааль аСулам, «При Хахам. Статьи», стр. 157

В духовном, отстраненном от понятия времени, места, движения, нет слов передать существующее там, поскольку весь наш словарь взят из наших кажущихся ощущений (которые мы не можем ни измерить, ни проконтролировать, ни убедиться объективно в их достоверности). Как же мы можем объясняться там, где нет места нашим обычным органам ощущений и нашим фантазиям? ...Поэтому нашли себе каббалисты особый язык, готовый для передачи духовной информации друг другу и из поколения в поколение, в том, что взяли себе имена объектов и действий нашего мира, ветвей, каждая из которых как бы показывает пальцем на свой корень в высшем мире.

Бааль аСулам, «Талмуд Десяти Сфирот» часть 1, «Внутренние Созерцание»

Поэтому столько затратил я усилий в «Талмуде Эсэр Асфирот» объяснить всю емкость понятия 10 сфирот, чтобы каждый начинающий смог начать изучать эту науку без страха запутаться и ошибиться, а наоборот, открылись бы ему врата в высшую мудрость.

Бааль аСулам, «Талмуд Десяти Сфирот» часть 1, «Внутренние Созерцание»

Нет иного средства снять внешние одеяния с Торы и раскрыть ее, как только трудами Рашби (автора книги «Зоар»).

Рав Моше Кордоверо, «Да эт Элокей Авиха», 16

Глупый страх, если пугаются материальных примеров в тайнах Торы.

Рав Кук, «Арпилей Тоар», 71

Даже тот, кто не понимает язык книги «Зоар», все равно обязан изучать ее, потому что сам язык книги «Зоар» очищает его душу.

«Ор Цадиким вэДэрэх Сэуда», глава 1, параграф 16

Даже если не понимает, все равно, изучая книгу «Зоар», исправляет себя.

«Дэгель Маханэ Эфраим»

Даже если не понимает, все равно пусть прилагает усилия, даже если не ощущает ничего, ведь Тора скрывается от глаз того, кто желает получить только знания, но есть у него связь с корнем Торы. Поэтому сказано, что обязан заниматься Торой, а не постичь, ведь само занятие — это и есть Тора.

«Сфат Эмет», глава «БэХукотай», 540

Даже если не понимает книги «Зоар», занятия ею — это совершенство души и приводит ко всему.

Порядок учебы от ребе Ханоха Эйниха из Илиска, глава 2

Изучение книги «Зоар» выше любого другого учения, даже если не понимает, даже если ошибается в ее чтении, все равно это большое исправление души, потому что вся Тора — это имена Творца. А если читает и понимает рассказы Торы, то принимает все как простое описание. Но книга «Зоар» — это тайны мироздания, только раскрываются впоследствии.

«Морэ бэЭцба», глава 44

Тора раскрывается несколькими путями. Есть простые объяснения, а есть более глубокие и далекие от простых, настолько, что даже противоположны им. Но именно они-то и раскрывают истинную суть Торы, тем, что объясняют слова иными понятиями, отличными от простого объяснения, настолько, что то, что в простом смысле выглядит как низкое, в истинном смысле выяснится как высокое понятие. И все понятия будут истинны.

Рав Хаим Луцато, «Адир бэМаром», стр. 11-12

СООТВЕТСТВИЕ СВОЙСТВ И СЛИЯНИЕ

Духовным называется то, что никогда не исчезает. Поэтому желание насладиться в том виде, в котором он находится, т.е. с намерением «ради себя», называется «гашми» — материальным, потому что оно исчезнет в этом своем виде и получит иное намерение, вид, свойство — «ради Творца».

«Шамати», статья 98, «Духовным называется ...»

Работа на отдачу — это вся работа, которую нам необходимо совершить, потому что это против природы, которая в нас, называемая «желанием насладиться». А мы должны делать обратное, стремиться только отдавать, а не получать ради себя.

Бааль аСулам, «Даргот аСулам, том 1», статья 329,
«Суть творения и исправление творения»

«Сердящийся подобен совершающему идолопоклонство», потому что во всех прегрешениях есть всего один грех — наслаждение, но не гордость, ведь не может человек гордиться тем, что не может преодолеть свою слабость к наслаждению. В гневе же человек не только наслаждается гневом, но еще и гордится тем, что сердится, зная, что прав, иначе бы не гордился. Получается, что есть здесь два греха: наслаждение и гордость. А про гордость сказано, что «С гордецом не могу Я находится в одном месте» — и душа покидает такого человека.

Бааль аСулам, «Даргот аСулам, том 1», статья 33,
«Всякий сердящийся, подобен идолопоклоннику»

Необходимо прочувствовать в своей душе, что Творец стремится за человеком точно в той же мере, в какой человек стремится за Творцом. И нельзя забывать об этом, даже во время самой сильной тоски. А вспоминая, что Творец тоскует и стремится к нему, слиться с ним в мере этой силы, всегда будет человек

Соответствие свойств и слияние

стремиться к еще большему стремлению к Творцу, все больше и больше, без перерыва в этом чувстве тоски и стремления, что и является пиком совершенства силы души, пока не удостоится сближения любовью.

Бааль а Сулам, «При Хахам. Письма», стр. 70

Можем мы притянуть в наш мир большие души, которые своими огромными желаниями и силой вызовут спасение мира, избавят нашу жизнь от всего дурного, ...все зависит от нашего желания... уподобиться Творцу, постепенно продвигаясь по Его путям.

Рав Кук, «Арпилей Тоар», 41

Самое естественное стремление человека — к слиянию с Творцом.

Рав Кук, «Орот», 135

Требование лжи — это просьба к душе о слиянии с Творцом без изучения тайной Торы.

Рав Кук, «Оцрот а Рэия»

Мудрость, которую должен знать человек: первая — это знать своего Творца, вторая — это знать себя, кто я, как создан, откуда и для чего, куда иду я, как исправляется тело (желание), как в будущем, и каким я должен предстать перед Творцом.

«Зоар», часть «Шир а Ширим» с пояснением «Сулам», стр. 148, статья «Хохмата дэ Ицтарих ...»

Кто серьезно занимается Каббалой, душа того связывается с Творцом и постоянно в любви к Творцу...

«Осафот ми Арцэ», глава 5

Слова книги «Зоар» привязывают человека к миру Бесконечности.

«Шээрит Исраэль», часть «Иткашрут», глава 1, параграф 5, статья 2

Закон Каббалы, всех ее книг в том, что нет никакого представления и связи (димьен) между духовным и материальным ни в одном слове, понятии или букве, потому что буквы — это фигуры на белом листе, а человек — это тело и душа, поэтому они только знаки. Но Творец желает, чтобы Исраэль приблизились к нему издалека, куда отдалились через много миров...

Рав Мешулам Файвош, «Ёшер Диврей Эмет», стр. 27

Сказано в Талмуде: «В конце дней наглость возрастет» (Сота 49:). Поскольку это поколение крайне удалено от Творца, возрастет наглость его. Ведь гордость возникает от отсутствия понимания и стыда перед Творцом, и кто более удален от Творца, тот и более лжив и нагл.

Рав Мешулам Файвош, «Ёшер Диврей Эмет», стр. 28

Занимающийся Торой ради вознаграждения называется «Иш-хэсэд» («человек милосердия»), потому что милосерден к своей душе, чтобы получила вознаграждение. Но не «Иш хасид» (милосердный человек), потому что хасид — это кто милосерден с Творцом, все для Творца и не тревожится о себе.

Рав Хаим Виталь, часть «Шаарей Кдуша», глава 1, параграф 3

Есть два пути получения света хохма (мудрости): война (страх) и мир (любовь). Путь страха — через борьбу и уничтожение нечистой силы войной. Или путем любви, слиянием со светом Творца. И человек должен избрать свой путь в зависимости от времени и исправлений. Исправление светом — впустить в себя свет Творца слиянием с Ним, для чего и дана нам Тора, как исправление души и наполнение ее светом.

Рав Хаим Луцато, «Адир бэ Маром», стр. 56

ВЕРА И ТРЕПЕТ

Когда приходит к человеку страх, он должен понять, что «Нет иного, кроме Творца», даже если являются ему чудеса. И если он видит, что страх возобладает над ним и захватывает его, обязан понять, что это не случайность, а это Творец дает ему возможность выяснить и осознать, зачем дано ему такое ощущение страха. Возможно это для того, чтобы превозмочь и сказать себе, что «Нет иного, кроме Творца». Но если, несмотря на то что после всех этих раздумий и попыток, страх все равно не покидает его, он должен увидеть в этом пример и сказать себе, что в мере страха должно быть его рабство в работе ради Творца. То есть он должен достичь такой же меры трепета пред Творцом, в какой мере ощущает сейчас страх своим телом от угрозы чего-то в этом мире.

«Шамати», статья 138, «Иньян Ира вэ Пахад...»

Слух называется — «вера», т.е. человек должен верить, что то, что он слышит (сказанное ему) — это правда. «Видение» — это знание, факт, в который не надо верить, если человек видит сам.

Бааль аСулам, «Даргот аСулам, том 1», статья 352 «Эмуна»

Вера — это не разум и не чувство, а раскрытие в себе более внутреннего уровня сути души, когда необходимо определить все ее качества. И когда не искажают ее естественное развитие, не нуждается ни в чем, а сама выдает все необходимое. Но если свет ее слабеет, то проявляется разум и чувство, чтобы проложить ей путь. А также необходимо знать, что разум и чувство — не сама суть души, это она должна познать сама, а также познать свое величие, что невозможно обратиться к Творцу ни с какими разумом и чувством, тем более ни с каким ощущением из 5 органов, а только верой. А молитва — это вера, а трепет и любовь раскрывают веру.

Рав Кук, «Статьи а Рэия», 70

Весь пессимизм происходит из неуверенности и сомнений, что материальная наша жизнь — это все, что существует и только. И только высшей верой можно превозмочь этот источник зла.

Рав Кук, «Статьи а Рэия», 69

Есть еще две заповеди от рабби Йона: исполнительная заповедь постигать величие Творца, как сказано: «И познай сегодня и положи на сердце свое, что Творец — Он Создатель на небе и выше, на земле и ниже, нет иного, как сказано: «Поднимите глаза ваши ввысь и увидите, кто же создал все это», т.е. необходимо постигать величие Создателя мироздания. А в основном заповедь эта — исследовать и изучать труды великих и книгу «Зоар», чтобы понять все миры и их составляющие.

«Оцрот а Хаим», глава «Шэмот», стр. 57

«Поверил в Творца и засчиталось это ему как милостыня» — сила веры, которую вселил Творец в Авраама — это и есть милостыня и милосердие, совершенное Творцом и им.

Изречения ребе из Коцка, «Нет более цельного,
чем разбитое сердце», стр. 56

Об одном праведнике сказал рав Менахем Мендель: «Он сказал, что видит в сукке приглашаемых на веселье праотцов (ушпизин). Я не вижу их. Есть у меня вера, и она более явная и ясная, чем зрение.

Изречения ребе из Коцка, «Нет более цельного,
чем разбитое сердце», стр. 56

Вместо введения дополнительных ограничений, желательнее больший трепет при исполнении.

Изречения ребе из Коцка, «Нет более цельного,
чем разбитое сердце», стр. 78

«Все в руках Творца, кроме трепета пред Ним» — если будешь просить что-нибудь материальное этого мира, вряд ли получишь, но если будешь просить трепета пред Ним, обязательно ответит тебе.

Изречения ребе из Коцка, «Нет более цельного,
чем разбитое сердце», стр. 78

«Свидетельство Творца вечно, дает разум глупому». В познании Творца есть два пути: исследование, до тех пор пока не достигнет ясного знания. Или простая вера. Исследованием и усилием разума человек становится умным, что не достигается верой, потому что нет потребности в усилиях разума. Но изречение гарантирует: **«Свидетельство Творца»**, даже если оно от веры, **«дает разум глупому»**.
«Решит Хохма», часть «Псуким», 48, 2

«Трепет пред Творцом, ненависть к злу, гордости, злой путь и рот изменчивый ненавижу я». Чтобы достичь трепета пред Творцом, необходимо превозмочь три преграды, называемые зло, соответственно против трех нечистых сил (клипот), которые являются корнем всего зла в мире. Подобны они трем слоям покрывающим орех: первая преграда самая трудная — гордость. Вторая «путь зла» — наслаждения этого мира. Потому что трепет пред Творцом должен быть в «устранении от зла». Третья преграда «рот мой изменчивый», как сказано: «Сомкни уста свои от произнесения зла». Только после этого всего можно достичь ореха, являющего собой абсолютно добрый трепет.
«Решит Хохма», «Шаар а Ира», 4

Поскольку раскрытие врат в духовное зависит от раскрытия глаз человека, обязаны низшие устремить взор свой вверх.
Рав Хаим Луцато, «Адир бэ Маром», стр. 300

Трепет пред высшим: ведь кто выше другого, не раскрывается тому низший, ведь это более низкая ступень. И остается высший скрыт над низшим, как бесконечный относительно низших, потому как это необходимо для установления порядка ступеней управления и возвышения. Как страх наказания стережет человека, так трепет величия Творца вызывает сближение со скрытым от человека, потому как ограничения и скрытие исчезают. И это вследствие трепета. И таким образом человек приближает свет и сам приближается к свету, к своему источнику и корню, и удостаивается познания высшего.
Рав Хаим Луцато, «Адир бэ Маром», стр. 319

Во всех мыслях и деяниях, всегда, представляй себя стоящим пред Всемогущим Творцом, отчего и обретешь трепет.
Рамбан, «Игэрет Мусар», письмо 9, стр. 376

ЦЕЛЬ УЧЕБЫ

Есть в изучении Каббалы великий результат, который необходимо, чтобы знали все: есть в ее изучении особое чудо для изучающих ее, несмотря на то что не понимают то, что изучают, но потому как желают понять изучаемое, вызывают этим свечение высшего, окружающего их души света. Потому что гарантировано каждому, что в конце он обязательно постигнет все замечательное, уготованное ему Творцом еще в замысле творения насладить все создания. Только тот, кто не постигнет это в нынешнем кругообороте, постигнет в следующем или далее, пока не получит уготованное ему.

Бааль а Сулам, «Предисловие к Талмуду Десяти Сфирот», глава 155

Наука Каббала — это не более и не менее как порядок корней, нисходящих по причинно-следственному пути по постоянным и абсолютным законам, соединяющимся и ведущим к одной высшей цели, определяемой как «раскрытие Творца творениям в этом мире».

Бааль а Сулам, «Маут Хохмат а Каббала», стр. 61

Наука Каббала учит нас единству всех миров и существующему в них равенству во всем, которое раскрывается вплоть до наивысшей ступени в сравнении свойствами с Творцом и учит, как развиваться по этому пути, избегая ошибок.

Рав Кук «Орот а Кодеш, том 2», стр. 393

Нет сомнения, что самое важное в мире — это изучение тайн Торы, потому что они относятся к Творцу, давшему Тору, обучающую духовной работе. Работа человека делится на три части:

1) Просто работающий, не уделяющий внимания познанию, не выполняющий всей Торы и Заповедей, не знающий

Творца, а только знающий, что есть Творец, давший Тору Исраэлю и приказавший выполнять ее.
2) Философы, исследующие Творца и, якобы, постигающие Его и материализующие Его, сердца их стремятся к истине, их деяния желательны, но намерения — нет.
3) Изучающие тайны Творца и не желающие уподобляться тем, у которых закрыты глаза их разума. Намерение их оправдать все деяния Творца, создавшего их, именно для этой работы и постижения Его, и о них сказал царь Давид: «Познай Творца отцов твоих и служи Ему», потому что только знающий Творца может работать правильно и в совершенстве.

Рав Моше Кордоверо, «Да эт Элокей Авиха», 5

Учение Каббалы не может быть опасным: если человек не достоин изучать, учение оттолкнет его от себя, а если достоин — потянет внутрь, в чертоги Творца. Если не достоин он — или вернется к исправлению, станет праведником и войдет внутрь, или оттолкнется полностью.

Рав Моше Кордоверо, «Да эт Элокей Авиха», 11

Но если мы обратим наше внимание на то, чтобы ответить на один известный всем вопрос, уверен я, что все остальные вопросы и сомнения исчезнут с горизонта, и не увидим мы их. И это кричащий в каждом рожденном в этом мире вопрос: каков смысл жизни? Смысл этих лет, так дорого стоящих нам, — многочисленные страдания и боль, от которых мы страдаем, чтобы все выстрадать. Так вот: кто наслаждается от этого? Или точнее: кому это необходимо? Верно, что во всех поколениях мудрецы пытались ответить на этот вопрос. И конечно, также и в нашем поколении. Но сам вопрос по-прежнему без ответа и вопрошает нас изнутри во всей своей горечи и настойчивой остроте. А иногда он застает нас врасплох, колет наш мозг, унижает до праха земного, прежде чем мы успеваем найти известное наше спасение: продолжить, не задавая этого вопроса, течение нашей жизни сегодня, как вчера.

Бааль аСулам, «Предисловие к Талмуду Десяти Сфирот», глава 11

Нет более высокого занятия, чем изучение книги «Зоар», науки Каббала и книг Ари. И хотя изучающий не понимает в них, нисходит на него высший свет и мудрость... и устремляется к Творцу... и да благословятся все занимающиеся этой мудростью, даже занимающиеся 1-2 часа в день, а их хорошие мысли Творец добавляет к действиям, будто изучают весь день.

Рав Кук, «Оэв Исраэль би Кдуша», 232

Занимающиеся только внешней Торой не ощущают ее настоящего вкуса. Творец, да сжалится над ними и простит их в своей милости.

Рав Кук, «Письма, том 2», 153

Когда человек совершенно перестает требовать Творца, и большинство мудрецов в Торе совершенно не знают, для чего же она вручена, и мудрость Торы и ее цель, по их мнению, как некое дополнение к изощрениям их мнений в законах, хотя сами законы святы и важны, но не они же освещают душу.

Рав Кук, «Письма, том 2», 8

Все, что я пишу — для того, чтобы разбудить сердца мудрецов Торы учить книгу «Зоар», как молодым, так и старым, заниматься внутренней частью Торы, книгами «Сефер аБаир», «Сефер Ецира», прилагая те же усилия, как при занятии Вавилонским Талмудом. Но не все готовы к этому соответственно развитию их душ, поэтому тот, кто еще не в состоянии, а сердце его требовательно, конечно же, должен продолжить заниматься Вавилонским Талмудом и Законами, но тот, кто способен заниматься учением Каббалы, обязан вкратце заниматься изучением законов, но в основном заниматься познанием Творца.

Рав Кук, «Письма, том 1», 41-42

Но особенно молодые или те, которым тяжело и нет у них стремления к внутреннему свету Торы, все равно лежит на них обязанность ежедневно 1-2 часа заниматься Каббалой. И тогда, постепенно, их знание расширится и изобилие и успех снизойдут на их мертвые без Торы тела, а сила законоведческого исследования (пильпуль) оставит их в светлых мыслях и расширенном разуме.

Рав Кук, «Письма, том 1», 82

Цель учебы

Я обязан постоянно побуждать духовных предводителей нашего народа не ограничиваться, а заниматься и духовной частью Торы.

Рав Кук, «Письма, том 4», 65

До тех пор пока ортодоксальность настойчиво утверждает «нет» Каббале, и «да» только Вавилонскому Талмуду, ...все, что берет как средство в руки свои защищать «мусар», не получит истинную силу жизни, внутренний свет Торы.

Рав Кук, «Письма, том 2», 232-233

Не услышан голос истинных пророков, голос мудрецов поколений, голос хасидов и праведников, мудрецов мусара, знатоков глубокого изучения и тайн, которые взывали и объявляли во весь голос, что придет конец реке Вавилонского Талмуда, обучающего только действиям, она высохнет и сокрушится, если только не войдет в нее оживляющая вода из океана мудрости Каббалы — воды знания Творца, очищающие, исходящие из Источника Жизни.

Рав Кук, «Орот» 101

Освобождение будет только силой Торы и, в основном, изучением Каббалы.

«Эвен Шлема», глава 11, параграф 3

Тот, кто не учил тайны Торы, заслужит по окончании ступень «раб» и никогда не сможет достичь ступени «сын», потому что изучает ради себя.

Рав Моше Кордоверо, «Да эт Элокей Авиха», 159

Когда занимаются изучением книги «Зоар», возбуждаются силы праведников и сила Моше, потому что обновляют этим свет, исходящий из Торы во время ее написания, и светит, как в то время на изучающего, как свет, раскрытый рабби Шимоном бар Йохаем во время написания им книги «Зоар».

«Ор Якар», глава 5

Изучение книги «Зоар» исправляет тело и душу и в состоянии быстро приблизить освобождение в эти дни.

«Матэ Эфраим», часть «Кцэ а Матэ», глава «Катан», 23

Только изучением этого выйдем из изгнания..., и велико вознаграждение за изучение всей остальной Торы и Заповедей..., а если занимался этой мудростью после выхода его души из тела, освобождается от всех наказаний, а если занимается этим для постижения тайн Торы и Заповедей, называется «сын Творца», и гордится им Творец.

«Сэфер а Брит», часть 2, статья 12, глава 5

Когда изучающий «Зоар» преодолевает искушение отказаться от изучения под жестким и грубым влиянием окружающих, укрепляется его душа в стремлении сблизиться с Творцом вопреки всему...

«Дамэсек Элиэзэр», введение «Дэрех Кдуша», глава 12

Поверь мне, брат мой, что не изучающий эту мудрость подобен живущему вне святой страны, у которого нет Творца, которого снедают желания, страсти приводят к сомнениям веры, но кто изучает Каббалу, не останется в нем сомнений в чудесных путях Творца.

«Сур ми Ра», 69

«...И вернетесь, и увидите отличие между праведником — работающим на Творца — и тем, кто не работает: ведь работающий на Творца изучает и Талмуд, и «Зоар», а не работающий на Творца занимается только Талмудом и не изучает «Зоар».

«Мэаян Ганим», часть 1, глава 2

Да не испугаетесь Вы изучать, ведь учением Вы соединяете и исправляете свои 248 и 365 (= 613) частей души, сосуд наполнения светом Освобождения.

«Эйхаль Браха», глава «Бэрешит», стр. 32

Узнать управление Высшего Желания, зачем создал все эти создания, — все это наука Каббала, и что Он желает от них, и каков будет конец кругов мира, каковы тайны этих кругооборотов... — все это мы изучаем как тайну высших сфирот.

Рав Хаим Луцато, «Даат Твунот», стр. 21

Об изучении Каббалы сказал Ари: «Знаю я, что ты без меня не желаешь изучать, как только от большего чем ты, но не найдешь такого, тогда учи книги «Шаарей Ора» и «Гинат Эгоз», а главное, книгу «Зоар». Но до учебы настрой свои мысли так, чтобы не была твоя учеба, как учеба умников ради знаний, но только ради Творца. Знай, что не все времена одинаковы: есть такое время, когда с желанием будешь изучать ради Творца, если удостоишься молиться в высоких мыслях. А есть времена что малые мысли, но и они должны быть ради Творца, потому что заповеди требуют намерения...

Рав Файвош, «Ёшер Диврей Эмет», стр. 25

Если человек учит ради правды и трепета, чем больше учит, тем больше принижает себя и видя, насколько мудрецы опасались лжи и греха, увидит себя далеким от истины — и такой человек точно достигнет боязни греха. Но тот, кто учит для того, чтобы быть знатоком, знающим все законы и правила, насколько сможет дополнить свои знания в законах и их выяснениях, настолько сердце его возгордится — тот и далее продолжит идти в потемках наслаждений и лжи, пройдут его годы без участия работы сердца.

Рав Файвош, «Ёшер Диврей Эмет», стр. 39

У человека должно быть два кармана: в одном — «прах ты», а в другом — «для меня создан весь мир».

Изречения ребе из Коцка, «Нет более цельного, чем разбитое сердце», стр. 93

У внешней части Торы нет особой важности и ценности, главное — это внутренняя часть Торы...

Ари, «Швиль а Пардэс», том 11, глава «Шмини» 753

Нет среди мудрецов народов мира и среди философов — даже среди таких, какие были в дни расцвета философии, сразу же после Аристотеля, — которые бы знали о творении столько, сколько знает самый небольшой каббалист. А вся польза от прочих наук только в том, чтобы быть лестницей ко входу в науку постижения Творца.

«Китвей Рамбан», статья «Торат а Шэм Тмима», стр. 155

ОСОБОЕ СВОЙСТВО ИСПРАВЛЕНИЯ В ИЗУЧЕНИИ КАББАЛЫ

Во время изучения Каббалы, когда изучающий произносит имена светов и сосудов, относящихся к его душе, сразу же они начинают светить ему особым свечением, но издали, снаружи, не входя внутрь его души, потому что еще не исправились ее сосуды для получения этого света внутрь. Но это свечение снаружи постепенно, по мере изучения Каббалы, дает человеку ощущение тяги к духовному, высшему, и нисходит на него очищающая сила, влекущая человека к совершенству.
Бааль а Сулам, «Предисловие к Талмуду Десяти Сфирот», глава 155

Оказывается, что все препятствия, возникавшие перед человеком, все они только от Творца и только для того, чтобы подтолкнуть человека к духовному развитию, чтобы не оставался доволен своим теперешним состоянием. А прошлые неприятности не были наказанием за нехорошие его действия или за то, что не смог преодолеть помехи. Только тех, которых Творец желает приблизить к себе, тем он посылает помощь свыше в виде помех и препятствий. Помощь в таком виде посылается только тем, у кого есть истинное желание подняться из этого мира. Такой человек получает помощь тем, что постоянно показывают ему, насколько он не продвигается в духовном, и посылают ему мешающие мысли против Творца.
«Шамати», статья 1, «Нет иного кроме Него»

Цель творения — насладить создания, т.е. Творец желает наполнить нас самым лучшим. И до тех пор пока человек не получил все совершенное и наилучшее, уготованное ему Творцом, и ощущает недостаток во всем, это признак того, что еще не достиг цели творения.
Рав Барух Ашлаг, «Даргот а Сулам, том 1», статья 229 «Сущность творения и исправление творения»

Особое свойство исправления в изучении Каббалы

На человека возложено исправлением себя получить Цель творения. Это действие называется: «Которое создал Творец делать». Это исправление является обретением «намерения отдавать». Только в мере обретения этого намерения, человек становиться способным получить уготовленное ему Творцом.

Рав Барух Ашлаг, «Даргот а Сулам, том 1», статья 229 «Сущность творения и исправление творения»

Ты спрашиваешь, сколько ограничений и постов необходимо человеку, чтобы исправить себя? Это совершенно неверно! Кто научил тебя этой новой торе?! Человек не должен исправлять ничего во внешнем, а только во внутреннем — свое «Я», эгоизм, который совершенно не поддается исправлению от постов и ограничений, а наоборот, эгоизм любит такие действия, потому что может потом гордиться ими. Необходимо достичь ощущения ничтожности по сравнению со всем миром. Этого можно достичь в действии, ставя себя ниже товарищей, с которыми ты изучаешь Каббалу, но ни в коем случае не перед посторонними.

Бааль а Сулам, «При Хахам. Письма», стр. 75

Достаточно человеку маленького отверстия в сердце, чтобы вернуться к Творцу, но при условии, чтобы оно было как укол в сердце, в живое мясо, а не в мертвое.

Изречения ребе из Коцка, «Нет более цельного, чем разбитое сердце», стр. 30

Высшая мысль Творца — в удалении от зла и возвышении человека и мира из низин к высотам совершенства. Для этого предназначены человек и мир, для этого дано и зло в человеке — в мере осознания его в себе, оно поднимается и обращается в добро вследствие осознания злых стремлений.

Рав Кук, «Орот Кодеш», 2, 475

Святая война не между людьми, а именно против себя должен воевать человек, против зла, что в нем, наносить удары и указывать себе: «Расти».

Рав Кук, «Маамарэй Рэия», 508

Исправление (возвращение) постоянно находится в сердце человека, даже когда он грешит, и оно властвует и направляет, потому что оно создано ранее мира (неисправности), а потому нет никакого сомнения в исправлении всего мира.

Рав Кук, «Орот аТшува», часть 6, глава 2

Если удостоится, будет изучать книгу «Зоар» в предутренние часы, потому что силой ее выйдет Исраэль из изгнания, как из тьмы.

«Ор Цадиким вэДэрех Сэуда», часть 1, глава 15

Сами слова при чтении исправляют человека, подобно больному, принимающему лекарство, который излечивается, хотя и не владеет наукой врачевания.

«Кэмах», часть 3, 247

Изучение книги «Зоар», даже без понимания ее, очищает душу.

«Сидур ребе Яков Капиль», Сэдэр Каванот аЛимуд

Занимающиеся тайнами Торы — зло не властвует над ними.

«Пируш аГр"а аль аМишле», глава 18

Мнение каббалистов таково, что даже тот, кто ничего не понимает в чтении книги «Зоар», исправляет свою душу.

«Осафот Маарца», глава 9

Каждая буква книги «Зоар» и книг АР"И несут большие исправления душе во всех ее кругооборотах.

«Ноцер Хэсэд», глава 4, учение 20

Перед приходом Машиаха возрастут в мире всевозможные лжеучения. Уберечься от них возможно тремя путями: изучать каждый день книгу «Зоар», несмотря на то что не понимает в ней человек ничего, но этого уже достаточно для очищения сердца.

«Ор Яшарим», Мира Дахья

Изучение «Зоар» в течение одного часа приносит больше, чем изучение простого толкования в течение года.

«Кисе Мэлех», Тикун 43, глава 60

Особое свойство исправления в изучении Каббалы

Нет у Творца большего удовольствия, чем когда занимаются Каббалой. И более того, только для этого создан человек, чтобы изучать Каббалу.

Рав Хаим Виталь, «Введение к Шаар Акдамот»

Творец желает только исправления творения, а потому не отталкивает грешников двумя руками, а наоборот, дает им желание исправиться.

Рав Хаим Луцато, «Даат Твунот», стр. 45

Когда человек исправляет себя и возвышается — обращает этим зло в добро, потому что само зло толкает человека к исправлению, и обнаруживает, что его неисправность — исправление.

Рав Хаим Луцато, «Даат Твунот», стр. 166

До тех пор пока Творец скрывает себя, Он допускает зло к победе до последней границы, какой только возможно, до разрушения мира, но не до полного разрушения, это и есть причина раскрытия затем единства Творца, исправление всех зол и неисправностей силой Его власти.

Рав Хаим Луцато, «Даат Твунот», стр. 185

Не спрашивай: «Для чего исправления эти?» Знай, что есть в них огромная польза. Первое — они не пропадают, а сохраняются до конца существования мироздания. Второе — когда человек выполняет эти внутренние действия, хотя они и не выходят наружу, но исходит из них свечение, приводящее к большим исправлениям.

Рав Хаим Луцато, «Адир бэ Маром», стр. 17

Нет ни одного действия, которое бы не исходило от света.

Рав Хаим Луцато, «Адир бэ Маром», стр. 227

Все заповеди, указанные в Торе, и дополненные праотцами, хотя все они будто говорят о действии физическом или голосом, все они только для исправления сердца, ведь все сердца требует Творец к исправлению и понимает каждое мысленное намерение.

Ибн Эзра, «Есод Мора», стр. 8

МОЛИТВА

Я вижу страдания каждого, личные и доставляемые ему обществом — войны между народами и боль — и кроме молитвы, нечем ответить на это. И это называется «страдающий страданиями общества».

Бааль а Сулам, «Даргот а Сулам, том 1», статья 180 «Аават а Зулат»

Верой называется то, что выше знания, т.е. выше природы, потому что знание человека в природе его и в разуме. Ведь то, что человек понимает, осознает как нужное, он может сделать, у него есть на это силы, если только не лентяй. Но то, что выше его знания, против его знания, нет силы сделать это. Поэтому то, что выше законов природы, называется «чудо». А все чудеса относят к Творцу, потому что свыше нисходят они, а не от человека снизу, потому что не в силах человека совершить что-либо выше его природы. Но чтобы совершить чудо, человек должен молиться, чтобы Творец сделал ему это чудо.

Бааль а Сулам, «Даргот а Сулам, том 2», статья 674 «Ецро шель Адам»

Вся работа человека в том, чтобы сделать выбор, имеется в виду молитва. Тогда Творец слышит и отвечает на нее. А молитва может быть только о том, чего нет и жаждешь. Поэтому человек должен обрести желание к вере, потому что только тогда, когда человек ощущает, что ему не достает веры, он поднимает истинную молитву, которую только и слышит, и на которую отвечает Творец.

Бааль а Сулам, «Даргот а Сулам, том 2», статья 674 «Ецро шель Адам»

Если человек желает знать и просит Творца понять связь — это называется «молитва». И это самое великое, поскольку возникает у него связь с Творцом.

Бааль а Сулам, «Даргот а Сулам, том 2», статья 561 «Тфила»

Молитва

Каждая молитва делает новое исправление благодаря новым проверкам, поднимающимся от каждой молитвы.
Рав Хаим Луцато, «Адир бэ Маром», стр. 231

Молитвой называется работа в сердце, потому что сердце — это основа, управляющая всем.
Рав Хаим Луцато, «Адир бэ Маром», стр. 234

Исправление сердца осуществляется молитвой об исправлении намерения сердца, которой сердце передается Творцу, убирая всякое понимание и мысли, кроме намерения...
Рав Хаим Луцато, «Адир бэ Маром», стр. 242

Молящийся сегодня, потому что молился вчера — грешник лучше него.
Изречение ребе из Коцка, «Нет более цельного, чем разбитое сердце», стр. 129

ДУХОВНОЕ ПОСТИЖЕНИЕ

Абсолютная обязанность возложена на каждого из Исраэль, во что бы то ни стало заниматься внутренней частью Торы и ее тайнами, без которых человек не достигнет цели своего творения. И поэтому мы постоянно вращаемся в кругооборотах жизни и смерти, поколение уходит и поколение приходит, и так до нашего поколения, которое представляет собой остатки душ, еще не достигших цели, ради которой созданы, потому что не удостоились постичь в прошлых поколениях, в которых уже находились здесь, тайн Торы.

Бааль а Сулам, «Пи Хахам», Введение к черновику книги «Талмуд Десяти Сфирот»

Найти милость в «глазах» Творца или наоборот — не зависит от человека, а только от Создателя. Почему именно этот человек сейчас понравился Творцу, и поэтому Он приблизил его, а потом оставил — это невозможно понять тому, у кого нет духовного постижения, так как только после того как войдет своими ощущениями в духовный мир, удостоится понять это.

«Шамати», статья 1 «Нет иного кроме Него»

Существование места в духовном называется местом существования, потому что всякий, достигающий этого места, ощущает то же, что и другие, находящиеся или бывшие там. Поэтому нет места выдумкам и предположениям.

«Шамати», статья 98 «Духовным называется ...»

Бааль Сулам сделал так, что если простой человек следует его пути — достигает слияния с Творцом, как и самый великий мудрец. Тогда как до него необходимо было стать прежде великим мудрецом, чтобы затем только удостоиться слияния с Творцом. А до Бааль Шем Това только самые великие мудрецы поколения могли достичь постижения Творца.

Рав Барух Ашлаг, «Даргот а Сулам, том 1», статья 85 «Пэилут Гдолей а Ума»

Мы познаем Творца только изнутри души нашей, из ее свойства подобия Творцу.

Рав Кук, «Игрот том 1», 45

Человек ищет Творца в себе, в своих правильных стремлениях и поэтому, даже начиная из своих обычных свойств, он может подняться до подобия Творцу и исправить свои намерения.

Рав Кук, «Орот» 62-63, глава 8

Все, что сделал Творец — сделал для того, чтобы раскрыть свои тайны творениям, раскрытие скрытого в душе человека.

Рав Кук, «Мусар а Кодеш», 357

Основное в постижении Торы, являющееся основой человека, существования творения, основой духовной работы — зависит только от постижения Каббалы.

Рав Моше Кордоверо, «Да эт Элокей Авиха», 80

Тайны и постижение мироздания не передаются одному или избранным, а всем творениям, всему миру, каждому дано слияние с Творцом.

Рав Моше Кордоверо, «Да эт Элокей Авиха», 93

Занимающимся только простым толкованием Торы — стыд это в будущем мире, и они выталкиваются оттуда, ведь там нет простой Торы, а только тайная ее часть.

Рав Моше Кордоверо, «Да эт Элокей Авиха», 148

Счастливы, занимающиеся тайнами Торы, ведь когда человек уходит из мира, он исправляется (совершает «тшува»), и остаются только грехи, которые искупаются смертью, исчезают все ограничения, раскрываются 13 врат тайн высшей мудрости.

«Зоар», Шир а Ширим, стр. 148, статья «Хохмата дэ Ицтарих»

Ведь законы выполнения заповедей, как кашерное — трефное, разрешено — запрещено, чистое — нечистое (ритуально) выведены только из внутренней части Торы, как известно знающим Творца.

Рав Хаим Виталь, Введение к книге «Эц Хаим», 3

Кто не учит Каббалу, не видит света Творца, не ощущает единства и удаляется от вечной духовной жизни.
Шл"а, статья 1, стр. 30

Кто не видел свет книги «Зоар», не видел свет в своей жизни.
Шл"а, статья 1, стр. 30

Согласно заповеди: «Знай сегодня и в сердце своем, что Творец — Создатель...» обязаны мы знать, а не верить, в сердце своем ощущать Его.
Рав Хаим Луцато, книга «Милхамот Моше», Клалим, стр. 349

«Да не будет в тебе Творец посторонний» — чтобы Творец не был посторонним тебе в тебе.
Изречения ребе из Коцка «Нет более целого, чем разбитое сердце», стр. 42

Распространение души в сердце называется постижением (авана), как сказано: «Сердце постигает», потому что постижение сердца называется видением — как видят глаза.
Рав Хаим Луцато, «Адир бэ Маром», стр. 274

Любое постижение — постижение частное, личное, согласно уровню постигающего и времени, но сама Тора — нет ей границ на любой ступени.
Рав Хаим Луцато, «Адир бэ Маром», стр. 279

Кто постигает истинную картину, видит три вещи: истинное скрытое управление, внешнее проявление управления, т.е. управление не истинное, откуда оно происходит и как связано с истинным управлением.
Рав Хаим Луцато, «Адир бэ Маром», стр. 459

«Нет отличающего человека от животного, кроме знания о том, что «я» — ничто.»
«Вэ Мутар а Адам мин а Бээма Аин»

КАББАЛИСТЫ И ИХ ТРУДЫ

...Теперь ясно, что в духовном оборачивается привилегия масс в их обязанность и получается закон в виде: «За единственным идти», т.е. за самым развитым. (В материальном вся Тора стоит на правиле: «Идти за большинством»). Ведь ясно, что развитые находятся в очень малом количестве в обществе. И поэтому успех масс в духовном находится только в руках духовно развитых единиц. Отсюда — обязаны массы стремиться проворно следовать за единицами и оберегать их пуще глаза, чтобы не исчезли из мира, потому что они обязаны знать, что самые нужные, необходимые, передовые; истинные мысли не находятся в массах, а только в слабых, малочисленных. Потому что вся природа мудрости — являться в мир в малых количествах. Поэтому обязаны массы беречь, учиться, слушаться духовно единственных, потому что слабость властвующих масс в их неспособности выяснять главное.

Бааль аСулам, «При Хахам. Статьи», статья «Херут», стр. 37

В каждом поколении возбуждается суд над праведниками. В основном этот спор о праведниках, занимающихся приближением самых удаленных от Творца душ, потому что свойство противостояния раскрывается по шкале душ и возникает зависть в сердце мира, а иногда и в сердцах мудрецов, вынуждающая их противоречить праведникам, приближающим их, настолько, что кажется им, что те ведут себя неправильно. И это возникает снова и снова, и продолжается, и происходит еще от спора колен с Йосефом.

Ребе из Бреслава, «Ликутей Эдут Мэшулаш»,
часть «Эмет вэЦэдек»

Каббала была открыта до смерти рабби Шимона (Рашб"и), а затем скрыта, и каждый из каббалистов занимался ею скрыто и передавал свои знания только своему ученику, одному в каждом поколении. И передавал только намеками, «изо рта в рот», раскрывая меру, а две скрывая, и т.о. Каббала все более исчезала от поколения к поколению. И так продолжалось до Рамбана, последнего из истинных каббалистов. Ко всем книгам по Каббале, написанным после Рамбана, не приближайся к ним, потому что от Рамбана и далее скрылся путь мудрости от мудрецов, и осталось у них только немного зачатков некоторых знаний, без корней, и на них выстроили последние каббалисты свою Каббалу человеческим разумом. ...Поэтому я, Хаим Виталь, желая вернуть многим желающим истинное скрытое, ...собрал записи моего учителя в книгу «Древо Жизни».

Рав Хаим Виталь, Введение к книге «Эц Хаим», 19-20

Все могут войти в изучение книги «Зоар», и даже если был последний грешник, пусть войдет и получит свое исправление души.

«Ор Якар», «Шаар 1», глава 5

Наше время отличается от предыдущих поколений тем, что раньше врата Каббалы были закрыты, и поэтому было мало каббалистов. В наше же время открылись врата Каббалы, потому что близки мы к концу дней. Большое удовольствие Творцу от распространения в мире знаний о Нем, особенно после выхода трудов Ари, открывающих нам врата света, закрытые до нашего времени со дня сотворения мира, и нет никакого страха заниматься Каббалой, точно как и открытой частью Торы.

«Сэфер а Брит», часть 2, статья 12, глава 5

Бааль Шем Тов указал всем до молитвы учить книгу «Зоар».

«Дорэш Тов», глава «Зоар»

Царь Давид завещал своему сыну Шломо: «Знай Бога отцов своих и работай на Него». Главные истинные знания Единства постигаются из Каббалы.

«Осафот Маарца», глава 18

Постичь Свет Жизни от Шхины можно только в изучении книги «Зоар» и книг Ари.

«Эйхаль а Браха», глава «Дварим», 58

Свет книги «Зоар» — это свет будущего в явлении Машиаха.

«Бней Исасхар», статьи месяца Ияр, статья 3, глава 3

Великие каббалисты учили втайне и не писали книг, хотя могли бы написать книги такие, как книга «Зоар». И недостаток этих знаний ощущается в мире. Только в дни Рашби, после его 13-летнего скрытия в пещере, раскрылся свет мудрости до конца дней.

Рав Хаим Луцато, «Адир бэ Маром», стр. 13

Великий АР"И сделал больше, чем все до него.

Бааль аСулам, «Введение к книге Паним Мэирот вэ Масбирот, глава 8 стр. 207»

ВАЖНОСТЬ РАСПРОСТРАНЕНИЯ КАББАЛЫ

Известно из первоисточников, что изучение Каббалы обязательно каждому из Израиля. И даже если человек изучил весь Талмуд и весь полон добрых деяний, больше чем все его поколение, но если не изучал Каббалу, обязан он снова вернуться в этот мир, чтобы изучать Каббалу.

Бааль а Сулам, «Пи Хахам», Введение к черновику «Талмуд Десяти Сфирот»

Рад я тому, что родился в таком поколении, в котором можно распространять Каббалу, и получил указание свыше делать это, что не указывал ранее Творец никому — распространять всю науку перед всеми, объясняя каждое слово в его точном смысле. Ведь и я также присягнул своему учителю, чтобы не раскрывать учение, как и все каббалисты до меня. Но эти ограничения относятся только к передаваемому устно, из поколения в поколение, до первых пророков и выше, потому что если бы эти пути раскрылись массам, принесло бы это большой вред. Но то, что раскрываю я в своих книгах, наоборот, важно раскрыть как можно шире, потому что на это получено разрешение и личное указание Творца, потому как необходимо поколению, т.е. именно само поколение вызывает раскрытие ему высшей мудрости.

Бааль а Сулам, «При Хахам. Статьи», статья «Торат а Каббала в эМаута», стр. 165

Ясно, что освобождение Израиля и его возвышение зависят только от изучения книги «Зоар».

Бааль а Сулам, Введение к книге «Зоар», стр. 90, параграф 69

Важность распространения Каббалы

Мы обязаны открывать центры изучения Каббалы и распространять ее во всей массе народа, чего не было в прошлом, вследствие страха приема недостойных учеников.

Бааль аСулам, «Введение к книге Паним Мэирот вэ Масбирот, глава 5, стр. 205»

Вследствие отказа от изучения духовного и Творца знания о Творце исчезают во тьме..., человек теряет свой мир тем, что связывается с малым знанием. Творец не раскрывается в его душе, и это — отказ от прихода Машиаха.

Рав Кук, «Орот», 126

Нельзя ограничить занятия Торой изучением только механических законов. Ее духовная часть, во всей ее широте и объеме, глубине и охвате, также обязана найти место среди нас. Это необходимо в наши дни как духовное наше излечение. Этими путями шли наши праотцы, и мы тогда сможем быть уверенными в своем пути.

Рав Кук, «Письма, том 1», 187-189

Повернуть сердца и занять разум мыслями мира Ацилут, корни которого — это тайны Торы, становится в нашем поколении абсолютно обязательным для существования иудаизма.

Рав Кук, «Арпилей Тоар»

Все великие каббалисты кричат в один голос о том, что пока отказываемся от тайной Торы и не занимаемся ее тайнами, мы этим разрушаем мир.

Рав Кук, «Письма, том 2», 231

Приближается время освобождения мира, зависимое только от высшего света, от раскрытия тайн Торы ясным языком, таким, чтобы проявилась ясно вся скрытая мудрость.

Рав Кук, «Письма, том 1», 92

Именно это поколение, столь пустое и отвергающее все, оно и достойно больше других света правды.

Рав Кук, «Письма, том 2», 34

Когда убавится знание у сыновей Израиля в течение изгнания, забудется духовное и упадут в материальное, это произойдет, потому что тайны Торы исчезнут из них, а знающих тайны Торы останется один на всех, остальные будут нападать на него и молиться, чтобы исчез он и его мудрость.

Рав Кордоверо, «Да эт Элокей Авиха», 139-140

Изучение книги «Зоар» в наше время настоятельно необходимо, для нашей защиты от зла, потому что раскрытие мудрости именно в столь плохом поколении необходимо, чтобы был у нас щит удержаться за Творца. Прежние поколения были ближе к Творцу, но в нашем, далеком от Творца поколении только Каббала может защитить нас.

Моарар Яков Цемах, «Введение к Эц Хаим»

Знающий тайны Торы, его душа уединяется с Творцом, получая и этот, и тот миры, даже в этом мире ощущает будущий мир, благодаря этому является Машиах, потому что явится, когда его знание распространится на земле.

Шл"а «Маамар Ришон», стр. 30

То, что было сказано, что нельзя изучать Каббалу всем, запрет этот был только до 5250 года, а с 5250 года и далее снят запрет, и наоборот, добавлено указание изучать книгу «Зоар». А с 5300 года обязаны все заниматься, как большие, так и малые, поскольку вследствие этого явится Машиах, а потому не имеем права откладывать это.

«Ор Хама», Введение

Вследствие изучения тайной Торы придет Машиах в наши дни.

«Кэилот Яков», глава «Сод»

Освобождение — только от изучения Каббалы.

«Эвен Шлема», часть 11, глава 3

Если бы начинали изучать книгу «Зоар» с 9 — или с 10-летними, приблизили бы освобождение. И как сказал Бааль Шем Тов в «Сефер Эмунот»: «Только Каббалой освободится Йегуда и Исраэль, потому что только это знание Творца, переданное мудрецам Израиля с древних дней, только с его помощью раскроется Творец и Его Тора.

«Кэилот Яков», глава «Сод»

Важность распространения Каббалы

Посылает нам Творец тайное знание, чего не посылал ни в одном прошлом поколении, кроме поколения рабби Акивы и рабби Шимона..., без которого человек, как животное, подобно ослу, жующему сено.

«Сур ми Ра», 29

Если бы духовные предводители нашего поколения указали своим ученикам изучать Каббалу, не стремились бы те к иным премудростям. Но что поделаешь, если предводители поколения закрыли двери перед мудростью Творца, утверждая, что только достигшие святого духа могут заниматься Каббалой, а потому все поколение в потемках. Говорит Творец: «Будет свет — и нет света».

«Мэаян Ганим», часть 1, глава 5

Вследствие умножения в этом поколении нечистых сил, насилия разрешено свыше раскрывать свет мудрости Каббалы, светом Творца сливаться душой с Ним..., потому что раскрылась эта мудрость в нашем поколении только для исправления нашего.

«Эйхаль Браха», Дварим, стр. 27

Силой книги «Зоар» придет избавление.

«Кисе Элияу», глава 4

Сила изучения книги «Зоар» уничтожает все наказания свыше.

Равы Иерусалима, 5681 год (1941 год)

В будущем выйдут сыны Израиля из изгнания силой книги «Зоар».

Книга «Зоар», глава «Насо», параграф 90

А когда начнем заниматься этой мудростью с любовью, освободится Израиль.

Рав Хаим Виталь, «Введение к Шаар Акдамот»

Освобождение будет только вследствие изучения Каббалы.

Виленский Гаон, «Эвен Шлема», часть 11, 3

Когда-то в Праге было большое скопление знатоков Торы, но затем еврейство там духовно обеднело, вследствии того, что ранее было достаточно изучать открытую часть Торы, но теперь, перед приходом Машиаха, необходимо изучать и тайную часть Торы. Ранее эгоизм не был таким огромным в человеке и достаточно было открытой части Торы, а теперь необходима скрытая часть.

Рав Симха Буним из Пшисхи, «Торат Симха», стр. 57

Только вследствие распространения Каббалы в массах удостоимся мы полного освобождения, как каждый, так и все человечество. Только постижением Каббалы мы достигнем цели, ради которой созданы. Поэтому необходимо самое широкое распространение Каббалы в массах, чтобы смогли получить пользу от прихода Машиаха. Поэтому распространение Каббалы и приход Машиаха зависят один от другого. А потому мы обязаны открывать центры, выпускать книги дабы ускорить распространение Каббалы среди самых широких масс.

Бааль а Сулам, «Введение к книге Паним Мэирот вэ Масбирот, глава 5»

В настоящее время настоятельно необходимо овладевать Каббалой. Книга «Зоар» обязана проложить путь к воротам освобождения.

Рав Кук, «Орот», 57

Творец заповедал нам познать Его управление, поэтому мы желаем изучить, что же дает нам это управление. Изучается это в Каббале, объясняющей свойства Творца. Поэтому мы, несомненно, обязаны изучать Каббалу.

Рав Хаим Луцато, «Шаарей Рамхаль», статья «Викуах», стр. 50

ПРИСТЫЖЕНИЕ ПРОТИВНИКОВ РАСПРОСТРАНЕНИЯ КАББАЛЫ

Есть три вида противников изучения Каббалы:
1) Говорящие, что не обязательно верить в скрытое в Торе вследствии многих причин, или важности простого изложения, или, что нет необходимости в скрытом, ведь кто заставит верить в десять сфирот...
2) Согласны на то, что велика эта мудрость, но кто достоин заниматься ею, а те, кто занимается, протягивают руки в запрещенное место...
3) Говорят, что человек может ошибаться, а потому особенно страшно ошибиться в столь высоких местах... Но даже если не находит человек Учителя, который обучал бы его правильно, не прикрывается этим как причиной не заниматься, и вознаграждением ему будет Истина.

Рав Моше Кордоверо, «Да эт Элокей Авиха», 118-132

Если человек из Израиля принижает значение тайной Торы относительно остальной Торы, принижает этим внутреннюю часть мира, т.е. Израиль, относительно внешней части мира и вызывает этим то, что они притесняют Израиль, вплоть до изгнания, угнетения, истребления. Все падение Израиля — только вследствие того, что оставили внутреннюю часть Торы, унижают ее величие — соответственно, это и происходит с Израилем.

Бааль аСулам, Введение к книге «Зоар», стр. 69

Горе им, способствующим тому, что дух Избавителя исчезает из нашего мира, они делают Тору сухой, без мысли и высшего знания, потому что сокращают себя только до выполнения заповедей, и не желают заниматься Каббалой, познать тайны Торы и вкус заповедей. Несчастные, они своими действиями способствуют бедности, убийствам, насилию, униженности и грабежам в мире.

Бааль аСулам, Введение к книге «Зоар», стр. 70

Сыны Израиля делятся на три группы:
1) Работающие на Творца массы.
2) Мудрецы, занимающиеся простой Торой.
3) Овладевающие Истинной Торой.

О первой группе говорит Творец: «Меня не знают они, это простые массы». О третьей группе говорит Творец: «Они занимаются тайнами Торы и поэтому они сыновья Мои». О второй группе изучающих только простую Тору (пшат), сказал Творец: «Хоть и мудрецы они в этом, но на зло, а добро делать не умеют, и много порчи выходит из под рук их»... О первой группе сказал: «Видел я землю и в хаосе она, ...ведь возвращают они мир к хаосу, ведь занимаются устройством тел и уничтожением собственных душ». О второй группе сказал: «Мудрецы они, занимающиеся Моей Торой, но нет света в их Торе, ведь идут они в тьме, т.е. в изучении Вавилонского Талмуда...

Рав Хаим Виталь, «Введение к книге Эц Хаим», часть 1, 9-10

Несомненно, занимающиеся только Вавилонским Талмудом подобны слепым, грызущим стену, не видят глаза их тайн Торы, скрытых там.

Рав Хаим Виталь, «Введение к книге Эц Хаим», часть 1, 9-10

Наказание творениям за унижение Торы! Ведь несомненно, потому как занимаются простой Торой и ее рассказами, подобно это тому, будто выглядит Тора, как вдова, одетая в мешковину, а все народы мира говорят Израилю, чем же отличается ваша Тора от нашей, ведь и ваша — рассказы да и только. Нет большего унижения Торы. И наказание им за это. Но не занимаются каббалистической мудростью, дающей Торе уважение. А их Тора вызывает удлинение изгнания и усиление страданий в мире. Но что делать, если ...мудрецы наши довольны имеющимся и веселы тем, что есть у них...и говорят, что нет Торы кроме простой..., и несомненно, нет у них участи в будущем мире...

Рав Хаим Виталь, «Введение к книге Эц Хаим», часть 1, 11-12

Как пишет Рамбам, кто не достиг духовного совершенства (подобия Творцу), не называется человеком, всего лишь животное в виде человека. А в том, что может вредить, чего не может животное — ведь разум и мысль, данные ему для постижения совершенства, использует он для вреда другим, — в том ниже животного он.

Рав Шимон Лави, «Кэтем Паз», Адам тахлит каванат а Брия

Ответ всем умникам, возражающим против изучения Каббалы, что слышат, но не видят..., идущий пусть ошибается, но обнаруживая это, просит верного пути, поэтому его усилия засчитываются ему и вознаграждается Творцом. А унижающие изучающих Каббалу в будущем предстанут перед судом Творца, ведь идут только в открытой части, ослепляющей человека и не видят деяний Творца. Примитивность их понятий и мышлений — уже наказание их.

Рав Шимон Лави, «Кэтем Паз», Тов вэ Ра Нихлалим бэ Адам

Венец Торы — это Каббала, от которой отказываются все, но ты, протяни руку и возьми ее, ведь кто не пробовал ее, не пробовал вкус света Торы и живет во тьме, и велик грех указывающих не изучать Каббалу всякими вымыслами и подделками. И это — не вина масс, а вина их предводителей, умудряющихся преуспеть именно в пренебрежении изучением Каббалы и ругающие ее, гордящиеся тем, что идут в раскрытой Торе, что нет им необходимости в Каббале, а только в простом понимании Торы.

«Сэфер а Брит», часть 2, статья 12, глава 5

Кто не изучал Каббалу и не желал изучать ее — когда его душа возжелает войти в райский сад, оттолкнут ее с презрением... и не бери примера с великих в открытой Торе, не желающих изучать Каббалу, ведь это не мнение мудрецов в книге «Зоар», которая важнее мнений всех нынешних мудрецов.

«Сэфер а Брит», часть 2, статья 12, глава 5

Каждый отказывающийся изучать Каббалу проигрывает свой мир и не заслужит увидеть свет Творца.

«Хават Яир», глава 210

Есть много неучей, которые отказываются от изучения Каббалы АР"И и книги «Зоар», а если бы послушались меня, зло и несчастья не посещали бы наш мир, потому что человек из Исраэль зависим только от книги «Зоар» и Каббалы АР"И, каждый, согласно своим постижениям.

«Ноцер Хэсед», глава 4, учение 20

Лекарство от всех бед, которое если оставляем, вызываем свое же падение — это занятие внутренней частью Торы.

Рав Кук, Агар 483

Они-то и делают Тору сухой, тем, что не желают заниматься Каббалой. Ой им, несущим миру бедность и бедствия, убийства и несчастья.

Тикуней «Зоар», глава 30

Кто должен постичь тайны Торы и не постиг, заслужит тяжелые наказания.

Виленский Гаон, «Эвен Шлема», часть 24

«Да не пожелает неуч мудрость, как только раскрытую в сердце» вслед за этим ничтожным миром. И уменьшает свои занятия Торой тем, что пренебрегает занятиями тайнами Торы, «потому что для этого необходима мудрость» понимать понятие из понятия. Но неуч не утруждается приложением усилия для понимания мудрости, а только «раскрытую в сердце», т.е. раскрываемую всем, которую можно постичь без особых усилий. Но не понимает, что даже открытую часть Торы т.о. не постигает.

Рав Моше Кордоверо, «Ор Нээрав», стр. 459

Поскольку мудрость обнажена, и в ней тайны, не поддающиеся пониманию, рождает это особое зло: большие мудрецы оставляют ее, ведь природа мудрецов — просить понимание и знание глубины вещей, и когда они видят, что этой мудростью невозможно наполнить свои низкие желания, говорят: «Почему прошло время, когда могли мы постичь?» А есть которые говорят еще хуже о высшей мудрости, ругая ее. А есть утверждающие, что «Зоар» вообще написан непонятно кем, намекая, что не надо относиться к нему как к святой книге...

Рав Хаим Луцато, «Шаарей Рамхаль»,
«Введение к статье Викуах», стр. 37

Есть тьма, застилающая глаза человечеству, опускающая их в занятия природой, от чего они уже не ощущают Творца, как высшего управляющего всем, а считают все зависящим от природы, удачи и случая. А также и наука помогает им в этом. И потому совершенно не ощущают внутреннее управление мирозданием. И этим опустились до наинизшего уровня настолько, что забылась Тора у Исраэля, и не понимают истинного управления, а идут за природой. То есть даже если и не грешат прямо, но глаза их, как у животных в поле, не видящих Высшего управления.

Рав Хаим Луцато, «Адир бэ Маром», стр. 459

Причина того, что Рашби указывал на это и называл занимающихся простой Торой, спящими, в том, что не раскрывают глаза свои видеть любовь Творца к ним, будто пренебрегают этим и совершенно не знают пути к совершенству и слиянию с Творцом, хотя Тора говорит: «Слейся с Ним», что достигается познанием совершенства Творца и овладевания им. То есть Исраэль должен устремиться к слиянию с Творцом. Но следствие духовного изгнания в том, что забылся этот путь, спит Исраэль и обязан пробудиться, чтобы идти по пути Творца.

Рав Хаим Луцато, «Шаарей Рамхаль», «Введение к статье Викуах», стр. 97

ПРОРОЧЕСТВО
рав Йегуда Ашлаг

И было в годы войны, в дни ужасающей резни, и я молю и плачу плачем великим всю ночь. И пришел рассвет, и вот люди всего мира, словно собранные воедино пред моим внутренним взором, и один человек парит над ними, острие меча своего заносит над их головами, хлещет по головам, и головы взлетают ввысь, а трупы их падают в долину огромную и станут морем костей.

И вот голос ко мне: «Я — Б-г всемогущий, правящий всем миром в милосердии великом, протяни свою руку и возьми меч, ибо дал Я тебе сейчас силу и мощь.» И облачился в меня дух Творца, и овладел я мечом, и тотчас исчез тот человек, и вгляделся я лучше — и нет его, а меч в моей власти для моих собственных завоеваний.

И сказал Б-г мне: «Направь стопы свои и ступай себе из места рождения твоего в страну прекрасную, в страну святых праотцов, и сделаю Я там тебя мудрецом большим и могучим (многочисленным), и да благословятся тобой все великие Земли, ибо тебя Я выбрал праведником и мудрецом во всем этом поколении, чтобы излечил ты бедствие человеческое избавлением прочным.

А меч этот возьми в руку свою и храни его всей душой своей и всей мощью своей, ибо он свидетельство между мной и тобой, что все эти благие дела тобой осуществятся, т.к. до сего времени не было еще у меня такого преданного среди людей, как ты, чтобы мог Я передать ему этот меч, и поэтому сделали разрушители то, что сделали. Но отныне каждый разрушитель, который увидит меч мой в твоей руке, сразу же исчезнет и искоренится с земли».

И спрятал я лицо свое, потому что боялся я взглянуть в направлении говорящего мне. А меч, что казался поверхностному взгляду глаза моего простым железным мечом, в страшно испорченном виде своем, он вдруг обратился в моем владении в сияющие буквы святого имени: *Б-г всемогущий, блеском и сиянием наполняющий свет, спокойствием, тишиной и уверенностью — весь мир.*

И молвил голос сердцу моему: «Кто передаст и приобретет для всех поколений мира от чистой капли этого меча, чтобы познали тогда прелесть Б-га на земле».

И поднял я глаза свои, и вот, Б-г, стоящий предо мной, говорит мне: «Я Б-г, Б-г отцов твоих, вглядись с того места, на котором стоишь ты предо Мной, и узри все существующее, созданное мной из Ничего, высшие и нижние воедино, прежде их выхода в существование и во всей протяженности времени и порядка их развития, пока не придут они к концу трудов своих, как должно, чтобы деяние рук Моих восхвалить.»

И увидел и возрадовался очень за прекрасное творение и все, заполняющее его наслаждение и изобилие, которыми наслаждаются все, являющиеся на землю эту, и вознес оду Творцу.

Тогда обратился я к Б-гу: «Пред Тобой трудиться будем в страхе и трепете и Имя Твое восхвалять будем вечно, ибо не выйдет из Тебя злое и доброе, но лишь чреда наслаждений, уготовленная пред нами, от начала нашего и до конца.

Как счастливы продвигающиеся по мирам Твоим, которые Ты им уготовил для удовольствия, неги и полного счастья. Нет кривды, порчи и извращения во всех деяниях рук Твоих, во всем высшем и нижнем вместе.»

И наполнился я мудростью прекрасной, и в корне всего — мудрость Его личного провидения. Так продвигался я и прибавлял мудрости ежедневно, многие дни, сто восемьдесят дней.

В дни эти задумал я принести молитву Творцу, чтобы сказать: «Вот наполнился я мудростью более всех до меня, и нет ничего в мире, что было бы выше моего понимания, но речи пророков и мудрецов Б-жьих не понимаю я совершенно, также Имена святые во множестве их не понял я».

И задумался: «Вот Б-г обещал мне мудрости и знаний, что буду чудесным примером меж мудрецами и созданиями всеми, а я до сих пор бесед их не понимаю.»

Но прежде чем воззвал я — и вот Б-г покоится надо мною и говорит: «Так взгляни же — мудрость твоя и постижение твое намного выше всех мудрецов, которые были до сих пор на земле, и что из того, о чем просил ты Меня, не дал Я тебе? Зачем же вводить тебе в уныние дух свой пониманием пророчеств? И потому не удовлетворяешься ты ими, что речения их сказаны из незначительного по сравнению с твоим постижения. Может пожелаешь, чтобы опустил Я тебя с уровня твоего — и тогда сможешь ты понять все сказанное ими во всем их объеме?»

И замолчал я и возрадовался в обильной гордости и не ответил ничего. После того спросил я Б-га: «Ведь до сих пор не слышал я ничего о существовании своего тела, а все самое лучшее и предназначенное пришло ко мне только из духовного и к нему все направляется. Но если так, то что будет, если из-за какой-то болезни или порчи телесной запутается ум мой и согрешу пред Тобой, отошлешь ли меня от Лица Своего, заберешь ли все благо Ты иль накажешь меня?»

И поклялся мне Б-г (Вот уже пришел ты к конечной цели своей и все прегрешения твои простил Я и милость эта....) Именем своим Великим и Страшным и Троном Своим Вечным, что не ослабнет милость Его ко мне навеки, согрешу иль не согрешу, милость Его и святость Его не отвернутся от меня никогда. И услышал я и возрадовался очень.

И в наполнении дней этих внимал я вниманием безмерным всем назначениям и заверениям, что получил я от Б-га, но не нашел в них достаточной ясности и языка, которым мог бы говорить к человечеству и обратить его к стремлению к Творцу, которое познал я.

И не мог я сдерживать себя, гулять среди людей, опустошенных совершенно, злословящих на Творца и на творение Его, а я, насыщенный и возносящий хвалу, иду и радуюсь, и словно насмехаюсь над несчастными этими. И тронуло меня все это до глубин сердца моего.

Тогда решил я в сердце своем: «Будь что будет, и даже, если опущусь я со ступени уровня своего, обязан я излить молитву горячую к Творцу, чтобы дал мне постижения и знания, речения пророческие, мудрость и язык, чтобы помочь человечеству несчастному, поднять их к степени мудрости и наслаждения, подобной моей.» И при всем том, что знал я тогда, что нельзя омрачать мне дух свой, все же не сдержался я и излил душу и молитву горячую...

...И было поутру: и вгляделся я и увидел Восседающего в небесах. Насмехался Он надо мною и речами моими, и сказал мне: «Что ты видишь?»

И сказал я: «Вижу два человека борются вместе, один мудр и совершенен в полном великолепии сил своих, а второй мал и глуп, как младенец новорожденный, но второй, не понимающий, маленький и слабый, бросает силача абсолютно совершенного.»

И сказал мне Б-г: «Этот младенец великим станет.»

И открыл младенец рот свой и стал говорить мне какие-то речения, непонятные мне совершенно. Однако ощутил я в них все сокровище мудрости и пророчества, принятое среди пророков истинных, пока не понял я — ибо ответил мне Создатель на просьбу и сделал меня подобным меж всеми пророками и мудрецами Б-жьими.

И сказал мне Б-г: «Встань на ноги свои и взгляни в сторону востока древнего.»

И поднял я глаза и увидел, что младенец ползающий в одно мгновение вырос и сравнялся по уровню с ростом большого. Но до сих пор недоставало ему понимания и ума, как и прежде. И изумился я очень.

После этого был глас Б-жий и речение ко мне: «Ляг на правый бок.» И лег я на землю, и сказал Он мне: «Что ты видишь?» И ответил я: «Вижу я народы мира в великом множестве своем возвышаются и исчезают.»

И говорит мне Б-г: «Если сможешь придать форму всем народам этим и раздуть в них дух жизни, приведу я тебя в страну, которую поклялся Я праотцам твоим отдать тебе, и все уготовленное Мной — через тебя осуществится!»

БЫЛО Б ДОСТАТОЧНО МНЕ
Рав Йегуда Ашлаг

Благословен человек, ищущий защиту в Тебе, пробуждающийся от проникновения Твоего в сердце свое. Благословен человек, который, услышав Заповеди, Тору и наставления Твои, запечатлевает их в сердце своем.

Ты производишь Свет и творишь Тьму, делаешь мир и творишь все. И если дал Ты мне слух, слышать Тебя вечно любовью души, и не показал бы мне, как глаза Твои наблюдают за мной от конца мира и до конца его, было б достаточно мне.

И если обещал Ты мне достичь в будущем всех мудрецов Твоих, быть среди восходящих к Тебе, но не поднял бы меня к ним в настоящем, было б достаточно мне.

И если бы поднял меня к ним в настоящем, но не постиг бы я Твое Величие, ничем и никем не ограниченное, было б достаточно мне.

И если постиг я, что не ограничивает Тебя никто, и не указал бы Ты мне дом молитвы, где получил я из рук Твоих все недостающее, было б достаточно мне.

И если удостоился я призыва Твоего и ответа, как спрашивает человек у другого обо всех сомнениях в сердце, и не осчастливил бы Ты меня явлением в один из дней, и рождением в изгнании в другой день, было б достаточно мне.

И если не осветил меня знанием тайны еще в стране исхода и не поставил бы меня в этом начале, чтобы почувствовать наполнение Тобою в сердце моем там, было б достаточно мне.

И если удостоился я почувствовать весь Твой Свет, светящий внутренним светом во мне, и не дал бы мне знать, что это желанная суть всех творений и наслаждений Твоих, было б достаточно мне.

И если дал мне знать о Твоем наслаждении, ожидаемом Тобою от Небес и Земли, и не научил бы меня, как благословлять во все дни и освящать Тебя во все времена, было б достаточно мне.

И если удостоился я благословения всех дней и святости всех времен, прошлого и будущего воедино, и не помог бы Ты мудростью и дружелюбием уравновесить меня и снять с меня стыд, было б достаточно мне.

И если удостоился я очищения до уровня небес и их сил и тайн: «К Творцу молитва твоя», и не спросил бы Ты меня в соответствии с писанием: «Выполнят ли сыновья твои Мой Завет?», было б достаточно мне.

И если слышал из уст Твоих клятву святостью Твоей: «солгу ли именем Давида!», и не напутствовал бы меня, что кроме этого Твоего наслаждения, все принадлежит к наслаждениям ради себя, было б достаточно мне.

И если изложил я Тебе всю мудрость и каждое чувство, и лишь к Свету Твоему все мои обращения, и не пояснил бы мне, что нечего мне более дополнить, и могу уйти я из этого мира, было б достаточно мне.

И если понял я всем своим разумом, что надо мне сейчас же исчезнуть из мира, и не побудил меня искать, есть ли стремление к покою в желаниях моих, и не нашел бы ничего, было б достаточно мне.

И если пробудил меня, что в деяниях рук желание Твое, а не просто в наслаждении, и не пробудил бы меня в (книге) «Паним масбирот» пониманием, было б достаточно мне.

И если пробудил меня стремиться к пониманию в книгах и не научил бы меня, что главное — в реальной действительности, а Свет не имеет значения, было б достаточно мне.

И если постиг я, что не важен Свет, а лишь ощущение действительности и простота сердца, и не внушил бы Ты мне стремление к возрождению мертвых, и неспособности получать, чтобы не навредить Тебе, было б достаточно мне.

И если ушел я из мира, наполненный всей своей сутью, и не удостоился бы, в соответствии с писанием: «не превознесется мудрец мудростью и способностью к обновлениям», было б достаточно мне.

И если удостоился обновлений, и не удостоился бы всех чудесных Светов и всей Торы наивысшего уровня «Бэрешит», и «быстрой руки писца» (Псалом 45), было б достаточно мне.

И если удостоился там всех почестей и истинного милосердия в непрерывном единении, и не удостоился бы благословения человека, опускающегося до уровня морских рыб, и так далее, до неизбежности удаления изнутри, было б достаточно мне.

И если исчез я из мира после почести этой — жить в Небесах и на Земле одновременно, и не осветил бы Ты мне это справедливое и спасительное решение, было б достаточно мне.

И если осветил это решение Праведника и Спасителя, и не задержал бы меня во Вратах Справедливости, обращающимся к Б-гу, было б достаточно мне.

И если исчез я из мира после наполнения этим совершенством, и не раскрыл бы мне секрет написанного: «сестра маленькая есть у нас, и грудей нет у нее» («Песнь-песней»), было б достаточно мне.

И если обновил мою жизнь: «что сделать сестре нашей в день, когда скажут о ней» (Песнь-песней), и не осветил бы меня чудесными Светами от «ставшего известным и о богатом доме, и кедровых щитах», было б достаточно мне.

И если показал мне все твое чудесное милосердие, исходящее из Кетер, Творец Короны, и не научил бы меня основам: потоп, разбиение сосудов, ангелы и т.д., было б достаточно мне.

И если утвердил в сердце моем веру в Тебя посредством ангелов и ангела смерти, вплоть до второй парса, и не удивил бы меня тайной сказанного: «опустошается тело и память моя», было б достаточно мне.

И если удивил меня великим единением «опустошается тело и память моя», и не затянул бы меня внутрь Миквы, собрания душ, на надежную высоту, в соответствии со сказанным: «Боже, приблизь избавление ждущих Тебя», было б достаточно мне.

И если удостоился я познать все благословение и святость от высот и до низин Миквы в условии «плодитесь и размножайтесь», посредством: «Боже, приблизь избавление ждущих Тебя», и не удостоился бы увидеть великое путешествие каждого до воссоединения с остальным в бесконечности, было б достаточно мне.

И если удостоился постижения всей Торы от лица всех творений, удостоился Покоя и Света, но не удостоился бы увидеть восстановленный Иерусалим, в абсолютном виде, который не будет разрушен более, было б достаточно мне.

И если ушел я из мира после вечного постижения восстановленного Иерусалима и не напутствовал бы меня великой верой «Слушай, Израиль, господь Б-г наш Господь Один», было б достаточно мне.

И если напутствовал меня вечным реальным Возрождением Мертвых в глазах всех народов, с полной ясностью, и не побудил бы меня вернуться в Микву, т.к. неразрывна связь и снова облачишься в меня, было б достаточно мне.

И если не пробудил меня заниматься духовной внутренней работой и не удивил бы меня на взлете, как (буква, сила) Юд забирает и возвышает из меня до моего исчезновения, было б достаточно мне.

И если не удивил меня возвышением Юд, которую притянул я до ее удаления ввысь, и не утвердил бы во мне желание к работе, т.к. грешники обрели бы силу, силой «Но кто превзойдет Тебя!», но затянул бы Ты меня внутрь, было б достаточно мне.

И если приготовил Ты мне Твою духовную работу, и не поставил бы меня «у Его дома», было б достаточно мне.

И если выдержал я свое испытание не задумываясь, сопоставляя со всем богатством Твоего дома, наполненного любовью Твоей, и не дал бы Ты мне в дополнение наслаждения от подъемов и постижения Мудрецов Торы Твоей, было б достаточно мне.

И если б не удостоился я подъемами и раскрытием Мудрецов проявиться два раза, и не удостоился бы суровой проверки железными гребнями, пока не проявилась душа моя в Одном, было б достаточно мне.

И несмотря ни на что, велико счастье, что удостоился я всего перечисленного, а также Возрождения Мертвых. С большим милосердием Ты приобщил меня к полному возвращению, с уважением, любовью и настоящей работой. И приблизил меня, вернув к общему Израилю и Торе Твоей с большой любовью и доверием. И чем отблагодарю Тебя, ведь все Твое вознаграждение во мне.

Несмотря ни на что, великое счастье выпало на долю мою, потому что дал Ты мне слух слышать Тебя на веки вечные любовью души и показал мне, как глаза Твои наблюдают от конца мира и до конца его для надежного постижения всех Твоих тайн, подобно приближенным Твоим, сидящим первыми в царстве Твоем.

И одел их в меня в настоящем, в реальном и действительном, и постиг я, что Твое Величие никогда не прощает. И даже Света и Духи не ограничат Тебя.

И установил Ты мне место в молитвенном доме, где спрашивал и получал ответы на все без исключения сомнения в моем сердце, как спрашивает человек у другого и получает ответ.

И осчастливил меня прибытием в страну и рождением в изгнании, до великой тайны Твоей, постигнутой в стране исхода.

Также дал мне знать, что только в этом желанная суть Твоя из всех творений Небес и Земли, и напутствовал меня, что надо благословлять ее выше всех дней и времен.

И уравновесил меня с большой мудростью, пока не снял с меня стыд окончательно, до сущности Небес, как сказано: «К Творцу молитва твоя должна стать буднями во всех делах твоих».

Также поклялся мне Святостью Своей, что никогда не отдалишь от меня милосердие Твое и Свет лица Твоего.

Также дал мне знать, что кроме Твоего наслаждения, все прочее относится к наслаждению «ради себя», и постиг я всю мудрость и каждое чувство, лишь видеть свеченье Твое я желаю.

И дал знать, что надо исчезнуть мне сейчас же из мира, потому что нечего мне более добавить.

Также побудил меня искать стремление к покою, но не нашел, и пробудил во мне тоску возвратиться к началу, и не мог противоречить я Твоему Величию. И дал мне знать, что важны не Свет и Мудрость, а лишь ощущение реальной действительности и простота сердца.

И показал мне, что не существует вопроса в зеленой линии, внешней над всеми мирами. И обновил жизнь мою, возвысил над всеми, произносящими имя Твое, как трон, соединяющий воедино Небо и Землю.

И удивил Светами Своими, скрытием от людей, изменением красы и действием Бэрешит, и всей Торой, как сказано: «Язык мой подобен быстрой руке писца, и благословением человека, опускающегося до уровня морских рыб ... и до тупика».

Также передал мне «сестру младшую» и «обновил жизнь мою», также отличил ее чудесными Светами, и отсюда стало известно мне и «богатый дом», и «кедровые щиты».

Также привел меня к разбиению сосудов, к Потопу, к ангелу смерти, и до последнего часа внимал голосу Твоему.

Также осчастливил меня видеть опустошение тела и памяти моей, как в Великом и Святом единении «Боже, приблизь избавление ждущих тебя» продолжил путь мой внутрь Миквы, и постижением всех шестисот тринадцати Заповедей, и путешествием каждого в Микву.

И представил себе суть восстановленного Иерусалима, и также тайну сказанного: «Господь Б-г наш Господь Один» до неизбежности сути всех шестисот тринадцати Заповедей для всех народов.

Напутствовал меня, что не прекращается связь изнутри Миквы, и еще облачишься в меня, как впервые, увидеть волшебство деяний рук Твоих, с невозможностью продолжить Юд внутрь пяти букв, и в середине пути взметнулась та ввысь, как звезда, возвышающаяся до исчезновения.

И понял я право свое заниматься работой Твоей по сказанному: «Вот они, грешники и равнодушные мира, приобрели силу». И испытал Ты меня в сказанном: «Отдаст ли человек все богатство дома своего с любовью, терпя унижение и насмешки».

Также одарил меня Своей благосклонностью, чудной сладостью возвышений, и приказал мне постичь знатоков Торы Твоей до чудесных единений с моими предшественниками.

Удостоился я суровых испытаний за стремление к единению с Тобой, до низложения души моей, но восстал вновь я, и Ты возвысил меня росой возрождения.

От издателя

Михаэль Лайтман
КАББАЛА
ТАЙНОЕ УЧЕНИЕ

Готовятся к изданию:

Наука Каббала

Эта книга – основной вводный курс для начинающих изучать «Науку Каббала». Великий каббалист 20 века, почти наш современник, Бааль Сулам «перевел» основные каббалистические источники, создававшиеся в течение тысячелетий, на язык современных поколений, которым предназначено проникнуть в высшие духовные миры. С помощью книг Бааль Сулама древнее учение становится доступно массам (как и предсказывали каббалисты прошлого).

Главная часть книги – «Введение в науку Каббала» – приводится с комментариями последователя и наследника Бааль Сулама, современного каббалиста Михаэля Лайтмана. Учебный курс включает большой альбом графиков и чертежей духовных миров, контрольные вопросы и ответы, словарь каббалистических терминов.

Том II – каббалистический словарь.

Основы Каббалы

Настоящий сборник является основной книгой для начинающих изучать Каббалу. Книга в доступной форме позволяет желающим проникнуть в тайны науки, на тысячелетия скрытой от глаз непосвященных. Автор разворачивает перед читателем всю панораму строения и системы мироздания. Открывает структуру высших миров и Законы Высшего Управления.

Желающий познать Высшее найдет в этом сборнике ответы на множество своих вопросов. В первую очередь на главный вопрос человека: «В чем смысл моей жизни?». Книга захватывает и увлекает, позволяет человеку проникнуть в самые глубинные тайны мира и самого себя.

Книга Зоар

Книга «Зоар» - основная и самая известная книга из всей многовековой каббалистической литературы. Хотя книга написана ещё в IV веке н.э., многие века она была скрыта. Своим особенным, мистическим языком «Зоар» описывает устройство мироздания, кругооборот душ, тайны букв, будущее человечества. Книга уникальна по силе духовного воздействия на человека, по возможности её положительного влияния на судьбу читателя.

Величайшие каббалисты прошлого о книге «Зоар»:

...Книга «Зоар» («Книга Свечения») названа так, потому что излучает свет от Высшего источника. Этот свет несёт изучающему высшее воздействие, озаряет его высшим знанием, раскрывает будущее, вводит читателя в постижение вечности и совершенства...

...Нет более высшего занятия, чем изучение книги «Зоар». Изучение книги «Зоар» выше любого другого учения, даже если изучающий не понимает...

...Даже тот, кто не понимает язык книги «Зоар», всё равно обязан изучать её, потому что сам язык книги «Зоар» защищает изучающего и очищает его душу...

Талмуд Десяти Сфирот

Совершенно уникальная книга, написанная величайшим каббалистом Бааль Суламом (Властелин Восхождения). Автор использовал материалы книги «Зоар» и фундаментальную работу великого АРИ «Древо Жизни» (16 томов классической Каббалы). Соотнеся их со своими постижениями Высшего Управления, он создал гениальный научный труд, раскрыв глубинные пласты Каббалы современным поколениям.

Книга является самым мощным учебным пособием даже для самых серьёзных каббалистов. Она совершенно логично, мотивированно, подробно и доказуемо разъясняет все причинно-следственные связи Высшего Замысла творения и его воплощения. Ни один момент в процессе создания мироздания не остался за пределами настоящей научной работы. Нет во всемирном архиве книги, могущей соревноваться с «Талмудом Десяти Сфирот» по глубине познания, широте изложения и величию объекта изучения.

Эта книга принадлежит к числу самых важных книг человечества.

Уроки Каббалы
(Виртуальный курс)

Крупнейший ученый-каббалист современности Михаэль Лайтман снимает завесы тайны с науки, уникальной по точности и глубине познания. В древней книге «Зоар» («Сияние») сказано о времени, когда пробудится в людях стремление вырваться в Высший мир, овладеть Высшими силами. Сегодня десятки тысяч учеников во всем мире получили возможность изучать скрытую до недавних пор методику постижения Высшего благодаря трансляциям виртуального курса Международной академии Каббалы.

Изложенный в книге материал виртуального курса явится вдохновляющим пособием для учащихся первых лет обучения и послужит всем, кто стремиться постичь Законы мироздания

Учение Десяти Сфирот

Материал книги основан на курсе, прочитанном руководителем Международной академии Каббалы равом Михаэлем Лайтманом по фундаментальному каббалистическому источнику «Талмуд Десяти Сфирот».

В книгу вошли комментарии на 1, 3 и 9 части уникального научного труда Бааль Сулама, описывающего зарождение души, ее конструкцию и пути постижения вечности и совершенства.

Каббалистический форум 2001

Книга «Каббалистический форум 2001» является избранным материалом из каббалистического интернет-сайта Международного каббалистического центра «Бней Барух». Форум содержит более двух миллионов вопросов изучающих Каббалу со всего мира.

В сборник вошли лишь наиболее интересные, любопытные и полезные для продвигающихся Путем Каббалы слушателей ответы Михаэля Лайтмана.

Настоящая книга рекомендована читателю, интересующемуся проблемами происхождения душ, корректировки судьбы, отношения Каббалы к семье, воспитанию, роли женщины.

Международный каббалистический центр «Бней Барух»

BNEI BARUCH P.O.B. 1552 RAMAT GAN 52115 ISRAEL
Адрес электронной почты: russian@kabbalah.info

Международная академия Каббалы
заочное отделение

Виртуальный курс для начинающих

- Международная академия Каббалы транслирует по всемирной системе Интернет курс заочного обучения «Введение в Науку Каббала».
- Участие в этих занятиях обеспечит освоение основ Науки Каббала, постижение высшего мира, знание о своем предназначении, причинах происходящего с вами, возможность управления судьбой.
- Курс рассчитан на начинающих и предназначен для дистанционного обучения на языках английском, русском, иврите.
- Занятия транслируются в видео- и аудиоформатах, с демонстрацией чертежей, возможностью задавать вопросы и получать ответы в режиме реального времени.
- Во время прямой трансляции, действует служба технической поддержки.
- Курс бесплатный, включая рассылку учащимся учебных пособий.
- Успешные занятия поощряются поездкой на семинары, происходящие 2 раза в год в разных странах мира.

Адрес подключения
http://www.kab.tv

Архив курса
http://www.kabbalah.info/ruskab/virt_uroki/virt_urok.htm

Русское отделение
http://www.kabbalah.info/ruskab/index_rus.htm

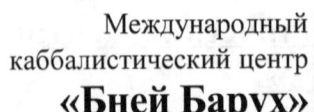

| Международный каббалистический центр «Бней Барух» | Издательская группа **kabbalah.info** +972 (3) 619-1301 |

Для книготорговых организаций
(заказ учебных пособий)

Америка и Канада.................... info@kabbalah.info,
+1-866 LAITMAN
Израиль..................................... zakaz@kabbalah.info,
+972 (55) 606-701
Россия....................................... +7 (095) 721-7154, 109-0131
109341, Москва, а/я 42

Запись в группы изучения Каббалы
(обучение бесплатное)

США (Восточное побережье)............ +1 (718) 288-2222, 645-3887
США (Западное побережье).............. +1 (650) 533-1629
Канада... +1-866 LAITMAN
Израиль... +972 (55) 606-701
Россия... +7 (095) 721-7154, 109-0131

Заказ книг и учебных материалов на английском языке
+1-866 LAITMAN

Международный каббалистический центр
«Бней Барух»
http://www.kabbalah.info

Учитывая растущий интерес к знаниям Каббалы во всем мире, Академия Каббалы под руководством рава М.Лайтмана издает серию книг «Каббала. Тайное учение», транслирует виртуальные уроки, совершенствует интернет-сайт, открывает по всему миру группы изучения Каббалы. В рамках нашего заочного университета занимаются более 700 000 учащихся с 68 стран мира (на 1.01.2003).

Вся деятельность Академии Каббалы осуществляется на добровольные взносы и пожертвования ее членов. Каббалистические знания вносят в мир совершенство, безопасность, высшую цель.

Мы с благодарностью примем Вашу помощь.

Наш счет:
wire transfer
Bnei Baruch
TD Canada Trust
7967 Yonge Street
Thornhill, Ontario
Canada L3T 2C4
Tel: 905 881 3252
Branch / Transit #: 03162
Account #: 7599802
Intuition Code: 004
Swift Code: TDOMCATTTOR

Михаэль Лайтман
серия
КАББАЛА
ТАЙНОЕ УЧЕНИЕ

ПОСЛЕДНЕЕ ПОКОЛЕНИЕ

Научно-просветительский фонд
«Древо Жизни»

Издательская группа
kabbalah.info
+972 (3) 619-1301

ISBN 5-902172-12-8

Подписано в печать 10.12.2003. Формат 60х90/16
Печать офсетная. Усл. печ. л. 31.
Тираж 6000экз. Заказ № 2811.
Отпечатано в ОАО Можайский полиграфкомбинат,
Московская обл., г. Можайск, ул. Мира, 93.

www.ingramcontent.com/pod-product-compliance
Lightning Source LLC
LaVergne TN
LVHW011926070526
838202LV00054B/4508